Friedrich Kipp

Silvester von Schaumberg, der Freund Luthers
Ein Lebensbild aus der Reformationszeit

Kipp, Friedrich: Silvester von Schaumberg, der Freund Luthers. Ein Lebensbild aus der Reformationszeit
Hamburg, SEVERUS Verlag 2014
Nachdruck der Originalausgabe von 1911

ISBN: 978-3-86347-269-6
Druck: SEVERUS Verlag, Hamburg, 2014

Der SEVERUS Verlag ist ein Imprint der Diplomica Verlag GmbH.

Bibliografische Information der Deutschen Nationalbibliothek:
Die Deutsche Nationalbibliothek verzeichnet diese Publikation in der Deutschen Nationalbibliografie; detaillierte bibliografische Daten sind im Internet über http://dnb.d-nb.de abrufbar.

© **SEVERUS Verlag**
http://www.severus-verlag.de, Hamburg 2014
Printed in Germany
Alle Rechte vorbehalten.

Der SEVERUS Verlag übernimmt keine juristische Verantwortung oder irgendeine Haftung für evtl. fehlerhafte Angaben und deren Folgen.

Silvester von Schaumberg,
der Freund Luthers.

Ein Lebensbild aus der Reformationszeit

von

Friedrich Kipp,
Pfarrer in Grub a. F. (S.-Coburg).

Mit 4 Tafeln.

Siegel Silvesters von Schaumberg, 1506.
(Nach dem Original im Kreisarchiv Bamberg.)

Herrn Oscar von Schaumberg,
Hauptmann und Batteriechef in Hannover,

dem würdigen Enkel ruhmvoller Ahnen,

in dankbarer Verehrung
zugeeignet.

Vorwort.

Die Geschichte des Geschlechtes von Schaumberg hat von jeher das besondere Interesse der coburgischen Geschichtsforscher hervorgerufen. Ich nenne unter ihnen nur Schultes, G. Lotz und Riemann, die ihr Auge immer wieder dieser Familie zuwandten. Und das war erklärlich. Bei der engen Verbindung des Geschlechtes mit den Schicksalen des Landes, welche sich in so hervorragender Weise bei keiner andern Familie des Coburger Uradels nachweisen läßt, konnte man annehmen, daß vom Boden der Familiengeschichte aus sich neue wertvolle Gesichtspunkte und Aufschlüsse für die Landesgeschichte ergeben würden, — eine Erwartung, die auch nicht getäuscht wurde. Von ähnlichen Gedanken getragen, habe ich mich, nunmehr seit zehn Jahren, mit der Geschichte des ruhmvollen Geschlechtes beschäftigt. Mancher bedeutende Mann, der aus dem Schoße dieser Familie hervorging, ist während dieses Zeitraumes an meinem Auge vorübergegangen, immer aber kehrte mein Blick zu Silvester von Schaumberg zurück, der mir als eine der interessantesten Persönlichkeiten des ganzen Geschlechtes erschien. Auf diese Weise ist der Entschluß zur nachfolgenden biographischen Skizze entstanden.

Guter literarischer Sitte gemäß, soll zu den ersten Worten eines Buches ein Wort des Dankes gehören. Gerne mache ich diese Sitte zu der meinigen. Vor allem muß dieser Dank Herrn Hauptmann von Schaumberg, dem unermüdlichen Forscher der Geschichte seiner Familie, gehören; er hat das Werden dieses Buches mit Rat und Tat reichlich begleitet. Ihm sei das nun fertige ein Gruß, der an die zehnjährige gemeinsame Arbeit erinnern mag. Durch das immer hilfsbereite Entgegenkommen des Herzogl. Archivars in Coburg, Herrn Dr. Krieg, wurde dem Werke manche Förderung zuteil. Weiter möchte ich es nicht unterlassen, den Herren Vorständen und Beamten der Königl. Archive in München, Nürnberg, Bamberg, Würzburg und Amberg für bereitwillig und oft erwiesene Unterstützung den herzlichsten Dank zu sagen. In Dankbarkeit gedenke ich endlich noch der Herren Reichsarchivrat Rieder in München und Pfarrer Schönacker in Thundorf, die freundlich ihre Hilfe geliehen haben bei Studienfahrten in Silvester von Schaumbergs Spuren.

Grub a. F., im Januar 1911.

Inhaltsverzeichnis.

	Seite
Einleitung	1
I. Herkunft und Familie	3
II. Auf eigene Faust	15
III. Der Übergang zum Fürstendienst	51
IV. Im Fürstendienst	76
V. Im Dienste seines Standes	103
VI. Im Dienste der religiösen Idee und der Reformation	130
VII. Im Dienste des Hochstiftes Würzburg	200
Sach- und Namenregister	259

Tafel I. Grabdenkmal Silvesters von Schaumberg in der Kirche zu Münnerstadt . . . . vor S. 1

Tafel II. Verkleinertes Faksimile eines auf der Veste Coburg (Manuskript-Sammlung „Militärpersonen") befindlichen eigenhändigen Briefes Silvesters von Schaumberg vor S. 120

Tafel III. Grabdenkmal der Frau Caecilie von Schaumberg in der Kirche zu Münnerstadt . . . . . vor S. 248

Tafel IV. Stammtafel der Ehneser Linie der Familie von Schaumberg . . . . vor S. 259

Grabdenkmal
Silvesters von Schaumberg
in der Kirche zu Münnerstadt.

Nicht einem eigentlich Großen gelten diese Zeilen, wohl aber einem, der einst einem Großen den Leuchter gehalten hatte und der darum selber in dessen Lichte stand: Silvester von Schaumberg, dem Freunde Luthers. In der Schloßkirche zu Wittenberg, die nach ihrer Wiederherstellung ein Ehrendenkmal für Martin Luther und seine Helfer geworden ist, hängt sein Wappen, der weiß-rot halb gespaltene, blau geteilte Schild, neben den Schilden Ulrichs von Hutten und Franz' von Sickingen, dem Grabstein Luthers gegenüber — ein ehrenvoller Platz, der beweist, wie hoch der Historiker Silvester von Schaumbergs Hilfe am Werke der Reformation taxiert. Während nun aber über Hutten und Sickingen eine umfangreiche Literatur besteht, wird man ausführlichere Mitteilungen über die Lebensumstände des Dritten der ritterlichen Freunde Luthers aus dem großen Jahre 1520 vergeblich suchen[1]. Man weiß von ihm im allgemeinen nicht viel mehr, als daß er im Jahre 1520 einen berühmten Brief an Luther geschrieben hat, der viel zur Ermutigung des Reformators beitrug; sonstige von ihm bekannte biographische Notizen sind dürftig und bedürfen teilweise der Berichtigung. Es sollen also diese Zeilen eine Lücke ausfüllen, indem sie versuchen, einen Mann, der es um seiner Verdienste um die Reformation wie auch um seiner selbst willen verdient hat, nicht vergessen zu werden, dem Dunkel vergangener Zeiten zu entreißen. Freilich letzteres cum grano salis! Während für die beiden anderen Freunde Luthers aus dem Ritterstande, für Hutten und Sickingen, die Quellen reichlich fließen und das Studium ihrer Persönlichkeiten und ihrer Lebensumstände zu einem reichen und fruchtbaren Lande

---

[1] Das beste und ausführlichste, was über ihn geschrieben wurde, findet sich in einem Buche, das für fränkische Geschichte bedeutend mehr enthält, als man aus seinem Titel schließen könnte, nämlich in Rieder, „Die vier Erbämter des Hochstifts Eichstätt". (Histor. Verein Eichstätt), Jahrgang Xff. 1895ff. II 2. A. S. 51—53.

machen, ist ein Gang durch Silvesters Leben ein Gang durch wenig bewässerte Fluren. Vor allem fehlt es an Nachweisen über die Gestaltung und Entwickelung seines inneren Lebens; auch ist es bisher unmöglich, ein lückenloses äußeres Lebensbild von ihm aufzustellen[1]). Es ist aber wohl möglich, durch die vorhandenen Regesten aussichtsvolle Blicke auf Lebensgang und Charakter zu tun, so daß die Aufsuchung der spärlichen Quellen doch die Arbeit verlohnte.

---

[1]) Als Quellen für die Lebensbeschreibung Silvesters von Schaumberg kommen neben zerstreut vorkommenden Bemerkungen über irgendeinen Zweig seiner Tätigkeit in den verschiedenartigsten Druckwerken vor allem die Archive von Coburg, Würzburg, Bamberg, Amberg, Nürnberg, München und Königsberg i. Pr. in Betracht. Außer an den genannten Stellen wurde noch nachgeforscht im gemeinschaftlich hennebergischen Archiv in Meiningen, im herzoglichen Haus- und Staatsarchiv in Gotha, im Großherzoglichen S. Geh. Haupt- und Staatsarchiv in Weimar, im Sächsischen Ernestinischen Gesamtarchiv in Weimar, im Kgl. Archiv zu Magdeburg, im Kgl. Staatsarchiv in Dresden, im Kreisarchiv zu Landshut, im Stadtarchiv in Augsburg, und in Wiener Archiven, aber fast ohne Erfolg. Daß für die reformatorische Tätigkeit Silvesters von Schaumberg in seinem Amtsbezirke gar kein Quellenmaterial vorhanden ist, erscheint vielleicht noch nicht so sehr verwunderlich. Die Welle der Gegenreformation, die im würzburgischen Territorium besonders stark war, ist über diese Tätigkeit hinweggeflutet und hat alle Spuren verwischt. Absichtlich ist damals reine Arbeit gemacht worden, um der wieder katholisch gewordenen Bevölkerung alle Erinnerungen an die evangelische Periode zu nehmen. Das läßt sich nachweisen. Seltsamer mag es erscheinen, daß auch für seine amtliche Tätigkeit nur wenig archivalisches Material übriggeblieben ist. Besonders bedauerlich ist es, daß durch unglückliche Umstände die Schaumbergischen Familienarchive vernichtet oder zerstreut worden sind. Umfangreiche Regesten- und Materialsammlungen, die ein Glied der Familie, Oscar von Schaumberg, veranstaltete, haben diesen Mangel allerdings etwas ausgeglichen. Aus diesen Sammlungen, an deren Vermehrung noch eifrig weitergearbeitet wird, ist für die Arbeit über Silvester manches Material geflossen, besonders aus den Königsberger Archivauszügen des fürstlichen Archivars, Herrn Dr. Krollmann-Schlobitten, wie denen des Herrn R. Gebhardt aus dem Kreisarchiv Nürnberg.

I. Herkunft und Familie.

Silvester ist ein Glied der fränkischen Familie von Schaumberg, deren Stammschloß einst in hervorragender Lage auf einem isolierten Bergkegel in der Nähe des heutigen meiningischen Amtsstädtchens Schalkau sich befand, heute eine eigenartige Ruine. Der Dreißigjährige Krieg, und zwar das für diese Gegend besonders schwere Jahr 1635 hat in Trümmer gelegt, was einst der Stolz der Familie war[1]. Dasselbe Jahr, welches den uralten Stammsitz des Geschlechtes in eine Ruine verwandelt hat, kann man auch ungefähr als den Zeitpunkt bezeichnen, der den endgültigen Niedergang der Familie besiegelte. Von jenen Tagen an haben die Schaumbergs aufgehört, ihre einst so glänzende Rolle in Franken zu spielen. Es war, als wären mit dem Zusammenbruche der Stammburg auch die guten Geister geflohen, denen die Familie ihre einstige Größe verdankte, nämlich innere Kraft, Schlichtheit und Eintracht. Und in der Tat! Es ist ein gutes Stück Geschichte des alten

---

[1]) Die gedruckten Quellen über die Zerstörung des Schaumbergs geben alle das Jahr 1640 an; in Wahrheit war der Unglückstag der 3. Juli 1635, wie aus einem Bericht des Centgrafen von Schalkau, Georg Wildt, vom 27. Juli 1635 an Kanzler und Räte zu Coburg hervorgeht. Dort heißt es: „Ihm sei von der Plünderung und vom Brand der Schlösser Schaumberg, Lauterburg usw. nichts weiter bewußt, als daß Schloß Schaumberg in vollen Brand gestanden; wie er solches von seinem Sohn Hänslein in Wald, darinnen er sich neben anderen aufhalten, berichtet worden. Darauf er sich auf die Blöße begeben, und solches selbst gesehen; so hätten auch ihn andere Leute gleicher Gestalt berichtet, wie Rauenstein, Lauterburg, Almerswind geplündert und daß auch zu Almerswind der toten adeligen Leichen nicht verschont worden". — Daß es sich bei dem Brande dieses Jahres nicht bloß um eine teilweise Zerstörung handelte, zeigt die hohe Summe, die von den Vettern von Schaumberg als Schadenersatz für die zerstörten Schlösser Schaumberg und Rauenstein bei dem Fürstlichen Amte in Coburg — allerdings erfolglos — eingeklagt wurde, nämlich 40000 Fl. (Coburger Haus- und Staatsarchiv B. II 21, No. 601).

Coburger Landes, und kein ruhmloses, das sich an den Namen Schaumberg[1]) knüpft.

Das alte Grenzland des Grabfeldes an der Coburger Steinach mit dem uralten Familienbesitz Sonneberg, Mupperg, Mittwitz und Hof an der Steinach mag vielleicht die Heimat des Geschlechtes gewesen sein. Bedenkt man, daß hier einst lauter Königsgut gewesen war und daß die Familie schon frühzeitig dort an der Steinach die vollen Hoheitsrechte des hohen Gerichtsbannes ausübte, so ist wohl die Meinung berechtigt, daß die Ahnherren des Geschlechtes mit den vom König hier zur Grenzwacht gegen die Slaven eingesetzten Ministerialen oder wenigsten mit deren Erben identisch sind. Zur südöstlichen Grenze des Grabfeldgaues gehörte, allerdings nicht so stark exponiert, auch der Landstrich westlich vom alten Castrum Sonneberg nach Eisfeld zu, der mit der jäh aufsteigenden Bergkette des Thüringer Waldes parallel läuft. Dieses hügelige Vorland, ungefähr 18 km lang und 10 km breit mit etwa 50 Dörfern, das sogenannte „Land vor dem Walde", gilt mit einem guten Stück der Bergwälder des Gebirges, etwa bis zum großen Rennsteig hinauf, gewöhnlich als das „Land der Schaumberger". Es ist die Gegend, in der einst die Grafen Stärker und gleichzeitig die Markgrafen von Schweinfurt ausgedehnte Eigengüter, wohl aus altem Dienstland und Lohnstücken entstanden, und daneben Reichsgut als Lehen besessen haben. Nach ihnen werden der Markgraf Hermann von Banz[2]) und später die Herzöge von Meran und die Herren

---

[1]) Hier sei bemerkt, daß die Schreibweise des Familiennamens zwischen „Schaumberg" und „Schaumburg" im Mittelalter schwankte. Es kommt vor, daß sich ein und dasselbe Glied der Familie bald Schaumberg, bald Schaumburg nennt. Während im Mittelalter die Schreibweise „Schaumburg" vielleicht vorherrschend war, wird seit Beginn des 16. Jahrhunderts nur „Schaumberg" geschrieben. Silvester schrieb sich stets „Schaumberg", wie er bei seinem Vornamen stets die deutsche Schreibweise bevorzugte, „Siluester" nicht Sylvester.

[2]) Es mag hier darauf hingewiesen werden, daß es nur einen einzigen Markgrafen von Banz gibt, nicht, wie meist angegeben wird, eine ganze Reihenfolge oder wenigstens mehrere. Dieser einzige ist Graf Hermann von Hawesburg, Habsburg oder Happurg, der als Gatte der Alberada, der dritten Tochter des letzten, söhnelosen Markgrafen Otto von Schweinfurt, einen Teil der markgräflichen Güter mit Banz als Mittelpunkt erbte und den Titel seines Schwiegervaters annahm. Der Besitz des Markgrafen von Banz fiel der neuen Klosterstiftung der Alberada, Banz zu. Eine andere Tochter des Markgrafen, Gisela von Schweinfurt, war die Gattin Arnolds, des Grafen von Andechs oder Diessen, Stammvater des Hauses Meran, der durch diese Heirat in Besitz bedeutender Güter in Franken kam. Hierdurch erklärt

von Wildberg[1]) als Eigentümer größerer Güterkomplexe hier genannt.

Um die Wende des 12. und 13. Jahrhunderts tauchen in diesem Landstriche die edlen Herren von Schaumberg auf, und zwar sind sie im Besitze von Gütern, die vor ihnen zum Teil jene ebengenannten Dynastengeschlechter inne gehabt hatten. Sie erscheinen als die Herren der Herrschaft Schaumberg, mit welcher Hoheitsrechte, Obrigkeit und Bergregalien der alten Cent Schalkau verbunden waren und die wenige Jahrzehnte vorher Graf Hermann von Wolfeswac, der letzte der Dynastie Stärker, besessen hatte. Zweifelsohne handelt es sich hier um altes, nun in Lehen umgewandeltes Krongut des Deutschen Königs[2]). Es war eine glänzende Stellung, die mit einem solchen Besitz die Familie einnahm, eine Stellung, die vielleicht in ganz Franken keinem Ministerialengeschlecht weiter beschieden war. Sie bedeutete wohl den Uebergang vom niederen zum hohen Adel. Es war nun freilich im Laufe der Jahrhunderte wenig von dieser alten Herrlichkeit übriggeblieben. Die großen Grundherren der Nachbarschaft konnten in der Periode, in der die Landesherrschaft sich entwickelte, rivalisierende kleinere selbständige Herrschaften neben sich nicht brauchen. Dem größten Henneberger, Berthold VII., erlag nach jahrzehnte langem tapferen Freiheitskampfe das kleinere Ge-

---

sich der Besitz der Banzer und Meraner im Coburger Lande. (Vgl. Stein, Fr., „Das Ende der Markgrafen von Schweinfurt in Forschungen zur Deutschen Geschichte", XIV. Bd., und derselbe in Geschichte von Franken; Meyer, „Geschichte Frankens", 1909, S. 42.)

[1]) Die Wildbergs führen den Grafentitel urkundlich nicht. Nur der letzte Conrad wird „Graf" genannt.

[2]) Der Umstand, daß die von Schaumberg in ihrem Stammbesitz als Nachfolger eines Dynastengeschlechtes und im Besitze ziemlich ausgedehnter Reichslehen gefunden werden, hat Schultes in seiner Coburgischen Geschichte des Mittelalters S. 22 veranlaßt, die Familie von Schaumberg selber als Hochfreie anzusehen. Ein zwingender Grund liegt für diese Annahme nicht vor. Wenn sie auch als Nachfolgerin Hermanns von Wolfeswac erscheint, braucht sie doch nicht seine Erbin zu sein. Wahrscheinlich ist, daß die durch Absterben des letzten Stärker herrenlos gewordenen Güter vom König an ein verdientes Ministerialengeschlecht verliehen wurden. Die Schaumbergs haben sich jedenfalls die Sporen hier auf der Grenzwacht verdient. Zu Anfang des 13. Jahrhunderts kommt der Stammvater der Familie Heinrich von Schaumberg häufig als Ministeriale der Meraner vor; es ist nicht anzunehmen, daß innerhalb dreier Jahrzehnte ein hochadeliges Geschlecht zum niederen Adel herabsinkt. Die Forscher im Schoße der Familie selbst, vor allen Oscar von Schaumberg, haben die Meinung, daß ihre Familie einst dem hohen Adel angehörte, längst aufgegeben.

schlecht. Aus Reichsministerialen waren Vasallen geworden¹).
Der ehemalige Glanz warf indessen immer noch seine
Strahlen über die Familie. Ein kleiner Rest alter, einst
besessener Rechte und kaiserlicher Lehen war noch übriggeblieben; er gab dem Geschlechte einen Vorrang unter
den anderen fränkischen Edelfamilien. Dazu war die gerühmte Tapferkeit und Tüchtigkeit der Väter ein Erbteil
der Enkel geblieben, so daß die von Schaumberg auch
das innere Recht besaßen, unter allen Vasallengeschlechtern
des „Ort Landes zu Franken" an erster Stelle genannt zu
werden. Die Erinnerung an den alten Glanz und an die
einstige Unabhängigkeit verlor sich übrigens jahrhundertelang in der Familie nicht; bis in die kasimirianische Zeit
hinein sind Spuren davon bemerkbar. Willige Untertanen
sind die Schaumbergs den Hennebergern und ihren wettinischen Erben nie gewesen. Eine starke Landesherrschaft
war nicht nach ihrem Geschmack. Daher kam es wohl, daß
viele ihrer Glieder schon frühzeitig aus ihrem Stammlande
hinausdrängten. Das Maingebiet, wo unter dem Krummstabe sich viel freiere Verhältnisse der Ritterschaft zu den
Territorialherrn entwickelt hatten, sagte ihnen ganz besonders
zu; hier fand die alte Ritterherrlichkeit noch genügenden
Boden zur Entfaltung. Über ganz Franken, von Würzburg
bis ins Fichtelgebirge hinein zerstreut, finden sich in der
Folgezeit eine Unmenge schaumbergischer Besitzungen und
Güter. Und auch in diesem Gebiet schwangen sie sich durch
das Ansehen ihres Namens und durch die persönliche Tüchtigkeit vieler ihrer Glieder bald zu führender Stelle auf. Was
die Familie leistete, zeigt ein Blick in das 15. Jahrhundert:
Bischof Heinrich von Samland, der Kardinalerzbischof und
Legatus a latere Peter von Augsburg, ein in seinen Tagen hochberühmter Mann, Fürstbischof Georg I. von Bamberg, der
mit eiserner Hand Ordnung in sein Bistum brachte, sind
gleichzeitige Glieder der Familie; aber auch eine Anzahl
ihrer weltlichen Glieder wird mit großen Ehren genannt,
wie z. B. Georg, der Türkenbesieger in Kärnthen, Conrad, der
Würzburger Marschall, Heinrich, der Ritter vom hl. Grabe;
besonders sind hier Angehörige der Lauterburger Linie zu
nennen: Hans von Schaumberg, Ritter, ein Rat Kaiser

---

[1]) Die Entwickelung dieser Verhältnisse schildert in ausführlicher
Weise Oscar von Schaumberg in „Herald. genealog. Blatt", St. Michael
1909, VI Heft 3—6; VII. Heft 1 ff.

Friedrichs III., Lorenz von Schaumberg, der Hofmeister Albrecht Achills von Brandenburg, Erzieher und Ratgeber des Kurfürsten Johann Cicero, und vor allem der Stolz der Familie, Ritter Wilwolt von Schaumberg, der als Unterfeldherr Albrechts des Beherzten von Sachsen dessen Kriege für den Kaiser in ausgezeichneter Weise führte. Man kann wohl sagen, daß es kaum einen Kampf oder Krieg, an dem deutsche Edelleute in größerer Zahl beteiligt waren, in jenen Tagen gab, an dem nicht ein oder mehrere Glieder der Familie teilgenommen hätten. Freilich war auch damals das Geschlecht auf dem Höhepunkte seiner Entfaltung; es blühte in einer großen Anzahl von Linien und Aesten. Der Stammbaum weist im Jahre 1460 an sechzig lebende männliche Glieder der Familie nach[1]).

Wenn nun auch der Schwerpunkt der Familie längst ins reichsritterschaftliche Gebiet verlegt worden war, so waren es doch noch enge Bande, die sie an das alte Stammland, die Pflege Coburg knüpften. Hier lag vor allem der gemeinschaftliche Familienbesitz, der Burgfriede zu Rauenstein, zu dem die immer noch ansehnlichen Ueberreste des alten Reichsbesitzes, dazu eine Anzahl sächsischer Lehen und Eigengüter gehörten. In Rauenstein fanden häufig die Familientage statt, dort war die Basis der gemeinschaftlichen Unternehmungen, dort auch das sichere Asyl, das mit seinen starken Mauern und wenn nötig auch mit den nahen Schluchten des wilden Bergwaldes allen Verfolgten der Familie sich willig auftat. Außer durch diesen gemeinsamen Besitz wurzelte die Familie noch durch mehr oder weniger umfangreiche Güter, die einzelne ihrer Linien und Zweige besaßen, im Coburger Lande. Unter diesen sind neben dem Mupperg-Füllbacher Hauptzweig in erster Linie der alte Lauterburger und der Ehneser Zweig zu nennen, Linienabzweigungen, die ihren Namen nach dem ihnen zugehörigen Hauptsitze hatten. Diese zwei letztgenannten Zweige gehörten der großen Hauptlinie an, die sich im Unterschiede von den 'anderen

---

[1]) Die umfangreichen Arbeiten über den Stammbaum, der die Filiationen bis ins 14. Jahrhundert hinein bereits einwandfrei darstellt, werden von Oscar von Schaumberg, Hauptmann und Batteriechef in Hannover, dem bereits mehrfach erwähnten Forscher seiner Familiengeschichte besorgt. Wie groß diese Arbeiten sind, kann man an der Zahl der Namen ermessen, die der gegenwärtige Personenstand des Stammbaums aufweist, ungefähr 2000.

Linien mit dem schwer zu erklärenden Namen „Knoch"[1]) bezeichnete. Uns interessiert hier von den eben genannten, der Ehneser Zweig, der nach Ehnes, einem am Fuße des Schaumberges liegenden Dorfe, das schon seit alten Zeiten Schaumbergischer Besitz war, genannt wurde. Das mit dem Ansitz verbundene Gut war nicht gerade sehr groß, doch freieigen, eine Eigenschaft, die lange behauptet wurde. Ein besonderes Interesse beansprucht das dortige adelige Wohnhaus aus dem Grunde, weil es einen Typus ritterlicher Wohnungen darstellt, welcher in alten Zeiten sehr beliebt war, dessen Spuren sich aber im Coburger Lande ganz verwischt haben. Es war nämlich ein „Wohnturm", also ein turmartiger, aus einem einzigen Gebäude bestehender Wohnsitz, hier in runder Form erbaut, etwa 10 m im Durchmesser, mit starken Mauern aufgeführt und mit Wall und Graben befestigt. Die einzelnen Wohnräume waren auf verschiedene Stockwerke verteilt; alles in allem vielleicht die dürftigste Art adeliger Wohnbauten darstellend, vielleicht aber auch die festeste, besonders wenn, wie hier in Ehnes, die Gräben um den Turm breit und tief waren und ausreichenden und bequemen Wasserzufluß hatten[2]). Eine solche starke Burg brauchten allerdings auch die Ehneser. Sie waren von jeher unruhige Köpfe gewesen. Die eigene Scholle war für ihren Tatendrang viel zu klein. Man findet Glieder des Zweiges während des 14. und 15. Jahrhunderts überall in Fürstendiensten, als Amtleute, Hofmeister und Burgleute oder als Teilnehmer an fürstlichen Kriegszügen. Am liebsten schlugen sie indes auf eigene Faust los. An Reibungen fehlte es einem so trotzigen Geschlechte, das gutwillig nicht einen Fingerbreit seines Rechtes hergab, in jenen Zeiten nicht. In ihren Fehden war ihnen kein Gegner zu groß und zu stark. Der Vorname „Karl" deutet in sehr vielen Fällen auf An-

[1]) Oscar von Schaumberg vermutet „der Knöcherne", also eine von der Körperbeschaffenheit des Linienstifters hergeleitete Eigenschaft; das wird wohl richtig sein und würde mit andern Beinamen einzelner Glieder der Familie in früher Zeit übereinstimmen, z. B. „der Schöne", „der Schwarze", „der Große". Die Gründung der Knochenlinie fällt in den Beginn des 14. Jahrhunderts, etwa in das Jahr 1332, siehe auch Grimm, deutsches Wörterbuch unter „Knochen".

[2]) Von dem alten „Ehnesturm" oder Heidenturm, wie der Wohnsitz stets bezeichnet wurde, ist nur noch ein Hügel mit einem Keller heute vorhanden. Der breite umgebende Graben ist ausgefüllt, doch läßt ein noch gut erkennbarer Damm eine genaue Berechnung der ehemaligen Breite des „Burggrabens" zu.

gehörige des Ehneser Zweiges, und gerade an diesen Namen knüpfen sich die meisten und schwersten Fehden, welche die Familie mit allen möglichen Herren zu führen hatte, z. B. mit Sachsen, Bayern, Brandenburg, Würzburg und Bamberg. Da war denn, wenn draußen der Boden zu heiß geworden war, neben dem benachbarten, besonders gerade von den Ehnesern mit bewohnten Rauenstein der alte Ehnesturm der willkommene Schlupfwinkel, in dem man die Fehdebeute bergen und sich selbst eine Zeitlang vor der Welt unsichtbar machen konnte. Ehnes war übrigens nur ein kleiner Teil des Besitzes dieses Zweiges. Güter, die ihnen zugehörten, lagen über das ganze Franken zerstreut, so in Scheßlitz, Ebern, Buch am Lichtenfelser Forst, Roth bei Kronach, besonders aber waren sie an der Aisch ziemlich begütert. Auch Obersiemau in der Pflege Coburg scheint zu den Dörfern gehört zu haben, in denen sie einzelne Güter besessen haben. Der vierte Teil des Zehnten von Schalkau mit einer Anzahl von Lehnsleuten war von altersher mit dem Ehneser Gute verbunden[1]).

In der ersten Hälfte des 15. Jahrhunderts wird das Haupt dieses Zweiges, Karl von Schaumberg, in der Geschichte des Bamberger Hochstifts viel genannt. Er war in verschiedenen Aemtern für das Bistum tätig; zeitweilig befand er sich auch in sächsischen Diensten als Amtmann von Königsberg, desgleichen lassen sich auch pfalzbayerische Beziehungen bei ihm nachweisen. In seiner Hand vereinigte er fast den ganzen Besitz des Ehneser Zweiges, er ist es auch, der, die Gunst der Verhältnisse klug ausnutzend, die nicht unbeträchtlichen Güter in und um Höchstadt an der Aisch an seine Familie brachte. Nach allem, was man von ihm weiß, muß er ein vermögender Mann gewesen sein; in den Schuldbüchern des Bamberger Bischofs Anton von Rotenhan ist er mit immer neuen Schuldposten als Gläubiger des Hochstifts aufgeführt worden. Als Vasall Bambergs fiel er 1440 im Reiterkampfe bei Bergtheim unter den Hilfstruppen, die Bischof Anton dem

---

[1]) Der Zehnt in Schalkau war ehemals ganz schaumbergisch und gehörte zu den Besitztümern, die man aus der alten Zeit des Glanzes noch gerettet hatte; doch war er im Laufe der Zeit geteilt und an verschiedene Linien und Zweige vererbt worden. Ein Viertel, zeitweilig auch zwei, waren im Besitz der Ehneser, ein zweites besaßen die Füllbacher, die es an Wilwolt von Schaumberg verkauften, das dritte gehörte den Almerswindern und das vierte scheint später in den Genuß der Lauterburger gekommen zu sein.

Domkapitel zu Würzburg zuschickte. Er ist der Großvater Silvesters von Schaumberg. Karl hinterließ eine Anzahl Söhne, unter denen am häufigsten Simon und Ulrich genannt werden. Beide haben das heiße Blut der Ehneser nicht verleugnet. Von Ulrich ist jene Fehde bekannt, die er 1473 mit Moritz von Schöfstall gegen Bamberg führte. Auch hier war der Rauenstein, wie schon so oft, der Stützpunkt der Unternehmungen gegen Bamberg[1]).

Von Simon ist nicht gerade viel bekannt geworden. Die von seinem Vater geerbten Güter an der Aisch brachten ihn mehrfach mit Nürnberg bald freundlich, bald feindlich zusammen. Die Nürnberger Ratsverlässe aus der zweiten Hälfte des 15. Jahrhunderts nennen seinen Namen öfter als Briefempfänger, auch als Briefschreiber. Unter anderen berichtet er an den Rat, daß er, als er Hansen von Til überritten habe, nichts von dessen Nürnberger Bürgerrechte gewußt habe. Der Rat nimmt die Entschuldigung an und setzt ihn wegen dieses Handels von seiten Nürnbergs außer Sorge. 1448 unterzeichnet er am Kreuzerfindungstag die Vergleichsurkunde seines Oheims Hans von Schaumberg mit Bischof Anton von Bamberg wegen des verpfändeten Schlosses Nordeck. An der Fehde, die 1464 zwischen Bamberg und Würzburg um Grenz- und Kompetenzstreitigkeiten entstand, nahm er als bambergischer Vasall teil und geriet bei einem Ueberfall bei Sambach mit seinem Bruder Ulrich und anderen 38 Edelleuten in würzburgische Gefangenschaft. Sonst ist bekannt, daß er in den mannigfachen Streitigkeiten, die Albrecht Achill von Brandenburg mit Nürnberg hatte, auf Seiten des Markgrafen gegen die Reichsstadt gefochten hat. Mit allzugroßen Reichtümern scheint Simon[2]) nicht gesegnet gewesen zu sein. Das väterliche Vermögen war bei der Erbteilung zu sehr zersplittert worden, um noch für die einzelnen Erben bedeutend zu sein. Damit hängt es denn wohl auch zusammen, daß Simon in der letzten Periode seines Lebens hennebergische Dienste

---

[1]) Vgl. Würdinger, Kriegsgeschichte von Bayern II S. 107.
[2]) Zu unterscheiden ist der Ehneser Simon von seinem gleichzeitigen und gleichnamigen Vetter aus der Müpperger Linie (Zweig: Füllbach), Simon von Schaumberg, der die Ritterwürde bekleidete und als bambergischer Amtmann auf dem Knopfsberg bei Lichtenfels saß. Dieser Simon v. Schaumberg ist in den Jahren 1456 bis 1459 verstorben. 1460 wird seine Witwe, Magdalena, geb. v. Altenstein als Ehefrau des Hans Schenk und 1468 des Jobst v. Machwitz genannt.

nahm und zwar den niedrigsten persönlichen Dienstcharakter, welchen adelige Personen damals annahmen. Er war Burgmann in Münnerstadt geworden. Burgmänner, castellani, sind die vom Besitzer einer Burg als ständige Beschützer und Verteidiger des festen Platzes angenommenen adeligen Personen. Sie verpflichteten sich zum ständigen Wohnsitze in der Burg, zur baulichen Instandhaltung und Verteidigung derselben; als Entgelt wurde ihnen freier Wohnsitz und der Genuß etlicher zum Burggut gehöriger Stücke eingeräumt. Um sich für den festen Platz eine ständige Besatzung zu erhalten, wurden die Burgmannsstellen mit den Besoldungsstücken in Erblehen umgewandelt. Durch diese Maßregel sicherte man sich nicht nur eine ständige, sondern auch eine an der Behauptung der Burg interessierte Mannschaft. In vielen Fällen war der Burgmannendienst eine Sinecure, besonders bei solchen festen Plätzen, die einem feindlichen Angriff wenig ausgesetzt waren. Das war auch in Münnerstadt der Fall. Einst war die Burg für die hennebergischen Besitzer des Landes ein überaus wichtiger Platz zur Grenzverteidigung nach dem Süden zu, dem Würzburger Bischof wohl oftmals eine unangenehme Nachbarschaft. Seitdem es aber der klugen Politik des Hochstifts gelungen war, die Hälfte der Burg und der Stadt an sich zu bringen, und durch einen Burgfrieden mit den Hennebergern den gemeinsamen Besitz zu regeln, war die Wichtigkeit des Platzes gesunken[1]). Wenn also Simon von Schaumberg in der letzten Periode seines Lebens sich als Burgmann in Münnerstadt ansässig machte, so mag das wohl für ihn nach einem stürmischen Leben eine ruhige Zeit gewesen sein. Um 1498 ist er gestorben. Er

---

[1]) Ueber das Kastell in Münnerstadt, sein vermutliches Alter und seine Wichtigkeit schreibt Reiniger in „Münnerstadt und seine nächste Umgebung", S. 12—17. Er weist dabei auf Schannat, Tradit. Fuld. S. 114 hin, wo eine Urkunde von 812 zu finden ist, nach der ein Sigiram dem Kloster Fulda alles, was er von Vater und Mutter ererbt hat, schenkte, mit Ausnahme einer zu Münnerstadt an der östlichen Seite der Grabfeldonoburg gelegenen Wiese. Reiniger bestimmt auch den Platz, an dem die alte Grabfeldonoburg gestanden haben soll. Seine Ausführungen mögen ergänzt werden durch einige Bemerkungen, die ein Münnerstadter Burgmann, Vinzenz von Burdian 1499 gelegentlich eines Streites mit den Besitzern der schaumbergischen Burghut machte. Es heißt da: „Es ist ein burck hie zu Mürstat die vor alten zeyten von der stat alein gelegen aber darnach aufs was v'storung vmb merer befestigung willen, die stat an sulche burck geruckt vnd mittels als burcklehen von beyderley geschlegt (also Söhn- und Töchterlehen) vast vil erlichs volcks besessen, die alle nicht mer dan

war vermählt mit Kunigunde, geb. Gotsmann von Thurn, die ihn überlebte[1]). Eine kinderreiche Ehe war den beiden beschieden, sechs Söhne und drei Töchter werden genannt, unter den Söhnen scheinen zwei geistlich gewesen zu sein; die vier anderen waren zum Edelmannsdienst für tauglich gefunden worden[2]). Aus ihrer Mitte ragen Karl und Silvester

eynen brün Sicherlich zu v'muthen bey dem verwünderlichen Werck des grossen thurns ob dausent jaren einträglich gebraucht . . ." Die Ueberlieferung hat also schon in jenen Tagen die Münnerstädter Burg als sehr alt bezeichnet. Gleichfalls zur Ergänzung der bei Reiniger, a. a. O. S. 15 genannten Burgmänner seien aus dem Jahr 1499 noch folgende angegeben: Peter und Jörg von Weiers, Philipp, Jörg und Michel von Erthal, Kiligen (Aegidius) von Schletten. Das Vorhandensein mehrerer Glieder aus einem Geschlecht deutet wohl darauf, daß das Burglehen schon länger im Besitz der Familie und bereits vererbt worden war. Vgl. Herzogl. Haus- und Staatsarchiv Coburg, G. VII 67, No. 2.

[1]) Die Gattin Simons wird mit verschiedenen Vornamen angegeben, bald Magdalena, bald Kunigunde. Kunigunde mag der richtige Name sein, Magdalena hingegen eine Verwechselung mit der Gattin des gleichnamigen Vetters Simon zu Lichtenfels, die urkundlich Magdalena hieß.

[2]) Die Stammbaumforschungen über den Ehneser Zweig der Schaumbergs, die in den Händen Oscars von Schaumberg liegen, sind noch nicht beendet. Das vorläufige Ergebnis dieser Forschungen wird, in bezug auf Silvesters Person ergänzt, auf einem besonderen Blatt mit beigegeben. Die Personen dieses Blattes sind urkundlich erwiesen, also als feststehend zu betrachten. Salver hat folgende Filiatien:

Hans medius	Wolf Gotzmann
uxor Afra v. Wallenfels	uxor Kunigunde Stiebar
Otto v. Schaumberg	Kunigunde Gotzmann

Silvester

Schon der Genealoge, der in der Mitte des 16. Jahrhunderts im Schoße der Familie bestand, Adam der jüngere (von der Lauterburg), bringt eine andere, richtige Filiation: Karl — Heinz — Karl — Simon — Silvester. Biedermann gibt in seinen Geschlechtsregistern für Silvester folgende Genealogie an:

Otto von Schaumberg zu Mupperg und Haig
uxor: I. Eva Marg. Marschall von Ebnet
II. Anna von Burdian.

1. Heinrich	2. Albrecht	3. Silvester
uxor	uxor	uxor 1517.
Marg. v. Wallenrode	Walburg v. d. Kapell	Cäcilia von Sparneck

Diese Filiation ist ebenfalls falsch, wie überhaupt die meisten genealogischen Angaben über die früheren Zeiten der Familie sich als reine Phantasien Biedermanns erweisen. Falsch ist auch die Zuweisung Silvesters zur Mupperger Linie. Auch das für die Vermählung Silvesters angegebene Jahr 1517 stimmt nicht. Seine Vermählung ist mindestens 10—12 Jahre früher erfolgt; denn 1520 kann Silvester schon einen Sohn zur Universität schicken; der ist damals etwa 15 Jahre gewesen. Auf eine frühere Ehe Silvesters deuten aber gar keine Spuren.

heraus als die meistgenannten Söhne dieser Ehe. Die ganze heißblütige Art des Ehneser Zweiges hat sich auf Karl vererbt. Er ist derselbe furchtlose Draufgänger gerade wie die Väter; mancher der in Franken ansässigen Landesherren hat die Kraft seines Schwertes spüren müssen. In seinen Tagen war aber schon nicht mehr der Platz für die selbständige, gewaltsame Betätigung eines einzelnen Edelmannes, Karl hat darum seine Art mannigfach büßen müssen, ganz abgesehen davon, daß sein unruhiger Kopf auch seiner Familie immer wieder Verlegenheiten bereitete. Mit Gefängnishaft, Geldbußen und Urfehdgelübden suchte man seinen überschäumenden Mut zu dämpfen. Gar beweglich klingt aus einem Brief, den er 1504 an Kurfürst Friedrich den Weisen schreibt, die Klage, daß „mein gut verzertt, in verderbung kumen, alßo ganz in Abfall und armut gewachsen, daß ich mich nit aufrichten, auch nimand zu dienen noch gewarten möge". Allerdings, sein Schuldkonto war auch groß genug. In den neunziger Jahren lag er mit Bamberg in Fehde und stattete dabei den Untertanen der Aebtissin zu Schlüsselau einen gewaltsamen Besuch ab, den diese nicht leicht wieder vergaßen. 1500 schrieb er mit neun Knechten der Stadt Staffelstein den Feindsbrief, weil man ihm den Nachlaß des Leitterbacher Pfarrers Joh. Schümpf, auf den er Anspruch hatte, vorenthielt. Die Sache wuchs sich, da sich Bamberg seiner Untertanen annahm, zu einer größeren Aktion aus. Karl, der in Ebern saß, brach in die Itzgründer Besitzungen des Hochstifts ein. Hemmendorf ging in Flammen auf. Hier aber saßen sächsische Untertanen, und so nahm Sachsen die Gelegenheit wahr, mit fester Hand den Landfriedensstörer, wie oben erwähnt zu strafen. Auch in einer Fehde des Kunz von Schaumberg zu Lisberg gegen seinen Schwager Jörg von Heyden ist Karl stark beteiligt. Und ebenso scheint er jener Karl von Schaumberg gewesen zu sein, durch welchen 1506 Matthias von Rotenhan, der Vater des berühmten Ritters und Doktors Sebastian von Rotenhan fiel[1]). Die weitesten Kreise aber zog eine Fehde, die, im Jahre 1479 beginnend, sich über eine Reihe von Jahren hinzog; sein Gegner ist damals Pfalzgraf Otto bey Rhein, Herzog von Bayern gewesen. Karl fühlte sich in einem Rechtsstreit mit Engelhardt und Alexander von

---

[1]) Keller Beschreibung einiger Denkmünzen: Seb. v. Rotenhan (dessen Biographie) in Arch. des Histor. Ver. f. Unterfranken. IX 2, 1847, S. 71.

Nothaft, die ihn wegen eines „Sitzes" in Neuburg benachteiligt hatten, durch den Richterspruch Ottos vor dem Neuburger Landgericht in seinem Rechte gekränkt. Gütlich wurde die Sache trotz langer Verhandlungen nicht beigelegt, darum schlug Karl, nachdem er den Fehdebrief gesandt hatte, auf eigene Faust los. Er brach im November 1483 in Körbeldorf bei Pegnitz, einem kurpfälzischen Besitz, ein. Die Sache wurde für Otto höchst peinlich, da er, um die Helfer Karls zu strafen, das Schloß Stein in der Oberpfalz, welches Bamberger Lehen war und dessen Oeffnungsrecht sich in Markgraf Albrechts Händen befand, mit bewaffneter Hand erstürmte. Albrecht Achill und mit ihm Bamberg dachten nicht daran, sich diesen Uebergriff gefallen zu lassen. Sachsen wurde endlich gebeten, sich der Sache anzunehmen und seinen Lehensmann zur Ruhe zu bringen. In allen diesen Fehden spielt der Rauenstein seine althergebrachte Rolle. Er ist Karls Stützpunkt, der Gewahrsam der Gefangenen, der Schlupfwinkel für die Fehdebeute[1]).

Am bekanntesten unter den Söhnen Simons ist indes Silvester geworden, er ist sicherlich auch der bedeutendste gewesen, wie er denn überhaupt zu jenen Gliedern gehört, zu denen seit langem die ganze Familie mit besonderem Stolz aufblickt. Ueber Kindheit und Jugend ist gar nichts bekannt; auch die Geburtszeit läßt sich nur annäherd bestimmen. Er wird zum erstenmal im Jahre 1491 als Ganerbe zum Rotenberg erwähnt; er mußte damals also wenigstens 20 Jahre alt sein. In einer starken Fehde, die seine Sippe 1486 führte und bei der alle waffenfähigen Glieder der Familie in Anspruch genommen wurden, wird Silvester nicht genannt, sicher war er damals noch nicht waffenfähig. So wird man wohl nicht irre gehen, wenn man sein Geburtsjahr in die Zeit von 1466 bis 1471 setzt. Sein Taufname „Silvester" kommt in der Familie, von der einige tausend Glieder bekannt sind, nicht wieder vor, wahrscheinlich hat ihm der Kalenderheilige seines Tauftages den Namen gegeben[2]).

---

[1]) Es ist denkbar, daß es sich bei dieser Fehde auch um einen Vetter Karls handeln kann.

[2]) Ueber die Fehden der von Schaumberg um diese Zeit finden sich einige gedruckte Hinweise; so über die Fehde Ulrichs wegen des Schlosses Waldenfels bei Würdinger, Kriegsgeschichte von Bayern, Franken usw. v. 1347—1506. Ueber die große Fehde Karls gegen Pfalzgraf Otto und den daraus in Franken entstehenden Verwirrungen schreibt Priebatsch, in Politische Korrespondenz des Markgrafen Albrecht Achilles. Ergänzendes und eingehenderes über Entstehung, Tragweite und Ausgang dieser Fehde bringt das Kreisarchiv Amberg unter Bamberg No. 49 Fol. 1—14;

II. Auf eigene Faust.

Im Osten von Nürnberg unweit der heutigen Bahnlinie nach Hersbruck liegen auf den Ausläufern der sogenannten fränkischen Schweiz über dem Marktflecken Schnaittach die Ruinen der Bergveste Rothenberg. Einst als die umfangreichen Gebäude mit Turm und Gemäuer trotzig ins Land schauten, war die alte Burg berufen, eine nicht unwichtige Rolle in der Geschichte des Frankenlandes und insbesondere der Reichsstadt Nürnberg zu spielen. Sie war eine Ganerbschaft[1]), das heißt in ihren Besitz teilten sich eine Anzahl Eigentümer oder Nutznießer. Ursprünglich eine pfalzbayrische Grenzfestung gegen das reichsstädtische Gebiet, welche die Pfalzgrafen von der Krone Böhmen zu Lehen trugen, hatte sie Pfalzgraf Otto 1478 an eine Adelsvereinigung um 4500 Fl. verkauft. Das war ein politischer Meisterstreich; denn während der Fürst selber der Unterhaltungs- und Bewachungspflicht der alten Veste enthoben war, hatte er dennoch der nach immer größerer Ausbreitung gelüstenden Reichsstadt vor seinem Lande einen Damm gebaut, den sie nicht leicht übersteigen konnte. Für sich selbst und für den König von Böhmen hatte der kluge Fürst, um den wichtigen Platz auch nach seinem Verkauf in den Händen zu behalten, die wichtigsten landes- und lehensherrlichen Rechte, vor allen das Oeffnungsrecht, auch Gericht und Geleit vorbehalten. Der Zweck des Verkaufes blieb freilich verschleiert. Als Grund wurde angegeben, daß die fränkische Ritterschaft eine starke Festung gegen die

---

auch Mon. Boic. XXV. S. 385. Ueber die Schlüsselauer Fehde siehe Bamberger Kreisarchiv: Fehdeakten Fasc. XV 133. (Daselbst bezieht sich Silvester auf diese Sache.) Im selben Faszikel liegt unter den losen Blättern ein Schriftstück über die Betagungen Karls von Schaumberg seines Gefängnisses halben. Diese Terminaufschube, die sich von Jahr zu Jahr wiederholen, beziehen sich auf die gleiche Sache. Die Staffelsteiner Fehde Karls behandelt ein Aektchen im Coburger Haus- und Staatsarchiv. G. III 67, No. 3; ein eingehender eigenhändiger Brief Karls an Kurfürst Friedrich von Sachsen über diese Sache befindet sich eingeheftet in G. III 67. No. 2 unter anderen Korrespondenzen.

[1]) Das Wort kommt von Ganerbe, Maskul. aus mittelhochdeutschen ge-an-erbe „Mitanerbe", einer, an den mit anderen eine Erbschaft fällt, besonders Miterbe einer Gemeinbesitzung mit dem Rechte zum Eintritt in die Hinterlassenschaft aussterbender Mitglieder; ahd. ganarbo, got. gaánaarbja. Das Präfix ga- als deutsche Bezeichnung für lat. con-, auch in „Genosse, Geselle", war dem Altgermanischen geläufig: vgl. Kluge, Etymolog. Wörterbuch der deutschen Sprache. 1889 S. 101.

drohenden Einfälle der Türken zu besitzen wünsche. Sei dem nun wie es wolle; sicher ist, daß mit dem Verkaufe den Nürnbergern ein richtiges Wespennest vor die Tore gehängt wurde [1]). Nicht weniger als 44 Ganerben waren an dem Besitz der Burg beteiligt, darunter die hervorragendsten Geschlechter Frankens. Wenn man bedenkt, wie die Ritterschaft in jenen Tagen, da sie den schweren Kampf ums Dasein führte, zusammenhielt, wie jeder dieser 44 Ganerben auf die Hilfe seiner ganzen Sippe und Schwägerschaft unbedingt rechnen durfte, so wird man den Aerger der Nürnberger verstehen; sie hatten in der Tat mit der Errichtung dieser Ganerbschaft den ganzen fränkischen Adel, eine nicht zu unterschätzende Macht, auf dem Halse, zumal der Burgfriede [2]) gebot, daß einem jeden der Ganerben eine ziemlich unbeschränkte Zuflucht auf der Burg zu gewähren sei. Gerade aber in diesem letzteren Umstande

---

[1]) Der Verkauf hat auch in der Reichsstadt Beunruhigung hervorgerufen; da er aber nicht zu hindern war, beschwerte sich der Rat der Stadt beim Kaiser und zwar mit dem Hinweis, daß die Errichtung derartiger Ganerbenhäuser dem Reiche schon großen Schaden gebracht hätte. Kaiser Friedrich sagte denn auch zu, daß die Burg nicht befestigt werden dürfte, konnte es aber nicht hindern, daß mächtige Fortifikationswerke errichtet wurden, welche die schweren Stürme der beiden nächsten Jahrhunderte überdauern konnten. Die neuen Besitzer fühlten sich zur starken Befestigung des Platzes geradezu verpflichtet, da der Oberherr der Burg, der König von Böhmen die Einwilligung zur Belehnung unter der ausdrücklichen Bedingung gegeben hatte, daß die Käufer Schloß und Stadt, welche beide eine Zeitlang öde gewesen seien, in gutes bauliches Wesen bringen sollten. Daß mit diesem Verlangen der königliche Lehensherr den Wünschen der Ritterschaft sehr entgegenkam, braucht kaum gesagt zu werden. (Vgl. Reichsarchiv München, Repert. über Veste Rothenberg, Jahr 1478, 16. Juli.) Literatur- und Archivaliennachweis über die Veste Rothenberg siehe bei Rieder a. a. O. III. Erbschenkenamt. S. 20 f. Anm. 1. Ergänzend hierzu seien genannt die ausgedehnten Archivalien im Kreisarchiv Nürnberg über die Ganerbschaft Rothenberg, wohl an 1000 Nummern. Zu dem Bestand gehören übrigens auch die ehemals im Kreisarchiv Amberg lagernden zahlreichen Archivalien über diesen Gegenstand; sie wurden 1887 nach Nürnberg überführt.

[2]) Die Ganerben traten schon bald, nachdem der Kauf perfekt geworden war, zusammen und gaben für den gemeinschaftlichen Besitz eine Burgfriedensordnung am 6. Mai 1479. (Vgl. Reichsarchiv München, Akten der Veste Rothenberg.) Die hauptsächlichsten Punkte des Burgfriedens waren:
1. Jeder Ganerbe muß seinen Lehensteil vom Pfalzgrafen empfangen.
2. Der Besitz ist Söhn- und Töchterlehen.
3. Der Burgbüter soll den Burgfrieden beschwören.
4. Die Veste ist für den Pfalzgrafen ein offenes Haus.
5. Der König von Böhmen, weil Oberlehensherr, darf von hier aus nicht bekriegt werden.

lag nun auch der Wert des Besitzes. Wenn das Ganerbinat außer der Burg auch noch einige Orte der Umgegend, dazu das Patronatsrecht über verschiedene, meist Nürnbergische Orte umfaßte, und damit über eine gewisse Einnahme von Zinsen und Gefällen verfügte, so war die Herrschaft doch nicht groß genug, um für den einzelnen Ganerben besondere materielle Vorteile aus den Einkünften zu schaffen, und zwar um so weniger, als die Statuten des Burgfriedens eine beliebige Ergänzung und Vermehrung der Besitzteile vorsahen. Es sind zeitweilig an die Hundert Teilhaber gewesen. Daß hier der materielle Besitz nicht reizen konnte, ist klar, wie es denn auch vorgekommen ist, daß ein Teil um einen sehr geringen Preis, z. B. um ein Pferd verkauft wurde. Was zum Mitbesitz an der Herrschaft lockte, war ein ideeller Wert, eben jene Aussicht, in unsicheren Zeiten einen nie versagenden Unterschlupf zu finden und hinter sich eine größere Zahl Standesgenossen zu wissen, die als Mitteilhaber einem jeden bedrohten Ganerben hilfreich zur Seite standen. Die Ganerbschaft hatte somit gewissermaßen den Charakter einer Rittereinung gewonnen, welche, da sie auf einem bestimmten materiellen Gemeinbesitz beruhte, einen größeren Wert und einen dauerhafteren Bestand besaß als die vielen Ritterbündnisse jener Zeit, die nur auf mündliche oder schriftliche Abmachungen sich stützten[2]).

Die Familie von Schaumberg war gleich von Anfang an bei dieser Gründung stark beteiligt; nicht weniger als fünf ihrer Glieder finden sich unter den 44 Käufern der Herrschaft, wie auch im weiteren Verlaufe die Familie immer auf den Besitz einer Anzahl Ganerbenteile hielt[3]). Vier-

---

6. Alle Gerichtssachen erledigt der Pfalzgraf.

7. Streitigkeiten der Ganerben entscheidet der Burggraf; Appelationsinstanz gegen diesen ist der Pfalzgraf als der Landesherr und Schützer der Burg (vgl. 27. Bericht des Histor. Vereins Bamberg, Jahrgang 1864, S. 99—106).

Als Beamte des Ganerbinats fungieren der Burggraf, der auf der Burg wohnen mußte, und die beiden Baumeister; ihnen zur Seite stehen die „Erkorenen". Alle diese sind aus der Mitte der Ganerben gewählt.

[2]) Kreisarchiv Nürnberg, Rep. 187.b No. 197. ad 24². Extrakt Rothenberg. Burgfriedens 1493: Die Ganerben garantieren sich gegenseitig Besitz und Leben und nach außen hin Hilfe in der Not. (Dienstag nach St. Katharinentag 1493.) Dieser gegenseitige Schutzvertrag wurde vom Ganerbentag am Johannistag 1497 ausdrücklich erneuert.

[3]) Unter den Gründern befanden sich Veit von Schaumberg, der Aeltere, Hans von Schaumberg zu Thundorf, Veit von Schaumberg zu Strössendorf, Paul von Schaumberg zu Schorgast, Hans von Schaumberg zu

zehn Jahre nach Entstehung des Ganerbinates 1491 wird unter den Teilhabern Silvester von Schaumberg genannt[1]); es ist dieses die erste Erwähnung seines Namens. Er hat seinen Ganerbenteil von Wolf von Parsberg käuflich an sich gebracht, nachdem er von der Ganerbenversammlung für würdig erachtet wurde, ihrem Kreise anzugehören. Die alte Bergveste ist mit der ersten Lebensperiode Silvesters eng verwoben. Sie ist die Basis aller seiner Unternehmungen, auch sein Wohnsitz, zwar wohl nicht sein ständiger, da er weder Burggraf war, noch in jenen Tagen zu den Baumeistern gehörte, aber doch derjenige Wohnsitz, auf dem ihn alle Briefe und Botschaften am ehesten erreichten[2]). Wie gar häufig die Wahrnehmung zu machen

Strössendorf. Veit von Schaumberg, der Aeltere (Lauterburger Linie), damaliger Rat Pfalzgraf Ottos, war es auch, der 1478 als pfalz-bayrischer Gesandter die oberherrliche Bestätigung des Verkaufes der Veste an die Ganerben bei König Matthias Corvinus von Ungarn und Böhmen durchsetzte. Auch in späteren Zeiten finden sich unter den an der Spitze der Ganerbschaft stehenden Personen Glieder der Familie von Schaumberg, z. B. schon 1523 bei der endgültigen Grenzregulierung der Herrschaft mit Nürnberg; hier war neben Sebastian Stiebar zum Rosenberg als Burggrafen und Albrecht Gotzmann zu Buch als dem einen Baumeister, Ritter Georg von Schaumberg zu der Lauterburg als anderer Baumeister tätig und unterschrieb den Vertrag. In der zweiten Hälfte des 16. Jahrhunderts war Hans Ludwig von Schaumberg (der älteste dieses Namens und gleichfalls ein Lauterburger), während einiger Jahrzehnte Burggraf auf dem Rothenberge.

[1]) Silvester ist auch fast auf allen Ganerbentagen, die zu dieser Zeit stattfanden, anwesend. Die Nürnberger Register erweisen ihn auf folgenden Tagen:
1495 Sonntag nach St. Gallentag,
1496 Sonntag nach St. Dionysytag,
1497 Samstag nach Aschermittwoch; ? vor St. Gallentag,
1498 Sonntag nach St. Burckardt,
1499 Sonntag nach Hl. 3. Kön.; Sonntag nach St. Marg. (hat er Vollmacht geschickt); Sonntag nach St. Dionysi,
1500 Sonntag nach Michaelis, hier wurde über die Leute beschlossen, die jeder Ganerbe zur Schloßbesatzung zu stellen hatte. Silvester soll schicken „eyn redlichen frumen, wollgerustenn Reysiegen Knecht mit seinen harnasch und were",
1501 Sonntag Quasimodogeniti (zu Neustadt a. Aisch); Sonntag nach St. Galli,
1502 Montag nach Neujahr (zu Lauf); Sonntag nach Joh.; Sonntag nach Allerheiligen,
1503 Sonnabend nach Ostern; Sonntag nach St. Gallentag; Donnerstag nach vincula Petri, Montag nach Angidi,
1505 Mittwoch nach St. Galli,
1506 Dienstag nach St. Fabian u. Sebastian (Kreisarch. Nürnberg, Rep. 187b. II. C. 1. Abschiedbücher 1 u. 2).

[2]) 1491: Silvester wird Ganerbe. Kreisarchiv Nürnberg, Rep. 187b), 1496, 1499 stellt Silvester Lehensreverse über seinen Ganerbenteil aus. (Reichsarchiv München.)

ist, daß zufällige äußere Umstände auf die Lebensentwickelung eines Menschen bestimmend wirken, so kann man auch hier beobachten, daß der zufällige Besitz eines Rothenberger Ganerbenteils der Lebensbetätigung Silvesters wenigstens in der ersten Periode eine ganz bestimmte Richtung und Färbung gegeben hat. Zweifelsohne hängt das abenteuerliche Leben, welches Silvester in dieser Zeit führte, eng mit seiner Zugehörigkeit zum Rothenberg und mit der starken Ausnutzung seines Rechtes an dem Ganerbinate zusammen. Der Rothenberg war in seiner damaligen Periode besonders unter der Burggrafschaft Albrecht Stiebars nichts anderes als eine notorische Herberge von Landfriedensbrechern. Die Fehdegegner Bambergs und Nürnbergs fanden hier immer offene Tür, guten Rat und hilfsbereite Hände. Daß der zweifelhafte Charakter, den um diese Zeit der Rothenberg besaß, einen jungen Mann beeinflußte, ist nicht verwunderlich; verwunderlich wäre das Gegenteil. Freilich muß gesagt werden, daß die damalige Tendenz des Ganerbinats den Wünschen des jungen Edelmannes, der sich in seine Sphäre begab, nur entgegenkam. Schwertarbeit zu finden, Schwertruhm zu erlangen, war in jenen Tagen immer noch der heißeste Wunsch des adeligen Jünglings. Aber schon war ein Wandel der Zeiten darin spürbar, daß die Gelegenheit zu Schwertarbeit und Schwertruhm nicht mehr so einfach und sozusagen auf dem Wege liegend zu finden war. Jene Zeiten, da die Wohlfahrt des Reiches allein von dem guten Schwerte seiner Ritterschaft abhing, war bereits vorüber; die Reichsheere setzten sich aus anderen Elementen zusammen, wie in den Tagen der ritterlichen Blüte. Die neue Organisation der Truppen und die veränderte Taktik des Kampfes, welche beide auf Fußvolk mit langen Speeren als Kernteil des Heeres zugeschnitten waren, haben im Verein mit den immer mehr in den Vordergrund tretenden Feuerwaffen den Wert der ritterlichen Dienstleistungen im Felde geschwächt und zurückgedrängt. Es ist der Zeitpunkt, in dem die Fußtruppen den entschiedenen Vorzug vor der Reiterei erhalten. So war es nach der Lage der Dinge längst nicht allen jungen Edelleuten mehr vergönnt, nach Väter Art sich auf den großen Kriegsschauplätzen des Reiches die ersten Lorbeeren zu holen; viele mußten sich begnügen, die Wirren der Landschaft, der sie angehörten, zur praktischen Erprobung der verlangten Waffentüchtigkeit zu benutzen. An solchen inneren Wirren war aber diese Zeitperiode, wie alle Uebergangszeiten, ungemein reich. Zu denen, die auf diesem Boden den Ruhm ritterlicher Tapferkeit suchen mußten, gehörte auch Silvester von Schaumberg. Nichts deutet darauf hin, daß er in den ersten Jahren seiner Waffenfähigkeit etwa wie seine Lauterburger Vettern, die Ritter Wilwolt, Georg und Adam von Schaumberg[1]), die Grenzen der Heimat überschritten habe. Er hat in den engen Verhältnissen seines fränkischen Geburtslandes gelebt und sich hier ausgewirkt. Franken war aber damals durchaus nicht die geeignete Schule, einem jungen Ritter größere Gesichtspunkte beizubringen. Seit den Tagen der Hussitenkämpfe hatte das Land nichts Großzügiges mehr gesehen. Seine vielen größeren und kleineren Gewalten hatten sich daran gewöhnt, in Verwickelungen und Befehdungen kleiner und kleinster Art ihre Kräfte zu verbrauchen. Dies mag dann wohl auch der Grund sein, warum über der ersten öffentlichen Lebensperiode Silvesters der Anstrich des Engen und Kleinlichen liegt. Die von Haus aus groß angelegte Natur des Mannes wurde durch die beschränkten Ver-

---

[1]) Ueber den bereits mehrfach genannten Wilwolt von Schaumberg vgl. „Geschichten und Taten Wilwolts v. Sch." herausgegeben von Adelbert von Keller in 50. Publ. des liter. Vereins in Stuttgart 1859, eine bereits nach verschiedenen Seiten gewürdigte Biographie aus Anfang des 16. Jahrh.; Ulmann, „Der unbekannte Verfasser von Geschichten und Taten Wilwolts", in Histor. Zeitschr. N. F. Bd. III; Würdinger Urkundenauszüge zur Gesch. d. bayr. Erbf.-Kriegs; vgl. Regesten 78. 82. 91. 92. 122. 125. 132. Ed. Beinthker, Ueber die Handschriften und den Verf. der Gesch. u. Taten Wilwolts; Schulprogr. Anclam 1883; Brandt, Märk. Krieg gegen Sagan und Pommern, Greifswald 1897/8, Inaug.-Diss., auch German, „D. Joh. Forster"; Urkunden im Anhang No. VII; Gustav Freytag, Bilder aus der deutschen Vergangenheit II 1, 422—442. Zeitschrift f. Thür. Gesch. u. Altertumskunde 1902 (Tod Wilhelms v. Henneberg).

Einige hundert Regesten aus den verschiedensten Archiven über Wilwolt haben Osc. v. Schaumberg und der Verf. gesammelt. Eine bereits fertiggestellte biograph. Skizze über Wilwolt, die alle neueren Archivergebnisse in sich schließt, verfaßt von Osc. v. Schaumberg, erscheint im Frühjahr 1911 im Druck.

Ueber Ritter Georg v. Schaumberg, hat Fellner in „Fränkische Ritterschaft 1495—1524" einige Personalien zusammengestellt, wie er auch das Wirken dieser bedeutenden Persönlichkeit für die Standesinteressen der Ritterschaft in jener Gährungszeit schildert.

Ritter Adam von Schaumberg, der Verfasser, des „Leyen-Spiegells" 1522, eines Büchleins religiösen und theologisch-dogmatischen Inhaltes, das zu den frühesten Quellenschriften der Reformation aus Laienkreisen gehört, harrt noch der biograph. Zusammenstellung. Ueber die beiden letzteren haben Osc. von Schaumberg und der Verf. Umfangreiche Regestensammlungen veranstaltet, die der Verarbeitung noch warten.

hältnisse seiner Umgebung im Banne gehalten; sie brauchte, wie jede Entwickelung, ihre geraume Zeit zum Durchbruch. Unter dem Einflusse des Rothenbergs und der heimatlichen Beengtheit, und dazu in einem Lebensalter stehend, in welchem eine impulsiv veranlagte Natur zum ausgesprochenen Radikalismus hinneigt, scheint sich Silvester nicht in besonderer Weise von jenen abenteuerlichen Gestalten zu unterscheiden, an denen der fränkische Adel um die Wende des 15. Jahrhunderts so reich war und deren Typus in der Selbstbiographie Götz von Berlichingens zur Darstellung kommt. Und doch wäre ihm Unrecht getan, wollte man ihn wirklich mit jenen zahlreichen adeligen Abenteurern auf gleiche Stufe stellen. Durch alle seine Unternehmungen dieser Zeit geht unverkennbar der Zug, die eigene Sache auf eine Rechtsgrundlage zu stützen; Gewissenlosigkeit ist das Letzte, was man ihm vorwerfen kann. Seine Hände sind auch rein geblieben von jenen Flecken, die einem großen Teile seiner Standesgenossen anhafteten. Straßenraub und Strauchrittertum hat er immer verurteilt; niemals hat er ohne einen Rechtsgrund sein Schwert gezogen. Uns mögen freilich diese Rechtsgründe recht fadenscheinig und gesucht erscheinen, seine Zeit hat aber zweifelsohne über die rechtlichen Begründungen erhobener Ansprüche und vererbter Forderungen anders gedacht als wir. Auch sonst hat sich die in ihm steckende, den Durchschnitt überschreitende Kraft noch bewiesen, nämlich in der Zähigkeit und Tapferkeit, mit der er seine Angelegenheiten durchsetzte. Sehr rasch hat er sich die Wertschätzung seiner Freunde und die Beachtung seiner Gegner erworben.

Kindheit und Jugendjahre Silvesters sind völlig dunkel. Ebensowenig, wie sein Geburtsjahr, weiß man bis jetzt seinen Geburtsort anzugeben. Der Vater befand sich in jüngeren Jahren nach den bisherigen Forschungsergebnissen nicht in fester dienstlicher Stellung. Möglich, daß sogar die leichten Fesseln einer Amtmannsstelle dem freiheitsgewohnten, trotzigen Sinne des alten Ehneser allzu drückend erschienen. Feste Häuser, die zu Wohnzwecken und längerem Aufenthalt der Familie dienen konnten, besaß Simon jedenfalls mehrere. Wahrscheinlich aber ist es bei der unruhigen Natur des Vaters, daß Silvester in dem am meisten gesicherten Rauenstein, zu dem gerade die Ehneser Linie enge Beziehungen unterhielt, das Licht der Welt erblickte. Hier in dem verborgenen Winkel des Thüringer

Waldes unter dem Schutze der starken Hand Sachsens hat
so manche Edelfrau jener Tage still und zurückgezogen
ihre Zeit zubringen müssen, während ihr Eheherr, die Ruhe
und das beengte Leben hinter den Mauern verschmähend,
draußen seinem ritterlichen Gewerbe nachging, bald da,
bald dort im Frankenlande auftauchte, bis er, mit Fehdebeute beladen oder verfolgt und gehetzt, zu dem sicheren
Obdach des Rauensteins einmal heimkehrte, um nach
kurzer Rast, nach „fröhlichem Umtrunk und Gejaid" wieder
auf neue Unternehmungen hinauszureiten. Ob sich Silvesters Erziehung in einer anderen als in der auf Ritterburgen herkömmlichen Weise vollzogen hat, läßt sich nicht
erkennen; wahrscheinlich ist es nicht. Die spätere Erscheinung des Mannes deutet darauf hin, daß er dieselbe
Erziehung wie weitaus die meisten seiner Standesgenossen
erhalten hat. Seine Jugend fällt noch nicht in die Zeit,
in der die Edelleute für ihre, dem Ritterstande bestimmten
Söhne, andere als die üblichen ritterlichen Bildungselemente
in Betracht zogen. Und diese bestanden neben den wichtigsten Kenntnissen der Religion in der Kunst des Schreibens
und Lesens. Daß man sich hinsichtlich des Lesens und
Schreibens von fremder Hilfe unabhängig machen müsse,
war eine Erkenntnis, die sich in jenen Tagen bei den
Edelleuten schon Bahn gebrochen hatte. Ob Silvester außer diesen elementaren Kenntnissen noch eine
höhere Bildung, etwa eine humanistische oder sonstige
wissenschaftliche besessen habe, scheint als ausgeschlossen
betrachtet werden zu dürfen. Die von ihm vorhandenen
Briefe zeigen die ungelenke Ausdrucksweise eines Mannes,
der mit dem Schwerte besser umzugehen wußte, als mit
der Feder. Sie verraten auch nichts von einer dialektischen
Schulung des Verstandes. Man lese nur einmal seinen
Brief an Luther durch, um zu erkennen, daß seine natürliche Klugheit in stetem Kampfe mit den Schwierigkeiten
liegt, seine Gedankengänge zu Papier zu bringen. Hätte
seine Bildung wirklich humanistischen Einschlag gehabt,
dann wäre doch vor allem auch der Brief an Luther nicht
in der Sprache der Barbaren, sondern in Latein geschrieben
worden, wie etwa die Briefe Huttens und Sebastian von Roten-
hans. Nichts deutet darauf hin, daß er Latein verstanden
hätte. Seine enge Berührung mit dem Werke der Reformation, seine eifrige Mitarbeit an einer Sache, deren
Bewältigung man den Gelehrten zuschob, seine auffällige

Vorliebe für religiöse Dinge haben wohl die Meinung erstehen lassen, als müßte Silvester auch in rebus litterarum einen höheren Standpunkt als seine ritterlichen Zeitgenossen eingenommen haben. Aber das Vorhandensein jener Dinge läßt sich auch anders erklären, nämlich aus dem höheren Interesse, welches Silvester der religiösen Bewegung entgegenbrachte. Hier liegen wohl die Wurzeln derjenigen Kräfte, die ihn auf einen höheren Standpunkt stellten. Auch seine ritterliche Erziehung hat sich kaum in anderen Bahnen bewegt, als in denen seiner Zeitgenossen; man wird ihn, nachdem er der Aufsicht des Burgkaplans entwachsen war, dem Müßiggange auf dem väterlichen Besitz dadurch entzogen haben, daß man ihn in die Hut und Zucht eines befreundeten Edelmannes gab, dessen Persönlichkeit und Ansehen die Gewähr gaben, daß der Edelknabe ebenso in ritterlichen Manieren, wie im Waffendienste tüchtig wurde. Und hier hat er sicherlich einen tüchtigen Lehrer gehabt.

Um die Lebensbetätigung Silvesters in dieser seiner ersten Periode richtig zu verstehen, ist es notwendig, sich auch noch kurz die Rechtsanschauungen zu vergegenwärtigen, in denen die jungen Edelleute jener Tage heranwuchsen. Es war die Zeit des wiederaufgeblühten Faustrechtes. Selbsthilfe und ritterliche Fehde gründeten sich auf germanische Rechtsanschauung; sie waren durch Jahrhunderte langen Gebrauch so fest eingewurzelt, daß ihre endgültige Abschaffung große Mühe kostete. Das Unwesen war so verheerend eingerissen, daß nach dem Urteil der hellen Köpfe dadurch die Existenz des Reiches in Frage gestellt wurde. Seine Beseitigung war eine Sache der Notwendigkeit. Aber ob auch seit Jahrzehnten alle Reichstage sich mit der brennenden Frage beschäftigten, war man doch der Lösung kaum näher gerückt. Im Gegenteil, eben der Reichstagsbeschluß von 1442, daß nämlich jede Befehdung nur dann erlaubt sei, wenn man drei Tage vorher dem Gegner abgesagt hätte, ein Spruch, durch den man die jammerseligen Zustände einzudämmen glaubte, hatte eine unglaubliche Vermehrung des Fehdewesens zur Folge. Gerade Franken bot in der zweiten Hälfte des 15. Jahrhunderts das Bild aller aufgelösten Ordnung. Das Urteil, welches 1471 der päpstliche Legat Campano abgab, daß Deutschland einer einzigen großen Räuberhöhle gleiche, kam hier in Franken der Wirklichkeit ziemlich nahe. Auf keinem Gebiete zeigte die Reichsgewalt ihre Unfähigkeit in so erschreckender Deutlichkeit. Verständlich ist ja nun freilich auch die betrübende Erscheinung der Selbsthilfe. Man würde der Ritterschaft Unrecht tun, wenn man für den zähen Widerstand gegen alle Landfriedgebote und für das starke Festhalten am Prinzip der Selbsthilfe nur den unbezwinglichen Hang des Adels zu Rauferei und Unordnung als Grund annehmen wollte; man muß vielmehr die unsicheren und höchst verwickelten Rechtszustände jener Tage in Betracht ziehen, die den Gang des friedlichen und gesetzmäßigen Rechtsuchens unerträglich verlangsamten, ja wohl auch unmöglich machten. Die stark verarmte Ritterschaft war manchmal gar nicht in der Lage, auf die hinausgezögerte Entscheidung einer beim Gerichtshof angängig gemachten Rechtssache warten zu können. Das zu Ende gehende Jahrhundert machte nun allerdings noch einen stärkeren Vorstoß, diese unerträglichen Zustände zu beseitigen. König Maximilian hatte sich die innere Beruhigung und Sicherung des Reiches zu einer seiner vornehmsten Aufgaben gemacht; schon zu Anfang seiner Regierungszeit war es ihm gelungen, die an die Apathie des Reichsregiments gewöhnten Stände zu einschneidenden Bestimmungen über die Sache mit fortzureißen. Der Reichstag zu Worms 1495 erhob den „ewigen" Landfrieden zum Gesetz und stellte jede Selbsthilfe, einerlei ob sie auch die ritterlichen Anstandsverpflichtungen erfüllte, als einen Rechtsbruch, der mit der Reichsacht zu bestrafen sei, fest. Das war nun freilich vorerst ein papiernes Gesetz. Denn solange das Reich nicht imstande war, diejenigen Verhältnisse, die zur Fehde führten und drängten, zu bessern, war von dem neuen Gesetz schlechterdings nicht zu verlangen, daß es die gerügten Zustände mit einem Schlage beseitige und den Landfrieden zur Wahrheit werden lasse. Man konnte die Erscheinung des Uebels nicht ausrotten, solange man seine Wurzeln unbehelligt ließ. Die höchste Strafe, die das Reich aus seiner Strafgewalt ausgehen ließ, die Acht, vermochte daran nichts zu ändern; einerseits wohl deswegen nicht, weil diese Strafe eigentlich nichts Ehrenrühriges an sich trug, andererseits weil sie nur gar zu häufig wegen Mangels einer kräftig durchgeführten Exekutive unwirksam blieb. Das Fehdewesen bestand denn auch nach dem Reichtagsabschied ungemindert fort, bis dann die großen

Ereignisse in der Reichsgeschichte des neuen Jahrhunderts ihm ganz von selbst ein Ziel setzten.

Man muß diese Umstände mit in Anschlag bringen, um auch über die Fehler einer Person ein gerechtes Urteil zu gewinnen. Ganz natürlich werden die Fehler eines Einzelnen in einem milderen Lichte erscheinen, wenn es sich herausstellt, daß es Fehler sind, die seiner ganzen Zeit anhafteten, und die er mit den Besten seiner Zeit geteilt hat[1]).

Dies gilt nun auch für Silvester von Schaumberg. Sehen wir also zu, wie eine Persönlichkeit, die wie die seine mit hellen Augen und einem festen Arm ausgestattet war, sich auf dem also gezeichneten Hintergrund ausnimmt. Er erscheint in seiner ersten Periode als ein völliges Produkt seiner Erziehung und seiner Umgebung, und er hat erst ein Opfer von zwölf Lebensjahren mit allen ihren Kämpfen, Irrtümern und Enttäuschungen bringen müssen, bis es ihm gelang, die an einer so geformten Persönlichkeit haftenden Fehler zu überwinden. Es mag uns nicht wundernehmen, daß der Rothenberg, jener Mittelpunkt aller abenteuernden und streiflustigen Ritter, eine besondere Anziehungskraft auf ihn ausübte. Von Haus aus nicht mit besonderen Glücksgütern ausgestattet, gehörte er zu jenen, die ihr Glück auf der Schwertspitze trugen, die bei ihrem Eingreifen in die Wirren der Landschaft nichts zu verlieren, aber alles zu gewinnen hatten. Für diese war die alte Bergveste an der Straße von Nürnberg ins Böhmerland, eine wundervolle Basis. Auf der Grenze von vier verschiedenen Gebieten, Brandenburg, Bamberg, Nürnberg und Pfalz-Bayern liegend, unter der Oberherrschaft eines von allen respektierten Fürsten, mit einem starken Rückhalt an der Ritterschaft des Landes und selbst ein starkes festes Nest, dem unter Umständen auch noch das ganze Hinterland der fränkischen Schweiz mit seinen vielen verborgenen Felsenburgen und unvergleichlichen Schlupfwinkeln einen ausgezeichneten Stützpunkt bot, war der Rothenberg in der Tat das Dorado aller abenteuerlustigen Edelleute. Silvester hat die Situation vorzüglich ausgenutzt. Zwölf Jahre seines Lebens sind eng an die alte Veste geknüpft. Es sind

---

[1]) Leopold v. Ranke, „Deutsche Geschichte im Zeitalter der Reformation" I. S. 41 ff. 75 ff.; v. Bezold, „Geschichte der Reformation", S. 28—31; Fellner, „Die fränkische Ritterschaft v. 1495—1529", vgl. Einleitung S. 71. über Fehderecht und Landfrieden vor 1495 usw., weiter den Abschnitt II, Fehdewesen bis 1519. Würdinger, a. a. O. besonders Teil II.

tolle, wilde Jahre, die durch nichts besser charakterisiert werden als durch die Tatsache, daß Silvester während dieser Zeit dreimal der Reichsacht verfiel[1]).

Den Anlaß zur ersten Aechtung gab eine Fehde mit dem Hochstift von Bamberg[2]). Dort hatten sich seit einer geraumen Zeit aber besonders unter dem Regiment Bischofs Heinrich III., Groß von Trockau (1487—1501) Zustände entwickelt, welche vom Adel mit großem Mißfallen betrachtet wurden. Es handelte sich um die Besetzung der höheren Würden und Aemter im Stifte. Der Adel hatte diese Stellen von jeher als seine Domänen angesehen. Das Recht dazu leitete er sich aus jenen Zeiten her, in denen die Klöster und Stifter durch die Freigebigkeit der Edelleute lebensfähig geworden waren. Sicherlich lag es den Vätern, die durch ihre frommen Schenkungen ihrem eigenen Seelenheil zu Hilfe kommen wollten, in ihrer Mehrzahl ferne, durch Fundierung geistlicher Stellen ihren spätgeborenen Söhnen Sinekuren verschaffen zu wollen; das ändert aber nichts an der Tatsache, daß diese spätgeborenen Söhne wirklich glaubten, die Stiftungen seien nur ihretwegen gemacht, es sei ihnen dadurch ein gut Teil ihres Vermögens entzogen worden und deswegen gehöre ihnen

---

[1]) Hierbei soll bemerkt werden, daß es sich nicht genau feststellen ließ, ob Silvester auch 1501 Reichsächter gewesen ist; nach einer Stelle eines Briefes des Bischofs von Bamberg an die Ganerben zum Rothenberg scheint es gefolgert werden zu dürfen; dort heißt es, nachdem die Tathandlung geschildert worden ist, „durch solich freventl. Tat ist er mit seinen Helfern und Anhängern von recht mit der Thate in die königl. und des heil. Reichs acht gefallen". . . .

[2]) Von allen Reichsständen Frankens hatte in dieser Zeit keiner sich soviel ritterlicher Fehdegegner zu erwehren wie Bamberg. Die Fehdeakten aus der zweiten Hälfte des 15. Jahrhunderts nehmen einen ziemlichen Raum ein. Das Repertorium „Fehdeakten im Bamberger Kreisarchiv" weist in den Jahren von 1460—1500 nicht weniger als neunzehn größere Fehden auf mit adeligen oder bürgerlichen Personen, darunter solche, die sich gegen eine größere Anzahl Fehdegegner richteten und solche, welche über eine Reihe von Jahren dauerten; die Irrungen mit Wolf Gotzmann nahmen fast drei Jahrzehnte in Anspruch. Mit denen von Reitzenstein hatte das Hochstift so ziemlich alle Jahre zu tun. Neben diesen Fehden treten noch die häufigen Feindseligkeiten kleinerer oder größerer Art, die Bamberg mit den benachbarten Territorialherren, z. B. mit Würzburg, Bayern, Brandenburg, auch mit Sachsen, auszufechten hatte. Als Stützpunkt der Gegner erscheint häufig der Rothenberg; z. B. in der Fehde des Wolf Gotzmann wegen eines gefangenen Knechtes 1494. (Kreisarchiv Bamberg, Kap. 27. L. 1. Fasc. 1.) In dem Schreiben König Maximilians an die Stände über Vollziehung der Acht vom 9. Dezember 1493 wird eine große Zahl Fehdegegner genannt. (Vgl. Looshorn, „Geschichte des Bistums Bamberg", IV S. 411).

auch das Recht zu, sich in ihren Genuß zu setzen; die
Klöster im Stift, heißt es in der Beschwerde der Ritterschaft, wären von ihren Eltern gestiftet und begabt, „das
wir vom Adel an unserer Nahrung wohl empfunden, auf
das, daß unsere Kinder darin genommen zu Aebten und
anderen Aemtern gelassen" würden. Die Behauptung dieser
Ansprüche geschah aber nicht bloß um des Rechtes selbst
willen, auch nicht wegen der damit verbundenen wirtschaftlichen und materiellen Vorteile, sondern aus einem anderen
Grunde. Es stand damit eine Lebensfrage des Adels auf
dem Spiele. Die fränkischen Bistümer mit ihren zahlreichen
gut dotierten Präbenden waren seit langer Zeit die Versorgungsanstalten für die jüngeren oder schwächlicheren
Kinder des Adels, „die Klöster sind des Adels Spitäler"
war eine sprichwörtliche Redensart jener Zeit. Und solcher
Spitäler hatte der Adel nötig. Das 15. Jahrhundert weiß
viel von kinderreichen Familien zu erzählen. Das herrschende Erbrecht aber sprach jedem Sohne die gleiche
Erbportion zu, die Töchter wurden mit einer Morgengabe
abgefunden. Um nun die Erbportionen nicht allzu gering
zu gestalten und vor allem, um das väterliche Erbe nicht
in eine bedeutungslose Zersplitterung verfallen zu lassen,
wurde unter den Kindern eine Auswahl getroffen. Den
kräftigeren Knaben, denen man zutrauen konnte, daß sie
auch bei einem geringeren Erbe sich ihren Weg durchs
Leben bahnen konnten, den lebensfrischen Töchtern, die
man für eine Ehe tauglich hielt, wurde die standesgemäße
edelmännische Erziehung zuteil, alle körperlich geringeren
Elemente der Familie wurden geistlich. So war die Bereithaltung geistlicher Stellen und Pfründen für den Adel
eine wirtschaftliche Notwendigkeit geworden, und wenn in
späteren Jahrzehnten zur Zeit der Gegenreformation ein
Teil des lutherisch gewordenen fränkischen Adels wieder
in den Schoß der katholischen Kirche zurückkehrte, so
mochten neben anderen Motiven auch die Erwägungen
mitsprechen, daß die evangelische Kirche keine Klöster
und Pfründen besitze, der Adel aber auf seine privilegierten
Versorgungsanstalten nicht verzichten könne. Bei manchen
Edelfamilien Frankens, z. B. gleich bei der Familie
Schaumberg, läßt es sich direkt nachweisen, daß ihr Niedergang von jenen Zeiten an datiert, in denen sie durch Ausstattung aller ihrer Kinder den Familienbesitz allzusehr
zersplitterte und damit sich selbst ihrer wirtschaftlichen

Kraft und Bedeutung beraubte[1]). Jedenfalls war man sich in der Ritterschaft des 15. Jahrhunderts durchaus bewußt, daß es sehr im Interesse des Adels liege, sich das historisch gewordene Recht der Besetzung höherer geistlicher Würden nicht verkümmern zu lassen[2]). Eine solche Verkümmerung des alten Rechtes schien in der Regierungszeit Bischof Heinrichs von Bamberg eingetreten zu sein. Bitter beklagt sich die Ritterschaft, daß wichtige geistliche Stellen an

---

[1]) Es ist gewiß eine Pflicht der Dankbarkeit, daß man sich, während man der Verdienste einer Edelfamilie um die Reformation gedenkt, auch der großen Opfer erinnert, die so manche dieser Familien ihrer Zugehörigkeit zum Evangelium haben bringen müssen. Es kann z. B. kaum ein Zweifel sein, daß alle jene Glieder der Familie von Schaumberg, die sich für Luther entschieden, mit diesem ihrem Eintreten — natürlich ohne es zu ahnen — die Mauerbrecher an die Fundamente ihres Geschlechtes legten. Die Zugehörigkeit dieser Familie zur Reformation hat wesentliche Momente zu ihrem Niedergange gezeitigt. Man kann als solche angeben 1. die mit der Zerspaltung in verschiedene Glaubensgenossenschaften hervorgerufene Zwietracht in der Familie; 2. den Verlust der Versorgungsanstalt der jüngeren Kinder im Schoße der katholischen Kirche und die damit verbundene, durch Versorgung der Kinder aus eigenen Mitteln entstandene Besitz- und Vermögenszersplitterung; 3. die Einbuße der hohen geistlichen Würden, aus denen nachweislich materielle und moralische Förderungen der Familie flossen; 4. die nunmehr stark verminderte Gelegenheit, weltliche Dienststellen am Hofe geistlicher Fürsten zu bekleiden und durch einträglichen Beamtensold ein etwa allzu kleines väterliches Erbe auszugleichen; 5. endlich ein noch in der Ferne wirkender Grund: der Haß der katholischen Soldateska im Dreißigjährigen Krieg gegen die protestantische Adelsfamilie. Dieser Haß hat der Familie die besten Schlösser gekostet, um nur an den Schaumberg und Rauenstein zu erinnern. Freilich sind das nur zum Niedergang mitbestimmende Gründe; man darf nicht übersehen, daß doch in erster Linie die verlorene innere Tüchtigkeit, abgesehen von einigen Heroen auch in dieser schwersten Zeit, der Hauptgrund zum Verfalle war. Immerhin gehört es zu jenen tragischen Erscheinungen, welche die Geschichte immer wieder zu bilden beliebt, daß der innere und äußere Aufschwung, den man mit der Parteinahme für das Evangelium dem Geschlechte zu geben hoffte, in Wahrheit mit dazu wirkte, ihm das Grab zu graben. Diese Tragik liegt auch auf dem Wirken des ersten Vorkämpfers der Reformation aus dem Schoße der Familie, Silvesters.

[2]) 1496, am Sonntag nach Matthäus verwendet sich ein Teil des Coburger landsässigen Adels bei Kurfürst Friedrich und Herzog Johann gegen die geplante Aufhebung eines Klosters in Coburg. „Wir," so heißt es dort, „von beiden Geschlechtern von Schaumberg und Coburgk vnser Eltern haben anfänglich solch Kloster gestift, stet auf vnsern Eygen Gütern, wir von allen Geschlechtern unten angezeigt, haben vnser Begrebnuß, auch etliche Jahrbegangnisse im Kloster" ... usw. Neben diesen Gründen der Pietät, die hier angeführt werden, hat aber sicher der Grundsatz „die Klöster sind des Adels Spital" solchen Einspruch verursacht. Die Urkunde ist abgedruckt bei Schultes, „Sachsen-Coburg-Saalfeldische Landesgeschichte von 1425 bis neuere Zeiten". Coburg 1818, Urkundenbuch No. XXII.

„Schusters- und Schneiderssöhne und andere hergelaufene Leute dem Adel zu Schmach und Nachteil" vergeben würden. Offenbar war Bischof Heinrich in dieser Angelegenheit etwas harthörig, so daß einige jugendliche Heißsporne 1493 der ritterschaftlichen Forderung dem Nachdruck der Waffen geben zu müssen glaubten. Es war wohl eine willkommene Gelegenheit, der Waffenruhe zu entgehen und in einen fröhlichen Krieg zu reiten. Wolf Gotzmann, Ebolt Stiebar, Silvester von Schaumberg und sein Bruder Karl sagten mit ihren Dienern und Helfern dem Hochstifte Fehde an. Neben diesen allgemein von der Ritterschaft beklagten Verhältnissen waren für Silvester und seine Freunde noch besondere Fehdegründe vorhanden. Sie knüpften sich an die Person Wolf Gotzmanns, des Bambergischen Schultheißen in Forchheim[1]). Gotzmann war während seiner Amtstätigkeit in Forchheim mit dem Bischof in Streit gekommen, fühlte sich von ihm benachteiligt und sagte ihm Fehde an. Ihm schlossen sich als Helfer seine beiden Neffen an, nämlich Karl und Silvester von Schaumberg, die Söhne seiner Schwester[2]). Auch Ebolt Stiebar, der schon seit längerem mit Bamberg seine guten Beziehungen abgebrochen hatte, schlug sich auf Gotzmanns Seite. Das Hochstift befand sich solchen Fehdegegnern gegenüber immer in einer üblen Lage. Während sein eigenes Gebiet, trotz aller Vorsicht der Amtleute, offen dalag und sich die Einbrüche gefallen lassen mußte, waren die ungemein raschen Gegner nur sehr schwer zu fassen. Da sie meist besitzlos waren oder ihr Besitz in dem Territorium irgendeines Landesfürsten lag, den man nicht brüskieren durfte, konnte man ihnen auch nichts nehmen, und zu dem allen mußte man noch recht vorsichtig

---

[1]) Die Schreibweise des Vornamens ist verschieden, Wolfrum und Wolfgang wechseln ab. Er ist einer der bekanntesten Männer seiner Familie; später tritt er in kaiserliche Dienste.

[2]) Der Feindsbrief Karls an den Bischof ist noch erhalten. Er lautet: „Karel von Schawmberg, Knoch zum Rauenstein, der jüngere, an den Bischof von Bamberg: Ihr werdet wissen, wie Unrecht meinem Oheim geschehen ist und ihm empfindlicher Schaden zugefügt ist, will ich ihm helfen und euer Feind sein „vnd wo mit ich euch vnd den Euren zu schaden mage kumen, Es sey tags oder nachtz wie sich die vehede begebe mit nomen, prant, totslagen oder wie es nomen gewönne, so will ich vnd meine gebrotte knecht mein ere gegen euch bewart haben. . . Dat. Freitags vor St. Veitstag anno lxxxxiij". (Kreisarchiv Bamberg, „Fehdeakten". Fehde zwischen Wolf Gotzmann und Bischof Heinrich von Bamberg).

zu Werke gehen, da man sonst Gefahr lief, das ganze
Ganerbinat des Rothenbergs, das schützend hinter seinen
Gliedern stand, sich auf den Hals zu laden. Das einzige,
was sich zunächst tun ließ, war die Bitte an den Kaiser
um Reichshilfe. Und diese blieb denn auch nicht aus.
Zwar war die Fehde richtig angesagt und der Kriegszustand
hergestellt, also die Fehde nach ritterlichen Grundsätzen
rechtlich erlaubt, aber das Landfriedgebot des letzten
Reichstages zu Frankfurt am Main, das einen zehnjährigen
Frieden ausgeschrieben hatte, bot die gesetzliche Handhabe,
gegen die Fehdegegner des Hochstifts von Reichs wegen
vorzugehen. Kaiser Friedrich sprach über sie als Landfriedensbrecher die Acht[1]) aus und beauftragte Pfalzgraf Georg, Herzog von Bayern, am letzten Juni 1493 mit
ihrer Vollstreckung[2]).

[1]) Die Kaiserliche Achtserklärung gegen Wolf Gotzmann, Ebolt Stiebar, Silvester und Karl von Schaumberg usw. 1493 9. 12. findet sich im Kreisarchiv Bamberg. Adelsurkunden K. 27. L. 1. Fasc. 1. (1493).
[2]) Das Schriftstück lautet folgendermaßen: 1493. Am letzten Juni. „Wir, Friedrich, römischer Kaiser, usw. entbieten dem Hochgebornen Georg, Pfalzgraven bey Rhein, Herzog in Bayern, unsern lieben Obeym, Fürsten und Rate unser gnad und alles gut. . . . Uns zweifelt nit, Dir sey vnverporgen, wie Wolf Gotzmann, Ebolt Stieber, Siluester von Schaumberg, Karl von Schaumberg, Karl Schütz, Christoph Haweck, Hans Volckenhauser, Ludwig Seinder, Christoff Haweck, Utz Muldorffer, Engelhart voyt, Ditz Türckisch, Wolff Meissner, Karl Krug, Engelhart Sneiderwint, Hanns Slenck, Engelhart Tach, Eberhart Mosel, Bertoldt Ramfelder, Claus Mack, Claus Korber, Kontz Dürrenpusch, Hanns von der Wildensew, Nicl Schreckmaul, Jacob Kradel, Eckarius Jung, Hans Jauch, Contz Küchenmeister, Dietrich von der Rone und Karl Mülner dem Bischof von Bamberg ohne gebürlichen Rechtens zuwider vnsern zehnjährigen Frieden zu Frannkfurt beschlossen, eine mutwillig fehd und veintschaft zu geschriben und ihn und die Seinen mit gewaltiger tatt zu beschedigen vnderstanden, dadurch sie und ihre Helfer, wie es keiner Rechtfertigung bedarf, in vnser und des hl. Reiches Acht und ander swere pene, straffe und pusse gefallen und erclert sein, vnd nachdem vns solich mutwillig Handlung, dem Rechten und frieden zu Hanthabung zu straffen gebürt, gebieten wir deiner lieb, das du die gemelten Teter noch ir Helffer vnd anhenger dieser Sache in deinen Herschaften, Slossen, Steten, Merckten, Dorffern, Gerechten, Gebieten zu solichen jren vnbilligen furnemen nit anthaltest, Hausest, Hofest, Etzest, trenckest, hinschiebest, noch gantz keinerley Gemeinschafft mit jnen habest. . . . . Sunder auch Sy vnd jr Helffer vnd anhenger als vnser vnd des hl. Reiches offenbar Achter vnd freventlich vngehorsam durch die deinen vnd ander allenthalben in deinen Gebieten hallten vnd straffen lassest, vnd wo die in denselben deinen Herschaften etc. ankumen vnd betretten werden mitsambt der name ob Sy die alßdann heten, aufhaltest vnd dem vorgenanten Bischof oder den seinen auf jr anruffen vnd begern gegen jn vmb solch jr mißhandlung fürderlich recht als sich geburt, ergeen lassest, vnd dich hierzu nit vngehorsam ertzeigest". . . . (Kgl. Reichsarchiv, München, Bamberger Hochstift Saal IV. Kasten 1. Fasc. 4.)

Ob der Pfalzgraf sich sehr beeilt hat, dem kaiserlichen Befehle Folge zu leisten, darf billig bezweifelt werden. Sofern der Geächtete dem mit der Vollstreckung Beauftragten nicht persönlich verfeindet war, verlief der Exekutionsauftrag meist im Sande; und übrigens war der Rothenberg selbst für die Fürsten eine Sache geworden, die sie nicht ohne ganz dringende Veranlassung anfaßten, etwas, wie ein „Hüte dich, sonst stech ich dich!" Sowohl das Hochstift als das Reichsoberhaupt waren mit der Art, wie Herzog Georg die Exekution betrieb oder nicht betrieb, nicht einverstanden. Kaiser Friedrich hatte inzwischen das Zeitliche gesegnet, bei seinem Sohne, der unbedingt Ordnung schaffen wollte, fanden die Gesandten des Bischofs rasches Gehör. Es war ja auch an höchster Reichsstelle aufgefallen, wie gerade das Bistum des hl. Heinrich von Fehde und Kleinkrieg heimgesucht war und dabei keine Lorbeeren gewann. So ließ Maximilian am 9. Dezember 1493 ein Schreiben an alle Stände des Reiches ergehen, worin sie aufgefordert werden, die Reichsacht an den Feinden des Hochstifts zu vollziehen[1]). Trotz des von Friedrich III. verkündeten Landfriedens, heißt es da, hätten Bischof Heinrich, sein Stift und seine Untertanen viel von den Fehden zu leiden, besonders durch Wolf Gotzmann, Ebolt Stiebar, Silvester und Karl von Schaumberg, die alle der Reichsacht verfallen seien; alle Fürsten und Beamten seien hierdurch aufgefordert, sie zu vollstrecken. · Der Erfolg dieser erneuten Aufforderung war wohl kaum ein anderer als der Erfolg der früheren, das kaiserliche Gebot stand damals im Reich nicht sonderlich hoch im Kurs. In einer etwas späteren Zeit läßt Ulrich von Hutten in seinem Dialog „Die Anschauenden" mit dem ihm eigenen humorvollen Spott folgendes Urteil über die Art der Deutschen ergehen: „Vor allem ist der Deutschen Natur von der Art, daß sie sich nicht befehlen lassen wollen, und daher nicht leicht zu regieren sind. Ihren Fürsten aber, die du siehst, dienen sie ebenso frei als treu, der eine dem, der andere jenem. Alle insgemein jedoch erkennen als ihren Herrn jenen Alten

---

[1]) Ueber diese Fehde und ihre Veranlassung vgl. Loos Lorn, „Die Geschichte des Bistums Bamberg" Band IV S. 410ff. Der Wortlaut der Achtserneuerung durch Maximilian findet sich im Kreisarchiv Bamberg, Adelsacta Gotzmann, 367.

dort an, den sie den Kaiser nennen; den halten sie, solang er ihnen zu Willen, in Ehren, aber Furcht haben sie keine vor ihm, sind ihm auch nicht sehr gehorsam. Daher kommt es, daß sie so oft unter sich zerfallen und so wenig für das gemeine Beste sorgen." Man kann getrost dieses Urteil aus der späteren Zeit Maximilians auch auf seine erste Regierungsperiode anwenden; es gibt jedenfalls in treffender Weise Auskunft über die Frage, warum die Mandate des Reichsoberhauptes so wenig Beachtung gefunden haben[1]).

Der Bischof bot zur Bekämpfung der Fehdegegner die Dienstleute des Stiftes auf. Mit welchem Erfolg das geschah, zeigt ein Feindsbrief verschiedener bambergischer Amtsleute an Wolf Gotzmann und seine Freunde, darunter Karl von Schaumberg, Knoch, des älteren, Amtmanns zu Gößweinstein[2]). Damit war der Grund gegeben, daß die Fehde weitere Kreise ziehen mußte. Ihr Verlauf ist der gewöhnliche, man sengt und brennt sich den gegenseitigen Besitz, die eigentlichen Kosten mußten aber hier wie überall die beklagenswerten Untertanen bezahlen. Gotzmann beklagte sich bitter über die Verwüstung seines Stammsitzes, er ist aber die Antwort nicht schuldig geblieben, wie aus einem Anschreiben Bischof Heinrichs an seine Landstände hervorgeht. Hier heißt es, nachdem über die Veranlassung der Fehde gesprochen war: „vor solicher vberantwortung (des Feindsbriefes) ist vnnser Dorffer eins, welitsch genat, des morgens fru mit dem Tag vberfallen. Die armen darinnen gefangen, das ir vanglich genomen vnd etlich in solicher vnerbare tat ermordt vnd vom leben zum tode bracht . . ."[3]). Die Lage des bambergischen

---

[1]) Vgl. Ulmann, Franz von Sickingen 1872 S. 24.
[2]) Wir die Hernachbeschriebenen mit Namen Konradt von Kindsberg, Ritter, Hauptmann zu Kronach, Karel von Schaumberg, Knoch, der Elter, Amtmann zu Gößweinstein, Cuntz Schott, Amtmann zu Lichtenfels vnd Luipold Truchseß zu Dachsbach tun den Wolffen Gotzmann, Silvestern von Schaumberg und Karln von Schaumberg, Gebrüder, Karl Schützen und Ewalten Stibern wissen, nachdem ihr dem Bischof unsern Herrn eine mutwillige Fehde angesagt und wir seiner Gnaden Amtleut und Diener sind, sagen wir euch Feindschaft an es sei mit Mord oder Brandt . . . .
Donnerstag n. Skt. Jacobstag, 1493.
(Mit Siegeln von Künsberg und Schaumberg). (Kreisarchiv Bamberg, Fehdeakten. Fehde zw. W. Gotzmann und dem Hochstift.)
[3]) Der Brief ist im Kr. Arch. Bamberg, Fehdeakten; Fehde zw. Gotzmann und dem Hochstift; datiert ist vom Samstag nach S. Veit „nonajesimo tercio".

Dorfes Welitsch dicht an der sächsischen Grenze des alten Amtes Sonneberg, etwa 4 Wegstunden vom Rauenstein entfernt, läßt erkennen, wo das Asyl der Geächteten und die Basis dieser Fehde während ihres ersten Stadiums zu suchen war. Es war auch diesmal wieder die alte Familienburg der Schaumbergs, der Rauenstein, welcher Schutz bot in den Gefahren des Kleinkrieges, wie das übrigens auch aus einer Unterschrift Gotzmanns hervorgeht, der einen Brief aus jenen Tagen signiert „Wolf Gotzmann, wonhafftig zum Rauchestein". Wie lange sich die offenen Feindseligkeiten hinzogen, ist unbekannt. Die Irrungen mit dem Haupte der Fehde, Wolf Gotzmann, überdauern Jahrzehnte; der umfangreiche Aktenband hierüber schließt erst im Jahre 1523 ab. Silvester von Schaumberg hat sich allem Anschein nach aber bald von Gotzmanns Sache getrennt; schon im April 1494 steht er mit Bamberg in gütlicher Unterhandlung. Bischof Heinrich hatte schon im Januar dieses Jahres der Ritterschaft über ihre Beschwerden in der Pfründenangelegenheit Bescheid getan, so daß hiermit der Unzufriedenheit des Adels der Boden entzogen wurde. Bei den Friedensverhandlungen mit Bamberg glaubte Silvester auch eine alte Angelegenheit erledigen zu können. Im Jahre 1489 hatte, wie bereits oben erwähnt, Silvesters Bruder Karl in einer Fehde mit dem Hochstifte bambergische Untertanen im Steigerwald, die zu den Hintersassen des Klosters Schlüsselau gehörten, überfallen und ausgeplündert; es war zu Attelsdorf gewesen. Dieser Besuch war aber nicht bloß den armen Leuten der Aebtissin schlecht bekommen, sondern auch den Besuchern selbst. Karl war noch in Attelsdorf mit seinen Helfern beim Beuteverteilen, als ihn die Leute des Bischofs überfielen und gefangen fortführten. Sein Pferd und seine Waffen fielen den Siegern zu. Aber hierin sah Silvester eine Beeinträchtigung seiner Rechte. Er sei damals, so machte er geltend, mit seinem Bruder noch ungeteilten Guts gewesen, Pferd und Rüstung desselben seien also zur Hälfte sein Eigentum, und er verlange vom Bischof für diese Verluste Ersatz. Die Forderung scheint nicht bloß ein Vorwand zu einem beabsichtigten Druck auf das Stift gewesen zu sein, denn Silvester hielt sie noch nach Beendigung der Fehde aufrecht und der Bischof sah sich wohl oder übel genötigt, in Verhandlungen über diese Ansprüche mit ihm einzutreten. Ein Schiedsgericht wurde zur Beilegung der

Sache zusammengerufen, bestehend aus Veit von Schaumberg, Heintz Marschalk, Dietz von Heßberg und Dietz von Giech, und dieses bestimmte, daß Silvester zu gütlicher Uebereinkunft sich bereit erklären, der Bischof ihm aber in dieser Sache Rede und Antwort stehen sollte. Man scheint sich dann auf die Person Herzog Johanns von Sachsen als Schiedsrichter geeinigt zu haben, ohne daß aber die Angelegenheit für Silvester befriedigend beendet wurde [1]).

Sechs Jahre später hat Silvester abermals mit Bamberg die Klinge gekreuzt. Inzwischen war Simon von Schaumberg gestorben und die Söhne traten das Vatererbe an. Sehr reich an Gütern scheint dieses Erbe aber nicht gewesen zu sein, wenigstens nicht so reich, daß die Söhne

---

[1]) Das Protokoll über die gütliche Vereinbarung ist noch vorhanden. (Kreisarchiv Bamberg, Fehdeakten Fasc. XV. 133, am Anfang.) Als Beitrag zur Geschichte jener Zeit mag es hier folgen:

In dem Abschiet des gehaltenen gutlichen tages zwischen dem Bischof von Bamberg und Silvester von Schaumberg hat sich sein gnade vor den Verhörern nämlich Veiten von Schaumberg, Heintzñ Marschalk, Dietzen von Heßburg und Dietzen von Giech in bejwesen ander mere erbare gegen Siluestern zu recht erboten, jme umb sein vermejnte spruch und Forderung, nemlich der vengkuns und geschicht halben in sachen antreffend die name (?) durch Hannsen Hawten und ander an der Ebtissin von Slüsselawe armenleut geübt, gegen Karel seinen Bruder ergangen, zu recht erpoten, jme rechts zu pflegen vnd auß vberflüssigkeit jne des widerrechtens vf das mal zu erlassen, doch mit vorbehaltung hienach seiner gnaden Forderung gegen Silvestern und der zu Notturft seiner gegenwerhe in seiner antwort zu gebrauchen mit namen für den römischen König; Churfürsten von Menntz, Collen, Trier, Pfaltz, Sachßen, Brandenburg; die Fürsten von Beyern; die Fürsten von Sachßen; die Fürsten von Brandenburg; die Landgrafen von Hessen; die Bischöue von Würzburg und Eistett; der Abt zu Fulda; die Herrn von Henneberg, Graf Otto, Hermann und Wilhelm; die Grafen von Wertheim, Hohloch, Castel, Ryneck; Uf den punt zu Swaben; vf die Geselschaft Gemeynen ritterschaft im Lande zu francken, der Geselschaft der fürspan, Einhorns oder Beren; vf die Geselschaft gemeiner ritterschaft der Lannde zu Swaben, Beyern oder des Niderlants. Item für die vier Teidingßmenner obgenandt; Item für fünff, siben oder newn auß dem Geschlecht von Schawmberg die seiner Gn. Diener oder amptleut sind, die mein gn. Her zu benenen hat, alles verdingt oder unverdingt; Item vf den gemeinen Ganerben zum Rothenberg; uf die Stete zu Nurennberg oder Sweinfurt.

Silvester hat sich erboten in der Hauptsache seiner vermeinten Spruch von meinen gn. Hern recht zu nemen vor Herzog Johanssen von Sachsen.

Von meinen gn. Hern wegen ist gebeten worden Herzog Johannsen von Sachßen erkennen zu lassen, wellichs Gebot zwischen Bamberg und Silvester rechtlich sei; solches ist auch gescheen. Silvester hat nit annehmen wollen den Herzog Johannssen erkennen zu lassen, welliches zwischen den gepoten das rechtlicher sey.

Aktum Bamberg am 4. Osterfeiertag anno xciiij. (1494).

aller wirtschaftlichen Sorgen dadurch enthoben gewesen wären; aber es enthielt etwas, mit dem ein findiger Kopf und ein gutes Schwert etwas machen konnten. Es fand sich nämlich in der Verlassenschaft eine Anzahl alter Schuldverschreibungen und Hinweise auf gewisse Ansprüche an das Stift Bamberg. Die Sachen gingen über 60 Jahre zurück und fielen in die Zeit, da Karl von Schaumberg, der Großvater Silvesters, in enger Beziehung mit Bamberg stand. Karl, der damals 1439 sächsischer Amtmann in Königsberg war, hat in seinen Tagen sich offenbar viel mit Pferdezucht und Pferdehandel abgegeben, wohl das einzige Geschäft, das seit alten Tagen als rittermäßig angesehen wurde. Es ist ein langes Register über Pferdelieferungen von ihm an Bambergische Beamte, teilweise übrigens schon durch jüdische Vermittelung geschehen, noch vorhanden[1]). Weitaus das Meiste war bezahlt, ein Rest aber offenbar noch übriggeblieben. Es scheint sich im ganzen um 75 fl. gehandelt zu haben, eine Summe, die dem

---

[1]) Die Kopien eines Teiles dieser Schuldbriefe sind noch vorhanden (Bamb. Kr.-Arch. Fehdeakten XV. 133), sie lauten im Auszug:
Wir Anthonj Bischof von Bamberg etc. bekennen für uns, unser Stift und unsere nachkommen, daß wir dem vesten unsern liben und getreuen Kareln von Schaumberg, voyt zu Koncsperg für vnsern Rate und liben getreuen Heinrichen von Aufseß, Ritter, schultig sein 16 rh. fl. darfür derselbig Karle dem genanten Heinrichen von Aufseß einen Hengst verkauft hat. Der Bischof erbietet sich die 60 fl. auf schirstkünftigen St. Peterstag oder in den nächsten 14 Tagen darauf zu bezahlen.

- Mittwoch nach uns. liben Hern gepurt 1439.

„Wir Anthonj etc. bekennen, das wir unsern liben getreuen Kareln von Schaumberg, Knoch genant, schuldig sind 70 fl. für einen braunen Hengst, den er Hannsen Tintner desgl. 40 fl. für einen grauen Hengst, den er Hannsen Fuchs, 32 fl. für einen braunen Hengst, den er Micheln Juden zu Coburg, 24 fl. für ein Pferd, ein plessetes, das er aber Hannsen Tintner verleyst hat, 59 fl. für einen schwarzen Hengst mit 2 weißen Füßen, den er Heintzen v. Coburg, 52 fl. für einen grauen Hengst, den er aber Micheln Juden verleyst hat, 24 fl. für ein braunes Pferd, den er den Hannsen Tintner, 45 für einen braunen plesseten Hengst, den er Hannsen Tintner verleyst hat. So sind wir ihm schuldig 60 fl. für einen Hengst, den er Heinrich von Aufseß, Ritter, für uns gegeben etc.; wir sein ihm auch schultig noch 15 fl. zu Sandt Michelstag nechstvergangen verfallens Burgkgelts, in dem allen hat er uns faren lassen 92 fl., bestehen also noch vierthalbhundert fl. guter rhein. Landswerung soll künftigen Peterstag oder 8 tage darnach bezahlt werden.
Mittwoch nach Invocavit anno quadragesimo (1440).
Endlich ist noch eine Schuldverschreibung des Bischofs an die Kinder Karls von Schaumberg, der mittlerweile (1440) im Dienste des Hochstifts gefallen war, vorhanden, und zwar über 80 fl. Pferdelieferungen und 30 fl. für zweimal verfallenes Burggeld. Mittwoch nach Dionysij 1441.

heutigen Geldwert von 1400—1500 Mk. entsprechen dürfte. Aber auch für diesen verhältnismäßig geringen Betrag fanden die Gläubiger offenbar keine Befriedigung. Bischof Antons Regierung war für das Bistum nicht gerade sehr segensreich. Die Nachwehen der Hussitenkämpfe und die großen inneren Wirren, die zwischen Bischof und Bürgertum entstanden waren, erschöpften die Kasse; in seinen fortwährenden Geldverlegenheiten hatte der Bischof, um die Gläubiger zufriedenzustellen, wertvolle Bestandteile des Hochstiftes verpfänden müssen. Die Inhaber jener von Karl von Schaumberg ererbten Schuld waren aber dabei leer ausgegangen, jedenfalls waren dringendere Verpflichtungen zu erledigen. Bischof Antons Nachfolger war dann selber ein Glied der schaumbergischen Familie, der tatkräftige und kriegerische Bischof Georg, unter dessen Regiment das Bistum von seinem Niedergang sich wieder erholte. Möglich, daß ihm zulieb von seiten der Kinder Karls auf eine Einklagung der Schuld verzichtet worden ist. Nun aber kamen in der Erbteilung die alten Dokumente auf Silvester, und er war nicht der Mann, der um ihres Alters willen auf eine Schuldforderung verzichtet hätte; ja er konnte vielleicht auch gar nicht darauf verzichten, solange sich noch ein Schimmer einer Aussicht auf Erfolg zeigte. Er war, wie schon gesagt, keiner von den Reichsten; die Grundrente, die das auf ihn gefallene Vatererbe abwarf, war nicht groß genug, ihm ein standesgemäßes Leben zu sichern. Wenn sich nun aus Ansprüchen, mochten sie auch noch so alt erscheinen, eine Erweiterung seiner Einnahmen herbeiführen ließ, so gebot es seine finanzielle Lage, hier unter allen Umständen zuzugreifen und nötigenfalls mit dem Schwerte die Forderungen sicherzustellen. Im großen und ganzen gehörte er noch zu jener großen Zahl von Edelleuten, die ihren größten Reichtum in ihrem guten Schwerte sahen. Die Unerbittlichkeit, mit welcher die Wende des 15. Jahrhunderts auf den nicht mehr im Strome der Zeit stehenden Ritterstand gedrückt hat, läßt es auch im milderen Lichte erscheinen, wenn die Angehörigen dieses Standes in der Wahl der Mittel zu ihrer Behauptung ziemlich unbedenklich waren und wenn ihre Rechtsansprüche nicht auf eisernen Füßen standen[1]). Sil-

---

[1]) Ueber den wirtschaftlichen Druck, dem die Ritterschaft um diese Zeit ausgesetzt war, spricht Fellner a. a. O. S. 141—143. Hier auch die Erörterung, ob dieser Druck den Charakter einer starken, aber rasch vor-

vester schickte eine Abschrift seiner Forderung an die
bischöfliche Kammer und bat um Begleichung. Die Antwort darauf mochte ihm schon vorher nicht zweifelhaft gewesen sein, sie lautete ablehnend. Die Räte schrieben, daß
die Schuld seit 30 und mehr Jahren nicht eingeklagt
worden sei; man müsse sich erst in den Rechnungsbüchern
Bischof Antons über die Sache unterrichten. Vielleicht
dachte man daran, durch Hinausschieben den Bittsteller
von seiner Angelegenheit abzubringen. Wiederholt schreibt
Silvester an den Bischof selbst und bittet ihn um klare,
unzweideutige Antwort; er erbot sich auch, seine Sache
einem gemeinsam zu ernennenden Schiedsgericht zu unterwerfen. Ein eiliges Drängen von seiten Silvesters ist dabei
nicht zu verkennen. Die Antwort der Räte ist demgemäß
auch ziemlich ungehalten. Es sei nicht nötig gewesen, teilen sie
ihm mit, daß er noch einmal geschrieben habe, als solle er
mit Verlängerung gesättigt werden. „Du kannst Dir vngezweifelt auß Deiner selbs Verstentnus abnemen, dieweil
Dein angemast Forderung auf alte Schuld gesetzt, die lenger
als 30 jaren weder von Deinen Eltern und Dir abverlangt
wurde, daß eine solche Sache nicht schnell geht." Man
sagte ihm auf den Kopf zu, daß er mit seiner Eile und seinen
Rechtgeboten sich nur den Schein eines „Glimpfs" zuziehen
wolle. Vielleicht war der Ton des Antwortschreibens Silvester
nicht unerwünscht. Er gab ihm das Recht, beleidigt zu
sein, wie er denn darauf auch dem Bischof mitteilt „er sei
nit klein befremdet" durch das Schreiben der Räte; er habe
in billiger Gebühr das Seine gesucht; ihm erschiene die
Antwort der Räte als Anmaßung, unziemlich, unbillig und
unerhört. Er vermute, daß ihm sein rechtliches, wohlgegründetes Erbieten abgeschlagen werden solle; länger
aber sich gedulden, vermöchte er nun nicht." Die Verhandlungen zogen sich trotzdem noch über verschiedene
Monate dahin, zumal Bischof Heinrich Groß von Trockau
inzwischen verstarb. Bald nach dem Amtsantritt seines
Nachfolgers, Bischof Veits von Pommersfelden, bat Silvester
aufs neue um Erledigung seiner Angelegenheit. Schon
vorher hatte man als Schiedsrichter der strittigen Frage
den Kurfürsten Friedrich von Sachsen und seinen Bruder
Johann, Herzog Georg von Bayern, Pfalzgraf bei Rhein,

übergehenden Krisis, hervorgerufen durch zufällige Umstände, oder einer
allgemeinen Notlage, die sich eben aus den veränderten Zeitverhältnissen
von selbst ergab; siehe auch Looshorn a. a. O. IV. S. 397 ff. auch 481 ff.

den Würzburger Bischof Lorenz von Bibra oder den Rat der Stadt Nürnberg vorgeschlagen. Zu einem Termine ist es aber nicht gekommen, auch Silvesters Vetter, Ritter Georg von Schaumberg zu der Lauterburg, suchte vergeblich zu vermitteln. Sei es nun, daß Silvester überzeugt war, ein gütlicher Austrag sei nun nicht mehr zu ermöglichen, sei es, daß er überhaupt von vornherein die ganze Angelegenheit nur deswegen aufgerollt hatte, um einen guten Vorwand zu einer Fehde zu erhalten, kurzum, er brach im Oktober 1501 die Verhandlungen mit Bamberg ab und überließ die Entscheidung den Waffen. Am Sonntag nach Dionysius, brachte ein Diener des Bischofs seinem Herrn, der gerade beim Abendessen war, die Aufsage Silvesters, die eben am Tor des bischöflichen Hofes angeheftet war [1]. Mit dreien seiner Leute wagte er es, dem Hochstift die Stirne zu bieten; wenn er auch eines guten Rückhaltes gewiß war, so zeigt der Feindsbrief doch das eine, daß Furcht diejenige Eigenschaft war, von der Silvester nichts gewußt hat. Daß die Absage nicht bloß auf dem Papier

---

[1] Der Feindsbrief hat nach der Kopie folgenden Wortlaut: Hochwirdiger Fürste vnd Here. Veit Bischoue zu Bamberg wist, das ich ewer Hochwirden vorfaren mermals vnd Euch geschrieben, anforderung wellicher inhalt meins schreibens ist vor awgen, darüber vil erpietens rechtlich vf ewer Hochwirden Reete getan, ergeen lassen verechtlich gehalten, damit mich zu uerziehen wellen, das ich auß notturft nit gedulden / bin geursacht zu gedencken / wie ich das mir die pilligkeit zuaigent erfordern einbring / darumb vnd ander spruch / abtragk erstattung / So ich zu tagen furzubringen weiß, will ich vnd mein gebrotte (= wohl: in meinem Brot stehenden) knecht helffer vnd helffershelffer wene ich darzu in vermogen haben / EwerHochwirden vnd stifft landt leute geistlich und werntlich vntertan verwanten / aller der jhenen die in ewer Hochwirden volg sein / veynt sein / mit prant name todslage / wie zu erdencken / gein ewer Hochwirden vnd den gemelten furzunemen / wie das namen hat vnd geschicht / will ich / mein gebrott knecht auch ander mein helffer helffershelffer vnser Ere damit verwart haben / vnd nymants darumb von Eren vnd recht wegen verantworten zu thun schultig sein. Ich vnd gemelt helffer bewarung mere nottürftig weren / will ich mit diesen brieff auch gethan haben. Zu Vrkund hab ich mein jnsigel zu ende dieser schrifft getruckt / der geben ist zum Rotenberg am Freitag nechst nach franciscen tag jm xvC ein jare.

Siluester von Schaůberg, Knoch genannt

Ott Danckes, genannt alterman

Linhart Swarzkopf

Contz fot.

Man beachte, daß hier ausdrücklich als Grund der gewaltsamen Lösung angegeben ist das Hinausschieben der Bezahlung, wozu er aus „Notdurft" sich nicht verstehen konnte.

stand, beweisen die nächsten Tage. Es war wohl nicht immer Brauch, mit Eröffnung der Feindseligkeiten abzuwarten, bis der Fehdebrief zu Händen des Gegners war; der ritterlichen Ehre war genug getan, wenn bei Beginn der feindlichen Tathandlung die Kriegserklärung an den Gegner abgesandt war. Freilich konnte man auch nicht immer genau voraus berechnen, wie lange Zeit der Bote brauchen würde, bis er den Brief in die Hände der Gegenpartei gelegt hatte. Auch in diesem Falle erfolgten die Feindseligkeiten früher, als der Bischof die Absage in Händen hatte; aber es war nun einmal Brauch, daß der Schwächere den Vorsprung nicht gern im Stiche ließ. Die Art, wie diese Fehde begonnen wurde, zeigt den ganzen jammerseligen Tiefstand jener Zeit. Silvester brach mit seinen Dienern in Leutenbach, einem bambergischen Stiftsdorf in der Nähe Forchheims, ein. Der Ueberfall geschah am Sonntag nach Dionys zur Vormittagsstunde, während die Leute in der Kirche waren. Da der Erfolg eines Ueberfalles, den nur wenige zur Ausführung brachten, von der Raschheit, mit der er ins Werk gesetzt wurde, abhing, ging man auch hier mit aller Rücksichtslosigkeit vor. Was sich wehrte, wurde niedergeschlagen. Auch in der Kirche selbst soll Blut geflossen sein. Einige der Stiftsuntertanen wurden geschatzt, andere als Geiseln mit fortgeführt. Die Gewalttat muß mit verblüffender Schnelligkeit vor sich gegangen sein; denn ehe das Dorf sich zum Widerstande ermannte, waren die Angreifer über alle Berge. Der Bischof führte später über die Sache bittere Klage. Was er aber vor allem zum Vorwurf macht, ist nicht die Art, wie man vorging, die muß eben doch nichts unritterliches an sich getragen haben, sondern vielmehr die allzuspäte Benachrichtigung vom Ausbruch der Fehde, die eine vorsichtigere Bewachung der bedrohten Gegenden unmöglich machte. Zweifelsohne waren derartige Fehdemittel, so hart und grausam sie auch erscheinen mögen, nichts ungewöhnliches. Als zwei Jahre später Graf Wilhelm von Henneberg wegen Unterstützung des Pfalzgrafen Ruprecht im Landshuter Erbfolgekrieg der Reichsacht verfiel, forderte König Maximilian den Landgrafen von Hessen wiederholt auf, die Acht zu vollziehen und befiehlt ihm dringend, den königlichen Auftrag auszuführen, indem er die Güter des Grafen, wie er wolle „mit Raub, Brand oder andere Wege" an sich bringe. Von solchen Gesichtspunkten aus muß die

Art der Kriegführung, wie sie in dieser Fehde auch von Silvester beliebt wurde, angesehen werden[1]).

Dem Bischofe von Bamberg war die Fehde höchst unbequem; denn abgesehen von dem empfindlichen Schaden, den Silvester dem Hochstift zugefügt hatte und vielleicht noch zufügen würde, ließ sich das Ende der Feindseligkeiten nicht absehen. Bei der gefährlichen Streitlust und Kriegsbereitschaft des fränkischen Adels konnte man nicht wissen, ob die Sache nicht noch größere Kreise nach sich ziehen würde. Bischof Veit wollte vorbeugen. Vor allem mißtraute er dem Ganerbinate Rothenberg; lag er doch mit dem damaligen Burggrafen Albrecht Stiebar auch in Fehde[2]) und hatte der Rothenberg aus seiner feindseligen Gesinnung Bamberg gegenüber gar kein Hehl gemacht, indem er nicht bloß Silvester einen Unterschlupf bot, sondern auch seine Gefängnisse für die bambergischen Untertanen öffnete, die Silvester bei dem Leutenbacher Ueberfall gefangen genommen hatte. Als das Vorteilhafteste erschien es darum dem Bischof, dem Ganerbinate gütlich die Sache zu unterbreiten und den Versuch zu machen, Silvester um seinen Zufluchtsort zu bringen. Um aber die Sache nicht von vornherein aussichtslos zu machen, suchte man durch hervorragende Angehörige der fränkischen Ritterschaft, die dem Rothenberger Kreise nahe standen, auf die Ganerben einzuwirken. In diesem Sinne schrieb

---

[1]) Auf diesen Vorgang bezieht sich wohl folgende Bemerkung bei Looshorn: Der Dompropst von Bamberg teilte dem Könige die Gründe mit, warum der Bischof (wohl Veit I. von Pommersfelden) verhindert sei, zur Belehnung zu kommen. Er ist verhindert aus merklichen Stiftssachen, besonders wegen Fehden und Feindschaften, worin er das Stift gefunden; die Untertanen werden beraubt und gefangen, geschatzt und entleibt, „mögen in den Kirchen unter den heiligen Amten nit sicher sein ..." usw. Looshorn a. a. O. S. 436.

[2]) Ueber die Feindschaft zwischen dem Hochstift und dem Burggrafen zu Rothenberg gibt ein Brief Aufschluß, den der Bischof an die gesamten Ganerben in der Angelegenheit Silvesters schreibt; in diesem heißt es am Schlusse: Ferner handele es sich um Albrecht Stiebar, der wider seine Pflicht Ebolt, seinen Sohn mit vehdlichem Fürnehmen gegen den Bischof Heinrich und gegen das Stift gehetzt habe, ihm auch mit andern seinen Söhnen und denen von Schnaittach auf dem Rotenberg Fürschub und Unterschlupf gegeben habe, um von hier aus bambergische Stiftsuntertanen zu schatzen, brennen und morden. Er sei deswegen auch vom Reichsregiment zu Nürnberg in die Reichsacht erklärt worden. Der Bischof begehre von den Ganerben gütlich, daß sie Albrecht Stiebar nun nicht länger als Burggrafen leiden. (Der Brief befindet sich im Kreisarchiv Nürnberg, Verzeichnis der Akten der Ganerbschaft Rotenberg No. 786; und ebenso im Kreisarchiv Bamberg Fehdeakten fasc. XV. 133).

der Bischof z. B. an den Mainzer Hofmeister Thomas Rüdt von Kollenberg, der sich gerade in Franken befand, erhielt aber eine halb ablehnende Antwort. Er hat überhaupt mit seinen Beeinflussungen kein großes Glück gehabt; denn als er dann seine Räte Friedrich von Reitzenstein, Konrad von Künsberg, beide Ritter, und Martin von Redwitz zu gütlicher Unterhandlung nach dem Rothenberg schickte, ließ man sie gar nicht ein und hörte sie auch nicht an. Zweifelsohne lag dem Bischof sehr viel daran, die Sache baldigst aus der Welt zu schaffen; denn er kam trotz der erlittenen Schäden Silvester sehr entgegen. Er willigte in ein Schiedsgericht, zu dem sich wieder Ritter Georg von Schaumberg, damals würzburgischer Amtmann zu Walburg (Eltman) und der Amtmann von Haßfurt, Martin Truchseß bereit finden ließen. Man setzte auch einen Verhandlungstermin fest, und zwar in Bamberg und sicherte Silvester freies Geleit zu. Der Boden in der Bischofstadt selbst muß aber Silvester doch zu heiß gewesen sein; denn er zog es vor, dem Termine fernzubleiben. Da also dieser Versuch, die Angelegenheit beizulegen, gescheitert war, wandte sich der Bischof an die Gesamtfamilie, die gerade damals in Bamberg einen Tag abhielt, aber auch deren Bemühen war umsonst. Die Sache hatte jedoch immerhin viel Staub aufgewirbelt, so daß es die Ganerben für notwendig hielten, in einer dazu einberufenen Versammlung Stellung zu nehmen. Auf Montag nach St. Galli hatte man die Angehörigen des Burgfriedens nach dem Rothenberg geladen, und der Bischof hielt es für gut, durch ein Handschreiben sein eigener Anwalt zu sein. Er legte in diesem Briefe den Verlauf des Streites dar und verlangte, daß man den Rothenberg für Silvester und seine Helfer, die alle der Reichsacht verfallen seien, verschließe, oder ihn zwinge, seine mutwillige Fehde aufzugeben und die Gefangenen herauszugeben[1]). Das Schreiben des Bischofs hatte aber

---

[1]) Das Schreiben des Bischofs, soweit es Silvester betrifft, ist interessant genug, um hier Platz zu finden. Es lautet:
Veit von Gottes Gnaden Bischof von Bamberg.
Unnser freuntschaft vnd grus, wolgeboren Freunde, lieben Getreuen vnd besonnderen. Wir haben vnnser rethe Fridrichen von Reitzenstein, Conraden von Kintsberg, bede Ritter, vnd mertein von redwitz verordnet gehabt, muntliche Werbung vonn vnsern wegen pey euch zu thun, die aber, als ir wist, nit eingelassen / noch gehoret worden sind / wiewol wir vnns versehen, das ir dergleichen auch mere oder myndern stennde potschaft bis anhere nit vnverhoret gelassen habt, kombt aber vngezweiuelt auß dem

nur nach einer Richtung hin den gewünschten Zweck gehabt, nämlich daß man Silvester veranlaßte, sich jeder weiteren Tathandlungen gegen den Bischof zu enthalten. Die Ganerbenversammlung muß seine Forderungen wohl nicht als so ungeheuerlich, wie sie der Bischof hinstellte, angesehen haben, sonst hätten sich gewiß nicht aus ihrer Mitte eine Anzahl gerade sehr angesehener Glieder gefunden, die sich anheischig machten, Silvester und das Hochstift miteinander zu vertragen. Die Ritter Hans Fuchs und Kaspar von Vestenberg, sowie Martin Truchseß, Albrecht von Wirsberg und Götz von Seinsheim vertraten das Recht Silvesters gegenüber dem bischöflichen Hofe. Inzwischen hatte Silvester unter den väterlichen Papieren

---

das etliche ob enntdeckung irer mißhandelung scheuhe gehabt haben, damit aber euch . . . die vnzymlichen thaten vnd Geschichten, so an vns vnd den vnsern wider königl. lanntfriden recht vnd billigkeit zum Rotenperg auß vnd ein begangen / vnverhalten pleibe, so hat es die gestalt / Siluester von Schaumberg mit seinen helffern hat am Sonntag nach St. Dionisentag vbere vnd wider das wir jme seiner angemasten vermeynten Forderung halbenn Recht aber pilligkeit nit versagt noch verschlagen haben, pey Leutenbach in eyner Kirchen Sannt marien (nach anderer Schrift St. moritzen) gnant, darin als balde die armen leute jm gottesdienst versamelt gewesen sind, gefallen, etlich arme leut darin vnd pey dem altare ermort, auch ir pareschaft vnnd annderes pei jnen gefunden genomen, der etwo vil gefanngen, weck gefuret vnd etlich geschatzt, alles auß vnd jn das gemeyne schlos Rotennperck gevbt vnnd geschehenn vnd darzu euer vnterthane daselbst vmb . . . . ? vnd etliche vnnsere Untertanen im genanten schlos gefanglich gehalten. Nach diesen Taten hat Silvester von Schaumberg erst gemelten Sontag zu abent einen unzimlichen Veindsbrief gen Bamberg an vnseren hof geschickt, des Datum stet zum Rotenberg Freytag nach Dionisij nechstvergangen durch solich freventl. Tat ist er mit seinen Helfern vnd Anhangern von recht mit der Tbate in die königl. vnd des heil. Reichs acht gefallen / erkannt ist. — Er, der Bischof, hätte wohl Ursache gehabt, mit der Tat vorzugehen, hat es aber der Ganerben zu Gnaden unterlassen. — Ob nun Siluester von Schaumberg soliche missethate mit etl. vermeynten Forderungen, so er an vnnsern nechsten vorfahrenn Bischof Heinrich sel. vnd auch an vns getan, so hat es damit die Bewandtnis, der gen. von Schaumberg hat vor etlicher Zeit dem gen. vnser Vorfaren sel. Copeyen Dreyer vermeynter alter Schultbriefe zugesannt, so von weilant dem Bischof Anthonij vnnsern vorfaren sel. vnd lobl. Gedächtnis etwan Karln von Schaumberg vnd seinen Kindern für etliche Pferde, Burgkzinß etc. gegeben sein sollen, auch dazu geschriben vnd gebetten, jne zue entrichten / darnach sich auch rechtlichs furkemenns fur den hochgepornen Fursten Hern Philippsen, Pfaltzgraven bei Reyen, Kurfursten, ader Burggraven, Bawmeister, gekoren zum Rotenperg erpetenn, dieweil aber solche schulden jn mennschlicher Gedechtnis eyngefordert vnd vnnsere Vorfaren, Bischof Heinrich merkliche Anzeigen gehabt, das die bezalt seien, haben die Räte auf befel seiner Liebe gen. von Schaumberg beschlißlich daruff widerumb

noch andere unerfüllte bambergische Verpflichtungen gefunden, aus denen sich eine Forderung herleiten ließ. Sie sind ebenso alt und fadenscheinig wie die früheren, aber aus dem Umstand, daß eine Anzahl angesehener Edelleute diese Forderungen bei dem Hochstift mit Ernst betrieb, darf man annehmen, daß in jenen Tagen irgendwelche Rechtsansprüche einer Verjährung offenbar nicht unterlagen. , Neben die Forderungen, die Pferdeschulden Bischof Antons betreffend, treten nunmehr noch andere Ansprüche aus der Großvaterzeit. Karl von Schaumberg habe das bambergische Amt Waldenfels von Bischof Anton um 2000 fl. verpfändet erhalten, sei aber, ehe er es habe beziehen können, im Dienste des Stifts gefallen. Die

schriftlich antwortt gebenn das ders. vnser Vorfarer mit jme dem von Schaumberg deshalb zu rechte, für den gemelten Pfaltzgraf kemen vnd daselbs Recht nemen vnd geben wolle das aber der von Schaumberg sich geweigert hat / hat sich fürter vnnser vorfare durch ein annder schrift seines rechts laute der kgl. ordnung auch vff seine liebe pundtgenossenn / rechtlichs furkemenns verdingt oder vnterdenig erpotenn furder zu der zeit, da wir zur bischöfl. Würde erwelt vnd in vnsere Stadt Vorchheim gewesen, daselbs pflichte vnd Huldung von den vnnsern zu nemen, hat vnns der gedacht von Schaumberg berurter Forderung halben doch onauffgedeckt derselbenn auch geschribenn, diewiel wir aber nit daheim vnd solche Forderung pey vnsern nechsten vorfarenn bestehen, darauff sich sein Brief gründt, nit wissens hetten, befahlen wir, jme zu schreiben, das wir nach vnser Heimkunft erkundigen vnd jme dann Antwort geben wollten. Aber des vonn Schaumberg pote hat solcher antwort nit erwarten oder nemen wollen, kürzlich darnach hat vnnser liber getreuer Jörg von Schaumberg, amtman zu Walburg, Rittern, sich gütlicher Handlung zwischen vnser vnterfangen vnd vns bericht, das Silvester von Schaumberg gütliche verhore vor jme vnd vnsern getreuen Martin Truchseß, Amtman zu Haßfurt, verwilligt, es wurde auch ein Tag bestimt, doch ist Silvester ausgeplieben, zuletzt haben wir jme, als die von Schaumberg einen gemeinen Tag zue Bamberg hatten, die Sache bei jnen als Siluesters Vettern, zu pleiben erbotenn, das jnen durch die von Schaumberg seine Vettern, zugeschribenn, aber er hat alles veracht, daraus ir seinen mutwillen ersehen konnt." — Der Bischof ersucht nun die Ganerben, mit Silvester zu verhandeln und zu verfügen, die Gefangenen im Rothenberg nicht weiter zu führen, sie ohne Lösegeld frei zu lassen, seine Fehde abzustellen und sich seiner Forderung zu begeben. — „So sind wir erbottig, jme ader andern Ganerben die jetzo Forderung bey vnns fürnemen vnnd jre teyle zum Rotennperg zu erforderenn vermeynten, vor vnsern edlen weltlichen Rehtenn laut eures Burgfriedens rechten zu pflegen." — Hierauf folgt der schon (S. 40 Anm. 2) mitgeteilte Passus über Albrecht Stiebar an dessen Schlusse es heißt: „ ... begeren gütlich von euch, daß ir den Stieber nicht langer als Burggraven leidet ... vnd jn vnd Silvester von Schaumberg nit länger bei euch halten." (Kreisarchiv Nürnberg, ehemalige Amberger Akten über die Ganerbschaft Rotenberg No. 786, und Kreisarchiv Bamberg, Fehdeakten fasc. XV. 133).

Erben Karls hatten in diesem Falle die bereits gezahlte Summe mit einer Buße von 100 fl. zurück zu verlangen, und Silvester behauptete, daß zum mindesten sein Vater nichts von dieser Summe erhalten habe. Bamberg erklärte dagegen, daß alle Ansprüche, welche die Erben Karls hätten erheben können, längst mit Silvesters Vatersbruder Ulrich von Schaumberg, der deshalb bis zum Tode Bischof Georgs von Schaumberg mit dem Hochstift in ernster Fehde gelegen habe, ausgeglichen seien. Sei Silvester dabei zu kurz gekommen, so könne das Hochstift ihm nicht helfen. Weiter machte Silvester noch eine Forderung geltend, welche seines Großvaters Bruder, Hans von Schaumberg, der sich nach dem Tode Karls der verwaisten Neffen väterlich annahm, an den Bischof zu erheben hatte. Es waren ihm zur Begleichung einer Schuld eine Anzahl Lehen zugesagt worden, im Werte von 200 fl., die er aber nie bekam; offenbar ist Bischof Philipp von Henneberg, zu dessen Regierungszeit der Handel vor sich ging, darüber gestorben. Hans hat nach vergeblichen Versuchen, die Sache ins reine zu bringen, seine Ansprüche seinem Großneffen Silvester vermacht und dieser hielt die Zeit für geeignet, seine Rechte geltend zu machen. Es muß wohl etwas an dem Rechte der Forderung gewesen sein, sonst hätte sich wohl kaum Graf Otto von Henneberg bereit finden lassen, deswegen in Bamberg zugunsten Silvesters zu intervenieren und auch günstigen Bescheid zu erhalten. Jetzt aber verstand sich der bischöfliche Hof auf nichts anderes, als daß er zwar Genügeleistung versprach, aber nur wenn Silvester imstande sei, gute Urkunden und Scheine vorzulegen. Trotzdem schienen die Schiedsrichter in diesem Vergleiche einen Weg gefunden zu haben, der beiden Parteien gangbar war, bis der Bischof durch seinen Vertreter die Freilassung der Gefangenen ohne Entgelt und Ersatz des geraubten Gutes als conditio sine qua non aufstellen ließ. Hierauf einzugehen, weigerte sich Silvester mit aller Entschiedenheit. Er würde, wenn er die Schatzung, die man auf 1200 fl. taxierte, herausgeben müßte, unfehlbar an den Bettelstab kommen. Den Schiedsrichtern erschienen die beiden letzteren Forderungen des Bischofs wohl auch gegen den Kriegsbrauch; sie machten deshalb gar keinen Versuch mehr, die beiden Parteien zusammenzubringen, und so verlief der angestrebte Vergleich im Sande. Nun wandte sich der Bischof, da die direkten Verhandlungen mit dem

Ganerbinate sich zerschlugen, an den Lehensherrn des Rothenbergs, um durch diesen die Freigabe der Gefangenen zu erzwingen. Da Kurfürst Philipp meist und auch damals in Heidelberg residierte, schrieb der Bischof an den Statthalter des Kurfürsten in Amberg, den Vitztum der Oberpfalz, Ritter Ludwig von Eyb (den jüngeren) und bat dringend um Beschleunigung der Sache. Möglich, daß Ludwig von Eyb den besten Willen dazu hatte, aber ein den Bischof befriedigendes Resultat konnte er von den Rothenbergern auch nicht erreichen. Er habe, so schreibt er dem Bischof, denen zum Rothenberg eine Tagsatzung gegeben, sie hätten aber geantwortet, daß sie zwar dem Pfalzgrafen in allen Stücken willfährig seien, daß ihnen aber solche Tagsatzung zu kurz sei; sie wären mit merklichen Geschäften beladen, doch wollten sie die Ihrigen durch ein Umschreiben zu einem Tag gen Lauf einladen auf Montag nach St. Georgen, und dort wollten sie ihn auch hören. Trotzdem sei er nach dem Rotenberg geritten und daselbst Albrecht Stiebar, Silvester von Schaumberg, Utz von Künsberg und Berthold Rätz gefunden. Auf die Aufforderung, die Gefangenen ledig zu geben und die Schatzung an Bamberg zu verabfolgen, hätten sie ihm gesagt, sie wüßten sich aller Schuld frei und hätten nicht wider Edelmannsart gehandelt. Silvester habe hinzugefügt, daß der Bischof durch seine Unnachgiebigkeit den erlittenen Schaden sich selber zuzuschreiben hätte. Und so habe er von Silvester nichts weiter erreichen können, als die Zusage, nach 14 Tagen Bedenkzeit eine Erklärung abzugeben, ob er in eine gütliche Vereinbarung, wobei der Kurfürst selbst die Vermittelung übernehmen wolle, willigen könne. So waren also, geschützt durch die festen Mauern des Rothenbergs, die trotzigen Ritter Bamberg gegenüber völlig Herren der Situation; sie dachten nicht daran, nachzugeben. Der Bischof mochte nun auch wohl einsehen, daß er durch Ludwig von Eyb, den verwandtschaftliche Bande mit Silvester und natürliche Neigungen mit den Bestrebungen der Ritterschaft verbanden, nichts erreichen werde[1]). Nun endlich verstand er sich zu einem tätlichen Vorstoß. Wenn er seiner Gegner Herr werden wollte, mußte er Gleiches

---

[1]) Ein Vetter Silvesters, Georg von Schaumberg, der Aeltere, der Bruder des mehrfach erwähnten Ritters Wilwolt von Schaumberg, hatte des Ludwig von Eyb Schwester, Margaretha, zur Frau, weswegen Eyb in seinen Briefen Silvester stets auch mit „Schwager" anredet.

mit Gleichem vergelten. Um den Rothenberg selbst zu brechen, hätte es einer starken Kriegsmacht bedurft; es wäre auch um der Ganerben und des Lehensherrn willen eine riskante Sache gewesen; er hob seine Augen nicht so hoch hinauf. Aber auf Schnaittach, den zur Herrschaft des Rothenbergs gehörigen Marktflecken am Fuße der Burg, hatte er es abgesehen. Die Schnaittacher, die bei allen Einfällen in das Bamberger Gebiet freudigen Anteil nahmen, hatten von altersher so wie so noch manches auf dem bischöflichen Kerbholze stehen. Nun war die Zeit der Rache gekommen. Am Dienstag vor St. Lucian überfielen die Bamberger den Flecken, brannten ihn nieder und führten das Vieh mit fort. Auch einige Schnaittacher Bürger waren willkommene Beute. Der Gedanke freilich, was Kurfürst Philipp zu diesem gewaltsamen Einbruch in einen ihm lehnbaren Ort sagen würde, scheint dem Bischof etwas schwer auf die Nerven gefallen zu sein; denn wenige Tage nach dem Ueberfall schreibt er an Ludwig von Eyb einen Entschuldigungsbrief, in dem er jeder böswilligen Auslegung vorbeugen will [1]). Ein Gutes hat aber nun das gewaltsame Vorgehen des Bischofs gehabt, nämlich daß beide Parteien ernstlich daran dachten, den Streitfall mit seinen unerquicklichen Folgen aus der Welt zu schaffen, und zwar unterwarfen sie sich beide dem Urteilsspruch des Rothenberger Lehnsherrn, des Kurfürsten Philipp von der Pfalz. Die Justiz freilich ging ihren altgewohnten langsamen Gang und so zogen sich die Friedensverhandlungen noch über etliche Jahre hin. Anfang des Jahres 1502 weilte

---

[1]) In diesem Briefe heißt es: Die gütliche Beilegung durch einige Ganerben sei am Widerstande Silvesters gescheitert, die Ganerben hätten auch nicht beachtet, was Eyb ihnen angesonnen habe, „da wir nun nicht zu Recht komen vnd da die von Sneyttach vnd andere des ampts Rotenberg die obestimpten mutwiligen Taten vor vnd nach obermelten Handlung mitgeübt, die Vnsern beraubt vnd gefangen vnd den Raub in Sneyttach verbeutet haben, haben vnser Diener vnd Hofgesind aus gegenwehr vnd notturft, Widerstand gegen die von Sneyttach vnd anderen Tätern vorzugehen. Am letztvergangenen Dinstag sind sie zu Sneyttach eingefallen, daselbs etlich vih von Pferden, kuen, schaffen, schweynen vnd andern das den vnsern vorher genomen gewest, funden, dasselb mitgenomen vnd etlich von den Tätern gefangen genomen vnd die Häusser aufgestossen vnd verbrennt. Das alles ist aus gegenwehr geschehen aus nit andern. Wir schreiben dir dieses, damit du Bescheid weist, wenn die Sache anders denn obgeschriben an dich komt, damit nicht durch falsche Berichte der Pfalzgraf oder sonst jemand gegen uns eingenomen würd.
Dienstag nach St. Lucientag anno primo.

der Kurfürst in der Oberpfalz und fällte nach persönlichem Verhör der streitenden Parteien einen Entscheid, der in seinem ersten Punkt die Fehde für beendigt erklärte, ohne daß die Beteiligten Ansprüche auf Schadenersatz machen durften, und in seinem zweiten Punkt, der sich mit dem Fehdegrund beschäftigte, den Bischof zur Befriedigung der gegnerischen Forderungen anwies, wenn Silvester die Rechtmäßigkeit derselben durch Vorlegung der Schuldbriefe nachzuweisen imstande sei[1]). Es wurde also im wesentlichen eine gütliche Uebereinkunft erstrebt; sollten aber, so wurde ausdrücklich bemerkt, der eine Teil oder beide

---

[1]) Der Entscheid des Pfalzgrafen liegt vor. Er befindet sich im Bamberger Kreisarchiv. Urkunden L. 831. fasz. 9. „... dieweill vnns nun solich gebrech nit lib gewesen vnd damit auch weittrer schaden vnd brannt vnd vnrat zu vermitten bleiben, haben wir zu gütlicher Verhorung hierher nach Neumarkt kumen in eigner Person verhörtt entschiden.

1. Die Vehd soll geschlicht sein zwischen jme vnd iren Helfershelfern vnd soll kein Teil an dem Andern Forderung in derselben Sache haben alle Gefangenen losgeben (gekürzt); „doch was geschatzs gelts zill vor date diss briffs vorsehen vnnd noch vnbezallt wer, soll gegebenn vnd vßgericht werdenn, was aber von zilln noch nit erschin, soll nit gegeben werden."

2. Was die Schuld betrifft, die Siluester an den Bischof hat, nämlich etlicher verleist Pferdt vnndt jn ander Weg herruren, vnd ein lehenn so jm von Moritz von Schawmberg Ritter, (soll wohl heißen, Hans von Schaumberg) übergeben sein soll, darzu dausent gulden an zwey tausend darumb Wallenfelß von Karle vonn Schawmberg vmb Bischof Anthonij kaufft sein soll, auch Pferd vnd Harnisch vonn Siluesters bruder Karll gefordert hat, ist bereit, das ˙siluester zu tagenn für vns die verschreibung er des vergebennen Lehenns halp hatt auch soll vnnser frunt vonn Bamberg die verschreibung die 2000 fl. vff wallenfels besagen des obgemelten tags auch für uns legen, dieselben baydtaill sehen vndt hern auch ir jnnrer dagegenn thun vnd so sie deßhalb vnd vmb forderung Pferd vndt Harnisch genugsamlich gehort sein so sollen wir vndersten beid teil guttlich der forderung zu uertragen; wo vnns aber die gutlichkeit nit folgt, so sollen wir die partheyenn vmb die bemelten stück rechtlich enntscheiden vndt wie sie allso durch vnns enntschieden werdenn, dobey soll es bleiben vndt dem vonn den partheyenn on ferner appelirn redecirn oder einigen andern verzig stracks nachkomen ongeuerdert.

Und soll Siluester vff obgemelt vertagung sin drij brieff der schuld halbenn auch für vnns legenn, vndt so die briff von wirden sein, wass dan vnnser frunt von Bamberg solcher schuld durch quittanzen oder gegrundt vrsach nit abl . . . t, soll er siluestern vssrichten vndt bezalln, vndt als vnser frunt von Bamberg auch anderthalb hundert Gulden an siluestern fordern lassen hatt, deshalb soll Siluester vf obgemelten tag vnsern frundt von Bamberg Antwurt geben, . . . auch wegen des Schadens, der beiden Teilen erwachsen ist, sollen beide gehört werden, kann nicht gütliche Vereinbarung getroffen werden, so soll der Herzog nach Recht entscheiden; beide Parteien geloben, sich darnach zu halten.

Dat. Amberg; Freitag nach Laetare 1502.

Parteien nicht mit diesem Entscheid einverstanden sein, so
sollte die Sache von juristischem Standpunkt aus behandelt
werden und der Kurfürst den endgültigen Rechtsspruch,
welchem beide Teile sich zu unterwerfen hätten, fällen.
Es stellte sich in der Folgezeit heraus, daß die Parteien
an dem Entscheide des Pfalzgrafen manches auszusetzen
hatten, und so mußte also der Handel den vorgeschriebenen
Gang weiter gehen. Am Sonntag Jubilate 1502 hielt der
Kurfürst noch einmal persönlich einen Termin ab, in dessen
Protokoll es heißt, daß die beiden Teile erschienen seien,
um die noch zu verhörenden Stücke zu erledigen. Jeder
Teil habe seine Klagschrift und die Antwort darauf ein-
gereicht, eine Einigung aber sei noch nicht möglich.
Darum ergehe der Bescheid, daß jeder auf die Widerrede
des anderen noch eine Nachrede einschicke. Des Kurfürsten Aufenthalt in der Pfalz neigte sich seinem Ende
zu, ohne daß die Angelegenheit zu einem befriedigenden
Abschluß gebracht worden war. Er beauftragte vor seiner
Abreise seinen Statthalter, Ludwig von Eyb, mit der Weiter-
betreibung, behielt sich aber vor, von der Rheinpfalz aus
auf Grund der einzusendenden Unterlagen das Endurteil
zu sprechen. Trotz des immer erneuten Drängens seiteus
des Bischofs auf Beendigung, rückte die Sache nur langsam vor, offenbar verteidigte Silvester seine Rechtsansprüche
mit immer wieder neuen Mitteln[1]). Während dem Bischof
daran gelegen sein mußte, durch ein baldigst herbeige-
führtes Endurteil die Ansprüche Silvesters rechtlich klar-

---

[1]) Im Kreisarchiv zu Amberg ist die Korrespondenz Bischofs Veit mit
dem Vitzthum der Oberpfalz aufbewahrt und zwar in Reichsakten No. 8:
eine Irrung zwischen dem Bischof v. Bamberg und Silvester von Schaumberg; aus derselben ist nachfolgender Brief, welcher die Situation am
besten beleuchtet:

(Brief des Bischofs.) Lieber, besunder, Du wollest in dieser sachen
vleiss haben und die Ding mit überschickung der acta pald furdern, dan
du woll achten kanst, das der von Schaumberg villeicht gern die Zeitt
des anlaß (= wohl: Endurteil?) vnaußgeortert d sachen verscheinen lassen
vnd darnach vrsach nemen wolt sich wider an vns vnd vnser stifft zu
hencken, damit würde des Pfalzgrafen vnsers Herrn vnd Freundes Arbeit
ganz vergeblich sein, was die Uebersendung vnd Abfertigung der akten
kosten, wollen wir auf dein anzeige vnseumlich bezalen. (ohne Datum.)

Weiter finden sich einige Briefe über die gleiche Sache im selben
Archiv „Böhmen 2133" darunter: Bischof Veit von Bamberg an Ludwig
von Eyb, Ritter, der Pfalz in Bayrn Vitzthum: In der Irrung zwischen ihm
vnd Silvester habe wie bekannt pfalzgraf Philipp die Richtigung übernommen . . . „es sint vor dir vnd andern räten die sachen verhört vnd
etliche beyvrteil gesprochen worden", nun hätte er — der Bischof — am

zustellen und ihm damit die Basis jeden weiteren Vorgehens gegen das Stift zu nehmen, lag es in Silvesters Interesse das Endurteil noch zu verzögern, um aus der bestehenden Rechtsunklarheit, die er zu seinen Gunsten ausnutzte, noch möglichst viele Vorteile herauszuschlagen. Ludwig von Eyb scheint ihm dabei nicht hinderlich gewesen zu sein. Trotzdem das Endurteil bereits Cathedra Petri 1503 gefällt sein sollte, beraumt er für Samstag nach Reminiscere wieder einen gütlichen Termin in Amberg an. Aber auch damit scheint ein Ende der Verhandlungen nicht erzielt worden zu sein. Leider läßt sich überhaupt nichts über den Ausgang der Sache sagen. Es hat indes den Anschein, daß Bamberg, besonders nachdem nach kurzer Regierungszeit Bischof Veit gestorben war, in einen für Silvester nicht ungünstigen Vergleich gewilligt hat. Das Verhältnis zwischen beiden Parteien ist besonders von dem Jahre 1506 an, als der den Schaumbergs freundlich gesinnte Bischof Georg III. Schenk von Limpurg zum Regimente kam, derart, daß keine Spuren früherer harter Gegnerschaft bemerkbar sind. Es müssen also beide Teile mit dem endgültigen Abschied des Streites zufrieden gewesen sein. Erst in diesem Jahre ist wohl der Friede hergestellt worden. Das Siegel desselben ist die nunmehrige Belehnung Silvesters mit den vom Hochstifte zu Lehen rührenden väterlichen Gütern, über die er sich am Sonntag Reminiscere reversiert. In einer Beifügung dieses Reverses an den Kanzler des Hochstifts steht auch der

„nechsten vor weynachten auf alle eingebracht Handlung vnsern beschluß getan, dich zu bitten, alle Handlungen vnd acten an den Pfaltzgrafen zu überschicken, damit dieser zu Zeit des Anlasses rechtlich erkenntnis tut; wir haben auf bete des von Schaumberg den Anlaß weiter hinaus zu schieben, bis Petri Cathedra; damit aber nun abermals entschaftt der sachen an vnsern teil nit mangel werd, wollen wir hiermit vnsern beschluß getan haben an dich bittend, Du wollest aufs fürderlichst alle Handlung wie Klag antwort, reden, widerreden vnd andern fürprengen einkomen sind, mit sampt die gesprochen Urteylen vf vnser Costung durch die Kantzley verfertigen vnd zeitlich dem Pfaltzgrafen zuschicken, darauff in Zeit angezeigter erstreckung des Anlaß nach laut desselben sein gütlich Handlung fürtzunemen, damit ferner getzenk vnd vnrat verhutet wurd.
  Dat. Bamberg, Montag nach Purificat-Mariae anno tertio.
 Ein weiteres hierhergehöriges Schriftstück findet sich Kreisarchiv Bamberg K. 23. L. 2. Fasc. 5. 1502. 7. Mai, Brief Ludw. v. Eyb an den Bischof, der die schnelle Förderung der Sache verspricht; desgl. ein Brief Eybs an den Bischof ebendaselbst Urkunden 744 „Eyb" 5 fasc. 1493—1518.

Passus „auch bitt Ich euch, Ir wollet mir mein Feintzbrieff vberantwortten, nachdem jch gericht bin", d. h. nachdem meine Sache durch Richterspruch erledigt ist.

Damit schließt diese Fehde, die in ihrem Verlaufe und in ihren Begleiterscheinungen, auch wenn sie sich in engeren Grenzen bewegt und kleinere Merkmale trägt als die bereits bekannten Fehden dieser Zeit in Franken, einen Beitrag zur Charakteristik der Verhältnisse auf diesem Gebiete zu Beginn des 16. Jahrhunderts gibt. Und damit soll die ausführlichere Beschreibung derselben entschuldigt sein. Sie gibt aber auch Beiträge zur Charakteristik der Persönlichkeit und der Lebensumstände Silvesters. Fassen wir diese noch einmal kurz zusammen: Nicht im Besitz von Gütern, die zu einer standesgemäßen Lebenshaltung ausreichend waren, mußte sich Silvester auf Verdienst durch sein Schwert verlassen. Die damaligen Zeitumstände, die bei den Reichskriegen die ritterliche Hilfe überflüssig machten, und der gesellschaftliche Kreis, dem er sich angeschlossen hatte, wiesen ihn auf eine Beschäftigung, die unter der adeligen Jugend jener Tage zur Aufbesserung der eigenen Finanzen nicht ungewöhnlich war — auf den Kleinkrieg innerhalb der Landschaft, die ritterliche Fehde. Irgendwelche Bedenken über die Zulässigkeit des beschrittenen Weges konnten ihm, der in denselben Anschauungen erzogen war, um so weniger kommen, als er sein Vorgehen auf Rechtsansprüche stützen konnte, deren Anerkennung der Gegner verweigerte, die aber auf dem Rechtswege bei dem damaligen Verschleppungssystem kaum zu erstreiten waren. Auch der Umstand, daß die Reichsgesetzgebung die Fehde verbot, konnte kein Grund sein, auf sie zu verzichten. Die gesamte Reichsritterschaft hat in facto das Recht des Reiches, die Selbsthülfe mit der Acht zu belegen, solange nicht anerkannt, bis das Reich für größere Rechtssicherheit sorgte und bis der in diesen Uebergangszeiten schwankend gewordene Boden unter den Füßen der Ritterschaft durch Neugestaltung der Verhältnisse wieder fester und sicherer geworden war. Die Fehdemittel, deren Silvester sich bediente, waren freilich grausam und roh, sie gehen aber nicht über die Schranken der damals üblichen hinaus. Einer unehrenhaften, unritterlichen Handlung hat er sich mit seinem Vorgehen sicher nicht schuldig gemacht. Diese ganze Lebensperiode spielt sich durchaus im Rahmen der Zeit ab, in der Silvester lebte, sie ist darum nichts Ungewöhnliches. Daß er ein Mann der Tat war, der eine einmal begonnene Sache kraftvoll und tapfer durchsetzte, trotzig und kühn, furchtlos und zähe und ein gutes, gefürchtetes Schwert führte, dieser Ruf Silvesters bei Freund und Feind war der Gewinn einer Lebensperiode, die ihrem Inhalt nach sich sonst in gänzlich unfruchtbaren Bahnen bewegte [1]).

III. Der Uebergang zum Fürstendienst.

Ob nun Silvester die Zeit der jugendlichen Manneskraft wirklich nur mit diesen Fehdezügen hinbrachte, welche zwar äußerlich einen gewissen Ruhm eintrugen und auch nicht ohne Gewinn verliefen, aber innerlich eine gut angelegte Natur veröden mußten, läßt sich nicht erweisen. Sein Name konnte bisher in den größeren Unternehmungen dieser Zeitperiode, bei denen der fränkische Adel beteiligt war, nicht gefunden werden. Nur das eine ist sicher, daß er während dieser Periode eine Zeitlang in Hennebergischen Diensten verbrachte. Es handelt sich hier wohl um Dienste, die mit der Stellung eines Burgmannes in Münnerstadt verbunden waren. 1498 war aller Wahrscheinlichkeit nach Simon von Schaumberg gestorben; er hatte sich offenbar in dem Städtchen ganz gut eingelebt. Die Herren des Ortes hatten, um Streitigkeiten unter den Burgleuten aus dem Wege zu schaffen, eine strikte Teilung der Wohnplätze des Kastells und ebenso der zu ihm gehörigen Dienstgrundstücke vorgenommen, und dabei war Simon der Löwenanteil zugefallen; er hatte dazu noch einige Eigengüter gekauft, so daß die Münnerstadter Stelle kein übler Besitz war. Es ließ sich hier leben, besonders für einen, der schon durch das Gewicht seines Namens einen merkbaren Vorzug genoß. Silvester trat hier das Vatererbe an, welches schon vorher in ein Erblehen umgewandelt worden war. Hier war es auch, wo die Gattin Simons unter der Obhut ihres Sohnes den Witwenstuhl aufschlug. Münnerstadt war damals nicht ein Besitz, der in eines einzigen

---

[1]) Bei der Darstellung dieser Fehde konnten nur Bamberger Quellen benutzt werden. Diese gegnerischen Berichte lassen sich nicht kontrollieren; naturgemäß haben sie das Bestreben, ebensosehr das eigene Verhalten in möglichst günstiges Licht zu setzen, wie das Vorgehen des Gegners herabzudrücken, zumal in einem Zeitalter, dem in der Kampfesweise der heutige Begriff „Vornehmheit" so ziemlich fehlt. Ueber Schönfärberei seines Verhaltens hatte sich Silvester jedenfalls nicht zu beklagen.

Herren Hand vereinigt war. Zwei Fürsten teilten sich darein. Einstmals ganz Hennebergisch, war die eine Hälfte des Amtes 1354 durch Verkauf an Bischof Albrecht von Würzburg gekommen[1]). Mit der Hälfte des Amtes war auch die Hälfte der Stadt und der Burg an das Hochstift gefallen. Die noch in Hennebergischem Besitz befindliche andere Hälfte war der Linie Aschach-Römhild dieses gräflichen Hauses zugehörig. In Zeiten großer Geldnot hatte jedoch Würzburg diesen seinen Anteil wieder an Henneberg allerdings auf Wiedereinlösung verkauft. Jahrzehntelang hielten die Aschach-Römhilder Grafen das gesamte Amt in ungestörtem Besitz, bis Bischof Rudolf von Scherenberg, der Retter des Bistums aus seiner ungeheueren Schuldenlast, in den achziger Jahren den Stiftsanteil zurückforderte. Graf Otto IV., dem in der Erbteilung Münnerstadt mit zugefallen war, brachte es durch lange Verhandlungen dahin, daß diese Hälfte zwar 1490 an Würzburg zurückging, ihm aber gegen eine jährliche Pachtsumme auf Lebenszeit „in Amtmannsweise" übertragen wurde[2]). In diese Zeit fielen die Hennebergischen Dienste Silvesters. Ueber die Art dieser Dienste, ob er den Grafen Otto auf etlichen seiner vielen Reisen begleitet hat, oder ob er in Münnerstadt selbst seinen Burgmannspflichten oblag, läßt sich nichts nachweisen. Charakteristisch für die Verhältnisse in Münnerstadt wie für Silvester ist eine Episode, die sich an jene Zeitperiode knüpft. Es war im Jahre 1499. Seine Mutter war mit einem der Burgleute Vincenz von Burdian in Streit geraten; es war ein nachbarlicher Zwist um einen Brunnen, der auf dem Hofe der alten Burg stand. Bei der Teilung der Burghut war das Stück Hof, auf welchem der Brunen stand, an den Schaumbergischen Teil gefallen, und deshalb wurde auch der Brunnen als Schaumbergisches Eigentum reklamiert, während Burdian und mit ihm die übrigen Burgleute ihn als gemeinsames Besitztum angesehen wissen wollten. Eines Tages nun wurde der Brunen ummauert

---

[1]) Bischof Albrecht ist vor anderen ein Mehrer des Bistums gewesen. Es fiel ihm ein Stück der Schlüsselhelder Herrschaft zu, 1353 kaufte er Schloß und Stadt Ebenhausen von Berthold von Henneberg zu Hartenstein, das Jahr darauf verkaufte ihm Graf Eberhardt von Württemberg das Erbgut seiner Gemahlin, einer geborenen Gräfin von Henneberg, nämlich Königshofen, Irmelshausen, Sternberg, Rottenstein, Steinach und die Hälfte von Wildberg, Münnerstadt und Schweinfurt. Vgl. Fries, Würzburger Chronik I S. 501; Reiniger a. a. O. S. 19.

[2]) Vgl. Schultes, Diplomat. Geschichte des Hauses Henneberg I. S. 384—390; Reiniger a. a. O. S. 21.

und verschlossen. Die Burgleute protestierten, vor allen nahm sich Burdian der Sache an. Als der Protest nichts half, wurde in Abwesenheit Silvesters, ohne daß seine Mutter es hindern konnte, die Türe zum Brunnen erbrochen und die Mauer teilweise niedergelegt. Dafür prangte dann wenige Tage später der Fehdebrief Silvesters an Vincenz Burdians Gartentür. Bald wurde der Befehdete des Ernstes der Sache inne. Eine ihm gehörige Mühle vor der Stadt ging in Flammen auf, der Müller wurde gefangen fortgeführt. Kurze Zeit darauf brannte die Scheune eines Burdianschen Gülthofs nieder; auch diesmal nahm man den Hofmann gefangen mit fort. Sonst ist die Fehde unblutig verlaufen[1]. Burdian lenkte nun sehr rasch ein; er wandte sich an die Familie und bat, einen Vergleich herbeizuführen. Silvester sei, so schreibt er, immer in gemeinschaftlichem Hennebergischen Dienst sein guter Kammerad gewesen; nie habe er sich eines Argen zu versehen gebraucht; alle, Männer und Frauen, rühmten ihn als züchtig und von guten Sitten, und fester Tugend. Es könne nicht anders sein, als daß seine Mutter ihn ganz umgewandt habe. Vielleicht würde sie das noch einmal bereuen, denn, so fügt er mit offenbarer Anspielung auf Silvester hinzu, ihm seien Personen bekannt, die ehrbarer, d. h. ächt adelicher und tugendhafter Gesinnung, doch von einem Vorgang so von schmerzlicher Reue erfaßt worden seien, daß sie an der ewigen

---

[1] Burdian schlug über diese Fehde großen Lärm. Er schrieb deshalb an den Pfleger zu Coburg, ebenso an den Bischof von Würzburg; eine Kopie dieser Schreiben schickte er zur Beurteilung der Sachlage an zwei einflußreiche Glieder der Familie von Schaumberg, an die Ritter Heinrich und Georg, um deren schleunige Vermittlung er bat. In dem Schreiben heißt es: erstlich, das zu barcklet abent vmb 5 ore einer neuen Zigelscheune gebrant mit Anzündung des Hoffs, gefencknis des Hoffmans, geblündert, geschatzt, alles wider got vnd recht, darnach für Mürstatt ein Müll auch angestossen stallung donebent vnd ganz abgebrant, der Mülner gefangen, auch der armen gros schwangeren frawen Wein, den sie im Kindbett brauchen wollt ausgelassen wie ein Mastschwein erstochen... er bittet alle, die Gelegenheit zu helfen haben, ihm zu helfen, „wie woll ich nun aller meiner Zuversicht mangel erfinde, indem man Silfestern vonn Schaumberg vber semlich erbytung mich zu beschedigen, des Rauensteins vergonen sol, das doch warlich jn allen diesen landen von keynen Burggraff oder ganerben eins gemeinen Schlos gelieden wurdt..." Der Rauensteiner Burgvogt Philipp von Schaumberg zu Traustadt hatte nämlich die frühere Beschwerde Burdians liegen gelassen, ohne sie dem Geschlechte, an das sie gerichtet war, vorzulegen. Coburger Haus- u. Staatsarchiv D. IV 2. g. No. 14.

Seligkeit verzweifelt hätten [1]). Die bereits oben geäußerte Ansicht, daß der Tiefstand der adeligen Sitten in jener Periode auf das Konto der ganzen Zeitströmung zu setzen sei, aber nicht einem einzelnen zur Last gelegt werden dürfe, vorausgesetzt, daß der einzelne sich selber nicht über die damals bestehende Norm hinaussetzte, wird auch hier bestätigt. Eine einwandfreiere Bestätigung könnten wir gar nicht verlangen, als es durch jenes von einem schwergeschädigten Fehdegegner über Silvester gefällte Urteil geschieht. Silvesters Leben bewegte sich doch, trotz seiner dem heutigen Gefühl nach über das Maß hinausgehenden, temperamentvollen Ausbrüche, in den Grenzen der allgemeinen Norm; der Gegner hatte ihm nichts weiter vorzuwerfen, als daß er sich verhetzen ließ, also die Situation nicht objektiv genug, wie man es von ihm hätte erwarten können, behandelte. Seine Ritterehre war selbst in den Augen des Gegners makellos. Menschenleben und Menschenbesitz haben zu wenig Zeiten tiefer im Kurs gestanden, als zu Ausgang des Mittelalters.

Wohl nun selbst des unfruchtbaren Lebens überdrüssig, ergriff Silvester mit Freuden die Gelegenheit, zu Anfang des neuen Jahrhunderts an einem kriegerischen Ereignis teilzunehmen, welches den ganzen fränkischen Adel in leb-

---

[1]) Die Briefe Vincenz Burdians, die über die Angelegenheit Aufschluß geben, befinden sich im Staats- und Hausarchiv zu Coburg G. VII 67, IV 2. Burdian hat ungemein eingehend den ganzen Zwist geschildert; eine der dramatischen Episoden, die zur Beleuchtung der Münnerstadter Burgmännerverhältnisse beiträgt und überhaupt ein interessantes Zeitbild für die Kulturlage ist, hier mitzuteilen, möge erlaubt sein: Burdian hat eben die Entstehungsursache und die Zuspitzung des Streites mit der Frau von Schaumberg geschildert, nun fährt er fort: „Als ihr Sohn Karl einen Knecht zu ihr schickt, bringt sie denselben mir zu gesicht am brun und sagt laut: Wer sich unter die Treber mischt, den fressen die Säw, und wirft mir vor, ich verachte alle die von Schaumberg. Da bin ich aus meiner Behausung gegangen und habe zum Knecht gesagt: liber gesell, ich bin nit ein schnöder man, ich hab nie einen von Schaumberg veracht. Speitzet die Fraw gegen mir auß, griff den knecht mit macht und fürt ihn fort, er solle kein Wort von mir hören. Dann später hätte eine met (eine Magd von ihm) Wasser geholt, überläuft sie die Fraw mit auszug ihres Brotmessers, schneidet ihr das Seil vor der Hand von dem eymer vnd wirft den in den brunnen mit ergerlichen worten; er habe sich dessen gewert und mit seinem Sone am brun stehend hinaufgerufen: Fraw von Schaumberg, wie handelt ihr so mit dem meynen, gilt es stürmen so kann ichs auch, hapt ihr sie din (drinnen), so laßt sie heraus...; mein leib und gut will ich daran setzen, wer mir den brun weren will, muß mich mit Stücken davon tragen. „Bezeichnend für den Adelsstolz jener Tage ist das Folgende:" Sie sagte: sie hätte mich

hafte Bewegung setzte. Es war der Landshuter Erbfolgekrieg. Herzog Georg der Reiche von Bayern-Landshut war Ende 1503 söhnelos verstorben. Die Erbschaft freilich, die er seinem Land hinterließ, war nichts, als ein über die Maßen grausamer Krieg, der zwei blühende Provinzen, die Oberpfalz und Niederbayern ärger verheerte, als es 120 Jahre später der Dreißigjährige Krieg tat. Mit Herzog Albrecht, seinem Münchner Vetter zerfallen, hatte Georg die letzten Lebensjahre vor allem dazu benutzt, die Erbfolge in seinen Landen seiner Tochter Elisabeth und deren Gatten Pfalzgraf Ruprecht, dem dritten Sohne des Kurfürsten Philipp von der Pfalz, zu sichern, ungeachtet die Erbverträge von 1392 zwischen Landshut und München den erledigten Landesteil der überlebenden Linie bestimmte. Als Herzog Georg die Augen geschlossen hatte, war Ruprecht schon viel zu sehr in den Gedanken seiner Erbfolge eingelebt, um nicht die äußersten Mittel zu ihrer Aufrechterhaltung anzuwenden. Gestützt auf das Testament seines Schwiegervaters und angetrieben von seiner mutigen, aber ehrgeizigen Gemahlin, wies der Pfalzgraf alle Vermittelungsvorschläge zurück und ließ sich, seine Kräfte überschätzend, in ein Unternehmen ein, das ihm den Sieg und das Leben kostete. Von Haus aus ein „glänzender, freigebiger und

---

erbern (d. h. adligen) gleich gehalten, das sei nicht von nötten und genugk gewest für eyn alten burger zw Murstat... dorauf ich aber ganz wolbedechtiglich: mit dem Wort burger schmee sie mich nicht. Ich frey mich des wie Sant pauls, do er sich burger zw Rom verümpt, es hab aber danach die gestalt das mein eltern jn bawung der alten pfarrkirchen in verseung mit anfangk der stat zwen sunderlich althar epetauin ir begrepnis darauff alt or .... vnd andernn jr helm vnd schilt erlich gebraucht, die weil es nun so lang gewert, sul sie nicht gedenck mich also zu verjagen..." Diese Briefstelle wirft auch einiges Licht auf die Baugeschichte der Pfarrkirche in Münnerstadt. Reiniger a. a. O. S. 72 nimmt an, daß die Kirche schon früher als die auf einer Inschrift über der Tür des an der inneren Seite des Turmes angebauten Oelberges befindlichen Zahl 1428 gebaut worden sei. Hier wird angegeben, daß Vincenz Burdians Eltern die Erbauung der Pfarrkirche mit erlebt haben; so dürfte also der Beginn des Baues nicht viel früher, als obgenannte Zahl angibt, zu setzen sein, abgesehen davon, daß das 15. Jahrhundert eine starke Kirchenbauperiode mit sich brachte und der Stil der Münnerstadter Pfarrkirche, der spätgotische Einflüsse aufweist, auf diese Zeit hinzeigt. Vgl. auch Bavaria, VI 1 S. 525,
Die adlige Familie von Burdian war mehrere Generationen hindurch mit der Burgmannschaft in Münnerstadt verknüpft. Von den obenerwähnten Epitaphien der Eltern Vincenz' von Burdian ist nichts mehr vorhanden. Wohl aber hat ein Enkel von ihm „Martin v. Burdian zu Münerstad" in der Ritterkapelle seine Grabstätte gefunden. Dessen Sohn, Hans Christoph, Amtmann zu Gerolzhofen, ist der letzte seines Stammes. Reiniger a. a. O. S. 100.

kampflustiger" Herr, durfte er von vornherein auf vielseitige Sympathien rechnen, um so mehr, als er auch den goldenen Schlüssel zu den Herzen der Menschen besaß. Umsonst hieß Herzog Georg nicht der Reiche, und Ruprecht war sein einziger Erbe[1]). Daß es zum Kriege kommen würde, war von vornherein unzweifelhaft. Deutliche Spuren wiesen bereits zu Lebzeiten Herzog Georgs darauf hin, daß die Münchner als die nächsten Agnaten nicht im entferntesten daran dachten, das ihnen zukommende Recht sich aus den Händen spielen zu lassen. Herzog Albrecht und sein Bruder Wolfgang hatten bei Zeiten ihre Maßregeln getroffen. In Voraussicht der unausbleiblichen Schwierigkeiten, hatten sie längst ihre Position gestärkt; und als dann die Verwickelungen auf gewaltsame Lösung drangen, war die Stellung der Münchener so sicher, daß die Entscheidung der Waffen für die Pfälzer wenig Aussicht auf Erfolg hatte. Vor allen zählte König Maximilian, der Schwager Herzog Albrechts, zu den Bundesgenossen der Bayern, und neben ihm die „zweite Macht" im Reich, der schwäbische Bund. Herzog Ulrich von Württemberg, Markgraf Friedrich von Brandenburg und der Landgraf von Hessen hatten sich gleichfalls für Albrecht erklärt und dazu noch die Reichstadt Nürnberg, ein durch seine vorzügliche Geschützausrüstung nicht zu unterschätzender Bundesgenosse. Alles in allem ist die Streitkraft der Herzöge von Bayern und ihrer Verbündeten auf 60000 Mann geschätzt worden. Von dieser Zahl vermochte Pfalzgraf Ruprecht trotz aller angewandten Mühe nur einen kleinen Bruchteil ins Feld zu stellen. Vor allem konnte er auf die Unterstützung seines Vaters rechnen; aber Kurfürst Philipp war doch nicht imstande, die zum Kriege wünschenswerte und genügende Truppenzahl zu senden, da er, selber von den Gegnern bedroht, sein Land, die Rheinpfalz, von Streitkräften nicht allzusehr entblößen durfte. Weiter war der Würzburger Bischof, Lorenz von Bibra, einer der Testamentarier Herzog Georgs, auf seiner Seite, und neben Graf Wilhelm von Henneberg und dem Landgrafen von Leuchtenberg stand ihm noch eine größere Anzahl böhmischer Soldtruppen zu Gebote, zusammen gegen 12000 Mann. Eine allzu un-

---

[1]) Die andere Tochter Georgs war schon zu Lebzeiten des Vaters Nonne bei den Dominikanerinnen zu Altenhoven; siehe Riezler, Gesch. Bayerns III S. 570.

gleiche Kriegsmacht! Der goldene Strom, welcher, der Hand des Pfalzgrafen entquollen, durchs Land rann, hat doch nicht hell genug ins Reich geschimmert, um seine unwiderstehliche Anziehungskraft zu erweisen; breit genug aber scheint er gewesen zu sein. Ruprecht fühlte sich trotzdem nicht zu schwach. Mit dem Optimismus, der ebensosehr dem jugendlichen, wie dem ritterlichen Herzen eignet, zog er ins Feld. Man erzählt sich, daß er nach Ritterart ein goldenes Band getragen habe, auf welchem mit schwarzer Emaille die Verse gestanden hätten:

Ich will bleiben Pfalzgraf bei Rhein
Und widerstehen allen Feinden mein;
Böhmen nimm zum Gehilfen ich,
Henneberg verlaß mich nicht,
Leuchtenberg, das lobe ich,
Ein neue Münz vermag ich,
Der ganze Bund steht wider mich,
Da widerstreit ich ritterlich.

Allerdings ist ihm weder der Trutzreim noch sein ritterlicher Mut zum Talisman geworden, weder für Land noch Leben[1]).

Der fränkische Adel war bei der Parteinahme in diesem Kriege wie immer nicht einig; schließlich war er auch ein viel zu verzweigtes Gebilde, als daß man das jemals von ihm hätte verlangen können. Einigkeit war die Tugend, deren Mangel die fähigsten Köpfe der Ritterschaft am bittersten beklagt hatten. Die überwiegende Mehrzahl schlug sich indes auf Seite der Herzöge von Bayern. Wenn man bedenkt, daß zwischen der fränkischen Ritterschaft und den Herren der Oberpfalz von jeher enge Verbindungen bestanden und daß die Persönlichkeit Ruprechts genug ideelle und materielle Anziehungspunkte besaß, und weiter, daß die drei geistlichen Fürsten des Frankenlandes sich teils offen, teils geheim zu den Pfälzern hielten, die von der Ritterschaft bestgehaßten Mächte aber, der schwäbische Bund und Nürnberg auf Seite Albrechts standen, so muß man sich über die getroffene Entscheidung des größeren Teiles der Ritterschaft wundern. Man würde sie auch gar nicht verstehen können, wenn der Adel nicht

---

[1]) Vgl. bei dieser Darstellung Riezler a. a. O. III S. 570 ff.; Würdinger, Kriegsgeschichte von Bayern II S. 174 ff.; Würdinger, Urkunden-Auszüge zur Geschichte des Landshuter Erbfolgekriegs in Verhandlungen des Histor. Vereins für Niederbayern VII. S. 297 ff.

selbst den Grund seines Verhaltens angegeben hätte. In dem Feindsbrief, den 192 Edelleute mit Angehörigen von fast allen fränkischen Geschlechtern am Sonntag Jubilate 1504 dem Pfalzgrafen zuschickten, wird gesagt, daß sie dem Markgrafen Friedrich verbunden wären; und deswegen, weil Friedrich zu den Gegnern des Pfalzgrafen gehöre, müßten sie gegen Ruprecht zu Felde ziehen. Immerhin mag es möglich sein, daß die geringe Aussicht auf dauernde Erfolge Ruprechts bei diesem Entschlusse mitbestimmend war. Eine kleine Anzahl fränkischer Edelleute zog zu Ruprechts Fahnen, darunter war Silvester von Schaumberg. Endlich also brachte ihn ein Ereignis, das mit größeren Linien gezeichnet war, aus der heimatlichen Enge und damit aus der Gefahr des Verkommens heraus. Wenn auch die Sache, für die er hier das Schwert zog, eine verlorene war, so hat sie ihm doch unberechenbaren Nutzen gebracht. Sie hob ihn aus dem Bereich des Kleinlichen, in dem er ganz untergegangen war, heraus und lehrte ihn Geschmack an Vorgängen bekommen, bei denen es sich nicht bloß um persönliche Dinge handelte, sondern um Dinge, die von höheren Gesichtspunkten aus betrachtet werden mußten. Wir sehen später, daß Silvester gerade durch eine ungemein sachliche Behandlung der ihn berührenden Vorgänge sich auszeichnete. Wenn man damit seine frühere Lebensperiode, die sich rein auf persönliches Empfinden aufbaut, vergleicht, so findet man, daß die Erfahrungen in dem wechsel- und schicksalsreichen Zügen des Landshuter Erfolgekrieges den Wendepunkt in seinem Leben bedeuteten, den Wendepunkt zum Besseren. Ein solches Ereignis, welches das Gute in seiner Natur aufgerüttelt und zum Sammeln gebracht hat, war eben das, was ihm bisher noch gefehlt hatte. — Was ihn veranlaßte, trotzdem die Mehrzahl seiner Landsleute, darunter in jenem obenerwähnten Feindsbrief allein sechs seiner Familienangehörigen[1]), sich den Fahnen Albrechts anschloß, des

---

[1]) In dem Fehdebrief an Pfalzgraf Ruprecht sind aus der Familie von Schaumberg genannt: Adam, zu der Lauterburg; Karl zu Gereut; Melchior; Jörg, Ritter und Marschalk auch zu der Lauterburg; Martin, gleichfalls ein Lauterburger, und endlich noch ein Georg von Schaumberg; der letztere war nicht Ritter. Um diesen handelt es sich aber offenbar, wenn von Walderdorff in „Regensburg in seiner Vergangenheit und Gegenwart" S. 392 angibt, daß in der Schlacht bei Wenzenbach unter den Parteigängern Albrechts ein „Ritter" Georg Gefallen sei. Es müßte denn noch ein

Pfälzers Parteigänger zu werden, läßt sich nur vermuten. Vielleicht ist es die Erinnerung an das erfolgreiche Eingreifen des Pfälzer Kurfürsten in seine Bamberger Streitsache gewesen, die ihm Sympathien für den Sohn des Kurfürsten erweckte, vielleicht aber war es auch die enge Freundschaft mit Rittern, denen ihre Dienststellung oder ihre Neigung einen Platz an Ruprechts Seite angewiesen hatte, welche ihn auch mit hinüber zog. In Betracht dafür kämen Ritter Ludwig von Eyb oder sein alter Waffengefährte, Freund und Verwandter, der Bruder seiner Mutter, Wolf Gotzmann, schließlich auch der Stolz seiner Familie, Ritter Wilwolt von Schaumberg, den seine Freundschaft mit Wilhelm von Henneberg und seine Verwandtschaft mit Ludwig von Eyb zu Ruprecht führte. Noch ein Geschlechtsvetter, Tristram von Schaumberg zu Nakel, nahm übrigens Partei für den Pfalzgrafen. Sicher ist, daß Silvester sich schon sehr frühzeitig für Ruprecht entschied. Schon Ende des Jahres 1503 wird er zu Landshut persönlich in seine Mannschaft aufgenommen. Mit vier Pferden trat er den Dienst damals an, ein Beweis, daß der heimatliche Kleinkrieg ihm doch etwas eingetragen hatte. Daß er unter den ersten Dienern Herzog Ruprechts genannt wird und daß ihm, im Gegensatz zu den zahlreichen anderen Edelleuten, die zu Ende des Jahres 1503 von Ruprecht angenommen wurden, 5 fl. mehr pro Pferd bewilligt werden, mag uns ein Beleg für den guten Klang seines Namens und seines Schwertes sein[1]) Eine führende Rolle ist ihm

---

dritter Georg, der die Ritterwürde trug, in Betracht kommen; der obengenannte Ritter Georg von Schaumberg lebte bis zum Jahre 1527 und liegt in der Moritzkirche zu Coburg begraben. Schuegraf, Beschreibung des Schlachtfeldes zwischen Schönberg und Bernhardswald in Verhandlungen des Histor. Ver. f. Regensburg I. nennt den bei Wenzenbach gefallenen nur „Georg", ohne ihm die Ritterwürde zuzuteilen. Er soll in der Regensburger Minoritenkirche begraben sein, doch ist daselbst von einem Grabdenkmal nichts zu entdecken, während andere Parteigänger Albrechts z. B. die Franken Jörg Schenk von Neideck (der letzte seines Stammes), Hanns, Lochinger, Siegmund von Dobeneck und Hans von Hetzendorf, die gleichfalls in der Schlacht bei Wenzenbach ihr Leben ließen, schöne Epitaphien besitzen.

Die erwähnte Absage der 192 Edelleute ist abgedruckt in den Verhandlungen des Histor. Ver. f. Regensburg usw. Bd. 34, als Anhang zu einem Aufsatz über die Reimchronik des Christoph Triermann, welche den Landshuter Erbfolgekrieg behandelt.

[1]) Das Dienerbuch Ruprechts zeigt auf Seite 5 folgenden Eintrag: Siluester von Schawmberg zum Rotensperg. Ist an heut dato zu meines genedigen hrn hertzog Ruprechts diener von Haws aws mit 4 Pferden ain

in diesen Kriegszügen nicht zugefallen. Der Krieg war überhaupt für die Karriere der Franken nicht günstig. Die Bayern, welche in der Uebermacht waren, drängten eifersüchtig die auswärtigen Edelleute zurück. Auch Wilwolt wußte davon ein Lied zu singen. Der schlachtenerprobte Feldherr, der es in 35 Kriegsjahren zu anerkannter Meisterschaft gebracht hatte, wurde nicht, wie es seiner Stellung und Erfahrung zugekommen wäre, mit der Oberleitung betraut, sondern mußte sich mit einem niederen Kommando begnügen. Zweifelsohne war Wilwolt, der mit so großem Glücke des Kaisers Kämpfe in den Niederlanden geführt und Friesland zweimal selbständig niedergeworfen hatte, der bedeutendste Kriegsmann im Heere Ruprechts[1]). Silvester hat sich also nicht beklagen dürfen, wenn er hinter dem berühmteren hat zurückstehen müssen; sein Ansehen war damals wohl auch nicht so groß, daß er eine besondere Stellung hätte beanspruchen dürfen. Da die bisher bekannten Quellen nichts über eine besondere Tätigkeit von ihm erzählen, werden wir annehmen dürfen, daß er eben auch nicht in besonderer Weise mit irgendwelchen Aufgaben betraut war. Tapferkeit und Tüchtigkeit hat das Heer Ruprechts genugsam gegen die große Uebermacht erweisen müssen, und davon hat Silvester sicher auch seinen Teil gehabt. Nur zweimal wird im Verlaufe des Krieges sein Name genannt. Das erstemal war es, als der Kampf in Fluß kam. Die Feindseligkeiten waren auf dem niederbayerischen Kriegsschauplatze mit Wegnahme von Erding durch Albrechts Truppen eröffnet worden. Der Ernst der Sachlage war also nun nicht mehr verkennbar. Da nunmehr der Fehdeanlaß gegeben war, säumten Ruprechts

---

jar aufgenommen, gibt jm des jars awf ain Pferd zu Sold xxv guldten, hat von seinen genad ein bestellbrief vnd ain revers geben.
    act. Landshut am Sontag vor dem newen jarstag ao quarto. (Tristram ritt mit 3 Pferden und erhielt wie fast alle anderen 20 fl. pr. Roß.) (Reichsarchiv München.)

    [1]) Wilwolt scheint sich selbst zurückgesetzt gefühlt zu haben; offenbar hatte er eine der ersten Führerstellen, bei denen die Entscheidung liegt, erwartet. Als nun auch noch Ritter Georg von Rosenberg, ein Franke, den Oberbefehl an den Bayern Georg Wißpeck abtreten mußte, schrieb Wilwolt bitter auch in Ansehung seiner eigenen Lage: „Die Ruprechtschen ließen sich bedünken, daß es ihnen schmächlich sei, einen fremden verständigen Kriegsmann zum obersten Hauptmann zu bestellen, sondern wurfen wieder einen Bayern (den Wißpeck) auf, der all seiner Tage nie keinen Hauptkrieg gesehen, viel weniger geführt hat." Vgl. Würdinger, Kriegs Geschichte von Bayern II. S. 224. Anm.

Parteigänger nicht länger, Herzog Albrecht ihre Absage zu senden. Anfang Mai, wenige Tage nach dem Fall von Erding, wurde der Feindsbrief an die herzoglichen Brüder Albrecht und Wolfgang ausgefertigt: „Nachdem ir am montag negst vergangen der durchleuchtigsten und Hochgebornen Fürstin Frauen elisabeten Pfalzgraffin pei rein... vnser genedigen Fraun Erdinge den flecken jr recht väterlich erb mit gewalttat vnversehen eingenomen vnd gewunnen habt, des ir genadt, oder wir vns also nit zu euch versehen heten, darumb wellen wir Haubtleut, Graffen, Herren, Ritter vnd Knecht hernachbenant mit vnsern gebröten knechten vnd allen die in irer gnaden futerbrod vnd sold sein, Eur, Eurer helffer, helffershelffer vnd aller der, die euch vnd denselben verwandt, Feind sein usw." 50 Unterschriften bedeckten das Dokument, darunter auch die Silvesters von Schaumberg[1]). Als Antwort auf die Absage an die bayerischen Herzöge erfolgte von seiten des Kaisers die Reichsacht. Rechtlich war dagegen kein Bedenken zu erheben. Wenn der Kaiser auf dem Standpunkt stand, daß die Herzöge Albrecht und Wolfgang ihr gutes Recht beanspruchten, Ruprecht aber eine rechtlich unzulängliche Sache verfocht, so konnte die gewaltsame Verteidigung eines angemaßten Rechtes seitens des Pfalzgrafen als Landfriedensbruch angesehen und demgemäß von der obersten Reichsstelle behandelt werden. Gegen die moralische Berechtigung des Ritterspruches freilich konnte man Einwendungen machen. Der Kaiser war in dieser Sache Richter und Partei in einer Person. Der königliche Geschäftsmann konnte die schöne Gelegenheit, für seine Hausmacht ein gutes Geschäft zu machen, nicht vorübergehen lassen. Von vornherein hatte er es zur Arrondierung seines Hausbesitzes auf die schönen Landshuter Teile in Tirol abgesehen und es war nicht zweifelhaft, daß die persönliche Anteilnahme an diesem Feldzug mehr um seines „Interesses" als um des Rechtes willen erfolgt war. Mit saurer Miene mußte es Herzog Albrecht geschehen lassen, daß gute bayerische Besitzungen für immer vom Hause

---

[1]) Der Fehdebrief ist abgedruckt den Verhandlungen des Histor. Vereins für Regensburg, 34. Bd. Er ist datiert am Freitag Kreuzerfindungstag (3. Mai), und ging unter den Siegeln der Ritter Wilhelm von Eisenburg, Jörg von Rosenberg, Martin von Sickingen und Nicolaus von Zedwitz; desgl. ist er abgedruckt in Heinemann „Der Richter und die Rechtspflege in der deutschen Vergangenheit".

Wittelsbach kamen und dem Kaiser zufielen als Lohn für die erfolgreiche Verteidigung des guten Rechtes. Auch Silvesters Name ist mit auf dem Aechtsbrief genannt. Er teilte die Acht mit seinem herzoglichen Herrn und mit den anderen ritterlichen Parteigängern Ruprechts, darunter auch Wilhelm von Henneberg und Wilwolt von Schaumberg. Er befand sich also in bester Gesellschaft und hat aller Wahrscheinlichkeit nach von der Sache keine Nachteile gehabt. Die Reichsacht war, wie schon erwähnt, keine Angelegenheit, die besondere Schmerzen verursacht hätte; auch die damaligen Deutschen waren nichts weniger als Helden des Autoritätsgefühls. Nachdem mit Beendigung des Krieges auch die Ursache der Acht gefallen war, wurde sie wieder aufgehoben, ohne besondere moralische oder materielle Einbußen nach sich zu ziehen[1]). Der Feldzug war, wie schon gesagt, ein ungemein grausamer. Die betroffenen Landschaften haben zu ihrer Erholung etwa dieselbe Zeit gebraucht wie andere Gegenden Deutschlands von den Verheerungen des Dreißigjährigen Kriegs. An rücksichtsloser Kriegsführung haben es beide Parteien nicht fehlen lassen. Sympathisch ragt aus dem blutigen, brennenden Wirrwarr dieser Tage die Treue heraus, mit der die Waffengefährten Ruprechts dessen sinkende Fahnen hielten. Als des Pfalzgrafs untergrabene Gesundheit am 20. August der Ruhr zum Opfer gefallen war, hielten sie ritterlich bei seiner Gemahlin aus; und als die mutige Fürstin, die einen so lebendigen Anteil an der Entwickelung und dem Verlauf des Feldzuges genommen hatte, nach wenig Wochen ihrem Gatten ins Grab nachfolgte, fochten Ruprechts Mannen für seine kleinen Söhne, um diesen das wenige zu retten, was noch zu retten war. Viel zu retten gab es indes nicht mehr. Die Kriegsführung hatte reinen Tisch gemacht mit allen, was wie Leben und

---

[1]) Nicht alle Freunde Silvesters kamen so glimpflich wie er von dem unglückseligen Feldzug. Wilwolt von Schaumberg verlor z. B. seinen ganzen Troß bei einem Ueberfall auf dem Rückwege von Landshut (Mon. boica).
Für Wilhelm von Henneberg aber wurde der Krieg der Anfang einer langen Kette von Aergernissen. Seine nicht unbedeutende Kriegsbeute, wobei wohl auch sein Sold war, hatte er der Heimat zugeschickt „wagen, nit mit geringen Gütern vnd kleinotten, auf dritthalb Tausend gulden wert". Trotz des bereits gebotenen Waffenstillstandes wurden die Wagen aufgehoben und als willkommene Beute nach Ingolstadt geführt. Graf Wilhelm hat an die 40 Jahre um die Sache vor allen möglichen Instanzen prozessiert. (Siehe Reichsarchiv München „Henneberg Grafschaft" No. 1. a.)

Blüte im Lande aussah. Die reichen Lande Herzog Georgs waren ebenso wie die Oberpfalz öde und wüste. Bittere Tropfen werden in die Siegesfreude der Münchener gefallen sein.

Auf welchem der beiden Kriegsschauplätze, ob auf dem oberpfälzischen oder dem niederbayerischen Silvester seine Arbeit getan hat, konnte nicht erkundet werden. Wahrscheinlich hatte er sich zu den übrigen Franken in Ruprechts Heer gesellt, und diese kämpften in der Oberpfalz gegen die Markgräflichen und Nürnberger. Ob er an den Kämpfen und Zügen immer volle Freude gehabt hat? Des Lebens buntes, wechselvolles Spiel hat ihm gewiß manches zu denken gegeben und ihn zu einem Manne von größerem Ernste gemacht. Denn gerade unter den Gegnern, gegen die man in unerbittlicher Feindschaft stritt, waren so viele der alten Freunde, vor allem Albrecht Stiebar, der einstige Burggraf zum Rothenberg und seine waffenfrohen Söhne. Was einst gemeinsam in engem Bunde zusammenstand in Kampf und Fehde, in Spiel und Ernst, hatte das Leben auseinandergerissen und gezwungen, sich zu bekämpfen, immerhin Lebensgestaltungen, die auf eine tiefer angelegte Natur nicht ohne Eindruck bleiben konnten, ebensowenig wie der Ausgang des Krieges und das tragische Geschick des Fürstenpaares, das in seinem Mittelpunkte stand. Der Landshuter Erbfolgekrieg ist für Silvester eine Schule gewesen, die er mit gutem Erfolge verließ: Diese Schule hat ihn zum Mann gemacht, zu einem Manne mit weiterem, freieren Blick und tieferem Ernste fürs Leben.

Nachdem die Waffenarbeit getan war, kehrte Silvester in die fränkische Heimat zurück; zwar an Schätzen ebenso arm wie er ausgezogen, aber reicher an Lebenserfahrungen und nachhaltigen Eindrücken. Diese mochten ihm wohl die Neugestaltung seines Lebens wünschenswert gemacht haben, und dazu kamen ihm nun die Verhältnisse in Franken entgegen. Es war hier inzwischen manches anders geworden. Der Riß, der durch die verschiedene Parteinahme im eben vollendeten Kriege in der Ritterschaft entstanden war, ging auch durch ehemals rege persönliche Beziehungen. Er war für Silvester besonders empfindlich. Der alte Rothenberger Kreis war gesprengt. Es liegt in unserer Natur, daß die öffentlichen Verhältnisse, für deren Förderung oder Erhaltung man eintritt, bis zu einem gewissen Grade unser persönlicher Besitz werden. Deshalb wird es auch nur schwer vermieden werden können, daß die Gegnerschaft in öffentlichen Dingen, je nach dem sittlichen Stande der beteiligten Personen und je nach dem Grade der Leidenschaft, mit der die Sache geführt wird, den Charakter persönlicher Gegnerschaft annimmt und diese wird mindestens anhalten, solange die erfahrenen Eindrücke noch frisch im Gedächtnis haften und durch keine anderen überholt sind. So konnte es denn auch nicht geschehen, daß diejenigen, die mit scharfen Waffen sich eben noch berührten, gleich darnach wieder im trauten Kreise beim Becher saßen oder in alter Waffenkameradschaft, die nichts von Mißtrauen wußte, zu gemeinsamen Unternehmungen sich zusammenfanden. Die enge Verbindung mit dem Rothenberg, mit der die einstige Art seines Lebens fiel oder stand, wurde nunmehr von Silvester aufgegeben. Die Adresse oder die Unterschrift „Silvester von Schaumberg zum Rothenberg", verschwindet. Er suchte seinem Leben eine sittlich stärkere Grundlage zu geben, als ihm der genius loci der alten Bergveste einst gewährt hatte. Freilich, alle Beziehungen zum Rothenberg wurden nicht gelöst. Im Gegenteil[1]). Er blieb im Besitz seines Ganerbenteiles auch fernerhin und gehörte nachweislich immer zu den angesehensten und geschätztesten Gliedern des Burgfriedens[2]), die für die

[1]) In dem Nürnberger Rats-Briefbuch No. 57. Fol. 224 (Kreisarchiv Nürnberg) findet sich der Extrakt einer Korrespondenz zwischen dem Rat zu Nürnberg und dem bischöflichen Kammermeister Hannsen Brawn vom Jahre 1506 Sonntag nach Martini, nach welcher der letztere bei Nürnberg anfragte, wer die sechs bei Schnaittach gefangenen und nach Nürnberg abgeführten Leute sind. Nürnberg teilt Namen und Verhandlungen mit, unter andern: Jörg Stretz sage aus, daß er Siluester von Schaumberg, Ebold und Sebastian Stieber in ihrer Fehde wider den Bischof Hilfe getan habe. Unterkunft hätten sie im vorderen Hofe des Rothenbergs gehabt. Bei dieser „Fehde" handelt es sich nicht um eine Befehdung etwa aus dem Jahre 1506, sondern um die früheren, bereits oben beschriebenen. Die Beziehungen, die Silvester 1506 zu Bamberg hatte, waren durchaus gute. Auch befand er sich damals bereits in fester Amtsstellung zu Münnerstadt.

[2]) Daß Silvester sich auch späterhin lebhaft für den Rothenberg interessierte und die Angelegenheiten desselben mit Rat und Tat gefördert hat, ebenso, daß er von den mit der Ganerbschaft in Berührung stehenden Gewalten als einer der ersten Repräsentanten angesehen wurde, läßt sich aus verschiedenen Jahren nachweisen: So bestätigen 1510 am Donnerstag nach Conversionis Pauli Kurfürst Ludwig von der Pfalz und Pfalzgraf Friedrich den Ganerben von Rothenberg, darunter namentlich genannt, Silvester von Schaumberg zu Münnerstadt, den Bestätigungsbrief ihres Vaters, des Kurfürsten Philipp, über die Ganerbschaft von 1499 und ziehen in denselben das ganze hintere Schloß zum Rothenberg mit ein, welches die Ganerben nunmehr zu

Förderung der gemeinschaftlichen Interessen immer Zeit und Lust übrig hätten[1]). Die Beziehungen, welche die zahlreichen Ganerben — 1509 waren es 106 — unterhielten, waren zu wertvoll, um sich ihrer zu entledigen. In den Jahren 1513—1515, während seiner Amtszeit auf dem benachbarten Veldenstein, hat er auch das Amt eines Baumeisters auf dem Rothenberg bekleidet. Bei seinem Rücktritt in hennebergische Dienste mußte er wegen der weiten Entfernung das Amt natürlich aufgeben.

ihrer früheren Hälfte von Martin von Egloffstein gekauft haben. (Reichsarchiv München, Repert. Rothenberg, 1510). Aus dem gleichen Jahre ist im Münchener Reichsarchiv ein Lehensrevers über den Ganerbenteil Silvesters vorhanden. Aus demselben Jahre erzählen die Nürnberger Briefbücher (Kreisarchiv No. 65. Fol. 128) von Verhandlungen des Rats mit Silvester von Schaumberg, Amtmann zu Münnerstadt, wegen des ungeledigten — also gefangenen — Nürnberger Bürgers Lor. Ostereicher. Auch hier wendet man sich an den einflußreichen Ganerben um Vermittelung in einer Irrung mit dem Rothenberg. (Montag Kiliani 1510). Acht Jahre später unterhandelt der Rat von Nürnberg mit Neidhardt von Thüngen, Ritter Götz von Berlichingen, Silvester von Schaumberg, Melchior von Rosenberg, Wilhelm von Schaumberg, die ihren Verwandten Hannsen Cradel gegen den Nürnberger Bürger Mathes Melber unterstützen; auch hier handelt es sich um einen Rothenberger Verwandten, dessen sich einige angesehene Ganerben annahmen. (Nürnberger Briefbuch No. 78, 1518). Endlich wird in den Jagdstreitigkeiten 1528 zwischen dem Markgrafen von Brandenburg und den Ganerben zum Rothenberg unter einigen andern auch Silvester zu einem Tag nach Onoldsbach auf Dienstag nach St. Thomastag geladen. (Nürnberger Kreisarchiv Rep. 187b. No. 70.)

[1]) Wie lebhaft trotz der Entfernung seine Beziehungen zum Rothenberg waren, ergibt sich aus den Auszügen der Abschiedsbücher No. 2. der Rothenberger Ganerbentage im Kreisarchiv Nürnberg Rep. 187b. II. C. 2. Er erschien:

1507. auf dem Ganerbentag zu Bamberg, Sonntag nach Michaelis
1508. Tag auf Montag nach Jubilate,
1509. Tag auf Montag nach Michaelis,
1510. Tag auf Montag nach Dionysi,
1511. Tag auf Montag nach Galli,
1512. Tag zu Auerbach, Montag nach Galli; Tag Montag nach St. Niclas,
1513. Tag auf Mittwoch nach Miser. Dom.; Tag auf Montag nach Michaelis. (Hier wurde Silvester zum Baumeister gewählt).
1514. Tag auf Donnerstag nach Judica; Tag auf Montag nach St. Francisci,
1515. Tag zu Auerbach, Montag nach Exaudi; Tag auf Montag nach St. Michaelis. (Bis hierher bekleidet er das Baumeisteramt des Rothenbergs.)
1516. Tag zu Bamberg auf Dienstag nach concept. Mar.,
1517. Tag auf Sonntag nach Matthaei,
1518. Tag auf Sonntag nach Burckhardi. In den Aufzeichnungen sind auch Quittungen über von Silvester entrichtete Beiträge und Bußen: verschiedene Male schickte er Vollmacht.

Wenn sein Leben sich nun in einem anderen Kreise bewegt als vorher, so ist neben den psychologischen Gründen dieser Veränderung wohl noch eine andere Ursache maßgebend gewesen, nämlich die Gründung eines selbständigen Haushaltes oder mindestens die bessere Fundierung der vielleicht schon seit einiger Zeit geschlossenen ehelichen Verbindung. Ueber den Zeitpunkt, an dem er die Erkorene heimführte, hat sich bisher nichts finden lassen, wahrscheinlich aber ist es kurz vor oder nach dem Landshuter Erbfolgekrieg gewesen. Es war eine Tochter aus der Familie von Sparneck, Caecilia, jedenfalls aus dem Hause Waldstein. Ihre Eltern waren Christoph von Sparneck und Elisabethe, geb. von Seckendorf-Rinhofen[1]). Der jungen Gattin ein sicheres Heim zu bieten, mag ihm am Herzen gelegen haben. Dazu war vor allen Dingen nötig, die noch immer nicht einwandfreien Verhältnisse mit Bamberg ins Reine zu bringen. Der weit größte Teil des Vatererbes lag ja im Territorium des Hochstifts und ging vom Bamberger Lehenshof zu rechtem Mannlehen. Solange das Verhältnis zum Hochstifte noch feindselig war, konnte

---

[1]) Salver gibt folgende Genealogie für Cäcilie von Sparneck an, welche aber in 3 und 4 nicht richtig ist.

Hans von Sparneck	Lamprecht von Seckendorf
ux.: Anna von Plassenberg	ux.: Marie von Schaumberg
Christoph von Sparneck	Elisabeth von Seckendorf

Caecilie von Sparneck.

Die Eltern der Caecilie sind auch weiter erwiesen: Auf dem Grabmal des Karl von Schaumberg, eines Sohnes des Silvester in der Stadtkirche zu Münnerstadt, sind als Ahnen angegeben Schaumberg, Sparneck, Gotsmann, Seckendorf. Zweifelsohne also ist die Großmutter mütterlicherseits dieses Karl eine Seckendorf gewesen; ebenso auf dem Grabstein der Caecilie selbst, ebenfalls in Münnerstadt: Sparneck-Seckendorf-Vestenberg-Schenk von Geyern. Der Großvater mütterlicherseits war Lamprecht von Seckendorf-Rinhofen. Dieser Name kommt in der Familie mehrfach vor:
   1. Lamprecht I. zu Krottendorf, Hallersdorf, Ross- und Stübach,
      uxor: Margaretha von Schaumberg um 1430, 1444, 1448, 1450.
      (Beide urkundlich.)
   2. Lamprecht II. Burggraf zum Rothenberg,
      uxor ist nicht bekannt.
   3. Lamprecht III. Amtmann zu Senftenberg † 1492,
      uxor: Anna von Vestenberg.

Dieser letztere ist der Großvater Caecilias. Die Großmutter väterlicherseits ist aller Wahrscheinlichkeit eine Schenk von Geyern gewesen. Hierauf deutet auch das an vierter — statt an dritter Stelle stehende — Ahnenwappen auf dem Grabstein der Caecilia, der schwarz-weiß geteilte Schild.

an eine Lehensmutung nicht gedacht werden; der Genuß der Güter war darum ein unsicherer und erschwerter, ebenso der Aufenthalt auf den Besitzungen. Silvester hatte mit seinem einzigen noch am Leben befindlichen Bruder Karl eine Erbteilung noch nicht vorgenommen; nach seiner Rückkehr aus dem Landshuter Feldzuge scheint er eine klare Teilung für wünschenswert gehalten zu haben. Die Jahre 1504 und 1505 mag er benutzt haben, um mit Bamberg einen vorteilhaften Frieden zu schließen und weiter mit seinem Bruder sich abzufinden. Anfang 1506 ist beides abgeschlossen. Mit seinem Bruder Karl einigt er sich dahin, daß er die weitläufigen Güter und Gefälle an der Aisch, die sich wegen der außerordentlichen Verzweigtheit der Einnahmen schwer teilen ließen, käuflich übernahm. Der Kaufbrief ist am Montag nach Quasimodogeniti 1505 ausgefertigt. Zu Anfang des nächsten Jahres stellte Karl den Aufschreibebrief über diese Güter an den Bischof von Bamberg aus[1]). Nunmehr konnte also Silvester selbst zur Lehensmutung schreiten. Es war offenbar alles schon vorbereitet, denn zwei Tage später, am Sonnabend nach Reminiscere, erfolgte die Belehnung, über die Silvester dann am gleichen Tage sich reversiert. Dieser Revers, der sich im Original und in einer Abschrift in den bischöflichen Kopialbüchern befindet, läßt uns einen Blick in die Vermögensverhältnisse Silvesters tun und ebenso in die Art, wie die Vermögensverhältnisse der Edelleute in damaliger Zeit sich oft zusammensetzten. Für die Umständlichkeit und Verworrenheit solcher Zusammensetzungen ist das vorliegende Beispiel geradezu typisch. Es waren zwei Güter zu Höchstadt an der Aisch und drei Güter zu Buch am Lichtenfelser Forst, die von Bamberg zu rechtem Mannlehen gingen. Dann kamen in den Ortschaften Höchstadt, Winterbach, Bechhoven, Etzelkirchen und Buch am Forst[2])

---

[1]) Dieser Aufschreibebrief ist im Original vorhanden; er lautet gekürzt: „Ich Karell von Schawmberg zv Ebern, fuge E. F. Gnaden zu wissen, daß ich Silvestern von Schawmberg, min liben bruder mein teyll am lehen vnd erbstucken von Symon von Schawmberg mein liben Vater seligen ererbt zu kaufen gegeben laut Kaufbrief Montag nach Quasimodogeniti 1505... Silvester hat Bezahlung getan." . . . Er bittet, der Bischof wolle Silvester nun mit diesen Stücken beleihen „die von vnserem Vater sel. vf vns bede alß menlich sein erben verstorben vnd gefallen sind." Donnerstag nach Reminiscere 1506. (12. März.) (Kreisarchiv Bamberg. Urkunden des fränk. Adels No. 103.)

[2]) Höchstadt, altes bambergisches Amtsstädtchen im Steigerwald an der Aisch; Oberwinterbach, Dorf an der Aisch bei Höchstadt; Bechhoven,

von achtzehn Bauerngütern Gefälle, bestehend in Geldabgaben, Getreide-, Eier-, Käse- und Hennenlieferungen, desgl. Arbeitsleistungen zur Heu- oder Schnitternte. Neben diesen Einnahmen bestanden Bodenzinse, die dem Bischof und Silvester zur einen, und denen von Egloffstein, die in jener Gegend ziemlich begütert waren, zur anderen Hälfte gehörten; 35 Untersassen waren an der Lieferung derselben beteiligt. Die Zinse waren kleiner und kleinster Art; ihre Beträge beliefen sich auf den Umfang von zwei Hellern bis zehn Pfennige. Weiter folgen noch einmal Ackerzinse, die gleichfalls in gemeinsamen, aber wieder anders zusammengesetzten Besitz sich befanden. „Gemein Ackergelt, So meinem gnedigen Hern von Bamberg, den Trucksessen, den von Egloffstein vnd Silvestern von Schaumberg zugehörig" und um die Sache noch weiter zu verwickeln wird hinzugefügt, daß bei den Einnahmen dieser Art Martin Truchseß 30 Pfennige voraus hat. An diesen Gefällen sind nicht weniger als 77 Lieferanten beteiligt, manche mit drei oder mehr Stücken. Die Beträge sind ebenso gering wie oben gesagt. Die Zinse sind von Liegenschaften, die der Höchstadter Gemarkung oder dem ganz benachbarten Nachendorf zugehören. Neben diesen Gütern und Einnahmen, die Silvester in dieser Gegend von Bamberg zu Lehen trug, war sicher noch freieigener Besitz vorhanden, denn in dem Güterregister, welches dem Reverse Silvesters zugrunde liegt, war am Ende ein Zinsverwandter aufgeführt, dessen Lehen Silvester ausdrücklich als ein freies Lehen für sich in Anspruch nimmt und als fälschlich in diesem Lehensregister stehend bezeichnet[1]). Und dazu war es die bischöfliche Lehenskurie noch nicht einmal allein, von welcher die Silvester gehörigen Güter stammten. Eine Anzahl Söldengüter in Oberwinterbach und Etzelkirchen

---

Dorf bei Höchstadt; Etzelkirchen, Pfarrdorf, $1/4$ Stunde von Höchstadt entfernt; alle genannten Dörfer gehörten ins Amt und Zent Höchstadt. (Vgl. Bundschuh, „Geograph. Lexikon von Franken"). Buch am Lichtenfelser Forst gehörte zum bambergischen Amte Lichtenfels; es war ein Ganerbendorf, an dem Bamberg, Kloster Banz und das Seniorat von Redwitz Anteil hatten. (Vgl. Bundschuh a. a. O.)

[1]) Silvester schreibt darüber an den bambergischen Kantzler einen Brief: „Lieber Cantzlar. Ich füg euch wissen, das der schreiber zu allerletzt hat in das Register geschriben einen man Fritz Zotman zu Nachendorf, gibt drei Heller von einen acker im Nachendorfer Feld, ist ein eygen lehen vnd kombt in sonderheit an mich, wie jr dan fint. Bit euch jr wollet sulchs austun. (Kreisarchiv Bamberg.)

wurden vom Bischof zu einem und vom Abt des Klosters
Mönchsberg zu zwei Dritteilen geliehen. Den Grund zu
diesem höchst verwickelten Besitz an der Aisch hatte bereits der Großvater Silvesters, Karl von Schaumberg, gelegt, vielleicht nur der Not gehorchend, um zu seinem
Gelde zu kommen. Bischof Anton von Rotenhan hatte
ihm im Jahre 1438[1]) bereits den Zehnten zu Höchstadt
mit einer Anzahl Gefällen verkauft, und nachdem er einmal an der Gegend interessiert war, mag er andere Güter
dazu gekauft haben. Lange hat sich Silvester übrigens
nicht des Besitzes dieser Güter erfreuen dürfen. Die Ungunst der Zeitverhältnisse in finanzieller Hinsicht, die um
jene Jahre herum so manchen trotzigen Rittersmann beugte,
hat auch von ihm Tribut verlangt. Sechs Jahre später
hat er, wie er selber schreibt „umb meinen vnd meiner
erbenn nutz und notturft willen" die Güter an der Aisch
und zu Buch a. F. dem Bischof von Bamberg verkauft.
Die Abtretungsurkunde über diese Güter ist vom Samstag
nach St. Dorotheen 1511 datiert; der Kaufpreis, wenn er
auch infolge der starken Güterentwertung dieser Zeit ungewöhnlich niedrig erscheint, läßt doch einen Schluß auf
den Wert des Besitzes zu. Für den Lehensbesitz von vier
Söldengütern und einem Stadel in der oberen Vorstadt zu
Höchstadt, für zwei Söldengüter in der unteren Vorstadt,
eine Hube in Oberwinterbach, zwei Güter in Bechhofen,
vier Söldengüter in Etzelkirchen, einen Hof zu Creiendorf,
ein Zehendlein zwischen Höchstadt und Lonerstadt[2]), desgleichen drei Güter zu Buch a. F. nebst dem Anteil an
dem gemeinsamen Ackergeld, der pro Jahr vierthalb Pfund
betrug, wurde als Kaufpreis die Summe von 550 fl. rh.
bestimmt. Der Betrag wurde bar erlegt und von Silvester
quittiert. Wenn man auch annimmt, daß die Güter vielleicht um das Doppelte ihres Preises zum Verkauf gekommen
wären, so würde auch dann die Summe nicht hingereicht

---

[1]) Bamberger Kreisarchiv; Akten von Höchstadt 278. fasc. Bischof
Anton von Bamberg verkauft an Karln von Schaumberg, voyten zu Königsberg und an Christina, seine eheliche Wirtin, des Stifts Zehenden zu Niedernhochstadt an der Aisch, clein vnd groß, tot vnd lebendig, samt allen Zugehörungen vnd Nutzungen in der Stadt daselbst, wie ihn Martin Truchseß,
Ritter, vnd Jorg und Hans Truchseß innegehabt haben, vmb 11 M fl. vnd
viiiC fl. rein. Landswerung.
act. Bamberg, St. Michelstag anno Mccccxxxviij (1438).

[2]) Creiendorf und Lonerstadt sind zwei Höchstadt benachbarte Dörfer.

haben, Silvester und seiner Familie eine sorgenfreie Zukunft zu verbürgen. Er wäre auch ohne diesen Verkauf genötigt gewesen, auf andere Einkünfte zu denken. Vielleicht ist ihm die erzwungene Veräußerung des Besitzes wegen der verwickelten Art der Einnahmen nicht so gar unlieb gewesen, um so mehr, als sein künftiger Wohnort und das angenommene Amt ihn weit von der Aisch entfernten und ihn mindestens auf längere Zeit von der notwendigen Sorge für diesen Besitz abhielten[1]). Am gleichen Tage entband er auch seine Untersassen in den genannten Orten des Gehorsams gegen seine Person und wies sie mit ihren Pflichten und Eiden dem neuen Herrn zu[2]). Das Bild von

---

[1]) Der Originalbrief über diesen Verkauf befindet sich im Bamberger Kreisarchiv. Er lautet: (gekürzt) Ich, Siluester von Schawmberg, dertzeit Ambtman zw Murstat bekene, daß ich aus zeyttigen vorrate vnnd gutter vorbetrachtung vmb meinen vnd meiner erbenn nutz vnnd notturft willen mit Bischof Jorgen zu einem vnwiderruflichen Kauf vertragen habe. Verkauf ihm zu Hochstat 4 Seldengüter in der oberen vorstatt gelegen, einen Stadel in der Stadt, ein Seldengut in der unteren Vorstadt gelegen, in Winterbach ein Hub mit einem Ortt, ein Seldengut in der untern Vorstadt zu Hochstadt gelegen, 1 Gut, das ein Hub ist, noch ein Gut, das ein Hub ist, zu Bechhofen, gehen von Bamberg zu Lehen, vier Seldengüter nebeneinander zu Etzelkirchen obige 6 Güter leiht der Bischof von Bamberg zu $^1/_3$ vnd der Abbt auf dem Mönchsberg $^2/_3$; item meinen Teil an dem gemeinen Ackergelt, der zu gemeinen jaren bey vierthalb Pfund ungeuerlich verträgt, item ein Gut, das ein hoff ist zu Kreydorf, item das Zehendlein zwischen Hochstadt vnd Lonnerstadt tragt 3 Sr, nämlich 2 Sr Korn und 1 Sr Habern und $^1/_2$ Eimer Wein, item 3 Güter zu Buch am Lichtenfelser Forst umb sechsthalbhundert Gulden rh., der mich mein gnediger Her mit guter bezalung entricht hat. Als Bürgen werden aufgestellt, Georg von Schaumberg, Ritter, der Zeit Landrichter des Stifts Bamberg, und Hanns von Schaumberg zu Lisberg.
dat. Samstag nach Skt. Dorotheentag 1511.
(mit drei Siegeln, von denen das eine abgefallen ist.)
Die Namen der damaligen Besitzer der genannten Güter und ihrer Zinsbeträge sind hier weggelassen.
[2]) Der Heißbrief hat folgenden Wortlaut: Ich, Siluester von Schawmberck, Knoch gen., pfleger zu parckstein, Simon von Schawmberck sel. son, enpeut allen meinen armen leuten zu stat Hochstat, etzelkirchen, winterpach, kreiendorff vnd puch vor dem lichtenfelßer forst, So mir mit Pflichten v'bunt sind vnd von meinen vatter seligen auf mich erbschaftweif komen vnd gefallen sind, mein gruf vnd alles gut / sey euch zu wissen, das ich mich mit dem Hochwirdigen Fürsten vnd Hern Hern Bischof Jorgen zu Bamberg v'tragen vnd mir ein Svm gelts der ich von den genanten meinen genedigen Hern vergnugt vnd ufgericht usw. . . . er habe nun an den Gütern, die von seinem Vater herrühren, keinen Anspruch mehr, kraft dieses Briefes, sagt seine armen Leute ihrer Pflichten gegen ihn los und weist sie an Bischof Georg.
Samstag nach St. Dorotheentag 1511. (Mit Siegel, siehe Titelblatt.)
Original im Kreisarchiv Bamberg, auch Bambg. Lehenbücher X. 203.

den Vermögensverhältnissen Silvesters würde nicht vollständig sein, wenn man nicht noch die anderen Güter, die man in seinem Besitz weiß, hinzuzöge. Sie sind nur von kleinem Umfang und können nichts an der oben gemachten Bemerkung ändern, daß die Einkünfte aus den Gefällen seines Besitzes nicht hinreichten, ihn und seine Familie standesgemäß zu erhalten. Zum Vatererbe gehörten noch einige Liegenschaften und Gefälle in der Umgegend von Schalkau und Ehnes, darunter der vierte Teil des Zehnten daselbst, der von Sachsen zu Lehen ging. Bei der Erbteilung 1506 ist auch dieses Stück an Silvester gefallen; der Lehnbrief wurde gelegentlich der Anwesenheit des Kurfürsten Friedrich und seines Bruders Johann in Coburg zu Egidi 1506 ausgefertigt und dabei sein Bruder Karl in die Mitbelehenschaft aufgenommen. Der Betrag, der auf diesen vierten Teil des Schalkauer Zehnten fiel, war immerhin groß genug, daß mit ihm gerechnet werden konnte. Freilich war mit diesem Lehensbesitz die Pflicht der Heeresfolge für Sachsen verbunden; Silvester wird denn auch in den Mannbüchern Sachsens unter der fränkischen Ritterschaft mit geführt[1]). Diese Lehen hat er auch später noch besessen; ob er sie bis an sein Lebensende innegehabt hat, erscheint zweifelhaft, jedenfalls wird er Ende der zwanziger Jahre nicht mehr in den sächsischen Mannbüchern geführt[2]); auch ein Lehenseintrag in den fürstlichen

---

[1]) Der Eintrag im fränkischen Lehensregister 1486—1499 (Haus- u. Staatsarchiv Coburg. F. VI, 2a. 1. No. 4) lautet: Simon von Schaumberg. Am Montag nach Marie magdalene hat Symon von Schaumberg für sich und seine Leibslehnserben zu Mannlehen entpfangen einen virdenteil am Zenden zu Schalken. act. Coburg die vts anno lxxxvij (1487).

Im fränkischen Lehnbuch 1487—1510 p. 194 findet sich dann folgender Eintrag: Wir Friedrich, Kurfürst und Johann, Herzog etc. bekennen, daß wir unsern liben getreuen Siluestern von Schaumberg vnd seinen leibslehnserben einen 4. Teil am Zehenten zu Schalkau, „als vil wir durch Recht daran zu leyhen, . . . inmassen Simon von Schaumberg, sein vater seliger, den vormals von uns zu lehen gehabt und auf jne gefellet hat." Karl von Schaumberg, sein Bruder, und seine Leibslehenserben sind mitbelehnt.

Als Zeugen fungierten: Baltazar, Graf und Herr zu Schwartzburg, Joh. Ritzscher, Doctor, probst zu Aldenburg und Calenberg, Heinrich von Bünaw, Ritter zu Meuselwitz, Joh. Biermost, Doctor, Friderich Dhim, Karius von Rosenaw, ambtman zu Künsperg.

act. Coburg, mittwochen nach Egidi ao xvC septo. (1506.) siehe auch S. 9 Anm. 1.

[2]) Die sächsischen Mannschaftsregister aus dem Beginn des 16. Jahrhunderts weisen folgende Einträge auf:

Registern ist in späterer Zeit weder auf ihn noch auf seine Lehenserben zu finden. Es scheint, daß das Lehen anfangs der zwanziger Jahre in andere Hände überging. Er hatte in der Lehensmutung einige Anstände gehabt, und es ist möglich, daß sie den Anlaß zu einer Veräußerung gaben[1]).

Erbar Manschaft zu Franken.

Diese nachgeschriebenen seindt junge Edelleut, die nicht dienen muegen zur Zeit; (ohne Jahrangabe, wahrscheinlich 1504—06) folgen eine Reihe minderjähriger Söhne und Wittwen; dann: diese muegen dienen:

Adam \
Er Jorg } von Schaumberg zur Lauterburg,
Karel, Wilhelm von Schaumberg zu Gereut,
Silvester von Schaumberg zum Rauenstein,
Jorg von Schaumberg zum Rauenstein.
Hans \
Pauls } von Schaumberg zu Fülbach,
Er Wilwolt von Schaumberg zum Schaumberg
und viele andere.

Die Zeitbestimmung dieses Mannregisters 1504—06 ergibt sich daraus, daß vorher Wilwolt von Schaumberg noch nicht landsässig, resp. nicht im Lande dauernd anwesend war; nach 1506 führte aber Adam zur Lauterburg bereits den Rittertitel und Silvester ist Amtmann zu Münnerstadt.

Verzeichnis, derer vom Adel, die auf Sonntag nach Ostern nach Coburg geladen sind. 1510. Darunter: Karle und Silvester von Schaumberg.

Aufgebotsbrief 1511 für Neujahr dabei: Silvester von Schaumberg zu Murstadt.

Alle vorbenannten Register befinden sich im Original im Haus- und Staatsarchiv Coburg. F. VI. 2a. 1. No. 149.

Für den Landtag zu Jena 1511 August 21. finden Ausschreibungen für die ganze chursächsische Ritterschaft statt. Darunter unter „Frencisch man singular: Silvester von Schawmberg zu Murstadt."

Der Ausschreibebrief ist Anfang Febr. 1511 ausgefertigt. (Vgl. Burkhardt, Ernestinische Landtagsakten I. S. 85.)

Auch in einem Register aus dem Beginn der zwanziger Jahre wird Silvester noch aufgeführt unter frenckisch Krays „Silvester v. Schaumberg zu Murstadt." In den späteren Registern kommt er nicht mehr vor.

[1]) Ein im Haus- u. Staatsarchiv Coburg F. VI. 2a. 1. No. 4 befindlicher Brief könnte darauf deuten. Der Brief ist schwer leserlich.

Silvester von Schaumberg an Kurfürst Friedrich und Herzog Johann. Gnedigste vnd gnedige Hern von meinñ Vatter Simon von Schaumbergk seligen han jch etlich lehen nemlich ein Zehet zu Schalkhen von e. F. gn. zu lehen rurend ererbt. Solch lehen von ewrn fürstlichen Gnaden zuentphahen han jch hiruor e. f. gn. zu weymar vnd hall gesucht, jst mir durch Ew. f. gn. Marschalk Caspar metschen von e. f. gn. Herrn Herzog Hansen antwort worden. E. F. gn. wollen mir solch entphahen auß abwesen meins gnedigsten vnd gn. Hern Herzog Friederichen bruder vngeuerlich halten vnd gnediglich bitten auff weinachten schirst ansteen lassen, welchr gnad jch mich damals vnd noch heut berume, Ew beder m. gn. Hern fü. gn. mit aller vnterthenigkeit vnd hohem vleis bittend mir nochmals solchs biß vff ostrn schirst vngeuerlich jn gnaden beruhen lassen, jn solchem gnedigk-

Zu diesen ständigen Einnahmen kommt noch eine jährliche Rente, die sich aus Beziehungen zu Schwarzburg herleitete, jedenfalls auch vom Vater ererbt. Es war ein Manngeld in der Höhe von 20 fl., von welchem Silvester die Hälfte bekam. Irgendwelche Irrungen hatten zu Anfang des 16. Jahrhunderts die Auszahlung des Geldes verhindert; 1510 aber einigen sich Silvester und der am Bezug des Manngeldes mitbeteiligte Wolf von Schaumberg zum Rode[1]) mit dem Grafen Günther von Schwarzburg, Herrn zu Arnstadt und Sondershausen dahin, daß ihnen von dem noch rückständigen Manngeld jährlich 10 fl. bis zur vollständigen Abbezahlung verabfolgt werden[2]). In seinen

lich betrachten mein . . . (?) dorunt ich bißher vnd meiñ selbst Sachen belestiget derhalb mir Eur beder m. gn. u. gn. Herrn zu bestichen gantz Swer als jch mich solcher vnd aller gnad zu Euren F. gnad Hern vertrost wer es aber e. f. gn. Gefallens vnd ew. f. gn. Pfleger zu Koburgk m. gn. Hern Solchs zu thun mir zu gnaden gnediglich verschaffen geneiget (?) zu seiner gnaden anstadt E. f. gn. unterthenigklich solch lehen zu entphahen fügen, dorgegen was mir in vndthenigkeit gegen E. f. gn. geburt vndthenigklich ertzeigen oder aber so es eurn. f. gn. gefellig, meiñ Vettern einen zu E. f. gn. an mein statt zu thun was mir geburt fertigen, des ich e. f. gn. mit aller vnd'thenigkeit vmb gn. antwort bitt dan Ew. f. gn. willige vnd angeneme Dinst zu erweysen bin ich alzeit willig.

geben Sontags nach Thoman jm xviiij Jar. Siluester von Schawmbergk.

Für Sonntag Reminiscere 1520 wird dann auch Silvesters Vetter Ritter Georg v. Schaumberg geladen, für sich und seine Vettern die sächsischen Lehen in Empfang zu nehmen. Ob das vorliegende Lehen dabei war, konnte nicht erkundet werden.

[1]) Roth bei Kronach ist gleichfalls ein älterer Besitz der Ehneser Linie; der damalige Eigentümer Wolf von Schaumberg ist der Enkel des Hans, des Bruders von Silvesters Großvater Karl; er war Amtmann von Neideck, später von Weißmain.; längere Zeit hatte er das Burgvogtamt des Rauhensteiner Burgfriedens inne. Er starb 1522. (Nicht zu verwechseln mit seinem gleichzeitigen und gleichnamigen Vetter Wolf, welcher zu Lichtenfels in der Stadtkirche begraben liegt, der Strössendorfer Linie angehört und in Greitz und Weißmain bedienstet war.) Der einzige Sohn Hans, der seiner Ehe mit Dorothea von Aufseß entsproß, starb 1530 im Jünglingsalter ohne Erben; damals scheint der Genuß des ganzen Manngeldes auf Silvester gekommen zu sein. Jedenfalls wird 1537 Karl von Schaumberg, Silvesters Sohn, nach dem Tode des Vaters mit dem ganzen Geldlehen vom Grafen Heinrich von Schwarzburg zu Sondershausen belehnt. (Landesarchiv zu Sondershausen.)

[2]) 1510. 30. Nov. „Ich Siluester von Schaumberg, Knoch, amtmann zu Munerstadt, alß der wolgeporen Her Hern Günter Graff zu Schwartzburg Herrn zu arnstat vnd sonderßhausen, mein genediger Her, den eren vnd uesten Wolfen von Schamberg zum rode, meinen liuen ....?, vnd mir jerlich vnd jden jarß besonder zweinzig Gulden, das mangelt genant, alleyne auf sant mardinß des heil. pischoff tag zu geben vnd zu betzalen schuldig, man nun aber ezlich zeit mir sein gnaden gedachts Mangelt halb In irrunge ge-

letzten Lebensjahren war Silvester im Genuß der ganzen Rente; sie ging auch nach seinem Tode auf seinen Sohn Karl über.

Wenn man nun auch zu diesen eben geschilderten ständigen Erträgnissen die Einkünfte des Münnerstadter Burglehens hinzurechnet, so stellen sich doch die Vermögensverhältnisse Silvesters nicht gerade als glänzende dar. Sie mögen in der nicht leichten Lebenshaltung jener Tage eine wertvolle Beihilfe gewesen sein, aber zum standesgemäßen Unterhalt einer Edelfamilie, wie einfach sie auch lebte, genügten sie nicht. So war Silvester auch durch seine finanzielle Lage gezwungen, sich andere Einnahmequellen zu erschließen. Auf die alte Art des Erwerbs durch Fehden wieder zu verfallen, verbot ihm seine gereiftere Erfahrung und seine geänderte Lebensauffassung. So blieb denn nur jenes Mittel, seine Finanzen zu verbessern, übrig, welches zweifelsohne für weniger begüterte Edelleute das vornehmste und ehrenvollste war, wenngleich es mit dem damaligen Begriffe der Freiheit nicht ganz im Einklang stand, nämlich die Uebernahme einer ständigen Dienststellung. Ein passendes Amt zu finden, mag in jenen Tagen sein ernstes Bestreben gewesen sein. Zwei Fürstenhöfe kamen vor allen für ihn in Betracht, Pfalz-Bayern und Henneberg; während an dieses ihn alte Beziehungen knüpften, zog ihn jenes durch die Verhältnisse der jüngsten Vergangenheit an. Er hätte wohl darauf rechnen können, daß die Angehörigen desjenigen Fürsten, dessen Sache er im vergangenen Feldzug mit betrieben hatte, ihn als zuverlässigen Mann willkommen heißen würden; allein trotz der günstigen Verbindungen ist es damals zu keinem festen Verhältnisse zu Pfalz-Bayern gekommen. Henneberg nahm ihn in seine Dienste; er wurde Amtmann in Münnerstadt.

---

standen, darumb vns dasselbige eine Zeit lank hinterstenig pliben, derhalb wir vns pede semptlich mit dem obgen. vnsern gn. Hern vereinicht also das vnß sein gnade an dem hinterstenigen mangelt jerlich vnd eins jden jars besonder So lang man deß vermoge zehen gulden zu den jerlichen 20 fl. geben vnd betzalen lassen sollen. Bekenne ich mit disem prief vnd dem allermenniglich, daß mir obgedacht m. gn. her auf heut dato dits prifs 10 fl. auf S. Martinß tag nesten vergangen vnweigerlich vnd dann fünf gulden an dem hinterstenigen das jn einer sum fünfzehn fl. bedrift zu meinem dem halben Anteil gnüglich zu guten dank haben außgericht vnd zalen lassen. Sage darumb den genant gned Hern . . . for mich vnd alle meine erben quid ledig vnd los. (Landesarchiv zu Sondershausen C. II 1 f., A. VIII 15, R. 3063. Org. pap.)

Mittwoch nach Martini 1510.

Was er außer der Regelung seiner persönlichen Verhältnisse in den 1 1/4 Jahren nach dem Landshuter Erbfolgekrieg noch vorgenommen hat, wo er sich aufgehalten, darüber geben einige kurze Notizen Auskunft. In dem bereits erwähnten sächsischen Mannschaftsregister, dessen Abfassung in die Jahre 1504--1506 fällt, wird der Rauenstein als sein Wohnsitz angeführt. Da hat wohl die alte Burgveste des Geschlechtes auch in jener Uebergangszeit ihm ihre bewährten, guten Dienste geleistet, indem sie ihm und seiner Familie, wie allen vorübergehend Heimatlosen aus dem Geschlechte, Obdach und Unterhalt bot. Hier mag die junge Gattin unter dem Schutze der befreundeten Frau des Burgvogts einige Jahre gewohnt haben, während der Gatte, wie einst sein Vater, im Frankenlande umherzog, bald da, bald dort an einer Sache beteiligt und eine günstige Gelegenheit suchend, die ihm festes Amt und ständigen Wohnsitz gab. Aus dieser Zeit stammt eine Regeste, die über seine Tätigkeit als Schiedsrichter in einer Familienangelegenheit der verwandten Stiebar auf Buttenheim berichtet. Zwischen Balthasar Stiebar und seinen Schwestern Genefe, Gattin des Melchior von Sutzel und Amaley, Gattin des Asmus von Riederen, waren um die Hinterlassenschaft der Mutter, Frau Anna Stiebarin, geb. von Wollmershausen zu Aisch Streitigkeiten ausgebrochen. Zu Schiedsrichtern derselben wurde neben Jacob Stiebar zu Regensburg und Leopold von Wollmershausen zu Weillingen auch Silvester ernannt. Nach Untersuchung der Sache traten sie am Montag nach Quasimodogeniti zum Spruch zusammen. Silvester hat auch mit seinem Vetter Hans von Schaumberg, damaligen Schultheiß von Bamberg, dem Lisberger und „Leichenprediger der Familie", sogenannt, weil er der Verfasser einer schaumbergischen Reim-Genealogie ist, welchen ebenfalls die Sutzlin bat, das Dokument gesiegelt[1]). Solche friedliche Arbeit sollte von nun an ihm mehr beschieden sein in dem Amte, das er antrat. Münnerstadt bedeutet in seinem Leben den vollkommenen Bruch mit der Vergangenheit.

---

[1]) Siehe Reichsarchiv München, Deutschordensurkunden, allgem. Nachtrag 1. Fasc. Repert. 9. Fol. 48 (freundlichst mitgeteilt durch Herrn Reichsarchivrat Rieder-München).

IV. Im Fürstendienste.

Hügeliges Land bildet den Uebergang von den Haßbergen zur hohen Rhön. Ein Stück davon — dasjenige, welches sich zu beiden Seiten der Lauer fast von ihrer Quelle an bis zu ihrer Einmündung in die fränkische Saale aufbaut, — ist der Amtsbezirk, der Silvester erwartete. Am unteren Laufe der Lauer liegt in anmutigem Talgrunde die Zentrale dieses Bezirkes, eben der Ort, dessen Name von nun an in fast ununterbrochener Verbindung 28 Jahre lang mit Silvesters Namen verknüpft ist, das alte Münnerstadt. „Silvester von Schaumberg zu Murstat", in dieser Verbindung ist sein Name bekannt und berühmt geworden. Die Führung des Amtes war unleugbar mit Schwierigkeiten verbunden. Das lag aber nicht an Land und Leuten, wiewohl in der Landbevölkerung der Funke schon glimmte, der 20 Jahre später gerade in dieser Gegend im Bauernkriege zur Flamme wurde, die mit elementarer Wucht alles zerstörte. Die Stadtbevölkerung erfreute sich von jeher einer behäbigen Wohlhabenheit; dafür legt nicht bloß der alte Reimspruch der sieben Rhönstädte Zeugnis ab, der Münnerstadt, als seine Besonderheit das Geld zuweist, sondern vor allem die zahlreichen kirchlichen Stiftungen und Wohltätigkeitsanstalten, deren sich zu Ausgang des Mittelalters die Stadt erfreuen durfte[1]. Die Schwierigkeiten wurden vielmehr durch die eigenartigen Herrschaftsverhältnisse erzeugt, die in diesem Landstrich bestanden. Zu einem geschlossenen Territorium, wie anderswo im Reiche, haben es in Franken die großen Grundherren nie gebracht. Die Gebietsteile des hohen Adels, der alten Immunitäten, der Reichsritterschaft, des deutschen Ordens

---

[1] Mellerscht hats Feld,
Münnerscht hats Geld,
Flade hats Holz,
Neuscht hatn Stolz,
Kingshufe hats Schmalz,
Kissge hats Salz,
Bisch'eme hatn Fleiß,
So hast den Rhöner Kreis.

(Dialektische Bezeichnungen für Mellerstadt, Münnerstadt, Fladungen, Neustadt a. d. Saale, Königshofen, Kissingen, Bischofsheim.) Vgl. Bavaria, IV. 1. S. 521; Reiniger a. a. O. S. 11; daselbst S. 7 über die kirchlichen Stiftungen.

und der Reichsstädte lagen in buntem Wechsel durcheinander. Hier am Münnerstadter Landstrich waren vor allem zwei Landesherrn beteiligt, Würzburg und Henneberg; sie hatten an Stadt und Burg Münnerstadt gleiches Besitzrecht. Reiche Klöster besaßen weit ausgedehnte Ländereien, auch der deutsche Orden war hier stark begütert. Dann aber war es besonders die Reichsritterschaft, die in dieser Gegend kleinere und größere Herrschaftsgebiete besaß, vor allen die von Münster, die Voite von Salzburg, die Marschalken von Ostheim, die von Steinau, die Truchsessen von Wetzhausen, die von Maßbach. Auch die Familie von Schaumberg war hier angesessen. Eine Linie, die wohl mit den Muppergern in Zusammenhang stand und mit den Rügheimern verwandt war, hatte sich längst schon in Thundorf, zwei Stunden westlich von Münnerstadt festgesetzt; durch Erbschaft, Kauf und Tausch war es ihr gelungen, neben einem guten Stück abgerundeten Eigengebietes, über das sie auch die hohe Gerichtsbarkeit und die anderen Hoheitsrechte besaß, in einer Unmenge von Orten und Dörfern bis Schweinfurt und Haßfurt Güter, Zinsen und Gefälle zu erwerben, so daß ihr Einfluß über den ganzen Haßgau reichte.

In einem so gestalteten Bezirk sollte Silvester nunmehr seine Amtstätigkeit beginnen. Seitdem er die Burdiansche Fehde dort durchgeführt hatte, hatte sich in Münnerstadt noch manches verändert. Graf Otto von Henneberg, der, wie oben erwähnt, nach langem Bemühen die Verwaltung des Würzburger Teiles von Münnerstadt für Lebenszeit auf Amtmannsweise erhalten hatte, war 1502 unvermählt gestorben; die Herrschaft fiel an seinen Neffen Hermann. Mit diesem Wechsel fiel nun die einst an Henneberg verpfändete, später aber zurückverlangte Münnerstadter Hälfte an das Hochstift Würzburg zurück[1]). Die Verwaltung des Würzburger Teiles wurde einem Amtmanne unterstellt. Auch Henneberg brauchte, da der Graf meist in Römhild residierte, hier einen Beamten. Wenn auch Kastell und Stadt gemeinsamer Besitz waren, der durch einen Burgfrieden geregelt war[2]), so erschienen gegenseitige Reibungen doch unvermeidlich. Es bedurfte immerhin eines energischen,

---

[1]) Siehe S. 52.
[2]) Dieser erste Burgfriede wurde 1385 zwischen Bischof Gerhardt, Grafen von Schwarzburg, und zwischen den Grafen Hermann, Berthold und Friedrich von Henneberg geschlossen (vgl. Reiniger a. a. O. Urkunde XXI).

umsichtigen Mannes, der hennebergisches Recht gegen Würzburg und gegen die vielen anderen Gewalten, die in jener Gegend Besitzrechte hatten, nachdrücklich zu schützen verstand. In Silvester fand Graf Hermann einen Mann, der dieser nicht immer leichten Stellung gewachsen war. Ein auffälliger Mangel an Akten über Stadt und Amt Münnerstadt sowohl würzburgischen, als hennebergischen Anteils aus dieser Zeit macht es unmöglich, sich über die Tätigkeit Silvesters zu unterrichten[1]). Welcher Art diese Tätigkeit war, geht übrigens aus den Befugnissen hervor, die im allgemeinen dem Amtmanne aufgetragen waren. Er war vor allem mit der Wahrnehmung des richterlichen Amtes betraut; was in Bezirken, die dem Landesherrn direkt unterstellt waren, der Centgraf zu vollziehen hat, ist im Amtsbezirk dem Amtmann übertragen. Mit dieser richterlichen Funktion ist dann auch stets die polizeiliche Aufsicht verbunden gewesen. Neben der Rechtspflege lag dem Amtmanne die Wahrung der militärischen Interessen seines Bezirkes ob, wie ja überhaupt im Mittelalter Gerichts-

---

[1]) Dieser Mangel ist auch der Archivleitung des Würzburger Kreisarchives aufgefallen. Reichsarchivrat Göbl teilt mit, daß schon öfters vergebliche Nachforschungen angestellt worden sind. Ob im Archiv des Domkapitels noch Münnerstadter Akten vorhanden sind, darf bezweifelt werden; der Geschichtsschreiber von Münnerstadt, Nicolaus Reiniger, der selbst Domvikar und Registrator des bischöflichen Ordinariats in Würzburg war, hätte sie sich kaum entgehen lassen. Wohin die Münnerstadter Akten hennebergischen Anteils gekommen sind, war nicht erfindlich. Gotha, Weimar und Magdeburg besitzen nichts; das gemeinschaftliche hennebergische Archiv in Meiningen hat nur Bestände über Henneberg-Schleußingen. Wahrscheinlich ist, daß überhaupt nur sehr wenig Akten älterer Zeit übrig geblieben sind. Siehe S. 2, Anm. 1. Der Bauernkrieg, der Kriegszug des Markgrafen Albrecht Alcibiades und endlich der 30jährige Krieg werden das meiste vernichtet haben. Rost erzählt in seiner Geschichte des Klosters Bildhausen, daß die stürmenden Bauern nach Einnahme des Klosters Bildhausen (zwei Stunden von Münnerstadt entfernt) mit Pergamentbriefen, Gült- und Zinsregistern die Backöfen anheizten. Das ist typisch für die Archive jener Gegend. Der derzeitig beste Kenner der Geschichte Münnerstadts, Vincenz Schneider, pat. subprior im Augustinereremitenkloster daselbst, teilt mit, daß sowohl in der Pfarrei-Repositur als im Kloster-Archiv sich nichts über Silvester befindet. Die Pfarrei war früher dem deutschen Orden inkorporiert, dessen Akten nach seiner Auflösung in den Rheinbundstaaten 1809 wohl nach Oesterreich verbracht worden sind. Die Rathausakten von Münnerstadt, die in ihren älteren Beständen ehemals im Turmgewölbe der Stadtkirche aufbewahrt wurden, sind dem Unverstand eines Polizeidieners zum Opfer gefallen, der sie zum Anheizen benutzte. (Persönliche Mitteilung des Paters subprior Vinc. Schneider, der vor seinem Eintritt ins Kloster, Stadtpfarrer in Münnerstadt war. — Gratias!)

und Militärbehörde oft in einer Hand vereinigt waren. Das Ansehen der Justiz wurde wesentlich gestärkt, wenn der Richter zugleich auch über die Gewalt verfügte, die seinem Rechtsspruche Geltung verschaffte. Diese Vereinigung der beiden Stellungen war zu Ausgang des Mittelalters durchaus nicht bloß eine persönliche, indem ein und dieselbe Person beide Stellungen bekleidete; es sind für diese Vereinigung auch noch sachliche Spuren bemerkbar. In Franken z. B. war es noch bis weit in die neuere Zeit hinein Sitte, daß der Frühjahrstermin der drei großen Gerichte zugleich eine Besichtigung der waffenfähigen Mannschaft der einzelnen Dörfer, — also eine Art Kontrollversammlung war. Neben der Ueberwachung der Wehrmannschaft kam für den Amtmann in seiner militärischen Bedeutung noch in Betracht die Instandhaltung und Verteidigung des herrschaftlichen Schlosses, der Wälle, Gräben und Mauern, sowie der Schutz des Amtsbezirkes gegen nachbarliche Uebergriffe; alles in allem war er in allen Dingen der Vertreter des Landesherrn und stand in voller Verantwortlichkeit dem Bezirke vor, eine Stellung, die in den damaligen unsicheren Zeiten nicht immer leicht war. Der ungemein häufige Wechsel in diesen Beamtenstellen mag seinen Grund auch mit darin haben, daß die Amtleute mit ihrer Amtsführung nicht immer die Zufriedenheit ihres Dienstherrn erwecken konnten. Denn nur wenig Mannschaft, über die sie unter allen Umständen zu verfügen hatten, stand ihnen von Amts wegen zu Gebote; in den Würzburger und Bamberger Bestallungsbriefen schwankt die Zahl der reisigen Knechte, die der Amtmann zu halten verpflichtet ist und die er von seinem Dienstgehalt besolden und ernähren mußte, zwischen drei und sieben, wohl je nach der Größe des Amtsbezirkes. Was war aber mit drei oder sieben Mann anzufangen, wenn es einem Nachbarn einfiel, ohne die dreitägige Frist der ritterlichen Fehdeansage einzuhalten, im Amtsbezirk einzubrechen? Jedenfalls war bei der geringen realen Ausgestaltung der militärischen Macht des Amtmanns das Streben der Landesfürsten maßgebend gewesen, die Stellung ihrer Vertreter und Statthalter mehr auf ideale als reale Machtbefugnisse zu gründen. Ein Amtmann, der neben dem Ansehen, das seine Stellung brachte, noch über beträchtliche militärische Kräfte verfügte, war sicherlich nicht eine so leicht und bequem zu behandelnde Persönlichkeit, wie der Landesherr sie sich wünschen mußte. Trotzdem sind aber die Amtmannsstellen sehr begehrt gewesen. Das lag neben dem Angenehmen der Stellung besonders an den Einkünften, die das Amt brachte. Die Barbesoldung war ja wohl meist nicht eine allzu große, aber die Nebeneinnahmen aus den geringen Brüchen der Justizverwaltung, der Genuß einer Anzahl dominialer Grundstücke, überwiesene Zinsen und Gefälle brachten oft Beträchtliches, so daß in der Tat die Amtsbesoldung eine nicht unwesentliche Aufbesserung der eigenen Vermögensverhältnisse bedeutete. In einem nicht allzugroßen und verhältnismäßig gesicherten Amtsbezirke, wie es Münnerstadt war, wo es vor allen Dingen auf eine vorsichtige und taktvolle Amtsführung ankam, war die eigentliche Arbeit des Amtmannes auch eine nicht allzu große, zumal wenn, wie hier, der oberste Beamte nichts mit Rentei und Lehensvogtei zu tun hatte. Henneberg und Würzburg besaßen in Münnerstadt ihren eigenen Kellner, dem die Besorgung der landesfürstlichen Einnahmen im Amtsbezirk oblag; ihm wie dem Amtmanne war natürlich geboten, in allen Fällen des landesherrlichen Interesses Hand in Hand zu gehen. So erklärt es sich, daß die Amtleute neben ihren Amtsgeschäften genug Zeit hatten, anderen Interessen zu dienen. Silvester hat das stark ausgenutzt. Die Amtsdauer, zu deren Einhaltung sich Landesherr und Beamter verpflichteten, war meist zwei- oder dreijährig. Nach Ablauf dieser Frist stand es im Belieben sowohl des Herrn als des Dieners, aus dem Amte auszuscheiden oder das Dienstverhältnis fortzusetzen. Irgendwelche Unstimmigkeiten führten zur Aufgabe des Amtes. Für das Verhältnis zwischen Herr und Diener am Ausgang des Mittelalters ist kaum etwas charakteristischer, als der ungemein häufige Dienstwechsel. Der Begriff der Mannentreue ist in jenen Tagen zweifellos ein weiterer gewesen als in unserer Zeit. Auch langjährige, in ihrer Treue und Leistungsfähigkeit erprobte Diener wechselten ihre Herren, ohne daß man dabei etwas Besonderes sah; es handelt sich hier nicht etwa bloß um Glückssoldaten, die es dahin zog, wo hoher Sold oder in Aussicht gestellte Kriegsbeute schnellen Gewinn erwarten ließ, sondern um seßhafte Beamte[1]). Daß ein adeliger Dienstmann im Laufe seines

---
[1]) Um nur zwei Beispiele zu erwähnen, so sei auf den bekannten Ludwig von Eyb, Ritter, den jüngeren und auf Ritter Georg von Schaumberg zu der Lauterburg hingewiesen, beides Männer, die zu den besten

Lebens sechs bis achtmal den Dienstherrn wechselte, gehörte nicht zu den Besonderheiten. Jahrzehntelang anhaltende Dienstverhältnisse kennt diese Zeitperiode in Franken nur wenige; solche beruhten dann zumeist auf engeren persönlichen, und bei Bischofshöfen auf nahe verwandtschaftlichen Beziehungen, welche der adelige Diener zum Dienstherrn unterhielt. Der Traum vom fahrenden Rittertum lag den fränkischen Edelleuten immer noch im Blute.

Silvester von Schaumberg blieb denn gemäß der häufig geübten Gewohnheit seiner Standesgenossen auch nicht allzu lange im Dienste eines einzigen Fürsten. Schon das Jahr 1511 brachte einen Dienstwechsel. Was ihn veranlaßte, die hennebergischen Dienste zu quittieren, ist unbekannt. Ein besonderer Anlaß war ja auch nicht immer nötig, um ein Amt aufzugeben. Wahrscheinlich war es eine jener häufigen kleineren Unstimmigkeiten zwischen Herr und Diener, die ein Auseinandergehen wünschenswert machten. Daß nicht etwas Ernstliches Silvester vom Grafen Hermann trennte, beweist doch der Umstand, daß er nach vier Jahren das gleiche Dienstverhältnis wieder aufnehmen konnte.

Ehe wir die neue Amtsstelle ins Auge fassen, erübrigt es sich noch, jener Episode zu gedenken, die als die einzige etwas Spezielles aus Silvesters erster Amtszeit in Münnerstadt berichtet. Sie weist auf eine vermittelnde,

---

ihres Standes in ihrer Zeit gehörten. Eyb war zuerst 13 Jahre Hofmeister bei dem bayr. Pfalzgrafen Otto II. von Mosbach und Neumarkt, dann 10 Jahre Vizedominus der bayr. Pfalz unter Kurfürst Philipp von der Pfalz, dann einige Jahre im Dienste des Markgrafen Friedrich des Aelteren von Brandenburg Hauptmann auf dem Gebirge und Hofrichter zu Kulmbach; endlich 3 Jahre Hofmeister des Pfalzgrafen Friedrich. (Vgl. Rieder die vier Erbämter. III. S. 26 f. und Anm. S. 27.) Gerade so ist es bei Georg von Schaumberg. Erst finden wir ihn in höherem militärischen Range bei den Zügen des Kaisers in den Niederlanden, dann in würzburgischen Diensten als Amtmann von Walburg; 1506 ist er Landrichter von Bamberg; 1513 sächsischer Amtmann von Königsberg; zwei Jahre später wieder in bambergischen Diensten; 1519 finden wir ihn als Rat Maximilians, königliche oder Reichsangelegenheiten betreibend; danach steht er noch einige Jahre als Hauptmann von Kronach wieder in bambergischen Diensten und ging in der letzten Zeit seines Lebens, jedenfalls um des Evangeliums willen, noch einmal zu Sachsen über; im Amte eines kurfürstlichen Verordneten beschloß er in Coburg sein Leben. Er besitzt, obwohl in St. Moriz in Coburg beigesetzt, ein schönes Epitaph, das nach mancherlei Irrfahrten nunmehr seinen Standort in der Kapelle auf der Altenburg bei Bamberg gefunden hat.

friedenstiftende Tätigkeit des Amtsmannes hin. Es handelte sich dabei um eine Irrung des Johann von Seinsheim mit dem Bildhäuser Zisterzienserkloster zu Zeiten des Abts Laurentius (1497—1511). Die Fehde, deren Grund unbekannt ist, hatte damit geendet, daß der Edelmann einen Konventualen des Klosters, den Pater Bartholomäus, damals Kämmerer des Klosters, gefänglich eingezogen hielt, um einen Druck auf Abt und Konvent auszuüben. Das Stift erbat sich bei dieser Sache die Vermittelung Silvesters, dessen Fürbitte es auch gelang, daß der Pater gegen Erlegung eines Lösegeldes freikam[1]). Die Sache war im Jahre 1508 vor sich gegangen. Ein 1510 an Silvester ergangenes Schreiben vom Rat zu Nürnberg hat mit der Münnerstadter Amtsführung nichts zu tun, sondern bezieht sich entweder auf irgendwelche Irrungen wegen seiner Untertanen an der Aisch oder auf Verhältnisse des Rothenbergs[2]).

Im selben Jahre, in welchem er seine Besitzungen an der Aisch verkaufte, löste er seine eingegangene Verbindung mit Henneberg. Möglich, daß er bei seinen öfteren Anwesenheiten in Bamberg und Ostfranken mit den alten Freunden wieder zusammen kam, die ihn in ihre Nähe zogen. 1511 wird er Landrichter und Pfleger zu Parkstein. Der Dienstwechsel fand im Februar statt. Am Samstag nach Dorothea (6. Februar) vollzieht er noch als Amtmann von Münnerstadt die Verkaufsurkunde seiner Güter an den Bischof von Bamberg. Eigentümlicherweise signiert er aber im Heißbrief an seine bisherigen Untertanen, der vom gleichen Tage datiert ist, bereits „Pfleger zu Parkstein". Eine Einsicht in die Originalia ergab, daß das Datum des Heißbriefes mit anderer Tinte geschrieben, also später in den Brief eingefügt ist. Silvester hat offenbar kurz nach dem bezeichneten Datum sein neues Amt angetreten, in diesem den Heißbrief geschrieben und Tag und Monat erst dann eingesetzt, nachdem ihm das Datum der Verkaufsurkunde, welches ihm beim Schreiben des Heiß-

---

[1]) Die Episode hat Rost in seiner „Geschichte der fränkischen Cisterzienser-Abtei Bildhausen" in Archiv des Histor. Vereins f. Unterfr. u. Aschaffenbg. XI Heft I. S. 49f. aufbewahrt.

[2]) Im Ratsverlaß 1510. Heft 4, Fol. 8ᵇ des Nürnberger Kreisarchivs ist der Hinweis auf dieses Schreiben zu finden: Secunda Kiliani dem Siluester von Schaumberg Jurigen Haller anntwurt einsliessen, doch den haller zuuor weissen Seine anntwurdt der appli (cation) halb paß zu leuttern
W. Birckheimer.
(Randbemerknng: „von wegen Lorentzen Osterreichers").

briefes wohl nicht mehr gegenwärtig war, wieder zur Kenntnis gekommen war[1]).

Parkstein, sogenannt nach der gleichnamigen Veste an der Naab, war ein zur jungen Pfalz gehöriges Amt. Nach dem für die Familie des Pfalzgrafen Ruprecht so unglücklich ausgegangenen Landshuter Erbfolgekriege, hatte man den beiden unmündigen Söhnen Ruprechts aus Gebietsteilen der nördlichen Oberpfalz eine Herrschaft eingeräumt, welche unter dem Namen „junge Pfalz" bekannt ist. Alte Beziehungen sind es also, die Silvester mit der Uebernahme des Amtes Parkstein wieder anknüpft. Die Regentschaft wird kein Bedenken getragen haben, das Amt einem Manne anzuvertrauen, der in schweren Tagen den Eltern ihrer jungen Herren Treue gehalten hatte. Der Amtsitz, die auf steil abfallenden, hohen Felsen gebaute, imposante Burg Parkstein, welche seit uralten Zeiten zu den festesten Plätzen des Nordgaues gehörte[2]), mochte wohl nach dem Sinne Silvesters sein, die Verhältnisse des Landes und Amtes scheinen aber seinen Wünschen nicht recht entsprochen zu haben, denn schon nach zweijähriger Amtsdauer scheidet er wieder aus dem Dienste der Pfalz. Nur wenige Regesten erzählen etwas von seiner Tätigkeit in Parkstein; vor allen ist da seine Beteiligung an einer Sache zu erwähnen, welche in den Jahren 1511 und 1512 aus kleinen Ursachen große Wirkungen zu veranlassen den Anlauf nahm, wie ein kleiner Stein, der, ins Wasser geworfen, den klaren Spiegel trübt und große Kreise nach sich zieht. Es war ein Streit um Schloß und Gut Reut. Kaspar Erlbeck und Georg von Trauttenberg erhoben Anspruch an den Besitz. Kurfürst Ludwig von der Pfalz, der Verwalter des Landes, hatte entschieden, daß beide Anwärter zu gleichen Teilen das Streitobjekt besitzen sollten. Mit diesem Urteil war aber Jörg von Trauttenberg, aller Wahrscheinlichkeit nach mit Recht, nicht einverstanden. Neue Verhandlungen wurden angesetzt. Als Leiter derselben erscheint der Landrichter von Parkstein. Am Freitag nach Misericordias Domini kam Silvester von Schaumberg mit Kaspar von

---

[1]) Beide Schriftstücke sind bereits im III. Abschnitt S. 70. Anm. 1 u. 2 angeführt.

[2]) Siehe über Parkstein Kunstdenkmäler des Königreiches Bayern; Band IX. Bezirksamt Neustadt a. d. Waldnaab. Hier sind die geschichtlichen Verhältnisse des Ortes geschildert; auch eine Literaturangabe findet sich daselbst.

Blankenfels, Landrichter zu Amberg, und Doktor Zingell aus Bruck nach Reut, um die Sache persönlich zu besichtigen und zu verhandeln. Ein befriedigendes Ergebnis wurde nicht erzielt, ebenso scheinen auch die weiteren Vermittelungen, zu denen Silvester und mit ihm der Landrichter und Pfleger von Waldeck, Albrecht von Wirsberg, mehrfach von der Regentschaft zu Amberg aufgefordert wurde, nur Aerger gebracht zu haben, denn Silvester bat dann den Vizedom von Bayern, den Grafen Reinhart von Leiningen-Westerburg, ihn von der ferneren Beteiligung an der Schlichtung dieses Streites zu entbinden. Der Statthalter scheint auch seiner Bitte entsprochen zu haben, denn im weiteren Verlauf der Angelegenheit wird Silvester vorerst nicht mehr als Schiedsrichter genannt[1]). Georg von Trautenberg wandte sich mit seinen Ansprüchen nunmehr nach Böhmen, um von den Regenten in Prag, da Reut, — zwar im Gebiete der Pfalz gelegen, — ein Lehen der Krone Böhmen war, sein Recht zu erhalten. Hier sagte man ihm auch Hilfe zu; ja man war sogar gewillt, mit Gewalt den Trautenberger wieder einzusetzen, wenn der Statthalter nicht auf die gütlichen Vorschläge der Regenten hören würde. Und wirklich schien sich die Angelegenheit zu einem Gewaltakt Böhmens gegen Bayern-Pfalz zuzuspitzen. Am St. Lienhardstag 1511 schrieb Kaspar Erlbeck „zu der Reutt" einen dringenden Brief an Graf Reinhart von Leiningen nach Amberg: Er habe insgeheim gehört „wie die Regenten zu Beheym an die von Eger mit Ernst begertt, acht und Kundschaft zu haben, ob Sie ihn in dem Sitz Reut betreten könnten. Alsdann sollten sie ihn von Stundt an belegern und fürschlahen, auch nit abziehen, denn die Herren von der Krone wollten mehr sterckh und hilff zu schicken,

---

[1]) Der eigenhändige Brief Silvesters an den „Vitzthum in Beyern, Reinhartten Grafen von Leiningen, Herrn zu Westerburg und Schawenberg" lautet:

Wolgeporner graf vnd her, mein wilig dinst sind euren gnaden zuuor; g. h. jn sachen kaspar erelpecken vnd jorg von trautenberg die reut bedreffen einen tag zwischen gedachten parteien vf eretag nach den sontag exaudi schirst fruer tag zu der reut z erscheinen, mit samt anderen verordneten retn(?) sag ich ewern g. wissen, das nit sachen sind, der gestalt auf angesetzten tag nit erscheinen, wolen ander an mein stat' verordnen, sulch hab ich jn pesten nit verhalten. Der geben am montag nach sant' vrbanjstag im xj jar.

Siluester von Schawmberg lantrichter vnd pfleger zum parckstein.
(Kreisarchiv Amberg, Böhmen No. 959.)

damit selb Gut in der Krone handt erobert werde". Die Sache war nicht ein bloßer Schreckschuß, denn der Statthalter muß diesbezügliche Mitteilungen auch noch von anderer Seite erhalten haben. Während er in dieser heiklen Angelegenheit Information in Heidelberg beim Kurfürsten erholte, wurden die Amtleute und Pfleger der dem Sitze Reut benachbarten Aemter angewiesen, dem Erlbeck bei einem Vergewaltigungsversuch von seiten der Böhmen Hilfe zu leisten. Auch Silvester von Schaumberg erhielt die Aufforderung, „er solle Erlbeck auf sein Ansuchen als seiner fürstlichen Gnaden landsassen schirmen und schützen". Gütliche Verhandlungen, zu deren Leitung wieder Silvester herbeigezogen wurde [1]), zogen die Erledigung in die Länge. Georg von Trautenberg, sich seines Rechtes und des starken Rückhaltes bewußt, wich keinen Fuß breit zurück; auf der anderen Seite wollte und durfte aber auch der Statthalter den Erlbeck, der durch kurfürstlichen Spruch in der Hälfte des Ansitzes bestätigt war, nicht fallen lassen. So kam es zu keinem Ergebnis. Da der verschlungene Knoten nicht friedlich zu entwirren war, griffen die Böhmen wieder zum Schwerte, um ihn gewaltsam zu lösen. Es wurde bekannt, daß man die Osterfeiertage zu einem Zug in die Pfalz benutzen werde. Die Sache schien ernst zu werden, denn ein solcher Zug ging gegen die Waffenehre des Kurfürsten; der aber dachte nicht daran, sich einen Einfall in das ihm unterstellte Gebiet gefallen zu lassen. Mittwoch nach Palmarum 1512 kam der Befehl an den Statthalter, er solle „in vnnserm fürstenthumb allenthalben vffbietten, die Sloss vnnd flecken vorm Walde zum bestem mit leuten, geschütz und anndern versehen auch die gewiss kundschafft teglichs vmb vnd by den beheim haben vnnd so sie ye heruss ziehen wollen mit aller macht an welchem ortt sie heruss kommen, zu ziehen, vnnsern vettern Herzog Wilhelmen Marggraven Friderichen, vnse jung vettern, bamberg vnd eistett zuziehen vnnd helffen zu retten vffs höchst von vnnseretwegen . . .

---

[1]) Montag nach Invocavit schreibt der Statthalter an den Pfleger zu Parkstein, er solle Jörg von Trautenberg und seinen Anwalt vor sich bescheiden und verhören. Nichts solle er unversucht lassen, „daß Trautenberg unklaghaft gemacht werde".

1512. Mittwoch nach Judica erneute dringende Aufforderung des Statthalters an Silvester von Schaumberg und Albrecht von Wirsperg, die Ereignisse im Auge zu behalten und Erlbeck unter allen Umständen zu schützen. (Kreisarchiv Amberg, Böhmen No. 959.)

ansuchen vud bitten, die strassen in den so der zug geen wollt vff dem Walde vorfeln verhauen vnd ihm kuntschafft geben"; er wolle sofort mit aller Macht selber kommen. Die weiteren Berichte über diese Sache lassen erkennen, daß Böhmen wieder eingelenkt hat. Am Sonntag nach Cantate fand in Eger im Beisein des bayerischen Statthalters der Pfalz ein Tag statt, an dem man aber auch zu keinem anderen Resultat als dem bisherigen kam, nämlich Trautenberg im Gute und Sitz Reut einzuführen. Auch Kaiser Maximilian ließ in der gleichen Sache sein Urteil ergehen; es schien, als solle sich die Irrung zu einem Prozeß am kaiserlichen Kammergericht auswachsen, da ließ Kurfüst Ludwig von der Pfalz, nunmehr von dem zweifellosen Rechte Trautenbergs überzeugt, den Befehl ergehen, daß der Statthalter zu Bayern, — jetzt Landgraf Johann zu Leuchtenberg, — Kaspar Erlbeck auffordern solle, sich dem Urteilsspruch Böhmens zu beugen, nötigenfalls ihn mit Gewalt zu den Verzicht von Reut zu zwingen. So endete die Sache also doch noch friedlich.

Kaspar Erlbeck scheint für sein Zurückstehen in anderer Weise entschädigt worden zu sein. Er wird in den nächsten Jahren als Pfleger von Parkstein genannt, wohl als der direkte Nachfolger Silvesters von Schaumberg. Im Jahre 1514 wird „weil das Schloß zum Barckstein zum Teil verfallen" für nötig gehalten, wieder einen Pfleger einzusetzen. Pfalzgraf Friedrich, der Vormund der beiden jungen Herren, hatte Erlbeck für diese Stelle Zusage getan. Damit war dieser wieder in ein Amt eingerückt, das er schon vor Silvester eine Reihe von Jahren inne gehabt hatte und zu dessen Verwaltung auch kaum jemand so geeignet war als ein Glied seiner Familie. Die Erlbecks besaßen nämlich seit alten Zeiten die Burghut zu Parkstein mit großer Zubehörung in den umliegenden Orten als Erblehen[1]). Es ist leicht einzusehen, daß ein Pfleger mit der eingesessenen und ortsbegüterten Familie, die offenbar großen Anhang und Einfluß in der Gegend besaß, leicht

---

[1]) 1398 verleiht König Wenzel die Burghut an Jörg Erlbeck,
1416 verleiht Herzog Ludwig dieselbe an Wolfhart Erlbeck,
1452 verleiht Herzog Ludwig dieselbe an Wolfhart Erlbeck,
1463 verleiht Herzog Otto dieselbe an Christoph Erlbeck, seiner Mutter, seinem Bruder Kaspar und anderen Geschwistern,
1480 verleiht Georg, Herzog in Bayern, dieselbe an Eberhardt Wißpeck als Lehensträger für Amaley Erlbeck und deren Kindern,

zusammengeraten konnte, noch dazu wenn er, wie wohl Silvester von Schaumberg, von dem bisherigen Inhaber des Amtes als Eindringling angesehen wurde. Es sind auch Spuren vorhanden, daß Silvester und Kaspar Erlbeck nicht immer im besten Einvernehmen standen, so wird z. B. 1512 von einer Irrung zwischen beiden „des entlauffenen Müllers" halben geredet. Diese Verhältnisse mögen wohl mit dazu beigetragen haben, daß nach Ablauf der vorgesehenen Amtszeit Silvester den Dienstvertrag mit Bayern-Pfalz nicht wieder erneuerte.

Die nächste Episode seines Lebens spielt sich im Dienste des Hochstiftes Bamberg ab; jenes Territorium also, das er noch vor einem Jahrzehnt aufs heftigste befehdet hatte, nahm ihn unter die Zahl seiner Dienstmannen auf. Der Vorgang ist jedenfalls zur Beurteilung des Fehdewesens charakteristisch; wahrscheinlich hat man in jenen Tagen die Befehdungen doch mehr von ihrer sachlichen als von ihrer persönlichen Seite angesehen. Jedenfalls aber muß der Friedensschluß, den Bamberg und Silvester nach den langjährigen Irrungen eingegangen waren, für beide Teile ein befriedigender gewesen sein, sonst wäre dieses Dienstverhältnis nicht zustande gekommen. Freilich hatten sich auch die Verhältnisse in Bamberg geändert. Seit 1505 war Georg III. Schenk von Limburg Bischof auf dem Stuhle des heiligen Otto, ein ausgezeichneter Mann, der mit feinem Verständnis, der Einlaß begehrenden neuen Zeit gegenüber stand. Mit dem Bischofswechsel war naturgemäß auch eine Anzahl neuer Männer zu Einfluß gekommen, darunter verschiedene Glieder der Familie von Schaumberg. Man kann, wenn man die Amtsstellen des Bistums in jener Zeit in Betracht zieht, fast von einer Vorliebe sprechen, die der Bischof für die Familie von Schaumberg hatte[1]). Viel-

---

1513 verleiht Pfalzgraf Friedrich, Ott Heinrichs und Philipps, Gebr., Vormund dieselbe an Kaspar Erlbeck,
1540 verleihen die Pfalzgrafen Ott Heinrich und Philipp, Gebr., dieselbe an Jobst Wolf Erlbeck.
Nach dessen söhnelosem Tode bewerben sich die Schwestern desselben Anna Wißpeck (ux. Hans Adam Wißpeck), Margaretta von Sparneck (ux. Sebastian von Sparneck) und Jungfrau Sibylla um das Lehen und erhalten es. (Kreisarchiv Amberg, N. $\frac{101}{10}$. Acta die Burgkhut zum Barckstein betreffend, So Jobst Wolf Erlbeck jn gehabt.)

[1]) Bei der Belehnung Bischof Georgs durch Kaiser Maximilian in Köln am 24. Juli 1505 waren unter anderen bambergischen Räten auch Wolf und Christoph von Schaumberg zugegen; 1506 wurde Ritter Georg von

leicht spricht hier der Einfluß eines der vertrautesten Ratgeber des Fürsten mit, nämlich des Georg von Schaumberg, Ritters zu der Lauterburg. Unter solchen Umständen konnte es auch Silvester nicht schwer fallen, in bambergische Dienste zu kommen. Daß er bezüglich seiner Leistungen richtig gewertet wurde, dafür hatte er ja längst gesorgt. Für seine Verwendung scheint ihm die große Vertrautheit mit der Rothenberger Umgebung zustatten gekommen zu sein, denn ihm wird jenes Amt, das der alten Bergveste am nächsten lag, übertragen: Veldenstein, so genannt nach dem Schlosse, das den Mittelpunkt und zugleich den Sitz des Amtes bildete. Auch unter dem Namen „Neuhaus" wird zuweilen das gleiche Amt genannt, nach dem Hauptorte des Bezirkes, dem Flecken am Fuße des Veldensteines. Ein recht vorgeschobener Posten war es, den Silvester da bezog. Veldenstein lag ziemlich isoliert von den Bamberger Stammlanden; es bildete die Südostgrenze des Bistumes. Silvester mußte aber doch dem Bischof und seinen Räten als der geeignete Mann erscheinen sein, der mit Nachdruck die immer etwas gefährdeten Interessen des Grenzlandes vertreten konnte. An Petri cathedra 1513 reversiert er sich über seine Aufnahme in des Bischofs und des Kapitels Diensten. Die Bestallungsurkunde ist nicht mehr vorhanden. Man kann aber aus der Bestallung seines direkten Nachfolgers, des im Jahre 1515 aufgenommenen Amtmannes zu Veldenstein, Albrecht Gotzmanns zu Buch über die Art und die Bedingungen des Dienstes sichere Rückschlüsse machen, um so mehr, als in dessen Bestallungsbrief mehrfach auf Silvester Bezug genommen wird. Gemäß der exponierten Lage des Amtes wird dem Amtmann geboten, eine über das gewöhnliche Maß hinausgehende Zahl von Dienst-

---

Schaumberg zu der Lauterburg als Landrichter des Hochstiftes aufgenommen, ein Mann, der in der Folge häufig im Gefolge des Bischofs erscheint. Bamberger Räte während der Regierungszeit Georgs III. waren Wilwolt von Schaumberg, Ritter zu Schaumberg und Schney; Hans von Schaumberg zu Lisberg, der Verfasser einer Reimgenealogie der Familie; Heintz von Schaumberg zum Haig als Amtmann zu Teuschnitz, später zu Kupferberg; Bernhart zu Nakel 1505 Vizedom zu Wolfsberg in Kärnthen; auch Tobias, ein Strössendorfer steht in Kärnthen in bambergischen Diensten. Bernhard zu Traustadt erscheint als bambergischer Rat und Hofmeister, Wolf zu Strössendorf ist Amtmann zu Lichtenfels und Weißmain, Tristram zu Nakel diente gleichfalls dem Stifte; weiter ist noch an Ritter Heinrich von Schaumberg, aus dem Hause zu Lauterburg, zu erinnern, der Landrichter zu Bamberg, dann Amtmann zu Scheßlitz und Hilpoltstein war, endlich an Otto zum Haig, bambergischen Rat und Amtmann zu Stafellstein und Teuschnitz.

leuten zu halten; es waren fünf reissige Knechte, ein Türmer und neun Wächter, darunter zwei Torwärtel. Von diesen standen Türmer und Wächter im direkten Brot und Sold des Hochstiftes. Für die ausgerüsteten Knechte hatte der Amtmann aus eigener Tasche Sold und Kost zu tragen. Zu seinen Obliegenheiten gehörte in erster Linie der Schutz der Burg. Zu diesem Zwecke mußten vor allem die Verteidigungsmittel in gehörigem Stande erhalten werden, er soll alles, „was an puchsenn vnnd armbrustenn, puluer, pfeyll vnnd andern zu der werhe gehörig auf dem Schloß ist, samt andern haußrat, der ihm laut des Inventariums eingeanttwortt ist, nit ohn not verbrauchen lassen". Weiter hatte er die Pflicht, die Gerichte des Amtes wie von alters her zu besetzen und zu halten. Die Gegenleistungen für diese Dienste waren im Verhältnis zu dem wenig großen Umfang des Bezirkes ziemlich bedeutende, ein Beweis, daß das Hochstift sich die Erhaltung dieses Grenzlandes mit ziemlichen Opfern hat erkaufen müssen. Es wird dem Amtmanne zum Gehalt für sich und zum Sold für seine fünf Knechte die Barsumme von 225 fl. rh. gereicht; an Naturalien erhielt er 50 Sr. Korn, 80 Sr. Habern Pottensteiner Maß. Weiter wurden ihm die Einnahmen zugewiesen, die das Hochstift aus den Frohntagen der Amtsuntertanen zog, deren jeder auf sieben Pfennige gerechnet wurde. Auch die Abgaben an Käsen, die Einkünfte des Handlohnes und der Gerichtsbußen wurden dem Amtmannsgehalt zugeschlagen. Weiter gehörte dazu die Ausübung der niederen Jagd im ganzen Amtsbezirk, der Genuß zweier Fischwasser, eines Hofes samt seiner Zubehörung, 20 Tagwerk Wiesmahd und Brennholz je nach Bedarf. Bei der Kleinheit des Amtes wird, wenn man die Barbesoldung des Amtmannes noch in Betracht zieht, von den dortigen Einkünften wenig für Bamberg übriggeblieben sein[1]).

---

[1]) Daß man den Bestallungsbrief Albrecht Gotzmanns zu Buch in seinen Einzelheiten ziemlich wörtlich auf seinen Vorgänger anwenden darf, ergibt sich aus der Gewohnheit der Landesregierungen den einmal festgelegten Wortlaut der Bestallungsurkunden gewissermaßen als Formular zu benutzen, in dem man nur den Namen des Amtmannes und die Termine der Amtsverwaltung änderte. Bei der vorliegenden Urkunde wird aber zum Ueberfluß noch besonders auf die Rechte Bezug genommen, die der Amtsvorgänger besessen hat. Es heißt darin nach Aufzählung der Einnahmen und Getälle, „dieselben, die Siluester von Schavmberg vnnser nechster Pfleger doselbst inne gehabt"; auch bei den letztgenannten Gehaltsbestandteilen wird hinzugefügt „wie der genant von Schaumberg als Pfleger genossen".

Das Amt war wegen seiner Lage nicht immer leicht zu führen. Die enge Nachbarschaft der Reichsstadt Nürnberg, Pfalzbayerns und Brandenburgs mußte immer wieder Verwickelungen bringen. Auf eine solche weist ein Eintrag in den Nürnberger Ratsbüchern hin. Die Reichsstädtischen hatten einen Dieb gefangen gesetzt, der aber als bambergischer Zinsverwandter vor das Gericht Veldenstein gehörte. Da der Rat gutwillig sich zu einer Auslieferung nicht verstand, hielt es Silvester für geraten, den Rat dazu zu zwingen, indem er zwei Bürger aus dem Nürnberger Städtchen Velden gefänglich einzog. Der Ausgang der Geschichte, der nicht weiter bekannt ist, interessiert auch nicht. Die Angelegenheit ist nur ein weiterer Beleg für die Art Silvesters von Schaumberg. Sein entschiedenes und kraftvolles Wesen, wenn es galt, seine oder seines Herren Rechte zu wahren, tritt in der kleinen Episode wieder deutlich hervor[1]).

Eine befriedigende Lebensstellung bot ihm aber trotz der guten äußerlichen Sicherstellung das Amt Veldenstein

(Vgl. „Ortsurkunden" im Kreisarchiv Bamberg I 71. 508. 749.) Auch die folgenden Bestallungsbriefe über Veldenstein enthalten dieselben Bestimmungen und Bedingungen, wie dieser. Interessant ist es, daß seit Mitte der zwanziger Jahre — also nach Regierungsantritt Bischof Weigands von Redwitz — den Pflegern die Verpflichtung „auf das christliche Leben der katholischen Kirche" auferlegt wurde.

Der Revers, den Silvester dem Bischof über seine erfolgte Anstellung und über die Eidesleistung ausstellt, lautet gekürzt:

Ich Siluester von schawmberg, als mich der hochwirdig fürst vnd herre, herr Georg Bischoue zu Bamberg, mein gnediger Herre, mit wissen vnd ratt meiner herrn des gemeynen Capiettels des Thumbstieffts zu Bamberg zu seiner gnaden Pfleger vnd Amtmann zum Veldenstein aufgenomen hatt, darüber ich dan seiner gnaden vnd Capiettell gelobt vnd gesworen habe, alß bekenne Jch obgenanter Siluester von Schawmberg offenlich mit diesem Brieff gen allermeniglich, das jch in sonnderheytt vber solichen obgemeltenn gethannen Eydt seinen gnaden vnnd Capiettell globbt vnnd gesworen habe . . .

An Skt Peters Cathedra 1513. (22. Februar.)
(Kreisarchiv Bamberg, Ortsurkunden I 71. 508. 749.)
[1]) Nürnberger Kreisarchiv: Ratsverlaß 1514 Heft 1, Fol. 2b.
„Siluester von Schawmberck zw Neuenhaus Schreiben, es hat ein E. rath angelangt wie er zwen von velden gefencklich hab lassen annemen wider jn turm lassen werfen, darumb das ein dieb Albrecht Dotman zw Velden von Seiner mißdat Sey eingelegt, darumb einß rats gütlich begern dj Selben onn Entigelt wider außlassen vnd deß sein Antwort begern.
(Ratschreiber.)
P. S. Sabbato post Pasce.
Bei Siluestern von Schawmberg soll man handeln wie gestern jn ain schrifft zu stellen erteilt ist durch ain ailenden diener. Jorg Furer.

nicht. Das mag an dem geringen Umfang desselben gelegen haben. Das Amt war ungemein klein; außer dem Amtsitz und dem an seinem Fuße gelegenen Marktflecken Neuhaus, bildeten im ganzen fünf Dörfer und sieben Meiler, wozu noch fünf Dörfer gemischter Herrschaft kamen, den Bezirk. Freilich kamen hierzu noch viele Zehnten, Gülten und Gefälle, welche Bamberg in den benachbarten Herrschaften besaß und deren Schutz dem jeweiligen Pfleger anvertraut war. Sei es nun, daß die Enge der dortigen Verhältnisse und das öde Einerlei der kleinlichen Kompetenzstreitigkeiten Silvester nicht zusagte, sei es, daß die alte Freundschaft mit dem Rothenberg sich nicht mit der Bamberger Amtsführung vertrug, oder daß dem bisherigen Pfleger sich Aussichten auf eine angenehmere Stellung eröffneten, kurz, nach Ablauf der im Vertrag gestellten Frist von zwei Jahren wurde das Dienstverhältnis mit Bamberg gütlich gelöst. Silvester kehrte nach Münnerstadt zurück. Möglich, daß Graf Hermann von Henneberg in der Zwischenzeit mit der Verwaltung der Amtmannsstelle in Münnerstadt üble Erfahrungen gemacht hatte, denn kurz nach seiner Ankunft übernahm Silvester wieder das Amt des hennebergischen Anteils an Münnerstadt. Die Fäden also, die in seiner ersten Amtsführung zwischen ihm und seinem Dienstherrn gesponnen waren, erwiesen sich doch als zu fest, als daß sie vorübergehende Verstimmungen auf die Dauer hätten zerreißen können. Es sieht so aus, als habe der Graf selbst, der den brauchbaren, verläßlichen Mann nicht gerne vermissen wollte, ihm den Weg zur Rückkehr geebnet. Dabei müssen die Bedingungen, die an die Uebernahme der Stelle geknüpft waren, sehr annehmbar und ehrenvoll gewesen sein, denn seine Dienststellung erscheint in Zukunft ganz eigenartig. Er kann sein Amt auf längere oder kürzere Zeit verlassen, er kann in uneingeschränktem Umfange seinen Privatinteressen nachgehen, immer aber findet er nach seiner Rückkehr das Amt für sich offen. Nur bei längerer Abwesenheit hielt man es für notwendig, einen anderen Amtmann zu ernennen, so z. B. 1518 den Jörg von Bibra. Ob er übrigens nach 1520 noch das hennebergische Amt bekleidet hat, ist zweifelhaft. Auswärtige Unternehmungen hielten ihn mehrfach monatelang von seinem Amtssitz fern. Sicher ist aber, daß er auch während dieser Jahre Münnerstadt als seinen ständigen Wohnsitz behalten hat. Hier blieb die Gattin mit den Kindern, hierher kam er immer wieder zurück und die Bezeichnung „Silvester von Schaumberg zu Murstadt" bleibt auch während der nächsten Jahre. Sicher ist fernerhin, daß Silvester, auch wenn er nicht mehr selbst das Amt geführt hätte, doch das ungewöhnliche Vertrauen des Grafen Hermann besaß. Das geht aus mancherlei Vorkommnissen hervor, vor allem daraus, daß Graf Hermann in den ständischen Kämpfen der Ritterschaft sich Silvesters, der in diesen Wirren eine hervorragende Rolle spielte, jahrelang als Vertrauensmanns bediente. Auch Graf Wilhelm von Henneberg-Schleußingen hat Silvester seiner besonderen Gunst gewürdigt. Er stand in Korrespondenz mit ihm und hat ihn mehrfach als zuverlässigen Mann empfohlen[1]). Auch aus der zweiten Periode seiner Henneberger Amtsführung zu Münnerstadt sind wenige Spuren übriggeblieben. In erster Linie ist zu nennen eine Grenzregulierung aus dem Jahre 1516 zwischen Sachsen und Henneberg, bei der er den Grafen Hermann vertrat. Dabei handelte es sich nicht um ein Grenzstück, das zu seinem Amtsbezirk gehörte, sondern um die ständige Grenze bei Römhild zwischen dem sächsischen Dorfe Schlechtsart und dem hennebergischen Orte Linden[2]). Ein bewaldeter Berg zog sich zwischen den beiden Ortschaften hin; über diesen ging die sächsische Landwehr. Eine Irrung war nun insofern entstanden, als man nicht wußte, inwieweit Wald, Wiese und Weg der einen oder der anderen Landesherrschaft zugehörte. Eine Ortsbesichtigung sollte die Irrung schlichten. Die Personen, die mit der Sache betraut wurden, lassen erkennen, daß man von seiten der beteiligten Landesherrn doch einiges Gewicht darauf legte. Man berief sächsischerseits nicht den zunächst zuständigen Amtmann von Heldburg, sondern übertrug die Regelung einer besonderen Kommission aus Coburg, welche aus dem vielgenannten Ritter Hans von Sternberg zu Callen-

---

[1]) Auf das persönliche Verhältnis zum Grafen Wilhelm weist ein Schreiben des Amtmannes Jörg von Bibra hin, der dem Grafen mitteilt, daß er sich in der berührten — nicht weiter bekannten — Angelegenheit, über die der Graf ihm und Silvester geschrieben, erst nach der Heimkehr Silvesters mit diesem besprechen müsse. (Persönliche Mitteilung des Herrn Professors Koch über diesen im gemeinschaftlichen hennebergischen Archiv zu Meiningen befindlichen Brief.) Auf weitere persönliche Beziehungen zwischen dem Grafen Wilhelm und Silvester werden wir noch zurückkommen müssen.

[2]) Schlechtsart und Linden sind heute zwei meiningische Dörfer, etwa in der Mitte zwischen Römhild und Heldburg gelegen.

berg und dem Coburger Schosser Arnold von Falkenstein bestand. Graf Hermann von Henneberg ernannte seinerseits seinen Münnerstadter Amtmann, Silvester von Schaumberg, von dem er wußte, daß er geschickt und rechtlich die hennebergischen Interessen vertreten würde; ihm zur Seite stellte der Graf seinen eigenen Sekretär, Kaspar Oheim. Der Kommission gelang es auch, die Umstände zu beseitigen, und auf Grund ihres Gutachtens schlossen Sachsen und Henneberg einen Vertrag, der die Grenzlinie in dem strittigen Gebiete rechtlich festlegte[1]). Ein weiteres Ereignis dieser Amtsperiode ist die Neuregelung des beiderseitigen Herrschaftsverhältnisses zur Stadt und Burg Münnerstadt, welche die an der Herrschaft beteiligten Gewalten Würzburg und Henneberg vornahmen. Schon wenige Jahrzehnte, nachdem die für Henneberg verloren gegangene Hälfte an Würzburg gekommen war, mußte ein so prekäres Verhältnis gesetzlich geregelt werden, wenn die beiden Mächte von ihrem Besitze etwas haben wollten. Damals, 1385, war auch ein Burgfriede aufgerichtet worden. Infolge der geänderten Herrschaftsverhältnisse, welche für Jahrzehnte Henneberg das alleinige Herrschaftsrecht über Münnerstadt zuwiesen, war natürlich der Burgfriede als etwas Unnötiges außer Kraft getreten. Jetzt aber, nachdem Würzburg die verpfändete Hälfte wieder in eigene Verwaltung übernommen hatte, mußten die gesetzlichen Be-

---

[1]) Das Original dieses Vertrages liegt im Haus- und Staatsarchiv zu Coburg. D. IV 2. g. No. 14 (Urkunden). Abgedruckt ist es bereits in Schultes, Historisch statistische Beschreibung der gefürsteten Grafschaft Henneberg, Urkunden XXVIII. S. 755. Das hierhergehörige mag indes auch an dieser Stelle Platz finden, um so mehr, als das Schultes'sche Buch zu den Seltenheiten gehört. Nachdem die Irrung beschrieben ist, heißt es: derhalben wir vnns (Sachsen) mit gnanten vnsern Oheym (Henneberg) solch Gebrechen zu besichtigen vnd nach Besichtigung derselben handlung vnd Verhöre fürzunemen bederseits darzugeschickten, zu schicken vnd zu uerordnen, vereint haben, darauf dan ein tag auf Freitag nach quasimodogeniti im fünfzehnhundert vnnd Sechzehnden jare auf die Schenckstatt berawpt, welchen von vnsers lieben Bruders vnd vnseretwegen durch vnser lieben getrewen Hannßen von Sternberg zu Calnnberg, Ritter vnd vnsern Schoßer zu Coburg, Arnold von Falckenstein vnd von benants vnsers Oheyms Grauen Hermanns wegen Siluestern von Schawmberg zu Münnerstadt vnd seiner lieb Secretari Casparn Oheym beschickt worden, durch welche dann etlich Abgeng berürter Irrung halbenn gescheen welcher gestalt solche Gebrechen das Gehültz vnd Rasens zweyer dorfschaften sollen vertragen sein, demnach bekennen wir . . ." folgt nun die Fixierung des Vertrages.

Geben zu Weymar am Dienstag nach sanct Niclastag (7. Dez.) 1518.

stimmungen über die beiderseitigen Rechte erneuert werden. Man schritt also 1519 zur Neuerrichtung eines Burgfriedens. Daß bei der Schaffung dieses wichtigen Dokumentes in erster Linie der langjährige hennebergische Amtmann, der die Verhältnisse am besten kannte und dem an einer gut geregelten Ordnung am meisten gelegen sein mußte, beteiligt war, ist ohne weiteres anzunehmen, auch wenn sein Name nicht besonders genannt wird[1]).

Schon aus dem bisherigen Verlaufe seines Lebens dürfte man zu dem Schlusse berechtigt sein, daß die ruhige, in gleichmäßigen Bahnen sich bewegende Verwaltung eines Amtes auf die Dauer dem regen und lebhaften Geiste Silvesters nicht zusagen konnte. Der Spielraum, den die heimatliche Scholle bot, war in der Tat für ihn zu eng. Weniger begabte und minder bewegliche Menschen mögen stabile Lebensverhältnisse zu den Grundbedingungen des Daseins rechnen, eine so temperamentvolle, gut angelegte Natur wie die seinige, mußte bei ihrer Betätigung immer wieder an die engen Grenzen des Amtes stoßen. Sie wird es vorziehen, jene Unbequemlichkeit, welche eine häufige Veränderung mit sich bringt, mit in den Kauf zu nehmen, wenn sie damit nur die Sehnsucht nach voller Betätigung der in ihr ruhenden Kräfte stillen kann. In sich selbst war er nunmehr längst genug gefestigt, um das Streben nach Ausnutzung seiner Kräte nicht ins Uferlose und Abenteuerliche aufgehen zu lassen; und zudem war ja auch bei allem Drängen in die Ferne sein Leben doch an

---

[1]) Der Burgfriede von 1519 ist in seinen Grundzügen nicht eine Neuschaffung, sondern beruht in seinen wesentlichen Teilen auf dem alten Vertrag von 1385. Die Hauptpunkte, aus denen auch die schwierige Stellung eines Amtmannes hervorgehen dürfte, mögen hier angeführt werden: Unser Amtmann daselbst soll dem andern Herrn oder seinem Amtmann geloben, die Burg, Thurm und Stadt Münnerstadt getreulich helfen zu bewahren. Die Thurmleute sollen beiden Seiten schwören. Auch sollen sie den Thurm in der Burg auf beiden Seiten gleich bewachen, auch wenn Zwist zwischen den beiden Herren bestünde. Desgleichen sollen die Bürger friedlich zusammen wohnen, kein Teil der Bürgerschaft soll bei Fehden zwischen Würzburg und Henneberg seinem Herrn helfen. Parteiische Bürger sollen zur Stund ihr Bürgerrecht aufgeben und aus der Stadt ziehen; keiner der beiden Herren darf die andern Bürger schatzen, es sei denn beider Wille. Kein Amtmann darf des anderen Herrn Feinden Raum in der Stadt geben.

(Aufgericht 1519, Freitag nach Invocavit.)
Die Abschrift liegt im Kreisarchiv Würzburg lib. div. form. No. 23. S. 30 r.

die Scholle gebunden. Münnerstadt ist das feste, stetige Moment, das der Unruhe seines Wesens die Wage hält. Bei allen seinen Unternehmungen, mögen sie sich im Frankenlande abspielen oder ihn in die weite Ferne führen, hat er doch immer festen Boden unter den Füßen. Eine dieser Unternehmungen führte ihn weit von der Heimat weg, in fremden Kriegsdienst unter die Fahnen des letzten Hochmeisters des deutschen Ordens. Albrecht von Brandenburg lag mit König Siegismund von Polen im Krieg um die Ordensbesitzungen in Preußen. Es war ein trübseliger Krieg, der auf beiden Seiten voll von Verlegenheiten war. Zu einer offenen Feldschlacht kam es während des über viele Monate dauernden Kämpfens nicht, dazu besaßen beide Kriegführende zu wenig Kriegsvolk und zu wenig Geld. Es ist keine ruhmreiche Episode deutscher Geschichte, die sich in den Jahren 1519/20 in den nordischen Landen abspielte; die Schuld lag weniger am Hochmeister selbst, als vielmehr an den deutschen Fürsten, den Kaiser inbegriffen. Es mangelte ihnen am tatkräftigen Interesse für jene Kämpfe, welche die Pioniere des Reiches und deutscher Kultur, die Ordensleute, unter ihrem Hochmeister durchkämpften; die nova Germania am Baltischen Meere blieb unter polnischer Herrschaft. Der Hochmeister hatte den unausbleiblichen Krieg nur in der Voraussicht begonnen, daß er aus Deutschland die starken Hilfskräfte, die ihm in Aussicht gestellt waren, erhalten würde. Hier sah er sich freilich bitter getäuscht. Er selbst hatte aber seine an den deutschen Fürstenhöfen tätigen Gesandten beauftragt, auf eigene Hand ein Söldnerheer zu werben. Wolf von Schönburg-Glauchau-Waldenburg und Dietrich von Schönberg, die Emissäre des Hochmeisters, hatten schon im Jahre 1519 mit der deutschen Reichsritterschaft Verbindungen angeknüpft und fanden bei den bekannten Söldnerführern Franz von Sickingen, Frowin von Hutten und Wolf Dietrich von Knorringen auch Entgegenkommen. Der fortwährende Geldmangel ließ aber die getroffenen Abschlüsse nicht zur Ausführung kommen. Es war eine trübe, fast hoffnungslose Zeit für den Hochmeister. Endlich war es den energischen Bemühungen Wolf von Schönburgs gelungen, eine nicht unbeträchtliche Zahl Söldner für einen preußischen Feldzug zu gewinnen. Sie stammten meist aus Franken; im Spätsommer 1520 brachen sie nach Preußen auf. Auch Silvester von Schaumberg hatte sich bestimmen lassen, an dem Zuge teilzunehmen; mit sieben gerüsteten Pferden und einem Wagen stieß er zum Gros des Wolf von Schönburg. Aber es war kein glückliches Unternehmen, auf das er sich hier einließ. Man weiß auch nicht recht, was ihn zu Albrecht zog. Daß im Ordenslande, wo der Kleinkrieg mit seiner grenzenlosen Verwüstung schon seit Jahr und Tag gewütet hatte, nicht viel zu holen sei, war sicher im Reiche bekannt, sonst hätten die Schönburg und Schönberg leichtere Werbearbeit gehabt. Ebensowenig war seit dem Scheitern der Verhandlungen mit Sickingen die finanzielle Unfähigkeit des Hochmeisters in Kreisen der Reichsritterschaft verborgen. Aller Wahrscheinlichkeit nach spielte bei der Sache hennebergischer Einfluß mit. Graf Wilhelm, ein naher Verwandter des Hochmeisters, mag Silvester wohl mit zur Teilnahme an dem Kriegszuge bestimmt haben. Zudem war wohl auch nicht unbekannt, daß eine gute Streitmacht, nach deutscher Art gerüstet, den Verlegenheiten Albrechts schnell ein Ende bereiten und den bisher ausgebliebenen Sieg an seine Fahnen knüpfen konnte. Lorbeeren waren also mindestens zu holen. Doch auch diese blieben aus. Langsam kam das Kriegsvolk am Orte seiner Bestimmung an. Am 9. Oktober brach man von Frankfurt a. O. auf. Es waren knapp 2000 Reiter und 8000 Fußknechte, dazu hatte Kurfürst Joachim seine beiden großen Feldgeschütze „die Siegerinnen" gegeben. Oberster Hauptmann war Wolf von Schönburg. Das erste Debut des „großen Haufens" war ruhmvoll: am 12. Oktober wurde Meseritz erstürmt. Von hier aus wandten sich die Führer, da in Polen alle Brücken abgebrochen waren, gegen Konitz, um mit dem Hochmeister an der Weichsel zusammenzutreffen und mit ihm gemeinsam Danzig zu erobern. Leider blieb der Hochmeister aus. Er wußte, daß man bei seinem Erscheinen in erster Linie Geld von ihm verlangen würde. Nie aber war der Mangel daran größer als jetzt. Konitz wurde erobert, ebenso Dirschau; am 8. November wurde Danzig eingeschlossen. Jetzt noch hätte sich das Kriegsglück zugunsten Albrechts zwingen lassen, wenn es ihm möglich gewesen wäre, die berechtigten Ansprüche seiner Hilfstruppen zu befriedigen. Auch das zugesagte Belagerungsgeschütz, ohne welches hier nichts auszurichten war, blieb aus. Und so verlief die Belagerung Danzigs ohne jeglichen Erfolg. Dazu kamen bei den Belagerern Hunger und Entbehrung; Meutereien unter den Truppen waren nichts Seltenes. Die Führer sahen sich darum genötigt, die Belagerung aufzugeben. Man zog sich nach Oliva zurück; von hier aus verlief sich in tiefem Unmute das Söldnerheer. Es war natürlich, daß sich die Führer für ihre Söldner und die Edelleute für ihre mitgebrachten Knechte wegen des rückständigen Soldes an den Hochmeister hielten[1]). Ganz ohne Befriedigung ihrer Ansprüche ist die fränkische Ritterschaft wohl nicht in ihre Heimat zurückgekehrt. Von Silvester von Schaumberg wenigstens weiß man, daß er für sich und seine Leute 200 fl. Sold nachträglich erhalten hat. Nach dem unrühmlichen Scheitern des Danziger Unternehmens ist der Hochmeister auch durch Zuschüsse seitens seines Verbündeten, des Zaren von Moskau, wieder zu Geld gekommen. Leider war es zu spät, um an dem kläglichen Ausgange der Expedition noch etwas zu ändern[2]).

Trotz der üblen Erfahrungen, die Silvester im Dienste des Hochmeisters gemacht hatte, ließ er sich wenige Jahre später dennoch wieder bereit finden, sich abermals an der Durchführung eines der politischen Unternehmungen Albrechts zu beteiligen. Es war im Jahre 1523, als sich der Hochmeister in ein Abenteuer einließ, das ihn fast zugrunde richtete. König Christian II. von Dänemark war von seinem Volke vertrieben worden. Er flüchtete nach Deutschland und hoffte von hier aus mit Hilfe des Kaisers und des Königs von England seine Wiedereinsetzung zu bewirken. In besonderer Weise nahm sich seiner der Kurfürst Joachim von Brandenburg an, dessen Schwester dem Könige vermählt war. Durch dessen Vorstellungen ließ sich der Hochmeister bewegen, für Christian mit einzutreten. Es wurde ein Restitutionszug für den König be-

---

[1]) Bei der kurzen Darstellung dieses Zuges bin ich der ausführlichen Darstellung gefolgt, die Joachim in „Politik des letzten Hochmeisters in Preußen" II. 1518—1521 gibt. Einschlägig sind die Ausführungen von S. 70 an, dann 117 ff. und 146 ff.

[2]) Die Quittung über das empfangene Geld liegt im Staatsarchiv zu Königsberg, „Haus Brandenburg" A. 3. Sie lautet: „Ich Siluster von Schaumberg bekenne, nachdem ich mit syben gerüsten Pferden vnd eynen Wagen meinem gnedigen hern, dem Hochmeister gedient hab, darauff hab ich von dem edlen vnd wolgepornen hern Wolf von Schönburg etc. tzweihundert fl. entpfangen, des zu vrkunt hab ich mein peetschaft hienach uffs Spatium gedruckt.
Geben tzu Stettin freitags nach nicolai. Briefsiegel: S. V. S.

schlossen, dessen Führung der Kurfürst übernehmen wollte. Albrecht sollte inzwischen Truppen für dieses Unternehmen werben. Getäuscht durch die Vorspiegelungen des Königs, der große Mittel zu besitzen vorgab, in Wahrheit aber nichts besaß, benutzte der Hochmeister seine Anwesenheit in der fränkischen Heimat tatkräftig zur Werbung. Er hatte sich mit der Hoffnung getragen, durch seine Teilnahme ein tüchtiges Stück Sold zu erwerben, durch welches er seinen unaufhörlichen Geldverlegenheiten ein Ende bereiten zu können hoffte. Leider war es eine trügerische Hoffnung. Die Gewinnung eines Heerhaufens für die dänische Sache erwies sich indes als nicht allzu schwer. Man knüpfte wieder mit den Söldnerführern an, mit denen man schon einige Jahre früher in Verbindung gestanden hatte. Der Hochmeister ließ es auch an persönlicher Beeinflussung bei Leuten, die er gern für die Sache zu gewinnen wünschte, nicht fehlen. Er wandte sich z. B. direkt an Silvester von Schaumberg. Silvester war schon vorher durch seinen alten Gönner, den Grafen Wilhelm von Henneberg, der sich seinem Verwandten gefällig zeigen wollte, zur Teilnahme aufgefordert worden. Anfangs lehnte er ab, offenbar spielten die Erinnerungen an den mißglückten Zug im Spätherbst 1520 mit herein, auch schien ihm wohl die Sache mit Dänemark nicht genug gegründet zu sein[1]. Dem persönlichen Eingreifen des Hochmeisters aber, welcher den tüchtigen Mann nicht gerne bei der Sache hatte entbehren wollen, und der liebenswürdigen Art seiner Werbung konnte er nicht widerstehen, hatte ihm doch der Hochmeister selbst geschrieben „dan wir dein person gern bey uns wissen wollten[2]." Nachdem seine anfänglichen Be-

---

[1] Staatsarchiv Königsberg i. Pr.: Siluester von Schaumberg an Grafen Wilhelm von Henneberg (1523. 22. Aug.): Hochgeborner fürst, genediger her. E. F. Gn. sind mein willig dinst zuuor. Gnediger Fürst und her, ewer gnad hat mjr ein schrift zugeschickt inligender Kopey Bedreffen meinen gnedigsten hern den Homeister vnd die konicklichen wird Denemarck etc. . . . alles In halcz verlassen, des ich zu dissen mal njt antbort kan geben so eilents aber auf das fürderlichst euren F. gn. wil ich antbort geben ob sich antbort verczog das mein genedigster her der homeister z. E. F. Gn. kem, wol ewer gnad mirh verpoten wie den Inligende schrift meldung dut, wil ich ewern gnaden meine meinung zu versten geben. Sulichs hab ich E. F. Gn. unterdeniger Meinung nyt verhalten.
Dat. Samstag nach vnser liben Fr. tag himelfart, im xxiij ten Jar.
[2] 1523. 10. Sept. Der Hochmeister Albrecht an Siluester von Schaumberg, Ritter, etc. [Die Beifügung „Ritter" ist wohl ein Versehen; Silvester hat nie die Ritterwürde getragen. Seltsam wäre es, wenn er, der so gut

denken zerstreut waren, sagte er seine Teilnahme zu. Die Verhältnisse in der Heimat waren infolge des Religionsstreites wohl derartig, daß eine Ablenkung ihm willkommen war. Auch Graf Hermann von Henneberg mag ihn wohl zur Teilnahme bestimmt haben, hatte er es doch zugelassen, daß sein noch ziemlich jugendlicher Sohn, Graf Berthold, am Zuge sich beteiligte. Der Aufmarsch der angeworbenen Truppen sollte in Coburg erfolgen; hierhin schickte auch der Hochmeister alle von ihm in eigener Person während seiner Anwesenheit auf dem Reichstage zu Nürnberg im September gewonnenen Streitkräfte. Eine große Zahl Söldner muß in jenen Tagen in Coburg zusammengeströmt sein, denn in seinen späteren Ansprüchen an König Christian spricht der Hochmeister selbst von 9000 Knechten, die in Coburg versammelt gewesen wären. Hier aber begannen schon infolge der Zahlungsunfähigkeit des königlichen Flüchtlings die Schwierigkeiten des Hochmeisters. Die Truppen wurden wegen Ausbleibens des versprochenen Soldes unruhig, ebenso beschwerten sich die Coburger Bürger über die harte und unwillkommene Einquartierung, die sie unentgeltlich verpflegen mußten. Es half nichts, daß der Hochmeister den zehn Hauptleuten, die in Coburg lagen, — unter ihnen wohl auch Silvester, — Geldgeschenke zusandte, um sie bei guter Stimmung zu erhalten; viele von den Knechten verliefen sich in der sicheren Annahme, daß bei dem bevorstehenden Zuge nichts für sie herausspringen könnte. Und sie taten gut daran. Auch das Reichsregiment hatte ein Mandat erlassen, welches den im Hochstift Bamberg sich sammelnden Söldnern gebot, eilends, ohne den Landfrieden zu verletzen, auseinander zu gehen. Den in Coburg noch verbliebenen

---

und soviel mit dem Schwerte umging, nicht auch ein oder mehrere Male den Ritterschlag erhalten hätte. (Wilwolt v. Schaumberg ist siebenmal zum Ritter geschlagen worden.) Da aber die Annahme und das ständige Tragen der Würde einen nicht unbeträchtlichen Aufwand nach sich zog, den zu leisten Silvester in jüngeren Jahren sicher nicht imstande war, hat er wohl auf die Ritterwürde Verzicht geleistet.] Der Hochmeister schreibt: Nachdem Graf Wilhelm von Henneberg mit Silvester verhandelt habe wegen der Beteiligung an dem beabsichtigten Zuge des Hochmeisters, aber noch keine bindende Zusage erhalten, stelle er, der Hochmeister, nochmals erneut dasselbe Ansinnen an Silvester, „dan wirhe dein person gern bey vns wissen wolten".

Dat. Onolzbach Donnerstag nach unserer frawen gepurt 1523. (Staatsarchiv Königsberg. a. a. O.)

Rest zog man nach Erfurt, um ihn von hier aus seiner Bestimmung zuzuführen. Inzwischen aber mußte König Christian, von seinen Beschützern fortwährend wegen der rückständigen Bezahlung gedrängt, eingestehen, daß er selbst von allen Geldmitteln entblößt sei; auch die Vertröstung auf große Kleinodien und Schmucksachen erwies sich als Flunkerei. Es blieb dem Hochmeister nichts anderes übrig, als seine Hauptleute zur Entlassung ihrer Soldtruppen zu veranlassen. Und so lief der Erfurter Haufe nun auch noch auseinander, sehr zur Freude der Bürger, denen die Einquartierung ebenso lästig war wie den Coburgern. Wieder war ein Fehlschlag der politischen Absichten Albrechts zu verzeichnen, und dieses Mal ein Fehlschlag, der ihn in harte Bedrängnis brachte. Denn seinetwegen waren die angeworbenen Führer in große Verluste geraten, es war undenkbar, daß sie ihre Söldner ganz ohne Lohn abziehen ließen; nun mußte Albrecht sehen, wie er mit den Hauptleuten um den verausgabten Sold überein kam. Auch die Städte Coburg und Erfurt klagten durch die sächsischen Fürsten auf Schadenersatz. Er vertröstete die Hauptleute auf eine persönliche Zusammenkunft in Onolzbach. Am 9. Oktober schrieb er an die Reiterhauptleute Silvester von Schaumberg, Wolf Christoph von Wiesenthau und Joachim von Thüngen, daß er den König von Dänemark in Berlin aufgesucht habe. Der habe ihn zunächst hingehalten und ihn nach Lochau zur Entgegennahme des versprochenen Geldes bestellt. Dort aber habe er erklärt, daß er zurzeit mangelnder Geldmittel halber von einem Kriege abstehen müsse. Der Hochmeister solle daher die bereits angenommenen Reiter und Knechte beurlauben. Deshalb befehle er, der Hochmeister, dem Silvester, er solle seine angeworbenen Reiter entlassen und ihm anzeigen, was für Unkosten ihm erwachsen wären. Näheres könnten sie mündlich in Onolzbach besprechen[1]). Damit war nun das erste Glied einer langen Kette von Aergernissen fertiggeschmiedet. Manchen Ritt, manchen Gang, manchen Mahnbrief hat sichs Silvester kosten lassen müssen, um endlich nach Jahren zu seinem Gelde zu kommen; der Hochmeister war eben Jahre lang nicht imstande zu bezahlen. Es waren freilich auch gehörige Posten,

---

[1]) Brief im Staatsarchiv Königsberg a. a. O. vom Freitag nach Francisca. Dat. Schweinitz 1523.

deren Begleichung ihm zugeschoben wurde, denn natürlicherweise hielten sich die angeworbenen Hauptleute nicht an den König, sondern an den Hochmeister, von dem der direkte Befehl zur Werbung ausgegangen war. Die Zusammenstellung, die der Rat des Hochmeisters, Georg von Klingenbeck, über die Auslagen seines Herrn wegen des geplanten dänischen Zuges verfertigte[1]), weist die Summe von 37 926 fl. auf. Darin sind nicht mit einbegriffen die nicht unbeträchtlichen Beträge, die der Hochmeister für seine Person im Dienste der Sache verausgabt und in Rechnung gestellt hatte. In dieser Rechnung findet sich auch der Posten „auf Befriedigung der Reiter, des Hofgesindes des Grafen Henneberg, des Sylvester von Schaumburg und anderer Herren: 6600 fl." Die Coburger und Erfurter Bürger verlangten 3346 fl. als Schadenersatz. In einer Rechnung, die der Hochmeister dem Könige Christian stellte, wird an erster Stelle angeführt: Graf Berthold von Henneberg und Sylvester von Schaumburg 30 Pferde: 600 fl. So hatte Silvester also seine Bereitwilligkeit eingetauscht gegen eine Menge von Unannehmlichkeiten, die ihn für die nächsten Jahre nicht verließen.

Im Ordensgebiet bereiteten s ch inzwischen jene großen Umwälzungen auf religiösem und politischem Gebiete vor, welche die Aufmerksamkeit und den letzten Rest der finanziellen Leistungskraft des Hochmeisters völlig in Anspruch nahmen. Jahre vergingen, bis an die Bezahlung der fränkischen Gläubiger gedacht werden konnte. Aller Wahrscheinlichkeit nach hatten sich die fränkischen Hauptleute nur auf die beruhigenden Versicherungen von Albrechts Bruder, des Markgrafen Casimir, hin auf spätere Zeit vertrösten lassen. Als dann die neuen Verhältnisse im Herzogtume Preußen gefestigt erschienen, wurden Silvester und seine Genossen beim Markgrafen um die Bezahlung vorstellig. Markgraf Casimir schrieb dann auch öfters recht bewegliche Mahnbriefe an seinen Bruder, z. B. am 19. Januar 1526 „So clagen vnnd schreyen auch Silvester von Schaumberg vnnd seine gesellen sere irer besoldung halbenn, die ime E. L. vonn wegenn des vorgehabten Zuges nach Denemarck schuldig sein sollen, ebenso Sebastian Stiebar, der Burggraf zum

---

[1]) Gedruckt bei Joachim. a. a. O. III. Urkunden und Akten S. 281 und 307.

Rotenberg"[1]). Desgleichen schrieb er am 8. Februar an den Herzog von Preußen, Siluester von Schaumberg sei zu ihm gekommen, um ihn daran zu erinnern, daß er sich erboten habe, bei Albrecht um die Bezahlung der ihm schuldigen 400 fl. zu wirken. Sebastian Stiebar, Burggraf zum Rothenberg, dränge auch fortwährend um Bezahlung des ihm geschuldeten Geldes. In diesem Briefe fügte er hinzu: „Silvester sei auch Im lannde zw Frannken vnderdenig vnd wol bekant vnd vor anndern angesehen"[1]). Der Markgraf erbietet sich selbst, das Geld vorzuschießen, wenn es ihm der Herzog nach einem Jahre zurückerstatten wolle. Eine bessere Bekräftigung des Ansehens, welches Silvester genoß, als diese, könnten wir uns kaum wünschen. Wenn Casimir sich hier aus freien Stücken erbietet, Silvester zu befriedigen, so war ihm doch wohl etwas an der Erhaltung guter Beziehungen zu ihm gelegen. Der Markgraf besaß seinem Bruder gegenüber für gewöhnlich sehr zugeknöpfte Taschen. Albrecht hat denn auch dieses seltene Anerbieten angenommen. Am Dienstag nach Lätare 1527 (2. April) teilte der Markgraf seinem Bruder mit, daß er dem Silvester von Schaumberg 374 fl. für Albrecht bezahlt habe und um Wiedererstattung bitte.

So endete denn auch diese Episode wenigstens nicht mit allzubedeutenden materiellen Verlusten, freilich auch ohne besondere wahrnehmbare Erfolge, für Silvester[2]).

Die Beziehungen, welche Silvester zu dem Hochmeister hatte, bereicherten ihn aber um die Erfahrung, daß auch der Fürstendienst, vor allen wenn er ferne von der Heimat gesucht wird, nicht immer materielle und ideelle Einträge bringe. Auf dem festen Boden der Heimat gestützt, war eben doch die Existenz einer güterlosen Edelfamilie jener Tage am kräftigsten geschützt. Einträglicher als für Silvester selbst, ist seine Teilnahme an den politischen Expeditionen des Hochmeisters für seine Biographen. Tatkraft und Wagemut leuchten doch auch hier durch seinen Charakter; noch lebte in dieser Seele der Sinn und die Art der Väter, draußen in der Welt bei den Händeln der Großen mitzuwirken und durch ihr Schwert sich einen guten

---

[1]) Beide Briefe befinden sich im Staatsarchiv zu Königsberg a. a. O.
[2]) Zu dieser zweiten Episode im Dienste des Hochmeisters vergleiche die sehr ausführliche Darstellung, die Joachim a. a. O. Bd. III von S. 71 ab gibt. Für Silvesters Ansprüche kommen dann noch die Angaben auf S. 281 und 307 in Betracht.

Anteil am Gewinn zu sichern. Wie einst in jungen Jahren auf dem Rothenberge reißt es ihn immer wieder aus dem kleinlichen Getriebe des heimatlichen Fürstendienstes hinaus in die Welt der Taten. Die alte und die neue Zeit, die in Silvesters Tagen sich begegnen, sind nicht zwei Größen, die ganz unvermittelt aneinanderstoßen. Die Gegensätze, die sie bringen, finden ihre Vermittelung in dem Wesen hervorragender Menschen, die dem Uebergange angehören. Auch Silvester darf zu diesen mit gerechnet werden. In seiner Brust klingen mittelalterliche und neuzeitliche Töne zusammen. Noch träumt er von der alten Ritterehre und Ritterkraft der Väter; nichts Lieberes mag er sich denken, als Art von ihrer Art zu sein. Aber schon sieht er ahnend die Neuwerdung und Neugestaltung der Dinge, und als einer der ersten unter allen nimmt er selbst die Axt in die Hand, um mit alter ritterlicher Ehrlichkeit und Treue der neuen, besseren Zeit den Weg zu bahnen.

V. Im Dienste seines Standes.

Es wäre wirklich zu verwundern, wenn ein Edelmann, der im ersten Viertel des 16. Jahrhunderts unter seinen Standesgenossen eine Rolle spielte, abseits gestanden hätte von der Bewegung, die in diesem Zeitraume alle Gemüter des Ritterstandes erfaßte, von der ständischen Bewegung der Reichs-Ritterschaft. Verheißungsvoll und stark begann einst diese Bewegung, auf ihrem Höhepunkte schien sie die kühnsten Wünsche zur Erfüllung zu bringen, um zuletzt aus stolzer Höhe gestürzt zu werden und fast wirkungslos und unrühmlich zu verlaufen. Ein Mann mit hellen Augen und heißem Herzen, wie es Silvester von Schaumberg war, konnte hierbei nicht ein teilnahmloser Zuschauer bleiben. Er stand mitten in der Bewegung, und zwar in der vordersten Reihe. Sein Rat und sein Einfluß gehörten mit zu den treibenden Kräften. Markgraf Casimir hatte recht gehabt, wenn er seinem Bruder schrieb, „Silvester sei vor andern im Lande angesehen". Dieses Urteil findet einen wichtigen Beleg darin, daß Silvester in der ritterschaftlichen Bewegung unter den Führern stand.

Bevor wir seine Beteiligung im einzelnen uns ansehen, ist es notwendig, die Ursachen jener ständischen Bewegung ins Auge zu fassen.

Der niedere Adel litt am Ausgange des 15. Jahrhunderts an zwei bereits weit vorgeschrittenen Uebeln, von denen ein jedes einzeln für sich bereits hingereicht hätte, den Stand zu ruinieren; er litt an Beschäftigungslosigkeit und an Armut. Die Ursachen des ersten dieser beiden Uebel sind bereits schon gestreift worden, sie lagen in dem Aufkommen eines neuen Wehrsystems, welches das einstige Reiterheer überflüssig machte. Einst in den Notzeiten der Ungarneinfälle mußte man einsehen lernen, daß ein Land nicht genügend beschützt sei, welches sich auf nichts weiter stützte, als auf die althergebrachte Einrichtung der allgemeinen Wehrpflicht des Heerbannes. Der kluge, bewegliche Gegner konnte nur durch geschulte und organisierte Truppen geworfen werden, die Reiterschwärme nur durch Reiterheere. So wandelte sich das alte deutsche Wehrsystem um; aus der allgemeinen Wehrpflicht wurde ein Wehrstand. Welche Bedeutung diesem neuen Stande zukam, zeigt die ungemein rasch vor sich gehende Umwandlung der equites in nobiles. Zu den Satyrspielen, die das Leben und die Geschichte so oft anstellen, gehört es nun, daß ebendieselbe Ursache, die den Ritterstand hervor- und emporgebracht hat, auch zu seinem Sturze beitrug, eben der Wechsel im Wehrsystem. Das schwer gepanzerte Reiterheer mußte dem leichter beweglichen Söldnerheer des Fußvolkes weichen. Mit der verringerten Brauchbarkeit minderte sich aber auch die politische Bedeutung des Standes. Noch hatte die Zeit nichts gefunden, womit die Kräfte des zurückgestellten und darum verbitterten Ritterstandes ausgenutzt werden konnten. Aus dieser Beschäftigungslosigkeit und Verbitterung heraus erklärt sich dann auch zum großen Teil die Erscheinung des Strauchrittertums. Um der tötenden Langeweile des umwaldeten Bergschlosses zu entgehen und um der obrigkeitlichen Gewalt, der man die Schuld am Verfalle des Standes zuschob, Trotz zu bieten, ergriff man den Speer und Schild zum Ueberfall an den Landstraßen und zum Kleinkrieg in der Landschaft. Im wesentlichen mitbestimmend zu diesem Treiben ist dann auch das andere Uebel geworden, an welchem die Ritterschaft damals litt, die Armut. Der reiche Anteil an dem Siegesgewinn, die Lohnstücke, welche einst nach glücklich bestandenem Kriege zum Lohne für erprobte Treue dem Ritter zufielen, blieben aus[1]), der Edelmann war nunmehr ganz allein auf den Besitz angewiesen, der ihm von den Vätern überkommen war; und nun stellte es sich heraus, daß die Einkünfte dieses Besitzes in weitaus den meisten Fällen nicht zum standesgemäßen Unterhalt einer Familie genügten. Die fortwährenden Erbteilungen, welche stattliche Güter in viele kleine Besitztümer geschieden hatten, das Aufkommen der Geldwirtschaft von den Städten aus, wodurch die Naturalwirtschaft zurückgedrängt und der Grundbesitz entwertet wurde, der wirtschaftliche Rückgang des Bauernstandes, auf dessen Leistungsfähigkeit und Erwerbskraft in besonderer Weise die Lebenshaltung des Edelmannes beruhte, sind die Ursachen dieser Armut. Auch war das Verhältnis, in dem jetzt der Ritter zu seinem Grundbesitze stand, ein ganz anderes als zu Zeiten der Väter. Einst hieß es: Des Morgens in den Acker, des Nachmittags zum König. Diese Zeiten hatten sich gründlich geändert. Die Kriegsdienste, welche der Adel dem Reich leisten mußte, hielten ihn häufig und oft für längere Zeit von der Heimat ferne; so sah er sich gezwungen, auf die Eigenwirtschaft seiner Güter bis auf einen kleinen Rest zu verzichten und den größeren Teil seines Besitzes als Lehen in bäuerliche Hände zu geben. Jetzt hätte er zur Selbstbewirtschaftung wieder Zeit gehabt; aber wenn er auch die Scheu, einem entfremdeten Berufe sich wieder zuzuwenden, überwunden hätte, so wäre ihm doch oftmals die Möglichkeit hierzu gar nicht geblieben, denn der beim Burgsitze einst zurückbehaltene Bestand an Feldern und Wiesen — die Urbestandteile der späteren Rittergüter, — war in Franken meist nicht umfangreich genug, um von seinen Erträgnissen eine ritterbürtige Familie zu erhalten. In diesen drückenden Verhältnissen sah der Ritter dann einen andern Stand immer mehr emporkommen und die Stelle einnehmen, die er einst besessen hatte, den Bürgerstand. Auf dem glänzenden

---

[1]) Von diesem Gesichtspunkt aus läßt es sich auch verstehen, warum im 11., 12. und 13. Jahrhundert der Adel ungemein freigebig gegen die Kirche war; er hatte ja alle Aussicht, daß das zum Seelenheil und zur Versorgung geistlicher Familienglieder Weggeschenkte ihm nach einem siegreichen Kriegszug des Königs durch Verleihungen aus dem damals noch großem Königsgute wieder ersetzt wurde. Die Schenkungen des Adels an die Kirche beginnen von der Zeit an aufzuhören, in welcher entweder das Königsgut aufgebraucht war oder die Dienste der Ritterschaft nicht mehr nötig waren, also nicht mehr belohnt wurden.

Hintergrund des prunkvollen Bürgertums mußte ihm seine eigene Lage besonders dürftig vorkommen. Er haßte diesen Stand; haßte ihn, weil er ihn zurückdrängte aus einer jahrhundertelang bevorzugten Stellung, haßte ihn, weil er ihn zu Ausgaben für die eigene Lebenshaltung verleitete, die ihn auf die Dauer noch mehr ins Verderben stürzen mußten. Dieser Haß hat ihm die Lanze fester in die Hand gedrückt und das Gewissen leichter gemacht, wenn er hinter Busch und Baum den Kaufmannstroß in langem Zuge kommen sah. „Ein Stand", sagt Bezold, „dessen Leistungsfähigkeit nicht mehr in alter Weise beansprucht und geschätzt wird, muß über kurz oder lang auch innerlich sinken." Das ist ein wahres Wort. Mit dem äußeren Verfalle ging ein inneres Siechtum Hand in Hand, ein Siechtum aller Ideale. Auf diesem Boden sind Menschen gewachsen wie Hans Thomas von Absberg und manche andere, gegen die sich gewöhnliche Straßenräuber nicht unvorteilhaft abhoben; auf diesem Boden auch die greuliche Lehre, die für so viele des Ritterstandes zur Lebensregel wurde

Wiltu dich erneren
Du junger edelman
Folg du miner lere:
sitz uf, drab zum ban!
Halt dich zu dem grünen wald
wan der bur ins holz fert,
so renn in freislich an.
Derwüsch in bi den kragen
erfreuw das herze din,
nim im, was er habe,
span uß die pferdelin sin!
Bis frisch vnd darzu unverzagt;
wan er nummer pfenning hat,
so riß im dgurgel ab[1]).

Und doch darf die Ritterschaft, freilich mit Vorbehalt, das Wort für sich in Anspruch nehmen: Alles verstehen, heißt alles verzeihen. Ohne indes diese bösartigen Erscheinungen entschuldigen zu wollen, darf hier doch daran erinnert werden, daß in jenen Tagen das deutsche Volk noch in anderer Weise sich Ausplünderungen hat gefallen lassen müssen. Hutten sagt einmal: „Es gibt vier Klassen von

---

[1]) Lamprecht, Deutsche Geschichte V. 1. S. 80. Uhland, Volkslieder No. 134. (2. Aufl.)

Räubern in Deutschland, die Ritter, die Kaufleute, die Juristen, die Pfaffen; die Ritter sind noch die unschädlichsten"[1]). In der Tat, wenn man die kolossalen Ausbeutungen des Volkes durch die Großkaufleute in Betracht zieht, — Fuggerei hieß in der Volkssprache die Wucherei, — so erscheinen die Beutestücke, die auf der Landstraße gemacht wurden, gering. Wenn die Kaufmannschaft freilich bei dem auf Kosten des Volkes erfolgten Zusammenbringen ihrer enormen Vermögen durch das Gesetz gedeckt war, so dürfen der Ritterschaft zum mindesten jene mildernden Umstände zugebilligt werden, die in dem Worte liegen: Not kennt kein Gebot.

Aber bei allen inneren und äußeren Einbußen war ein ideales Gut geblieben, welches mit großer Zähigkeit festgehalten wurde: die alte Unabhängigkeit. Doch auch dieses letzte Gut war bedroht. Die Fürsten sahen in dem Bestehen einer unabhängigen Ritterschaft das letzte große Hindernis, das ihrem Bestreben, den Großgrundbesitz zur Landherrschaft umzugestalten, im Wege stand. Während zwar in anderen Teilen des Reiches diese Entwickelung sich bereits zugunsten der Fürsten vollzogen hatte und aus der freien Ritterschaft das Vasallentum geworden war, hatte in einigen Gegenden der Adel seine Unabhängigkeit noch wahren können; das war in Franken, Schwaben und am Rhein, also in Gegenden, in denen sich die landesfürstliche Gewalt, weil sie sich vorwiegend in geistlichen Händen befand und weil das Reich noch starken Einfluß ausübte und die Reichsritterschaft stützte, nicht in so starkem Maße wie anderwärts ausgebildet hatte. Hier war die Ritterschaft noch frei und unabhängig geblieben; ja mehr noch, es war ihr gelungen, daß diese Unabhängigkeit ihr vom Reiche gewährleistet worden war. Freilich war mit diesem Erfolge nur ein ganz kleiner Teil dessen erreicht worden, was zur Aufrechterhaltung des Standes selbst nötig war. Es war ein schwieriges Problem, wie der Ritterschaft zu helfen sei; vergeblich hatte sich die Staatskunst mit dieser Lösung beschäftigt. Ernste Leute schlugen vor, der Adel müsse ge-

---

[1]) Wenn hier die Juristen mit aufgeführt sind, so ist vor allen an ihre unheilvolle Tätigkeit bei der Rezeption des römischen Rechtes zu denken, durch welches, nachdem es als Staats- und Privatrecht gewaltsam eingebürgert war, die Großgrundherrn zu absoluten Landesfürsten, die freien Bauern zu „armen Leuten", d. i. Grundhörigen wurden. (Vgl. von Bezold, die Geschichte der deutschen Reformation, S. 30 f.)

zwungen werden, in Bürgertum und Bauernschaft aufzugehen; und das war sicherlich ein Vorschlag, der aus der Erfahrung heraus gemacht worden ist. Tatsächlich haben damals viele edle Familien ihren Adel abgelegt und sind damit aus dem Stande ausgeschieden, der ihnen in ihrer Lebenshaltung nur ein Hemmnis war. Wenn sich gegen dieses Radikalmittel der Erhaltungstrieb des teilweise immer noch kräftigen und stark standesbewußten Adels sträubte, so kann das nur zum Lobe angerechnet werden. Aber wer sollte helfen? Daß bei dem Suchen nach Helfern die Augen in erster Linie auf dem Kaiser haften blieben, war natürlich. Auch seine geheimen Feinde waren die wachsenden Machtbestrebungen der Fürsten, und ihm mußte in erster Linie daran gelegen sein, in der Reichsritterschaft wenigstens für einige Teile des Reiches ein gewisses Gegengewicht gegen die fürstliche Emanzipation zu besitzen. Wie aber hätte der Kaiser hier helfen können, wo die Hilfe nur aus der Neugestaltung des sozialen Lebens, aus der Schaffung neuer wirtschaftlicher Verhältnisse hervorgehen konnte? Er konnte nicht einmal durchgreifend politisch helfen. Wir haben schon oben, als von der Wirkungslosigkeit der Reichsacht gesprochen wurde, die politische Ohnmacht des Reichsoberhauptes gestreift. Maximilian war klug genug, um zu wissen, daß ein Teil der Kaiserherrlichkeit nur in Zepter und Purpurmantel bestand; ist doch von ihm eine Aeußerung erhalten, deren bitterer Humor alles sagt, daß nämlich der König der Franzosen ein König der Esel sei, die alle Lasten geduldig trügen; er aber wäre ein König der Könige, denn die deutschen Fürsten pflegten nur zu tun, was sie wollten. Daß also von dieser Seite nicht eine dauernde Hebung des Standes kommen konnte, sah die Ritterschaft selbst ein. Längst war es den Besten unter ihnen klar geworden, daß die Hilfe in allererster Linie aus ihrer eigenen Mitte herauskommen müsse. Ueber die einzuschlagenden Wege war man sich freilich nicht einig, eines nur schien gewiß, daß man sich innerhalb des Standes einigen müsse. Rittereinungen waren nun schon seit $1^1/_2$ hundert Jahren zustandegekommen, aber sei es, weil sie die so notwendige Einheit nicht für die Dauer hatten halten können, sei es, weil die Führer keine aufwärtsführenden Wege zu weisen im Stande waren, blieben sie nach außenhin bedeutungslos. Nun aber zu Beginn des neuen Jahrhunderts klopfte die Not des Standes stärker an die Tore der Ritterburgen; sie war nicht abzuweisen.

Die Existenz des Standes stand auf dem Spiele. Das rüttelte die Geister auf. Die ständische Bewegung setzte stark ein und vor allem im zweiten Jahrzehnt des 16. Jahrhunderts bis in die ersten Jahre des dritten Jahrzehnts hinein bewegten ihre lebhaften, ja stürmischen Wellen den Boden des Frankenlandes. Die Männer, die damals an der Spitze standen, waren klug genug, um zu wissen, daß die Grundlage einer künftigen Besserung eine straffe Organisation sei. Durch sie konnte man nach außen wirken und ebenfalls im Innern des Standes einen notwendigen Druck ausüben. Die äußere Form dieser Organisation war im Frankenland durch die eben vollzogene Einteilung in die bekannten sechs Kreise oder Ritterkantone gegeben. Aber wenn dieser Organismus wirksam sein sollte, mußte er durch die Kräfte und den guten Willen aller seiner Glieder belebt sein. Hier aber lag der wunde Punkt. Der individualistische Zug, der in jenen Tagen durch unser Volk ging, war auch, ja ganz besonders, in der Ritterschaft fühlbar; hier war er zum Eigensinn ausgewachsen, zum nationalen Fehler der Eigenbrödelei. Ein großer Teil der Ritterschaft war ganz in jene geistige Stumpfheit und Verwilderung versunken, in denen der Sinn für das eigene und allgemeine Wohl nicht mehr geweckt werden kann. Es hielt ungeheuer schwer die Standesgenossen zusammenzubringen und aufzuwecken, und wenn nach langem Bemühen wirklich einmal eine Majorität gesichert war, die bindende Beschlüsse faßte, so konnte man gewiß sein, daß eine Anzahl Standesgenossen, die damit nicht ganz einverstanden war, sich auch nicht daran kehrte. So erwies sich die äußerlich gegebene Organisation als nicht straff genug, etwas Dauerndes zu schaffen. Die Führer mußten auf etwas besonderes sinnen. Man verfiel nun darauf, die guten Elemente innerhalb der Ritterschaft zu einigen, und von diesen Einungen aus die notwendigen Kämpfe nach außen und innen zu führen. Es wäre der Reichsritterschaft bitter unrecht getan, wenn man annehmen wollte, daß alle ihre Glieder sich auf der rapid absteigenden Bahn des Standes sich befunden hätten. Immer gab es einen guten Kern, bald größer, bald kleiner, ein Häuflein, das ohne Ermüden sich gegen die allgemeinen inneren und äußeren Schäden wandte. Auf diesen Kern der Gutgesinnten richtete sich die Hoffnung der Führer. Die vorhandenen guten Elemente mußten gesammelt, geeint und gemehrt werden, damit sie einen Einfluß nach ihrer Richtung hin auf die Gesamtheit ausüben konnten. So entstehen in allen Kantonen Einigungen, welche als Elitetruppen den notwendigen Kampf führen wollen. Dieser Kampf war ein doppelter. Nach außen hin war er ein politischer und sozialer. Die Front hierbei war gegen die Fürsten und alle die Gewalten gerichtet, die durch irgendwelche Maßregeln den bedrohten Stand noch weiter drücken wollten. Hier sind vor allem zwei Zentren bemerkbar, um die sich die ständischen Kämpfe gruppierten, das fürstliche Gerichtswesen und die vom Reich zur Türkenhilfe verlangte Kopfsteuer. Bei diesem Kampfe durften die Führer auf Zustimmung wohl aller Standesgenossen rechnen. Der Kampf nach innen war wesentlich wirtschaftlicher und moralischer Natur. Er richtete sich gegen diejenigen Standesgenossen, welche durch ihre Lebensführung den ganzen Stand in Mißkredit brachten, und ihre immer noch ziemlich ausgedehnte Anhängerschaft. Auch hier gab es zwei Hauptpunkte, um die sich alles drehte. Der erste daran war das Raub- und Fehdewesen, welches im Stande so furchtbar eingerissen war. Man war sich in den Führerkreisen vollständig klar, daß in der Ritterschaft hier die schlimmste Stelle war, an der das Messer des Arztes angesetzt werden mußte. Da alle Landfriedgebote, alle in Aussicht gestellten Strafen des Reiches wirkungslos waren, so trug man sich mit dem stolzen Gedanken, daß man auf dem Wege der Selbsthilfe vielleicht bessere Resultate erzielen könnte. Mit Gewalt war natürlich nichts zu machen; wenn die Einungen nach dieser Richtung hin praktische Bedeutung gewinnen wollten, mußte man anders vorgehen. Und die Sache wurde auch richtig angefaßt, indem man das Unwürdige und Unehrenhafte des Uebels betonte. Fehde und Landraub hatten ja gerade dadurch eine so weite Verbreitung angenommen, weil das sittliche Urteil darüber ein derartiges war, daß es der Norm geradezu entgegenstand. Die stark eingebürgerte Moral „Rauben und Reiten ist keine Schande, das tun die besten im Lande" mußte umgewertet werden, um wieder gesunde und richtige Verhältnisse zu erzeugen. Landfriedensbruch ist ein Unrecht, und Landraub ist eine Schande; beides verträgt sich nicht mit ritterlicher Ehre. „Gut ohne Ehre ist kein Gut, Leib ohne Ehre ist tot," dieser alte Grundsatz des Sachsenspiegels kam nun unter den besseren Elementen zum Durchbruch und ward zur Devise, mit der man in den Kampf gegen die Standesgenossen zu ziehen wagte. Neben dieses ethische

Motiv trat noch ein anderes, ein Motiv mehr wirtschaftlicher Natur, wenngleich auch bei ihm ethische Gesichtspunkte mitwirkten. In den reichgewordenen Städten war in der Lebenshaltung ein ungeheuerer Luxus aufgekommen[1]). Es wäre nicht standesgemäß gewesen, sich von den Bürgern hierin übertrumpfen zu lassen. Die Völlerei kam auch lange bestehenden Neigungen und längst geübter Gewohnheit entgegen; neu dazu kam nur der bis zur Narrheit ausartende Kleiderluxus. Das Bürgertum konnte bei seinen großen Mitteln die Aufwendungen für eine solche Lebensweise wohl ertragen, ein finanziell stark ruinierter Stand grub sich, wenn er hier dauernd dem bösen Beispiel folgen wollte, selbst sein Grab. Hier galt es mit Wort und Tat gegen eine andere drohende Gefahr einzuschreiten.

Dies waren ungefähr die Aufgaben der ständischen Bewegung. An ihrer Spitze standen Johann von Schwarzenberg, Georg von Schaumberg und Sebastian von Rotenhan, in zweiter Linie wird unter den Führern neben Adam von Schaumberg und einigen anderen auch Silvester von Schaumberg genannt. Im Rahmen eines biographischen Versuches ist es nun nicht tunlich, den ausführlichen Verlauf dieser ständischen Bewegung zu schildern[2]), wohl aber mußte die Bewegung selbst charakterisiert werden, um die Natur derjenigen Sache kennen zu lernen, für die der Held der Biographie jahrelang seine Teilnahme und seine Kräfte eingesetzt hat. Es sollen auch an Einzelheiten aus dieser Bewegung nur diejenigen berührt werden, bei denen eine aktive Beteiligung Silvesters nachgewiesen werden konnte. Georg und Silvester von Schaumberg sind übrigens nicht die einzigen aus der Familie, die in diesen ständischen Wirren an führender Stelle gestanden haben, auch Adam und Wilhelm von Schaumberg, beide Ritter, jener zu der Lauterburg, dieser zu Thundorf, werden zeitweilig unter den Führern genannt. Es gehörte im Geschlechte zu den guten Traditionen, für die Allgemeinheit etwas zu leisten; immer, wenn die Standesbewegung dringender wurde, kann man gewiß sein, Glieder dieser Familie unter den leitenden Geistern zu

---

[1]) von Bezold a. a. O. S. 32 „Die Gesellschaft", auch Lamprecht a. a. O. S. 86.

[2]) Diese Arbeit wäre auch überflüssig, da sie bereits in vortrefflicher Weise getan ist in dem mehrfach erwähnten Buche von Fr. Rob. Fellner „Die fränkische Ritterschaft von 1495—1524".

finden¹). Es hat den Anschein, als ob man auch in der Ritterschaft eben diese Familie, der es durch den Burgfrieden von Rauenstein gelungen war, ihre eigenen Verhältnisse zu konsolidieren, für besonders berufen erachtet hätte, auch dem ganzen Stande zu einer Einigung zu verhelfen. Silvester hat diese guten Traditionen seiner Familie geerbt und gepflegt. Von welchem Zeitpunkte an er aktiv an den Bestrebungen der Ritterschaft teilgenommen hat, läßt sich nicht sagen; aller Wahrscheinlichkeit nach schon sehr frühzeitig; bereits der Rothenberger Kreis hatte sich stark der Standesinteressen angenommen, wenn freilich damals das zielbewußte, klare Streben noch fehlte. Silvesters Dienststellung war kein Hindernis. Die Grafen von Henneberg begünstigten im Gegensatze zu Würzburg, das sich abwartend und ablehnend verhielt, durchaus die ritterschaftliche Bewegung; Graf Wilhelm stand selbst mit an der Spitze, und bei der erstmaligen Erwähnung Silvesters wird er als Vertreter seines Dienstherrn, des Grafen Hermann genannt. Das war auf dem Tage der sechs Orte, der im September 1515 in Windsheim stattfand.

Zu den immerwiederkehrenden Anliegen, welche die Ritterschaft zu diesem Tage mitbrachte, war diesmal noch ein besonderes gekommen. Es war eigentlich nur eine Privatangelegenheit, die aber durch geschickte Agitation in eine Standesangelegenheit umgewandelt worden war: die Huttensche Sache. Am 8. Mai 1515 war Hans von Hutten unter den Schwertstreichen Herzog Ulrichs von Württemberg im Waldesdickicht gefallen; mag dem Manne Recht oder Unrecht geschehen sein, zweifelsohne lag ein bisher unerhörter Akt fürstlicher Willkür vor. Diesen ohne Protest hinnehmen, hieß, sich selbst der fürstlichen Willkür ausliefern. Insofern lief bei dieser Privatsache ein Standesinteresse allerdings mit unter. Plötzlich eintretende Ereignisse, die geeignet sind, eine im Gange befindliche Bewegung in lebhafteres Tempo zu bringen, sind den Führern stets hochwillkommen. So war es auch hier. Das Ereignis konnte und mußte für die Standesbewegung aus-

---

¹) In den ersten Anfängen der Rittereinungen, desgleichen in den ersten Bündnissen der Ritterschaft gegen die Landfriedbrecher, bei allen Beschlüssen gegen die „unrechte Fehde" finden wir Glieder der Familie von Schaumberg an erster Stelle z. B. 1387. 1398. 1402. 1403; 1496 ist Kunz von Schaumberg Wortführer der Rittereinung und Eberhard von Schaumberg einer der Führer.

genutzt werden. Da die Gefahr, die von den Fürsten drohte, in einem typischen, konkreten Beispiel wirklich aktuell zu werden schien, mußten auch die Abseitsstehenden ihre Gleichgültigkeit fallen lassen. So wurde der flammende Protest, den die Familie von Hutten ausgehen ließ, von den Führern mit Eifer aufgenommen und unterstützt. Ein gemeinsamer Zug des fränkischen Adels wurde gegen Ulrich geplant. Die Führer der ständischen Bewegung stellten eine außergewöhnliche Zahl reisiger Knechte der Sache zur Verfügung. Während die sonstigen Teilnehmer fast nicht unter zehn Knechten mitbrachten, rückte Johann von Schwarzenberg mit 53, Georg von Schaumberg gar mit 120 Knechten an. Beim letzteren kam allerdings noch ein verwandtschaftliches Interesse hinzu. Der erschlagene Hans von Hutten, Sohn des Ritters Ludwig, war der Bruder seiner Gattin, also sein Schwager[1]). Bei dem großen Ansehen, das Georg in seinem eigenen Geschlechte genoß, war es ihm nicht schwer, die Glieder der schaumbergischen Familie für die Sache mobil zu machen. Unter den Teilnehmern werden dann auch genannt: Hans und Karl von Schaumberg, Wilbald von Schaumberg[2]). Bei Silvester hatte es eines Einflusses von außen kaum bedurft. Er war mit neun Pferden zugeritten, um seine Kraft in den Dienst seines Standes zu stellen. Freilich, wie so manches in jenen Zeiten, kam auch diese von den Huttens und den Führern der fränkischen Ritterschaft geplante Aktion nicht zustande. Die am Sonntag crucis in Wemdingen versammelten Streitkräfte verliefen sich wieder, da sich herausstellte, daß das Unternehmen wegen der Einmischung des Kaisers sich wohl verzögern würde. Bei dem gewaltigen Zuge, den 1519 der schwäbische Bund gegen den Württemberger ins Werk setzte, wird unter den zahlreichen fränkischen Edelleuten, die sich nun anschlossen, Silvester nicht genannt. Ob ihn andere Dinge abhielten? Henneberg hatte sich der allgemeinen

---

[1]) Steinhofer, Neue wirtenbergische Chronik 1755, IV. 303 bringt eine genaue Spezifikation der Huttenschen Streitkräfte. Es werden dort etwa 150 adelige Teilnehmer genannt, die meist aus der fränkischen, dann aber auch aus der rheinischen Ritterschaft entstammen; die Gesamtmacht belief sich auf 1500 gerüstete Pferde.

[2]) Dieser Wilbald ist nicht der schon öfter erwähnte, bekannte Söldnerführer Wilwolt; denn dieser war bereits 1510 gestorben. Der hier gemeinte gehört dem Hause Thundorf an und ist ein jüngerer Zeitgenosse des andern.

Absage an Herzog Ulrich nicht angeschlossen, vielleicht wünschte der Graf die Beteiligung seines Amtmannes nicht[1]).
 Zur Verhandlung in Windsheim standen neben der Huttenschen Angelegenheit vor allem die Neuregelung der ritterschaftlichen Verhältnisse zu den Fürsten und die Plackerei. Zu einem allgemein gültigen Resultat kam man aber nicht, schon aus dem Grunde, weil Bischof Lorenz von Würzburg den Tag nicht beschickt hatte und darum mit ihm nicht verhandelt werden konnte und ferner, weil sich herausstellte, daß die Einladungen zu dem Tage nur mangelhaft gewesen waren. Beschlossen wurde, daß die einzelnen Kantone gesondert die Ergebnisse von Windsheim durchberaten sollten. Silvester nahm mit einigen Freunden die Betreibung für seinen Ritterort Rhön-Werra, der wegen der Teilnahmlosigkeit Würzburgs in Windsheim keine geordneten Vertreter hatte, in die Hand. Am 22. November erließen Moritz Marschall von Ostheim, Ritter, Valentin von Bibra, Engelhardt von Münster, Philipp von Maßbach und Silvester von Schaumberg, als die nunmehr vom Kanton Beauftragten ein Ausschreiben zu einem Ortstag nach Münnerstadt für den 30. Dezember. Münnerstadt wird auch in der Folge öfters der Tagungsort für den Kanton[2]); da liegt der Schluß nahe, daß dies kaum geschehen wäre, wenn nicht das in Münnerstadt wohnhafte Glied des Ritterortes, eben Silvester, die Seele der Bewegung gewesen wäre. Vom Jahre 1516 an beginnen nun jene Einungen, die auf die moralische Hebung des Standes Bezug nehmen. Am Neujahrstag 1516 tagte unter der Leitung Georgs von Schaumberg zu Coburg

---

[1]) Steinhofer a. a. O. führt S. 531—545 die 595 Edelleute an, welche von Ulm aus dem Herzog die Fehde ansagten. Der fränkische Adel ist meist im 3. 4. 6. 7. 8. Brief vertreten (No. 226—495). Aus der Familie von Schaumberg wird im 3. Brief „Bundes Dienstleute" unter No. 248 Hans von Schonberg genannt; die ihn umgebenden Namen altfränkischer Geschlechter lassen vermuten, daß es Hans von Schaumberg ist. (Jedenfalls von der Lauterburg.) Schönberg hat es unter den fränkischen Geschlechtern nicht gegeben. Der 4. Brief „des Bischofs von Bamberg Rath, Ammtleut, Hofgesind vnd Diener in diser Fehd," trägt u. a. die Namen Georg von Schaumberg zur Lauterburg, Ritter (272). Wolff von Schaumberg, der ältere, der Strössendorfer (273). Wolff von Schaumberg zur Linden, der Mupperger (Unterlindt bei Sonneberg.) (291). Unter den Leuten Markgraf Casimirs und des Bischofs von Eichstädt ist keiner aus der Familie.
 Die Aufzählung wird übrigens von den Neueren als ungenau angegriffen. So schon Sattler, Geschichte des Herzogtum Württemberg II. S. 9 (Anm.), auch Roth von Schreckenstein a. a. O. II. S. 178.

[2]) Vgl. hier Fellner, a. a. O. S. 182. 183. 187.

eine größere Anzahl — es waren ihrer 42, — von Angehörigen des Ritterortes Baunach. In welcher Richtung die neue Einung tätig sein wollte, zeigt gleich die Einleitung zu den Statuten, die an jenem Tage zur Durchberatung und Annahme gelangten. „Zu sonderlichem Wohlgefallen des Kaisers, zu erhaltung unseres adeligen Namens, der allein vf Tugendt gegrundt ist, vnd abstellung der vbermessigen costlichen cleydung, rustung vnnd hoffart, die von anbegin vonn got dem almechtigen am schwerlichsten gestrafft, auch zu vertruckung des vnmenschlichen zutrinckens, aus dem sele, leib, ere vnd gut verletzt, auch alle laster fliessen, haben etliche von der Ritterschaft des orts der Baunach aus betrachtung vnd zu hertzenfürung des Spruchs: das kein gut werck on die gnad gottes mag angehoben werden noch vil weniger mag vollbracht werden, auch wo fride vnnd erberigkeit, da sey seiner gotlichen heyligkeit wonunng etc. etc...."[1]. Der Inhalt und Ton dieser Statuten interessiert hier vor allem aus dem Grunde, weil eben diese Statuten fast wörtlich die Grundlage einer Einung bildeten, bei deren Zustandekommen Silvester wieder eine führende Rolle spielte. Am 18. Januar 1517 schlossen sich Angehörige des Kantons Rhön-Werra zu einem Bunde zusammen, als dessen leitende Männer Adam von Schaumberg, Ritter, Wolf von Steinau, Silvester von Schaumberg, Moritz Marschal, Ritter, Philipp von Maßbach und Engelhard von Münster genannt werden[2]. Das Statut enthält zehn Paragraphen. Ihr Inhalt ist wertvoll zur Charakterisierung derjenigen Männer, die sich auf ihren Boden stellten, und soll deshalb hier kurz geschildert werden. Nach der oben bereits angeführten feierlichen Einleitung wird die Hoffnung ausgesprochen, „das vns sollch fürnemen von allen tugendhaftigen, ehrenliebenden Menschen, hohen vnd niedern Standes nit verkhert oder zu argen gemessen, sonnd. zu ruhm vndt lob geacht vnd vnns auch ehr vnd nutz daraus erwachsen, darzu jn vnser vorfarn fußstapfen vnd erbern gewonheit widerum zu treten vrsach und reitzung geben werden". Nach Art und Anlehnung an die alten religiös

---

[1] Der Wortlaut dieser Statuten liegt im Haus- und Staatsarchiv zu Coburg D. IV. 4. a No. 2. „neuer Vertrag unter etlichen vom Adel zu Francken des Orts an der Baunach aufgericht am neuen jars tag 1516".

[2] Verzeichnisse von Teilnehmern an Ritterschaftsverträgen und Einungen. „Des 17. Jahrs Anthonj Vertrag," siehe Kreisarchiv Würzburg R. Ritterschaft. 70, XXXIX.

gerichteten Ritterorden gibt der erste Paragraph religiöse Vorschriften, ordnet Seelenmessen an für die Verstorbenen und lebenden Mitglieder der Einigung „zur erlangenn die gotliche Gnade vnd leytung, das vnser Geselschaft alle zeit den rechten wegk der erberkeit suchen vnd die Finsternis vnd die Poßheit fliehenn möge". Der zweite Artikel bezweckt die Abstellung der Fehden; zur Schlichtung der Streitigkeiten und Beleidigungen unter den Mitgliedern der Gesellschaft solle jeder verbunden sein, in drei Monaten vor dem ordentlichen Richter oder vor dem Hauptmann der Einigung und seinen Räten zu erscheinen und sich ihrem Schiedsspruch zu unterwerfen, und zwar bei Strafe des Ausschlusses. Interessante Streiflichter kultureller Art wirft der dritte Artikel, der sich mit der vorgeschriebenen Kleidung befaßt. Es stellt die Wertgrenze, bis zu welcher goldene Kleinodien von den Frauen getragen werden dürfen, fest: „100 gulden schwere keten vnd halßpandt vnd dorüber nit tragen." Die Prunkgarderobe einer Ritterfrau oder Tochter darf höchstens bestehen aus einem „gestickten rock ein oder zwen Samet vnnd sunst ein seyden rock, ein seidene schawbenn, vnnd soll doch der röcke keiner vnden herumb mit gulden oder silbern stück verbremt werden." Als Begründung dieser Anordnungen wird angeführt, „das die tugendt mer dan Kleider zciren." Einem Ritter oder dem ihm an Rang gleich stehenden Doktor der Rechte wird eine Kette von 100 fl. Wert zugestanden, den übrigen Adligen nur eine solche von 50 fl. „Doch das die ßo nit ritter oder doctor sindt, jre Ketten mit einen seidenen netz oder schnure verdecken." Französische oder welsche Manier ist bei der Rüstung verboten, „solche cleydung als seidene wapen, rock, große Federbusch, nachdem es bey vnsern Eltern nit gewest, onterlassen vnd vnsere Rüstung vngeuerlich nach alten Gebrauch vnd landsieten furen." Allerdings wird hier eine Ausnahme gestattet, nämlich bei der Repräsentation für einen Fürsten in auswärtigen Geschäften. Als Buße für Vergehen gegen diesen Paragraphen wurde der Betrag von 4 fl., zahlbar in sechs Monaten, festgelegt. Wie nun eben die Kleidung und Rüstung, so wird auch die häusliche Lebensweise einer Vereinfachung unterzogen. Bei einer Hochzeit sollen nicht mehr denn acht, bei einer Kindtaufe, Begängnis und Kirchweihe nicht mehr als sechs Gerichte auf die Tafel kommen. Der 5. Artikel beschäftigt sich mit dem Zutrinken. „Weiter soll keiner zu gantzen, halbenn oder gemeßner maß zu trinken oder andere darzu reythen durch winken, deuten, besondere Namen oder Zeichen, wie menschen synne erdencken oder hiervor erdacht were, auch vnnsern Knechten in keinem weg, soviel zu weren moglich, es zu gestatten, sond es zu verbieten bei 4 fl. Strafe binnen 6 Monate." Knechte, die sich nicht in diese Ordnung fügen, sollen von Stund an oder Ausgangs des Jahres entlassen werden. Offenbar mußte man einer in der Einigung vorhandenen freieren Strömung Rechnung tragen, indem man das Zugeständnis machte, daß diese Einschränkungen im Trinken und der Trinksitten nur für Franken gelten solle, „jm lande zu Hessen, Dhoringen, puchen, wederaw, Swaben, Beyern, Raynstrom, Pelgen" usw. solle es ohne einige Buße erlaubt sein. Gewiß nahm man diesen Zusatz auch in der Absicht an, um sich vor der Ritterschaft anderer Landschaften, die von den getroffenen Vereinbarungen keine Kenntnis haben konnten, nicht bloßzustellen. Trinkfestigkeit galt eben als Zeichen der Mannbarkeit. Nachdem in den folgenden Artikeln einige Anstöße, aus denen sich der Erfahrung gemäß oft nachbarliche Zwistigkeiten entwickeln, geregelt werden, befaßt sich der 9. Paragraph noch einmal mit dem Landraub. Wie stark das Uebel eingewurzelt war, zeigt, daß man selbst in diesem Kreise sich aller seiner Glieder nicht ganz sicher fühlte, sondern auch hier noch mit Uebertretungen rechnete: „so sich einer vnseres Vertrags, was Gott verhüte, vmb Rauberey oder anderer vnerbarer Taten peinlich straffen oder richten" zuzöge, „das wir uns desselben mit nichts anderst dann gutlich annemen sollen und wollen." Der letzte Artikel endlich bringt noch die Versicherung, daß die Vereinigung, „wiewohl durch römische kaiserl. Majestäten vnd Königen hochlöblicher Gedächtnus aus vnd von denen alle weltlichen Rechte fließen, dem vergewaltigten die gegenwere gnediglich vnd miltiglich, zugelassen ist", dennoch sich dem ewigen Landfriedgebote von Worms unterwirft; als Gegenleistung aber für die endgültige Aufgabe eines gewährleisteten Rechtes erhoffe der Adel von den Fürsten die Abbestellung der oft gerügten Beschwerden, die er von den fürstlichen Offizialen, Kellnern, Vögten und Zentgrafen zu ertragen habe, und den Schutz ihrer alten Privilegien und Rechte, und zwar nicht bloß um des Adels, sondern auch um der Fürsten willen, denn die Fürsten würden gewiß aus den Zeitläuften beherzigen und erwägen, „das ir frstl. Gnaden ohne frome vnd getreue Ritter vnd Knechte jre Regirung nit erhalten megenn." Aufgerichtet wurde dieser Vertrag vorläufig für zwei Jahre. Um der Einigung die Wirksamkeit einer Organisation zu geben, stellte man einen Hauptmann und ihm zur Seite einige Räte an die Spitze. Während dem Hauptmann die Ueberwachung und bei strittigen Fällen die richterliche Funktion zukam, bildeten die zugewählten Räte das Kollegium, das ihm in seinem Amtsbetrieb mit Rat und Tat zur Seite stand. Zum Hauptmann wurde für den Kanton Rhön-Werra Moritz Marschall von Ostheim, der die Ritterwürde bekleidete, gewählt. Die Rangstufen wurden in jenen Tagen mit großer Peinlichkeit beobachtet, man kann sicher sein, daß in einer Versammlung von Edelleuten stets dem „Ritter" der Vorzug eingeräumt wird, wie man auch nie vergessen hat, einem, der die Ritterwürde trug, die ihm gehörige Ehre zu geben, indem man zu seinem Namen das Wort „Ritter" hinzufügte oder das ihm dadurch zugehörige Prädikat „Herr" beilegte. Uebrigens soll das dem hier zum Hauptmann Gewählten keinen Eintrag tun; Moriz Marschall hat mehrfach bewiesen, daß er ein nicht unbedeutender Mann gewesen ist[1]). Unter den Räten befand sich neben Heinz von Wechmar, Engelhardt von Münster, Philipp von Maßbach auch Silvester von Schaumberg. Diese Wahl hätte natürlich nicht erfolgen können, wenn Silvester nicht zu den treibenden Elementen der Einung gehört hätte. Das gibt uns das Recht, daß wir die Gesinnung, die aus dem Vertrag spricht, seinen hohen sittlichen Ernst, sein aufrichtiges Bestreben, die erkannten Schäden zu bessern, abzutun und ehrlich zu helfen, mit der Geistesrichtung eines Mannes identifizieren, der seine Kraft und seine Person an die Verwirklichung des Vertrages und der in ihm gewollten Zustände gesetzt hat. Ob eine solche Einung, wie die hier vorliegende, wirklich Aussicht auf Erfolg haben konnte, und inwieweit schon in der Natur der beschlossenen Satzungen der Keim des Todes lag,

---

[1]) Moritz Marschall kommt z. B. für die Einführung der Reformation in Kitzingen stark in Betracht. Er war 1523 dort als markgräflicher Amtmann designiert. (Vgl. Schornbaum, Reformationsgeschichte von Unterfranken S. 196.)

braucht hier nicht untersucht zu werden. Der oben skizzierte Vertrag mußte in erster Linie in dem hier bestehenden Zusammenhang deswegen angeführt werden, weil er die Quelle ist, aus der wir unsere Kenntnis der Charaktereigenschaften, wie sie damals am Bilde Silvesters sich zeigten, schöpfen können. Es war also in dieser Lebensperiode die Zeit der Gährung, des Sturmes und Dranges nicht bloß abgeschlossen, sondern überwunden. Nichts deutet mehr auf jene eruptive Art seines Wesens, die, wenn sie entfesselt ist, nichts mehr danach fragt, ob der Strom der Leidenschaft niederreißt und zerstört. Die guten Elemente hatten sich abgeklärt; sie wiesen ihm seine Lebensrichtung. Klare und ruhige Gedanken beherrschen ihn; er weiß es, daß nur die Persönlichkeit, die von den schlimmen Auswüchsen des Standes und der Zeit gereinigt ist, das sittliche Recht hat, sich geltend zu machen und auf Durchsetzung zu hoffen. Ganz anders als einst beurteilt er jetzt die üblen Gewohnheiten seiner Standesgenossen, denen er teilweise selbst gehuldigt hatte; einst waren sie ihm berechtigt, erlaubt, ja geboten, jetzt erscheinen sie ihm beschämend, unwürdig, unritterlich. Er ging nicht, wie so viele seines Standes, gedankenlos und teilnahmlos an den schmerzlichen Erscheinungen der Gegenwart vorüber und bei den Gedanken, die er sich darüber machte, vollzog sich der innere Umschwung: Er sah klar, daß der Same des Niederganges mindestens ebensosehr wie in den schwierigen Zeitverhältnissen in dem verdorbenen sittlichen Zustande lag, in welchem weitaus die größere Zahl seiner Standesgenossen gefangen lag. Aber diese Einsicht gab ihm, wie allen Gleichdenkenden, die Hoffnung auf eine bessere Zukunft. Wenn der Fehler nur erkannt ist, so kann er auch gebessert werden. Wo ein Wille ist, ist auch ein Weg. Die Lebhaftigkeit seines Temperaments gestattete ihm nicht, der Entwickelung der Dinge ruhig zuzusehen und die Besserung des Standes dem Zufall oder der Zeit zu überlassen. Er mußte selbst mit angreifen. Und so steht er, wie einst unter den Kampfgenossen mit dem Schwerte für sein vermeintliches Recht, jetzt im Kreise der Gesinnungsgenossen im Kampfe der Geister für die idealen Güter des Lebens wieder in der vordersten Linie, als es gilt, die innere und äußere Hebung seines Standes zu verwirklichen. Gewiß, die Wege, die er und seine Freunde einschlugen, die Mittel, die sie dazu anwandten, werden da und dort einer Kritik nicht standhalten können; man wird aber sicher diesen Männern die Bewunderung nicht versagen dürfen, die in schwerer Zeit und unter entgegenstehenden Verhältnissen die Hoffnung auf wiederaufgehende Sterne nicht verloren. In keinem Stande waren die Bestrebungen auf sittliche Hebung so schwierig, wie im Ritterstande; in den Städten konnte der Magistrat sich Geltung verschaffen, wie er es ja auch getan hat mit den mancherlei Kleiderverordnungen, die um die Wende des Jahrhunderts von verschiedenen Stadtregimentern ausgingen; in bäuerlichen Kreisen konnte eine wohlgesinnte Obrigkeit stets auf Willfährigkeit rechnen, aber für die Ritterschaft in Franken gab es keine allgemein anerkannte Zentralstelle, das Autoritätsgefühl war ganz geschwunden, der Individualismus, jener stark ausgeprägte Zug am deutschen Volkscharakter, stand bereits hier in kräftigster Blüte. Alles, was hier getan werden konnte, beruhte auf freiwilliger Arbeit, war Privatsache. Mit Gewalt war nichts zu machen, alle Erfolge beruhten auf der Kraft, dem Ansehen und der geistigen Ueberlegenheit der Führer. Aber daß trotz dieser Sachlage mit hohem Ernste die Arbeit aufgenommen und betrieben wurde, ist der Anerkennung wert, auch wenn der volle, beabsichtigte Erfolg schließlich fehlte. Kein Stand hat unseres Wissens in jenen Tagen so zielbewußte und planmäßige Reformationsversuche an seinem eigenen Leibe unternommen als die Ritterschaft.

Im Jahre 1519 gaben zwei äußere Ereignisse den Anlaß zu erneuter Bewegung unter der fränkischen Ritterschaft. Zuerst die Kaiserwahl. Ein äußerst lebhaftes Interesse tat sich kund; noch einmal schien es, als wolle die Ritterschaft sich zu alter Größe erheben und durch ihren Einfluß die Kurfürsten für den Mann ihrer Wahl willfährig machen — für den Enkel des alten Kaisers, der eben doch mit seiner volkstümlichen Ritterlichkeit ein Kaiser nach ihrem Herzen war. Von den Männern im Frankenland ist auf diesem Gebiete besonders Georg von Schaumberg tätig gewesen[1]. Das andere Ereignis, das die Ritterschaft, wenigstens die von Rhön-Werra, Odenwald und Steigerwald in Spannung hielt, war der Wechsel im Bischofs-

---

[1] Ueber dessen Tätigkeit berichten die deutschen Reichstagsakten Kaiser Carls V. S. 342 und 600.

Hochgeporner furst vnd her   e. f. g. sind mein wilig
Dinst zu vor genediger her   auf die abfertigung zu
schweinfvrt pin ich gewest fortvbjngen (vorzubringen?) jn her
hab zusamen pracht jn ein gelt wef von graffen
hern vnd ander vom adel zugehorig zum lant
zu francken   auf befel mein werbung gedan
vnd stracksian (stracksam?) daneben vberantbort daf
fvrgenomen sey ein gemeiner dag auf svntag
exsavdij zu sweinfvrt einkvmen der schef (sechs) ort
zu francken def gleichen svlen sie itzunt
versamelt jn her auch auf benamtem tag erscheinen
bve (wo) sie erenhalben nit mvgen jn mitler
zeit abkvmen so solen sie nit vnterlassen
jren volmechtigen gebalt schicken   sulchf
vnter jren sigel zu schreiben rö darauf antbort
gefalen die weil sie nit gruntlich wissen
tragen waf daf fvrnemen sey, trven sie
keinen folmechtigen gebalt schicken oder zu
schreiben vnd darauf mjr den abschid geben
jn mitler tzeit def dagf zu sweinfvrt exfavdij
daf fvrnemen zu eroffen   so trven sie jren
gebalt statlich zu schicken   wes ewer fvrstlich gnad
jn rat sint mjt andern mag ewer gnad dvn (tun)
aber meinf bedvnckenf wolt ichf lassen besten (bestehen)
njmer njschs (nichts) zu eroffen dan auf gehalten
tag   svlchf hab ich evern f. g. jn pesten nit
verhalten   ewern fvrstlichen gnaden zu dinen
pin ich wilig zu dun   dat. mitboch nach silpf
vnd jackobij jm xviiij jar (1519).

                silvester von schavmberg   rö

Übertragung des nebenstehenden Brief-Faksimiles.

Verkleinertes Faksimile
eines auf der Veste Coburg (Manuskript-Sammlung „Militärpersonen")
befindlichen, eigenhändigen Briefes Silvesters von Schaumberg.

regiment zu Würzburg. Bischof Lorenz von Bibra hatte am 6. Februar das Zeitliche gesegnet. In mehr als einer Hinsicht mußte dieses Ereignis mit seinen Folgen aufmerksam beobachtet werden, vor allem konnte der Bischofswechsel für die Standesbewegung von großem Einflusse sein. Bischof Lorenz hatte sich den Wünschen der Ritterschaft gegenüber meist ablehnend verhalten; unter seiner milden und gütigen Regierung hatte man sich auch weniger zu beklagen. Nicht daß der Bischof für die Interessen, des Standes, dem er selbst entsprossen war, kein Herz gehabt hätte! Immer war er ein väterlicher Ratgeber gewesen, aber es scheint, als ob ihm die eingeschlagenen Wege, die im letzten Ende doch etwas Gewaltsames an sich hatten, nicht gefallen hätten. Er wollte wohl die Lösung der Frage nach dem Verhältnis zwischen Landesfürsten und Ritterschaft nicht durch die letzteren, sondern durch die ersteren herbeigeführt haben. Auf der Versammlung der Führer, welche am 4. Februar 1519 zu Schweinfurt stattgefunden hatte „zu Ehren und Nutz des Adels in Franken", sind diese Ereignisse gewiß lebhaft diskutiert worden. Silvester von Schaumberg war an diesem Tage auch zugegen; er war zugleich auch mit der Vertretung seines Herrn betraut, in dessen Namen er verschiedene Angelegenheiten zu betreiben hatte. Ueber das Resultat der „Abfertigung" schreibt er dem Grafen Hermann in einem Briefe, der in den Manuskriptbeständen der Sammlungen auf der Veste Coburg noch vorhanden und der in Nachbildung dieser Abhandlung beigefügt ist. Das wichtigste Ergebnis der Verhandlungen war das Ausschreiben eines gemeinen Tages auf Sonntag Exaudi, auf welchem alle Angehörigen der sechs Orte erscheinen oder wenigstens Vollmacht schicken sollten. Jedenfalls handelte es sich dabei neben intern fränkischen Standesverhältnissen auch um die Kaiserwahl.

Uebrigens soll man nicht denken, daß die Führer sich nur um rein fränkische Standessachen bekümmert hätten. Wie sie die Kaiserwahl zum Gegenstande ihrer Sorge machten, wie sie zum Zuge gegen Württemberg gerüstet hatten, so richteten sie ihr Augenmerk auf alle die auswärtigen Ereignisse, welche ihren Stand anzugehen schienen. So waren zum Beispiel im Hessenlande während der Vormundschaft für Philipp den Großmütigen eine Anzahl Standesgenossen in arge Bedrängnis geraten. Die im Jahre 1510 eingesetzte vormundschaftliche Regierung, an deren Spitze der Landhofmeister Ludwig von Boyneburg stand, war durch die Mutter Philipps, Landgräfin Anna, 1514 verdrängt worden. Besonders Ludwig von Boyneburg hatte von der Partei der nunmehrigen Regentin viel zu leiden. Er war fast aller seiner Güter verlustig erklärt worden. Diesen Umstand benutzten die fränkischen Führer zu einer Aktion. 1517 schreiben Conrad von Grumbach, Georg von Schaumberg, Ludwig von Hutten, Rudolf von Stein, Christoph von Thüngen, Engelhardt von Münster, Silvester von Schaumberg, Paul Truchseß, Erhard Truchseß, Bernhard von Hutten, Georg von Bibra u. a. einen Brief an die Landgräfin zugunsten Boyneburgs. Er hat freilich wenig genutzt, denn Boyneburg erhielt erst nach 13 jährigem Prozeß seine Güter wieder zugestellt. Für die Gesinnung der Führer, die nur in der Geschlossenheit des gesamten Standes das Heil der Zukunft sahen, ist der Brief immerhin bezeichnend.

Zu den auswärtigen Interessen der Ritterschaft gehörte aber von jeher der Erbfeind der Christenheit, „der Türke". Das war natürlich; denn seit den Tagen, da das Vordringen dieser Asiaten auch für die mitteleuropäischen Völkerschaften zur Gefahr geworden war, hatte es die Ritterschaft als Ehrenpflicht angesehen, ihre Kräfte in den Dienst der Abwehr zu stellen. Etwas von dem Eifer der Kreuzfahrer war wieder aufgeflammt; hier war ein Gebiet, wo der Ritterdienst wieder vom Reiche verlangt und freudig auch gegeben worden war. Freilich von einer Kopfsteuer zur Bekämpfung der Türken, wie sie 1495 vom Reichstage zu Worms ausgeschrieben war, wollte der fränkische Adel nichts wissen, der gemeine Pfennig sei gegen alle „Libertät und Herkommen". Dagegen wurde auf jener Protestversammlung ausdrücklich betont, daß die Ritterschaft bereit sei, „dem heiligen Reich, römischen Kaisern und der christlichen Kirche jederzeit wichtige Korporaldienste mit Schwendung ihres Blutes und kriegerischen Ausrüstungskosten zu leisten"[1]. Bei diesem Anerbieten, mit Leib und Blut in dem Kampfe gegen die Türken einzustehen, verharrte die Ritterschaft auch in den folgenden Jahrzehnten, in welcher Zeit sie auch ihre anfängliche Weigerung der Kopfsteuer mehr und mehr fallen lassen mußte. Der Reichstag von 1522, der in

---

[1] Siehe hierzu Fellner a. a. O. S. 107 ff. Egelhaaf, Deutsche Geschichte im Zeitalter der Reformation S. 19 f.

Nürnberg abgehalten wurde, beschäftigte sich wieder mit der Wehrmannschaft in bevorstehenden türkischen Feldzügen. Auch die sechs Ritterorte hatten ihre Beteiligung zugesagt. Zur besseren Organisation ernannte der Kaiser gleich die Führerschaft. Zu obersten Feldhauptleuten wurden ernannt die Herzöge Wilhelm und Ludwig von Bayern, Markgraf Casimir von Brandenburg, Markgraf Philipp von Baden, der Hochmeister Albrecht von Brandenburg, Herzog Heinrich von Mecklenburg und Graf Wilhelm von Henneberg. Daneben werden aus den verschiedenen Kreisen besondere Kriegsräte ernannt, und zwar aus dem fränkischen Kreis Herr Hans von Schwarzenberg, Herr Hans von Seckendorf, der von Haydeck, Herr Veit von Lentersheim, Herr Jörg von Schaumberg, Fritz von Lidwach, Silvester von Schaumberg und Wilhelm von der Gruen[1]). Für diesmal scheint die Sehnsucht Silvesters, mit dem Erbfeind der Christenheit das Schwert zu kreuzen, nicht erfüllt worden zu sein. In späteren Jahren erst durfte er seine Schwertdienste dem Reiche und der Kirche weihen. Zur Charakterisierung des Ansehens, das in jenen Tagen Silvester auch an den hohen Stellen des Reiches genoß, dient aber seine Ernennung zum Kriegsrat durch den Kaiser sicherlich. Zu einem solchen Amte wurden zweifellos nur ausgesuchte und erprobte Leute vorgeschlagen.

Die Jahre 1522 und 1523 bedeuten in der ritterschaftlichen Standesbewegung den Höhepunkt. Außerordentlich wichtige Interessen schienen zum Austrag zu kommen; vor allem hoffte man auf ein abgeschlossenes Rechtsverhältnis, das die strittigen Beziehungen zwischen dem Fürstenstande und der Ritterschaft endgültig regelte. Die große Fehde Sickingens und der rheinischen Ritterschaft gegen die drei Fürsten des Rheinlandes schien die kühnsten Erwartungen zur Verwirklichung zu bringen. Eine andauernde Spannung macht sich in Franken seit den Septembertagen 1522 bemerkbar. Die Erregung nahm zu, als sich das Gerücht verbreitete, daß der gefürchtete schwäbische Bund einen Kriegszug gegen Franken plane, um die neue Exe-

---

[1]) Siehe darüber „Deutsche Reichstagsakten Kaiser Karls V. Band III. Reichstag zu Nürnberg 1522. Abschied S. 171. „Der Türken wegen." Die Namen der Hauptleute und Kriegsräte sind in Anm. 1 abgedruckt.

kutionsordnung von 1521 gegen die Landfriedensbrecher durchzuführen. Es gab in Franken genug Edelleute, die hier kein reines Gewissen hatten, um so mehr, als die Exekutionsordnung auch schon die „mutmaßlichen" Landfriedensbrecher vor das Forum der Fürsten und des Reichsregiments zu zitieren vorschrieb. Zweifelsohne hat die Furcht vor diesem bevorstehenden Kriegszuge die Ritterschaft stark beeinflußt, so daß die Werbungen Sickingens in Franken ohne wesentlichen Erfolg geblieben sind. Man wollte es mit den Fürsten nicht ganz verderben, um unter Umständen an ihnen Fürsprecher beim schwäbischen Bunde zu haben. Die Führer befanden sich in keiner beneidenswerten Lage; auf der einen Seite eröffneten sich bedeutende Aussichten, daß die alten Streitpunkte mit den Fürsten zugunsten der Ritterschaft entschieden werden könnten, wenn nämlich Sickingens Unternehmungen glückten. Die Klugheit gebot es, den Führer der rheinischen Ritterschaft zu unterstützen. Auf der anderen Seite boten jene, die von der Rache des schwäbischen Bundes zu fürchten hatten, alles auf, den Strafzug zu verhindern, und wollten auf diese Sache den Schwerpunkt des Interesses gelegt haben. Die Führer neigten sich endlich auf letztere Seite. Der Einbruch des Bundes schien durch die Folgen, die er nach sich ziehen mußte, ein schwereres Uebel zu sein als die Preisgebung des großen Standesgenossen am Rhein. Es war freilich falsch berechnet. Das kommende Jahr brachte Sickingens Sturz und trotz aller Gegenarbeit auch den Strafzug des schwäbischen Bundes. In der richtigen Erkenntnis, daß in dem vorliegenden Falle großer Gefahr für die Standesinteressen nur ein gemeinsames Zusammenstehen und Vorwärtsgehen helfen könnte, schrieben die Führer einen gemeinen Adelstag für den Januar 1523 nach Schweinfurt aus. Der ungemein zahlreiche Besuch dieses Tages, der dann auch am Montag nach conversonis Pauli stattfand, läßt auf die große Erregung schließen, die in jenen Tagen unter dem Adel geherrscht hat. Tolle Gerüchte schwirrten nebenbei durch die Luft. Es hieß z. B., daß die Fürsten ihren Hauptleuten den heimlichen Befehl gegeben hätten, die Edelleute, wo sie dieselben im Felde betreten würden, „auf den Tod zu verwunden oder zu entleiben, als von den würzburgischen Reutern dem Martin von Schaumberg sel., dem Karl von Schaumberg sel., den N. von Gebsattel geschehen sei." Man schien also den Fürsten alles zuzutrauen, um den ihnen verhaßten engeren Zusammenschluß der Ritterschaft zu verhindern[1]).

Silvester von Schaumberg stand sicher bei all diesen Arbeiten im Vordergrunde. Wenn auch sein Name nicht weiter zu finden ist, so wird doch Münnerstadt, sein Wohnort, wieder als der Versammlungsort von Hauptmann und Räten des Kantons Rhön-Werra bei den Vorberatungen bezeichnet. Bei den Verhandlungen des großen Adelstages am 25. Januar zu Schweinfurt war er persönlich zugegen. Alle sechs Kantone hatten ihn beschickt. Von Rhön-Werra waren 113, von Altmühl 10, von Baunach 73, vom Gebirg 84, vom Odenwald 77 und vom Steigerwald 49 Personen erschienen, alles in allem 406 Adelige[2]). Viele Fürsten hatten ihre Gesandten dort, auch Sickingen hatte besondere Botschaft geschickt. Glanzvoll hatte der Tag begonnen. Die Erwartungen, die man von ihm gehegt hatte, schienen sich zu erfüllen; es war, als könnte doch noch einmal die fränkische Ritterschaft zur Macht werden. Die Führer hatten gut vorbereitet. Die Beschwerden waren bereits vorher durchberaten und in einzelnen Punkten aufgestellt, so daß sie auf dem Tage selbst den dazu gewählten Kommissionen zur Begutachtung und Korrektur übergeben werden konnten. Nach dreitägiger Beratung konnte auch der Statutenentwurf eines Bündnisses vorgelegt werden. Aber bei der Annahme des Vertrages zeigte sich wieder die alte Uneinigkeit, die denn auch Schuld war, daß der so verheißungsvoll begonnene Tag ohne nachhaltige Resultate verlief. Ein Teil bat sich Bedenkzeit

---

[1]) Deutsche Reichstagsakten III. S. 703. 1522. 29. Dez. Beschwerde der Ritterschaft (aus der Vorberatung der Führer in Schweinfurt am 29. Dez.)

[2]) Die Familie von Schaumberg war mit folgenden Gliedern vertreten:
Rhön-Werra: Siluester \
                Wilhelm / von Schaumberg.
Baunach: Herr Adam \
          Herr Jorg / von Schaumberg
          Wolf zu Stieffenbergk
          Wolf zum Rauenstein
          Hans zu Fülbach
          Hans zu Effelter
          Wilhelm zu Schaumberg
          Heintz
          Karell
          Wilhelm zu Gereuth
          Christoffel
             alle von Schaumberg
Steigerwald: Lorenz von Schaumberg
    (Würzburg, Kreisarchiv. R. Ritterschaft 335. Fasz. 19.)

aus, andere verzichteten auf fernere Teilnahme und reisten ab; unter denen, die am selben Tag den Vertrag sofort annahmen und unterschrieben, war auch Silvester von Schaumberg. Wenn auch die Mehrzahl der Anwesenden zu den Annehmenden gehört hatte, so war eben der Erfolg doch nur ein halber; die Einigung trug damit den Todeskeim in sich. Die fränkische Ritterschaft war nicht zu einigen[1]. Sicherlich hat bei diesem für die Ritterschaft bedauerlichen Ergebnisse der Einfluß der fränkischen Fürsten mitgewirkt. Eine starke geeinte Ritterschaft lief den landesfürstlichen Interessen stracks zuwider und aller Wahrscheinlichkeit nach hatte man, obwohl Geleitsbriefe für den Tag ausgestellt worden waren[2], die eigenen Amtleute und Hofbeamten gehörig instruiert, damit beizeiten den hochstrebenden Plänen ein Riegel vorgeschoben wurde. Auch nach dem Rittertage wurde der geheime Kampf zwischen den Führern des Adels und den Fürsten um die fürstlichen Amtleute fortgesetzt, wie aus dem Briefe hervorgeht, den Bischof Konrad von Würzburg an den Pfalzgrafen Ludwig schreibt. Der Bischof übersandte seinem fürstlichen Nachbarn einige Artikel des Schweinfurter Vertrages, um ihm zu zeigen „wie beschwerlich der Obrigkeit solcher Vertrag sei", gleichzeitig fügte er in betreff der Adelsführer hinzu „um so mehr sie sich auch nit wenig befleißen, uns unsere Amptleut und Diener, so

---

[1] Wie es auf dem Adelstag zuging, zeigt ein Brief zweier sächsischer Amtleute, die ihrem Herrn, dem Kurfürsten Friedrich Bericht erstatteten:
Matthes von Giech, Amtmann zu Heldburg und Kuntz Gotsmann, Amtmann zu Königsberg schreiben folgendes: Der Adel sei in merklicher Zahl dort gewesen aus den 6 Orten, sampt anderen auswertigen Graven und Herren auch adlichen von der Ritterschaft ihrer Botschaft; sie hätten einen Vertrag von viel Artikel aufgericht, eine große Zahl hätte darein gewilligt und sie zu halten gelobt. Sie beide seien auch zu solchem Tage beschrieben gewest und daselbst erschienen am Ende des Tages. Man hätte sie gefragt, ob sie in den Vertrag willigen wollten; da hätten sie geantwortet, sie möchten sich wie ihre Eltern nicht gerne von gemeiner Ritterschaft scheiden, weil sie aber dem Kurfürsten mit ampten und pflichten verwandt, könnten sie bisher nicht willigen. Sie bäten ihre Herren, daß ihnen der Anschluß an die Ritterschaft erlaubt sein möge, da sie in dem Vertrag nichts Unbilliges gefunden, zumal darin die Rechte des Kaisers und der Reichsordnung von Worms gewahrt seien. Gleichzeitig schickten sie den Wortlaut des Vertrages mit, damit der Kurfürst selbst beurteilen könnte. (Coburger Staats- und Hausarchiv. D. IV. 4. a. No. 5.)
[2] Würzburger Kreisarchiv. Hoheitssachen 1379. Fasz. 78. Markgraf Casimir, Bischof Konrad v. Würzburg, Bischof Weigand v. Bamberg geben für die Teilnehmer des Rittertages in Schweinfurt 1523 Geleitbriefe.

wir bisher gehabt abwendig zu machen, demnach uns hierinnen merhe dann andere ein gut aufsehen zu haben gebühren will"[1]). Das divide et impera ist den Fürsten damals recht wohl geglückt. Indem sie den kühn aufflammenden Mut der Ritterschaft merklich abkühlten und die Einigung durch ihren Einfluß nicht allzu stark werden ließen, beseitigten sie damit noch eine andere ihnen drohende Gefahr, nämlich die Verbindung der fränkischen Ritterschaft mit Sickingen. Zweifelsohne haben schon die adeligen Parteigänger und Beamten der Fürsten auf dem Rittertag in Schweinfurt gegen diese Verbindung gesprochen, und wenn auch aus bereits oben angegebenen Gründen die Führerschaft den Gedanken im Prinzip hat fallen lassen, so gab es sicher noch eine große Zahl, die gerne Sickingens Fahnen gefolgt wäre. Gerüchte hierüber drangen bis in den Palast des Pfalzgrafen. Schon vor dem Adelstage hatte er dem Bischof geschrieben, er möge seinen Einfluß aufwenden, solche „die sich Sickingen anhängig machen und wieder die Pfalz ziehen wollen, soviel als möglich abzuschaffen". Später schreibt er, daß er gehört habe, 400 Reiter aus Franken wollten einen „Strauf" in die Pfalz unternehmen. Es waren nur leere Gerüchte. Der letzte Versuch eine große, alle umfassende Einigung herzustellen war gescheitert; nur eine solche, welche sich dann einmütig für Sickingen erklärt hätte, konnte gefährlich werden. Die nun noch in der Ritterschaft vorhandene Begeisterung für den Rheinländer war zu wenig umfangreich, um noch eine Gefahr zu bedeuten. Die staatsmännische Klugheit der Fürsten hatte den Sieg davongetragen, nicht zum wenigsten auch dadurch, daß sie offenkundigen Rückhalt am schwäbischen Bunde gesucht und gefunden hatte. Der weitere Verlauf des Jahres zeitigte die völlige Niederlage der Ritterschaft. Nachdem im April 1523 Sickingens groß angelegte Pläne mit ihrem Urheber so tragisch zusammengebrochen waren, kam auch über den fränkischen Adel das Strafgericht. Der schwäbische Bund sagte seinen Rachezug gegen die Raubnester an. Noch einmal kam reges Leben in die Ritterschaft. Alles wandten die Führer auf, um den Zug zu verhindern. Bei den vielfachen Beratungen über die zu unternehmenden Schritte

---

[1]) Kreisarchiv Würzburg. Hoheitssachen 1379. Fasz. 78. Korrespondenz zwischen Bischof Conrad und Kurfürst Ludwig von der Pfalz betreffend Franz von Sickingen und die fränkische Ritterschaft. Im selben Faszikal auch die Grundlagen für die folgenden Ausführungen.

wird auch öfters Silvester von Schaumberg als Teilnehmer genannt. So ist er z. B. anwesend auf dem zweiten Ausschußtage in Bamberg am 26. März, desgleichen auf dem Adelstage der Mitte Mai ebenfalls in Bamberg stattfand. Hier war er beauftragt worden, mit Ritter Moritz Marschall und Fritz von Redwitz den Bischof von Würzburg durch persönliche Vorstellungen als Fürsprecher beim Bunde zu gewinnen. Der Auftrag wurde am 18. Mai auch ausgeführt; er hatte den Erfolg, daß der Bischof versprach, durch seinen Gesandten beim Bunde um Abwendung des Zuges zu wirken[1]. Aber alles half nichts, nicht einmal das persönliche

---

[1]) Das Credentzschreiben ebenso das Protokoll über die bischöfliche Audienz sind noch erhalten. Ersteres lautet:

„Ew. füstl. gnaden sindt vnser vnderthenig vnd ganz willig Dinst zuuor, gnediger Hre auß nottürftigen vrsachen Sindt wir bewegt, E. f. gn. zu ersuchen, haben derhalbem die gestrengen vnd Ernuesten Hrn Moritzen Marschalk, Ritter, Siluester von Schaumberg vnnd Fritzen vonn Redwitz, vnser Freundt zu E. f. gn. vff diese Credenntz abgefertigt, vnnser notdurft E. f. gn. anzuzeygenn mit vnderthenige vnd dinstliche bith, E. f. gn. wollen sie, obgemelte vnnsere freundt, gnediglich hören vnd jnen dißmals gleich ob wir sie zu gegen weren, glauben gebenn vnd mith gnediger Abfertigung ertzeygen . . . .

Geben vnter vnser dreyen jnsigel (nicht mehr vorhanden) sontag vocem jucunditatis ao 1523.

Aus dem langen Protokoll der feierlichen Audienz finde hier kurz folgendes Platz: Am Montag nach Exaudi 1523 sind Silvester von Schaumberg und Fritz von Redwitz zum Bischof gekommen; sie überreichten die Credentz, die hierauf verlesen wurde, dann nahm Silvester das Wort. Er entschuldigte den dritten der in der Credentz genannten Bevollmächtigten; Moritz Marschall sei unterwegs „schwach geworden" und hätte nicht mit gekonnt. Weil aber die Zeit dränge und die Sache wichtig sei, wären sie zu zweien gekommen. Nach dieser Einleitung überreichte Silvester die schriftlich abgefaßte Bitte der Ritterschaft, die gleichfalls verlesen wurde. Sie hat etwa folgenden Inhalt: Es sei dem Bischof nicht unbekannt, wie kürzlich zu conversionis Pauli die Ritterschaft sich verbunden hätte zu einem „erbaren aufrichtigen vertrag, damit frid, recht, aynigkeit erhalten wert, auch vilor loser mißpreuch, so bisher geübt, abgestellet werden und zur erhaltung der löblichen Fürstenthumb vnd Spital des Adels zu Francken." Auf diesem Tag hätte man beschlossen, obgenannte drei Edelleute bereits zum Bischof zu senden und ihm vorzutragen: „Nachdem der schwäbische Bund jetzt in kurzen Tagen vnd Zeit sich entschlossen habe, einen gewaltigen Zug nach Francken zu thun, auch etwan vill vom Adel vor sich erfordert, jetzt vnd nechst Dinstag nach Exaudi zu Nördlingen vor Hauptleuthen vnd Rethenn des Bunds zu erscheinen, daselbst sich auf anzeygenn zu purgiren . . ." sie bitten, der Bischof möge als Mitglied des Bundes seinen Einfluß aufbieten, daß der Zug unterbleibe. Gegen Verdächtige vom Adel solle man nach Ordnung und Recht des Reichs-Landfriedens verfahren. Zum Ueberfluß erböten sich die vom Adel bei Verdacht vor dem Würzburger Bischof, als einem

Erscheinen der Adelsführer Georg von Schaumberg, Ludwig von Hutten und Christoph Fuchs vor den Führern des Bundes in Nördlingen. Mitte Juni setzte sich die Expedition gegen Franken in Bewegung, und innerhalb eines Monats sanken einige zwanzig Burgen fränkischer Adelsfamilien unter den Feuergrüßen der mitgeführten Stücke zusammen. Die Betroffenen gehörten den Familien Rosenberg, Velberg, Aschhausen, Rüdt, Absberg, Thüngen, Sutzel, Aufseß, Giech, Guttenberg, Sparneck u. a. an, schaumbergischer Besitz war nicht dabei[1]. Ohne Widerstand zu leisten, nahm man die Demütigung hin. Aber der Schlag saß. Die Bewegung unter der Ritterschaft hatte ihren dämpfenden Wasserstrahl erhalten. Wohl glimmte es noch unter der Asche, die Führer kamen immer wieder zusammen, um zu retten, was noch zu retten war, auch hier war Silvester beteiligt, bis die Sturmflut des Frühjahrs 1525, der Bauernkrieg den letzten Funken verlöschte.

Ob man an dem Scheitern der ständischen Bewegung auch den Führern Schuld geben mußte? Wohl kaum! Sie hatten das unter den gegebenen Verhältnissen zu Erreichende auch wirklich erreicht. Es war ihnen gelungen, die Ritter-

---

fränkischen Fürsten, und seinem Domkapitel zur Verantwortung zu erscheinen; denn sollten diejenigen, so heißt es weiter, die sich dazu erbieten, vergewaltigt und solcher Heerzug vorgenommen werden, so würde der Unschuldige mit dem Schuldigen leiden müssen, und Landverderben und Leutesterben über sie kommen.

Der Bischof erbat sich Bedenkzeit für die Antwort, die er mit seinem Domkapitel beraten wolle. Nach Rücksprache mit Bamberg teilte er der Ritterschaft mit, daß er die Forderung des Bundes, etliche vom Adel sollten sich vor ihm purgieren, nicht als Unrecht empfinden könne, die Geforderten sollen sich nur verantworten. Zudem habe er erfahren, daß trotz der Einigung in Schweinfurt noch viel „gewerbs und reytenns ohn alle Scheu und unverhohlen" sei. Wäre das unterblieben, so hätte der Bund seine Absicht aufgegeben. Der Bischof habe indes seinem Agenten beim Bund in Nördlingen den ernstlichen Auftrag gegeben, bei den Vorständen des Bundes von einem Zug nach Franken abzuraten.

(Montag nach Trinit. 1523.)
(Kreisarch. Würzburg, Standbuch 469, S. 140 ff. . .)

[1]) Ausführlich berichtet über die vergeblichen Abwehrmaßregeln: Fellner a. a. O. S. 258 ff. Hier auch die eingehende Schilderung der versuchten Einigung des Adels von 1523 und die Mißerfolge; vgl. Kap. IV „Das Durchgreifen der Fürsten im Kampf um den Landfrieden." Ueber die Beziehungen des fränkischen Adels zu Sickingen vgl. Ulmann, Franz v. Sickingen S. 325 ff.; der Verlauf des Rachezuges seitens des schwäb. Bundes wird recht gut ersichtlich aus den 21 Urkunden, die K., Frhr. v. R. zusammengetragen hat in „der schwäb. Bund in Oberfranken oder der Fall des Hauses Sparneck 1523". Weimar 1859.

schaft für den Gedanken der Einigung und für Reformen zu gewinnen. Daß sie nicht imstande waren, die Begeisterung aufrechtzuerhalten und zu positiven Resultaten zu führen, lag nicht an ihnen; das lag, abgesehen von dem Gegendruck, den die Fürsten ausübten, an dem vielfachen Mangel idealer Anschauungen, an dem Fehlen alles Autoritätsgefühles, an dem Vorherrschen der Sonderinteressen. Von der tapferen und mühevollen Arbeit, welche die Führer leisteten, von ihrer Ausdauer, von ihrer Geduld, von ihrer ungewöhnlichen Opferwilligkeit und Selbstlosigkeit im Interesse des Standes fällt auch ein Strahl auf Silvester von Schaumberg. Wenn er der Sache nach auch zu den Unterliegenden gehören mußte, persönlich gehört er zu den Gewinnenden. Mutig ist er den mühseligen Weg mit den anderen, mit den Freunden gegangen, unermüdlich hat er ausgehalten, fest ist er eingetreten für die erkannten Ideale; als dieses Gebiet dann durch den Lauf der Dinge sich ihm zur Betätigung verschloß, suchte er sich ein anderes, dessen Türe er schon geöffnet hatte, — das Gebiet des religiösen Lebens, welches inzwischen Luther zubereitet hatte.

VI. Im Dienste der religiösen Idee und der Reformation.

Zu den Verhandlungsgegenständen der Rittertage, sowohl der Ausschüsse als der gemeinen Ritterschaft, war ständig wiederkehrend etwa seit den Jahren 1519/20 eine Sache hinzugekommen, welche geeignet war, die Gemüter in der Tiefe anzufassen und aufs heftigste zu erregen. Es war die durch Luthers Auftreten in den Vordergrund getretene religiöse Frage. Man würde sich aber vergebliche Arbeit machen, wenn man aus den Akten der ständischen Bewegung eine Darstellung der Anteilnahme der Ritterschaft an dieser wichtigsten Zeitfrage zu geben versuchte. Das Schweigen der Akten über diesen Gegenstand läßt sich nur aus der Vorsicht erklären, mit welcher man die schwierige Frage anfaßte. Ohne Zweifel hat man nie vergessen, daß die Mehrzahl der fränkischen Ritterschaft von den drei großen geistlichen Fürstentümern des Frankenlandes abhängig war. Und gerade zu der Zeit, in welcher das religiöse Interesse am lebhaftesten, sozusagen in der stärksten Gährung begriffen war, wehte in den beiden bedeutendsten Bistümern Frankens eine Luft, die für ein üppiges und rasches Aufblühen der neuen Lehre zu kalt und zu scharf war. So war also doppelte Vorsicht geboten. Die Forschungen über den Gegenstand lassen zur Zeit noch nicht eine bestimmte Abgrenzung des Umfanges erkennen, welchen die Anteilnahme der fränkischen Ritterschaft an der religiösen Bewegung angenommen hatte; es scheint sogar wahrscheinlich zu sein, daß, obwohl die Akten darüber noch nicht geschlossen sind, überhaupt keine ganz sicheren Resultate erzielt werden können. Als feststehende Tatsachen darf man gelten lassen erstlich: daß die fränkische Ritterschaft, soweit sie den Territorien der dem Luthertume sich zuneigenden Landesfürsten angehörte, also der coburgische und markgräfliche Adel, wohl vollzählig auf Seiten des Wittenberger Mönches sich gestellt hatte; zweitens: daß von dem noch übrigen Teile, der an Zahl jenem ersten Teil bedeutend überlegen war, sicher die große Mehrzahl Luther starke Sympathien entgegenbrachte. Ein Teil des Stiftsadels, besonders jener, der im direkten Dienste der geistlichen Fürsten stand, mußte aus Rücksicht auf die Bischöfe Zurückhaltung üben. Wahrscheinlich haben diejenigen recht, die meinen, daß man in jenem ziemlich umfangreichen, von nationalem Bewußtsein erfüllten Kreise der Ritterschaft, der anno 1519 sehr energisch die Wahl Karls V. zum Kaiser betrieben hatte, auch die Anhänger Luthers sehen dürfe, da ja auch dessen beginnender Kampf mit Rom eine starke nationale Seite besessen hat und den lauten Beifall der volksbewußt Fühlenden gefunden hatte[1]). Es wird dies derselbe Kreis gewesen sein, welcher der ständischen Einigung der Ritterschaft das beste Verständnis entgegengebracht und für dieses Ziel am meisten geleistet hat. Es kann doch kein Zufall sein, daß die Führer der Standesbewegung meist solche Männer sind, deren öffentliches und kraftvolles Eintreten für die Kirchenverbesserung bekannt ist, z. B. Moritz Marschall von Ostheim, Silvester von Schaumberg, Hans von Sternberg, Adam von Schaumberg, Ludwig von

---

[1]) Ulmann, Franz v. Sickingen S. 165. „Was sich so in der Opposition gegen Rom zusammenfand, waren im großen und ganzen dieselben populären Kreise, die sich begegneten in dem Bestreben, dem französischen Könige den Zugang zum Kaiserthrone zu verschließen."

Hutten, nicht zu vergessen Johann von Schwarzenberg und Graf Georg von Wertheim. Auch der Mann, der nach Schwarzenbergs Zurücktreten die Führung der fränkischen Ritterschaft in den Standesangelegenheiten übernommen hat, Georg von Schaumberg, ist sicher ein Parteigänger der evangelischen Lehre gewesen [1]). Um das große Interesse, welches der fränkische Adel an Luthers Auttreten genommen hat, zu erklären, liest man häufig, daß Ulrich von Hutten, also selbst ein Glied der fränkischen Ritterschaft, der Urheber dieses Interesses gewesen sei [2]). Dies wird indessen dem wirklichen Vorgange nicht entsprechen. Wenn von einem Einflusse Ulrichs von Hutten auf seine Standesgenossen in Franken die Rede sein kann, so könnte dies nur in nationaler Beziehung gewesen sein. Wahrscheinlich werden auch jene Kreise, die 1519 den Zug des schwäbischen Bundes gegen Herzog Ulrich von Württemberg, bei dem auch Hutten beteiligt war, mitgemacht haben, sich dem Zauber seiner hinreißenden Beredsamkeit nicht haben entziehen können. Religiöse Motive aber waren in jenen Tagen nicht der Gegenstand seiner Reden und Lieder; Huttens Beziehungen zu Luther und sein erst durch diese Beziehungen erwachtes religiöse Interesse datieren erst aus dem Winter 1519/20. Was bei dem Württemberger Unternehmen seine Muse begeisterte, war neben der Rache an Herzog Ulrich seine Feindschaft gegen Rom; das aber war nicht die Feindschaft der kirchlichen und religiösen Reformatoren, sondern die Feindschaft der deutschen Renaissance und des Humanismus gegen die viri obscuri, welche ja doch in der römischen Kurie den

---

[1]) Georg von Schaumberg, Ritter, und Clas von Heßberg, Mitverordnete zu Coburg, schreiben an Kurfürst Johann, daß ihr Vetter Wolf von Schaumberg (der bisher in bambergischen Diensten war), gern in sächsische Dienste treten möchte, da er bei keinem Fürsten sein möchte, „der wider das heilige Evangelium ist". Aus dem gleichen Grunde ist Georg wohl selbst am Abend seines Lebens aus den Aemtern desjenigen Hochstifts geschieden, dem er die Dienste fast zweier Jahrzehnte seines Lebens geweiht hatte. Er war 1525 noch Hauptmann zu Cronach, nun erscheint er 1526 als Beigeordneter des kurfürstlichen Statthalters der Pflege Coburg. Er hätte, wäre er nicht evangelisch gewesen, sicherlich auch nicht seine Ruhestätte in der Hauptkirche eines völlig evangelischen Ortes, Coburg, gefunden.
(Vgl. Haus- u. Staatsarchiv zu Coburg u. Grabplatte i. St. Moritz.)
[2]) Auch Buchwald, „Dr. Martin Luther" S. 165 hält Silvester von Schaumberg, ebenso wie Ulrich v. Hutten vom Humanismus beeinflußt. Die fränkische Ritterschaft hat nur einige wenige Mitglieder gehabt, die den Humanismus vertraten.

stärksten Rückhalt hatten. Wenn nun die fränkische Ritterschaft auch keiner zeitgenössischen Bewegung fremder und teilnahmloser gegenüberstand als eben dem Humanismus, so weckte doch dessen Ruf: „Kampf gegen Rom" verwandtschaftliche Gefühle. Der allgemeine Wunsch nach Emanzipation vom römischen Papste ward nicht zum wenigsten durch die Ritterschaft gestützt. Viele deutsche Edelleute· waren teils auf eigene Faust, teils im Gefolge der Kaiser und Fürsten auf deren Römerzügen selbst in Rom gewesen und wußten nichts Gutes zu erzählen von den dortigen Zuständen. Der Stolz des deutschen Kriegers hat es auch nie verstanden, daß das Oberhaupt des Reiches, der Kaiser, an Rang hinter einem Herrscher stehen sollte, dessen Reich und Macht nicht durchaus auf der guten Rüstung seiner Ritter und ihrer Tapferkeit beruhte. Wie sich tatsächlich bereits einzelne deutsche Fürsten in ihrem Territorium von fremder Bevormundung frei gemacht hatten[1]), so drängte auch ein Teil des deutschen Adels längst schon, aus der fremden Einflußsphäre herauszukommen. Diesem Teile mag die stolze Sprache Huttens mit ihrem ganzen Gedankenkreise willkommene Nahrung gegeben haben; mit einer Beeinflussung zugunsten einer Bewegung für Luther aber hat Hutten vor dem Jahre 1520 nichts zu tun. Wie kam aber nun die Ritterschaft zu ihrem doch bereits vor dem eben genannten Jahre deutlich spürbaren Interesse an dem Wittenberger? Es lassen sich hierfür keine anderen Faktoren nachweisen als jene allgemeinen, die im ganzen deutschen Volke das lebhafteste Interesse an Luthers Auftreten erweckten; vor allem der tief religiöse Sinn, der wie eine unterirdische Wasserader geheimnisvoll rauschend· durch das Herz des Volkes zog. Dieser religiöse Sinn war trotz der Feindschaft gegen die damalige Form des Christentums zweifellos auch im fränkischen Adel stark vorhanden. Er suchte auch Betätigung, mußte sich aber aus Mangel an neuen Formen immer noch in den althergebrachten Bahnen halten. Ende des 15. und Anfang des 16. Jahrhunderts werden z. B. auf vielen Burgen

---

[1]) v. Bezold, Geschichte der deutschen Reformation S. 88, berichtet, daß der Kurfürst von Brandenburg das Verfügungsrecht über die drei Landesbistümer hatte; desgl. war ein fürstliches Recht auf Klostervisitationen auch in Sachsen und Oesterreich. Schon Rudolf IV. von Oesterreich hatte gesagt: „In meinem Lande will ich Papst, Erzbischof, Bischof, Archidiakon und Dekan sein."

des Frankenlandes Kaplaneien eingerichtet und Vikare angestellt; auch die Seelmessen zugunsten verstorbener Verwandter nahmen wieder einen neuen Aufschwung, Gottesdienst und Gebrauch der Sakramente waren aufrichtiges Bedürfnis. So gerne man die alten Formen durchbrochen hätte, besaß man doch nichts, was man an die Stelle des Abzuschaffenden hätte setzen können. Auf die unsichtbaren Gnadengaben der Religion aber, welche die Kirche in alleiniger Verwaltung hatte, konnte man nicht verzichten. Das bewußt religiöse Individuum befand sich im ausgehenden Mittelalter in einer schmerzlichen Lage. Die fertigen Normen, welche den Glauben darstellten und welche die Kirche ihren Gliedern bot, waren nicht imstande, religiös zu befriedigen. Sie konnten jenen starken religiösen Besitz nicht ersetzen, welcher nur auf Grund persönlichen inneren Ringens erworben werden kann, der aber, wenn er einmal erworben ist, zur Zentrale des ganzen Daseins von selbst sich erhebt. So geht durch das Seelenleben der religiös Empfindenden ein Zug der Vereinsamung; sie sind innerlich selbständig genug, um das, was ihnen die Kirche bietet, als ungenügend abzulehnen, sie sind aber doch nicht stark genug, sich selber an Stelle des Unzureichenden ein neues Ideal zu schaffen, von dem vollkommene Befriedigung ausströmt. Den Weg, der die Seele aus der sie umgebenden Unbefriedigung zur Ruhe und Stille führte, finden, ihn selbst für sich einschlagen und ihn anderen Suchenden zeigen, das konnte eben doch nur das religiöse Genie, der Heros, auf welchen das deutsche Volk sehnsüchtig wartete. In der Wartezeit aber war das religiöse Individuum doch nicht ganz untätig. Aus dem Gefühle heraus, daß der Einzelne zur Ueberwindung der gewaltigen Hindernisse des unbefriedigten Seelenlebens zu schwach ist, wird jener genossenschaftliche Zug geboren, der außerhalb der Kirche stehend, aber von ihr geduldet, das Charakteristikum des religiösen Lebens im ausgehenden Mittelalter bildet. Dieser genossenschaftliche Zug äußerte sich im bürgerlichen Stand in den zahlreichen Fraternitäten und Sodalitäten, in der Ritterschaft in den verschiedenen religiösen Orden, wie Fürspänger, Agleiorden und andere[1]). Aber auch auf diesem

---

[1]) Man kann an den damaligen Verhältnissen kaum vorübergehen, ohne daß man nicht aufgefordert wird, für die Gegenwart die in die Augen springende Parallele zu ziehen. Auch hier eine starke Entkirchlichung, eine Unbefriedigung mit den Formen, die das kirchliche Leben und die

Boden erwuchs die innerliche Befriedigung nicht; es konnte sich ja auch nur darum handeln, die bisherigen Gebräuche der Kirche, Messe, Werkdienst, äußeren Kultus in anderer Weise zu betreiben. Ausgelebte Gebräuche werden auch durch intensivere Betreibung derselben nicht mehr lebensfähig gemacht; so mußte auch die Tendenz der Ritterorden, ob sie einst auch noch so verheißungsvoll eingesetzt hatte, wieder verflachen. Aus den Ritterorden, von denen man Belebung und Hebung des religiösen Lebens erwartet hatte, werden fast nichts anderes als Genossenschaften, die sich vor allem die Schaffung einer möglichst prunkvollen Beerdigung ihrer geschiedenen Mitglieder zur Aufgabe machten. Indem man in diesen religiösen Orden allzu großes Gewicht auf die Seelen der Toten legte, vergaß man die Sorge um die Seelen der Lebendigen. Auf diesem Wege gelangte man nicht zum Ziele. Die religiöse Frage blieb ungelöst, und doch war sie brennend, so brennend, daß die Führer der Ritterschaft im zweiten Jahrzehnt des 16. Jahrhunderts den Gedanken faßten, sie könnten sie mit den Standesinteressen des Adels verbinden und sie so für den Ritterstand einer gewissen Lösung entgegenführen. Jene Rittervereinigungen des Ortes Baunach von 1516 und Rhön-Werra von 1517, die, wie oben bereits geschildert, die sittliche Hebung des Standes ins Auge faßten, nahmen unter die Paragraphen des Statuts auch rein religiöse Angelegenheiten mit auf. Schon der Eingang ist in religiöse Form gekleidet „im Namen und ern der himmlischen untheilbarn Dreyheit, zu lob der hochgelobten Himmelkönigin Marie"; auf religiösen Ton ist dann auch das ganze Statut gestimmt. Der § 1 verpflichtet die Mitglieder zur Ausübung bestimmter kirchlicher Gebräuche; es heißt da: Ein jeder diesem Vertrag Verwandter soll alle Jahre einmal drei Messen, darunter ein gesungen Requiem, zu halten bestellen, zu Trost und Hilf aller Seelen derjenigen, so aus diesem Vertrage verstorben sind oder noch leben, um desto eher die göttliche Gnade und Leitung zu erlangen, daß

---

kirchliche Lehre bietet. Aber auch hier eine eben jetzt sich bemerkbar machende religiöse Grundstimmung, deren Kern das alte augustinische „Cupio Deum scire et animam" ist. Auch hier das Bestreben, durch Selbsthilfe zu dem zu kommen, was man in der Kirche nicht zu finden glaubt; auch der genossenschaftliche Zug, der sich im Aufblühen des Sektenwesens und innerhalb landeskirchlicher Grenzen in Konventikeln und Gemeinschaften sich äußert, ist leicht zu sehen.

unser Gesellschaft alle Zeit den rechten Weg der Ehrbarkeit suchen und die Finsternis der Bosheit fliehen möge. Derselbe religiöse Ernst spricht dann auch aus dem 6. Punkte der Satzungen: „Zum sechsten mahnen und bieten wir einem jedem diesem Vertrag verwandten bei der Ehre Gottes des Allmächtigen und unseres Schöpfers und unseres Erlösers, auch bei dem Heile seiner Seele, daß keiner den allerheiligsten Namen Gottes, noch die Menschheit Christi oder Marie, die Himmelkönigin und andern Heiligen mit Schwören oder sonst fürsätzlich lästern oder schmähen solle." So waren wenigstens einige, zunächst die naheliegenden Punkte herausgegriffen, durch deren Regelung man in das religiöse Leben der Einigungsmitglieder Ordnung bringen zu können glaubte. Jedenfalls geht aus dem Tone des ganzen Statuts das eine klar hervor, daß die Männer, welche sich in dieser Einigung zusammen fanden, wirklich religiösen Ernst besaßen und von dem besten Willen beseelt waren, aus sich selbst heraus dem oft und schmerzlich gefühlten Uebelstande religiöser Unzulänglichkeit abzuhelfen. Freilich handelt es sich hier auch nur um ein Probieren und Tasten. Daß dieses Bestreben nicht über die Grenzen eines Versuches hinauskam, lag daran, daß man auch hier wieder den eigentlichen Kern, auf den es ankam, übersah, nämlich die Einwirkung auf den inneren Menschen; die Korrektur der Außenseite konnte nicht genügen. Auch diese Arbeit bedurfte zur Inangriffnahme und Vollendung eine religiös schöpferische Kraft, zum mindesten eine Kraft, die stärker war als die des Ritterstandes. Doch immerhin! Bei den so gerichteten Gliedern des fränkischen Adels war der Boden für die künftige Saat bereitet. Er war gepflügt und geeggt und wartete des Samens. Als dann der Säemann über dies Land schritt und säete seinen Samen, nahm der Boden rasch und willig auf. So kam es, daß in der fränkischen Ritterschaft die Wittenberger Saat so schnell gedieh und rascher aufwuchs als sonst im Reiche. Die starke religiöse, aber nur gezwungen in den Bahnen der kirchlichen Frömmigkeit gehende Strömung in der Ritterschaft kann durch nichts schlagender bewiesen werden als durch die frühzeitige und entschiedene Stellungnahme für Luther. Man hat von gewisser Seite den Nachweis zu bringen versucht, daß der eigentliche Grund für die Hinneigung zu Luther nicht das religiöse Interesse gewesen sei, sondern vielmehr die bestimmte Erwartung, durch Luther und seine revolutionären Bestrebungen für den Ritterstand längst ersehnte Ziele zu erreichen, die nach dem gewönlichen Gange der Dinge vielleicht gar nicht, oder nicht so rasch zu erreichen gewesen seien[1]). Es mag sein, daß derartige Wünsche gehegt worden sind, vielleicht bei Sickingen; auch Ulrich von Hutten hatte, als er die Freundschaft Luthers suchte, sicher nicht bloß ideale Beweggründe. Es mag sein, daß auch die Führer der Ritterschaft in Franken den Gedanken erwogen haben, wie eine Verbindung mit Luther dem aufstrebenden Stande förderlich sein könnte. Sicher aber ist das eine, daß derartige Beweggründe für die Anfänge der Hinneigung zu Luther nicht maßgebend gewesen sind. Von politischen Nebenabsichten kann für das Verhalten der Ritterschaft in der Zeit vor dem Sommer 1520 nicht die Rede sein. Luther stand ja in dieser Zeit noch auf dem Boden der katholischen Kirche. Noch am 15. Juni 1520 empfiehlt er dem Pfarrer von Eilenburg, Georg Kunzelt, der sich an ihn gewandt hatte, um über die Art der Predigtanfänge und -schlüsse etwas zu erfahren, er solle nach dem Anrufen der göttlichen Gnade ein inniges „Ave Maria" beten, wie er, — Luther, — es selber tue. Das Band mit der Kirche, welches auch äußerlich noch nicht gelöst war, bestand auch noch innerlich. Wie weit es in jenen Tagen in der Tat schon gelockert war, wußten doch wohl nur er und seine intimsten Freunde, vor allen Spalatin, mit dem er die geheimsten Gedanken austauschte. Dieser engste Kreis ahnte wohl den bevorstehenden Bruch, mußte ihn ahnen aus der Richtung, in die Luther getrieben wurde und die aus seinen kampfbereiten Aeußerungen ersichtlich wurde. In der zweiten Hälfte des Februar 1520 hatte er an Spalatin auf dessen beschwichtigende Mahnungen geschrieben: „Ich beschwöre Dich, wenn Du über das Evangelium die richtige Meinung besitzest, doch ja nicht glauben zu wollen, daß der Fortschritt dieser Sache ohne Aufregung, Aerger und Aufruhr bewirkt werden könne. Du wirst aus dem Schwerte keine Feder, aus dem Kriege keinen Frieden machen können. Das Wort Gottes ist ein

---

[1]) So macht z. B. Raab, in Geschichte der Pfarrei Rattelsdorf im 30. Bericht des histor. Ver. Bamberg § 50: „Das Verhalten der Adligen" den Geschlechtern des Itz- u. Baunachgrundes direkt zum Vorwurf, daß „sie in der Reformation eine Förderung ihrer Standesinteressen erkannten."

Schwert, ist Krieg, Umsturz, Aergernis, Verderben und Gift; wie ein Bär auf dem Felde, wie eine Löwin im Walde wird es nach Amos Worten den Kindern Ephraim begegnen", und im selben Briefe „ich habe nichts vor, es ist aber einer, der hat etwas vor"[1]). Hier gab es keinen Zweifel mehr, daß Luther einen Bruch nicht scheute; er sah den kommenden Sturm. Aber was dann aus der Sache wurde, ob dem, der sie bewegte, zum Segen oder zum Fluche, wer hätte das voraus ahnen können? Von den Freunden niemand; höchstens er selbst. Menschen, die von der Wahrheit und der inneren Berechtigung ihrer Sache voll durchdrungen sind, besitzen eine stolze Zuversicht, einen festen Glauben an den künftigen Sieg. Und daß das so ist, ist wahrhaftig gut, sonst würde es immer an jener Festigkeit fehlen, die allein imstande ist, ein großes Werk anzufangen und siegreich durchzuführen. Aber wenn auch der Heros selbst vom Siege seiner Sache überzeugt ist, ganz und an Zweifeln restlos wird er nur selten seine Freunde zu derselben sieghaften Zuversicht bringen können. Das ist ja natürlich. Auch Spalatin war immer noch voll von Bedenklichkeiten und Befürchtungen für seinen Freund. Draußen im Reiche wußte man noch viel weniger, wie sich die Dinge entwickeln würden und was aus ihnen werden könnte. Seit der Leipziger Disputation galt zwar Luther allgemein als Feind des Papstes, und er hatte auch nichts getan, was der öffentlichen Meinung widersprochen hätte; er wollte nicht anders scheinen als er war. Die Kluft zwischen ihm und dem Papsttum war vorhanden, ja sie war durch die von Hutten neu herausgegebene Schrift des Laurentius Valla über die erdichtete Schenkung Konstantins, welche ihm im Februar in die Hände kam, noch erweitert worden. „Ich bin so in Angst", schrieb er, „daß ich beinahe nicht mehr zweifle, der Papst sei recht eigentlich jener Antichrist, den die Welt erwartet. So sehr paßt alles, was er lebt, tut, spricht und beschließt." Mochte immerhin etwas von diesen Herzensmeinungen, in die er Spalatin schauen läßt, in die große Oeffentlichkeit hinausgedrungen sein, so viel wußte man im Volke, daß

---

[1]) Enders, Dr. Martin Luthers Briefwechsel II. S. 327 (in No. 273). Brief Luthers an Spalatin, bald nach dem 18. Febr. 1520; vergleiche auch Berbig „Georg Spalatin und sein Verhältnis zu Luther bis 1525" S. 100 f. Der Brief, besonders obige Stellen bedeuten allerdings, wie Berbig sagt, ein „ganzes Programm".

Luther noch auf dem Boden der Kirche stand und daß er sich bemühte, seinen Streit gegen das Oberhaupt der Kirche nicht mit einem Streite gegen die Kirche selbst identifizieren zu lassen[1]). Gewiß, die Anzeichen waren vorhanden, daß aus der Wittenberger Bewegung ein Sturm werden könnte, der reinigend durch Deutschland fuhr und alle, die des römischen Dienstes längst überdrüssig geworden, vom lang getragenen Joche frei zu machen imstande war. Daneben aber wußte man auch, daß es keine stärkere Burg in der Welt gäbe, als eben dieses Rom. Größere hatten vergeblich versucht, seine Pforten zu sprengen. Wer konnte denn wissen, wie die Sache ausging? Ebensogut konnte es geschehen, daß der Mönch von Wittenberg nach seinem kühnen Ansturm abfiel und müde wurde und, wie schon ein Mächtigerer vor ihm, als Büßender zu den Fenstern der Gnade sein pater peccavi rief, oder daß man die freiheitlichen Gelüste mit Flammen und Rauch des Scheiterhaufens dämpfte — alter Gewohnheit nach. Bei dem völligen Mangel an Garantien für einen glücklichen Ausgang der Wittenberger Bewegung war an eine politische Ausnutzung derselben zunächst nicht zu denken. Die Popularität, die Luther besaß, erlaubte es wohl, günstige Schlüsse für den Fortgang seiner Sache zu ziehen, aber auf Volksgefühle hin eine ernsthafte Sache unternehmen, bleibt immer eine gewagte Sache. Man weiß nichts von ihrem eigentlichen Umfange, von ihrer Tiefe, von ihrer Dauer. Solange sich ein klarer Ueberblick über die Entscheidung der Geister, ob für oder wider, nicht tun ließ, war eine offizielle Parteinahme mit allen ihren Schlüssen für politische Beziehungen etwas Abenteuerliches und konnte sehr zur Diskreditierung des ganzen Standes führen. Das schloß natürlich nicht aus, daß man in Ritterkreisen privatim sich sehr für die Sache begeisterte. Diese Begeisterung entstand aber wahrlich aus anderen Ursachen als aus politischen Rücksichten. Einer, der gegen Rom zu Felde zog, konnte in den national gesinnten Ritterkreisen von vornherein auf

---

[1]) Enders a. a. O. II. No. 274. S. 332. Luther an Spalatin vom 24. Februar 1520. Sogar in dem Sermon von den guten Werken, der letzten Schrift vor den drei großen Reformationswerken, hält Luther noch an der Kirche fest und verlangt ausdrücklich, daß man ihr gehorsam sein und sie Recht haben lassen müsse in allen Dingen, die nicht wider die ersten drei Gebote streiten.

Beifall rechnen. Und doch wäre es einem Ulrich von Hutten, dessen zweite Natur der Kampf gegen Rom war und dem es wahrlich nicht an Mitteln fehlte, für diesen Kampf zu entflammen, wohl kaum gelungen, seine fränkischen Landsleute für diesen Kampf zu begeistern. Wenn es aber Luther gelang, so mußte bei ihm doch noch etwas anderes mitgeholfen haben, und zwar etwas, was sie in der Tiefe anfaßte und was alle anging; und das kann nichts anderes gewesen sein als jenes religiöse Interesse, dem wir in diesem Kreise bereits schon begegnet sind. Man trug sich mit starken Hoffnungen, daß von Wittenberg aus doch endlich der Seele die lang ersehnten Wege zur inneren Ruhe gewiesen werden könnten. Ueber das Wie machte man sich keine Gedanken.

Silvester von Schaumberg gehörte dem religiös interessierten Kreise der Ritterschaft an; war er doch einst von jener Rittereinigung 1517 zu einem der Räte gewählt worden, die zur sittlichen und religiösen Hebung des Standes gegründet worden war. Er war eine ernste, religiöse Natur; aus der Burdianschen Fehde liegt dafür ein klares Zeugnis vor. Burdian hat damals über Silvester geschrieben, daß er einen gekannt habe, der um einer Geschichte willen so starke Reue empfunden hätte, daß er um seine Seligkeit ganz verzweifelt gewesen wäre. Seine Frömmigkeit bewegte sich aber durchaus in den Bahnen des Althergebrachten; Messe und Kultus mußten ihn befriedigen. Daneben aber zeigt sich doch schon ein Bestreben, sich von den Autoritäten der Kirche loszumachen. Er sieht es nicht für eine Sünde an, einen Bischof zu bekämpfen und die Untertanen eines geistlichen Stiftes, mit dem er in Fehde liegt, scharf anzufassen. Der Papst aber genoß aus bekannten Gründen, wie wir gesehen haben, in den Kreisen, in denen Silvester verkehrte, längst nicht mehr die Achtung, welche die Glieder der Kirche ihrer ersten Autorität schuldig gewesen wären. An Silvester ist klar erkennbar, daß ein Teil der Ritterschaft sich nur an die Gnadengüter der Kirche hielt, nicht aber an die Personen und Autoritäten, welche die Kirche darzustellen vermeinten. Auf diese Gnadengüter hat er solange nicht verzichtet, bis er etwas Wertvolleres an ihre Stelle setzen konnte. Es war ihm ernst gewesen, als er mitgewirkt hatte, die Schäden seines Standes durch eine Selbstreformation von Religion und Sittlichkeit zu heben. Daß trotz seines Bestrebens, den religiösen Forderungen der Kirche nachzukommen, etwas Unbefriedigtes durch seine Seele zog, wird doch schon durch die Existenz des Briefes bewiesen, den er an Luther geschrieben hatte. Wie aber kam er dazu, diesen Brief zu schreiben? Die stark religiösen Töne, die durch die Schriften und Sendschreiben des kühnen Mönches klangen, trafen auf verwandte Saiten in seiner Brust; dazu die imponierende Sprache und die kraftvolle, furchtlose Art seines Auftretens, die ihm von vornherein die Sympathien aller ritterlich Gesinnten verschaffen mußte. Und wenn nicht aller Anschein trog, blieb es diesmal nicht bloß beim sehnsuchtsvollen Ahnen; schon waren einige reelle religiöse Werte geschaffen, die für den weiteren Fortgang gute Aussicht boten. Man durfte Hoffnung haben und war doch auch nicht ohne tiefe Besorgnis. Man kannte die Macht Roms und man wußte, wie verhaßt eine Gestalt wie Luther, die festen Schrittes eigene Wege ging, allen kirchlichen Kreisen sein mußte. Daß man von hier aus alles versuchen würde, ihn abzuschütteln, war klar. Das beste Mittel dazu war, den Kurfürst, in dessen Land er wohnte, an dessen Hochschule er lehrte, scharf zu machen. Friedrich der Weise galt als guter Sohn der Kirche. Bei der letzten Kaiserwahl war ein heller Strahl päpstlicher Gunst auf ihn gefallen. Leo X. hatte, als er mit der von ihm unterstützten Kandidatur des französischen Königs nicht durchdringen konnte, allen Ernstes den Wettiner für die Wahl empfohlen. Es wäre kein Wunder gewesen, wenn Friedrich sich jetzt für die widerfahrene Ehre doch noch erkenntlich gezeigt hätte durch Luthers Preisgabe, die so oft schon von ihm gefordert worden war. Fast schien es, als sollte die Sache eine solche Wendung nehmen. Tolle Gerüchte drangen durchs Land. Luther sei nicht mehr in Wittenberg sicher; die Böhmen hätten ihn eingeladen und er sei geneigt, dieser Einladung Folge zu leisten. Daran knüpften sich die unglaublichsten Mitteilungen, er sei in Prag geboren, sei von Haus aus Hussit und in der Lehre Wikleffs erzogen. Auch daß man seinem Leben nachstellte, wurde von Haus zu Haus getragen. Wenn nur die Hälfte von allem wahr gewesen wäre, was man sich erzählte, dann war die Gefahr für Luther groß. Es schien eine Zeitlang, als könnte wirklich der Mann, auf den so große Hoffnungen gesetzt waren, verloren gehen, wenigstens für Deutschland verloren gehen. Ob man dagegen gar nichts tun könnte? Wie man wohl den Mann seinem Lande erhalten könnte? Das waren wohl die Fragen, die damals in vielen Kreisen erwogen wurden. Einige haben Antwort darauf gefunden; im Frankenlande Silvester von Schaumberg. Sein lebhaftes Temperament, seine tapfere, entschlossene Art, sein ritterlicher Sinn gestatteten ihm nicht, ruhig zuzusehen, wie das Volk um eine reiche Hoffnung betrogen werden sollte. Es zwang ihn, hier einzugreifen und eine bessere Wendung mit herbeiführen zu helfen. Er wandte sich direkt an Luther und bot dem scheinbar Gefährdeten seinen und seiner Freunde Schutz an. Es bot sich damals gerade eine gute Gelegenheit, ihm das sagen zu lassen. Sein ältester Sohn Ambros[1]) war im Begriffe, die Universität zu beziehen. Wittenberg war in Mode, es hatte in den Maitagen einen starken Zustrom von Studenten. Wie stark Luthers Ansehen bei Silvester war, kann man daraus ersehen, daß auch er Wittenberg zum Orte des Studiums für den Sohn wählte. Er sandte ihn mit Empfehlungen an Melanchthon. Bei dieser Gelegenheit gab er dem Begleiter seines Sohnes einen mündlichen Auftrag für Luther mit. Der Reformator berichtet uns selbst darüber in einem Briefe an Spalatin[2]). Diese Botschaft muß Luther also wichtiger als die Fülle gewöhnlicher Tagesereignisse gewesen sein, sonst hätte er dem Freunde nicht besondere Mitteilung darüber gemacht. Die Stelle lautet: „Habui ante biduum nuntium ex Sylvestro de Schawenberg, nobili Franco, cujus et filiolum hic Philippo commendavit, promittente securam tutelam, si quoquo modo Princeps mei causa periclitaretur." Die Botschaft, die nur eine mündliche gewesen sein kann, da sie sonst den später folgenden Brief überflüssig gemacht hätte, enthielt das Anerbieten Silvesters, Luther einen sicheren Zufluchtsort in Franken zu verschaffen, wenn er sich in Wittenberg nicht mehr ganz sicher fühlen sollte. Sie blieb nicht ohne Eindruck auf den Reformator, wenn er auch nicht daran dachte, das Anerbieten anzunehmen. „Quod ut non contemno," fügte er seiner Mitteilung an Spalatin hinzu, „ita nolo nisi Christi protectore niti, qui forte et hunc ei spiritum dedit" — Wenn ich das auch nicht gering anschlage, so will ich mich doch auf

---

[1]) Album Witeberg. S. 93 die Matrikeln der Universität haben folgenden Eintrag: Ambrosius de Schauberg, Herbipol: dioc. 10. Maii 1520.
[2]) Enders a. a. O. No. 305. S. 402 Brief vom 13. Mai 1520, letzter Absatz.

keines anderen als auf Christi Schutz verlassen, der sicher
jenem Manne seinen tapferen Geist eingab." Sei es
nun, daß die Gerüchte über die Gefährlichkeit der Lage
Luthers zunahmen, sei es, daß Silvester und sein Freundeskreis der Meinung waren, daß man das bereits mündlich
gemachte Anerbieten in die gehörige Form einer regel-
rechten, verbindlichen Einladung kleiden müsse, kurz,
Silvester ließ der mündlichen Botschaft wenige Wochen
später noch einen Brief folgen, in welchem er sein Anerbieten begründete und dringend wiederholte. Daß die
mündliche der schriftlichen Botschaft vorausging, ist wichtig
zur Beurteilung des Briefes. Wir dürfen dann in diesem Briefe
nicht nur ein warmherziges Gelegenheitsschreiben, ein
Produkt des Augenblickes sehen, sondern eine wohler-
wogene, vorbereitete Handlung, welche das letzte Glied
einer Kette von Erwägungen, von Beratungen und Verhandlungen bildete. Es ist selbstverständlich, daß ein ein-
facher Edelmann, der noch dazu mitten in einem katholischen Stiftslande wohnte, nicht auf eigene Faust das
ernstgemeinte Anerbieten machen konnte, einem von der
Kirche verfolgten und von den Fürsten preisgegebenen
Mann eine sichere Zufluchtsstätte zu bieten. Er konnte
dies nur tun, wenn er einer großen Zahl Gleichgesinnter
völlig sicher war, ja mehr noch, wenn ein größerer Kreis
an der Sache interessierter Menschen ihn zum Herold seiner
Wünsche und Gedanken bestimmt hatte. Eine offizielle
Einladung seitens des Ritterstandes brachte der Brief nicht;
man sieht ihm an, daß absichtlich das Offizielle vermieden
ist, und doch liest man aus dem zuversichtlichen und selbst-
bewußten Ernst, auf den der Brief gestimmt ist, daß hier
nicht bloß ein einzelner spricht, sondern daß das Anerbieten über den Rahmen einer Privatsache hinausgeht.
Wenn dem so ist, so verliert doch Silvester von Schaumberg gar nichts hierdurch. Gerade der Umstand, daß er
der Wortführer ist, zeigt doch auch, daß niemand anders
als er die Seele jener Bewegung gewesen ist, der Treiber,
der die alle bewegenden und beunruhigenden Gedanken, so
gut und so tapfer, als es gehen mochte, mit seinem Briefe,
zur Ruhe zu bringen verstand. Wir dürfen aber wohl den
Brief Silvesters an Luther dann auch nicht bloß als einen
Spiegel seiner eigenen Seelenverfassung in jenen Tagen ansehen, sondern er ist uns eines der wenigen, aber darum
um so wichtigeren Dokumente über den Geist, der einen

großen Teil des fränkischen Adels beseelte [1]), und über das Verhalten, welches man in jenem Kreise Luther gegenüber beobachtete. Doch vergegenwärtigen wir uns den Brief selbst. Er lautet [2]):

„Dem hochgelahrten und geistlichen Herrn Martin Luther, Lehrer der heiligen Schrift, Augustiner Ordens zu Wittenberg, meinem besonderen lieben Herrn und Freunde.

Mein unbekannte Dienst und Freundschaft zuvor, hochgelahrter, besonder, lieber Herr und Freund! Mich hat angelangt von vielen Personen, die dennoch auch gelahrt und der Lernung angehängt haben, daß euer Lehre und Meinung auf die heilige, göttliche Schrift gegründet sein soll, dagegen doch abgünstige und neidische Personen, belästigt mit Geizigkeit, welche zu Abgötterei dienstlich ist, zuwider haben sollet. Und wiewohl ihr euer Wohlmeinung unterlasset und untergebet, durch ein gemein christenlich Berufung oder sonst unverdächtiger, verständiger frommer Männer Recht sprechen scheiden zu lassen, sollet ihr doch darüber Gefahr euers Leibes gewarten, und geursacht werden, euch zu frembden Nation und besondern zu den Behmen zu thun, die da geistlicher, eigenwaltiger Zwäng nicht hoch achten.

Ich bitte aber und ermahne euch in Gott dem Herrn: obgleich churfürstenlich, fürstenlich oder ander Obrigkeit sich euer äußern, eher und lieber eigenwaltig, geistlich Zwäng wider euch ungehorsamlich leben wollten, daß ihr auch solch Abweichen und Abfallen nicht bekümmern lassen, noch zu den Böhmen begeben wollet, bei denen etliche Hochgelahrte in Vorzeiten merkliche Verweise und Aergerung erlangt, und also Ungnade gehäuft und gemehrt

---

[1]) Vgl. hierzu auch: Lotz, „Der fränk. Adel u. die Reformation" in Zeitschrift f. luth. Theol. u. Kirche 1868. S. 465.

[2]) Der Wortlaut ist nach Enders gegeben, a. a. O. S. 415. No. 313. Im Original scheint er nicht mehr zu existieren. Der erstmalige Druck erfolgte im Ergänzungsband zu Luthers Werken 1564 ed. per. Aurifabrum. Bd. I. Fol. 26b. mit der Randbemerkung: Silvesters von Schaumberg Schrift an D. Martin Luther ist zuvor nicht gedruckt gewesen; auch in der Altenburger Ausgabe I. 549 ist er zu finden, desgl. in der Leipziger Ausgabe. XVII. 380; bei Walch XV. 1942; Münch, Sickingen I. 72, wie Enders angibt. Gedruckt ist ferner der Brief bei Lotz, „Pfarrei Mupperg" neu herausgegeben von Adolf Joch S. 131 und Gust. Lotz, „Der fränkische Adel und dessen Einfluß auf die Verbreitung der Reformation in den Orten seiner Herrschaft", in Zeitschrift für die gesamte luth. Theol. und Kirche. 29. Jahrg., 1868 S. 465.

haben. Denn ich und sonst, meines Versehens, hundert vom Adel, die ich (ob Gott will!) aufbringen will, euch redlich zu halten und gegen euern Widerwärtigen vor Gefahr schützen wollen, so lang bis eure Wohlmeinung durch gemeine christenliche Berufung und Versammlung oder unverdächtige, verständige Rechtsprecher unwidertrieben und unwiderlegt, und ihr besser unterricht würdet, wie ihr euch aus vorigem Grund der Submission selbs gefriedet habet. Das Alles hab ich euch, als dem ich mit unbekannten Diensten und Freundschaft gewilliget bin, nicht bergen noch unverkündiget lassen wollen, sich deßhalb zu getrösten.

Datum Montag nach Corporis Christi anno 1520.

Silvester von Schaumberg zu Munerstad[1]).

Der Brief bedarf des Kommentars; sein Schreiber war nicht ein Mann der Feder, der Ausdruck seiner Gedanken hat ihm selbst Schwierigkeiten gemacht. Versuchen wir

---

[1]) Beiläufig sei bemerkt, daß die beiden Anmerkungen, die Enders über die Personalien bringt, nicht richtig sind, ein Beweis, daß es zur Richtigstellung schon aus kirchengeschichtlichem Interesse einer Forschung bedurfte. Die erste Anmerkung lautet: „Sylv. v. Schaumberg oder Schaumburg, Amtmann zu Münnerstadt (Landgericht Kissingen, damals hennebergisch), starb 1531. Er verbreitete daselbst die Reformation, die nach schweren Kämpfen Bischof Julius von Würzburg 1570 wieder austrieb". Die Anmerkung müßte in derselben Knappheit nach ihrer Richtigstellung lauten: „Silvester von Schaumberg zu Münnerstadt, wahrscheinlich um diese Zeit noch hennebergischer Amtmann daselbst (Münnerstadt, Bez. Amt Kissingen, damals halb würzburgisch, halb hennebergisch), starb 1534. Er verbreitete daselbst die Reformation, die Bischof Julius von Würzburg 1586 bis 1588 [er kam erst 1573 zur Regierung] unter schweren Kämpfen wieder austrieb". Auch die zweite Anmerkung bedarf der Richtigstellung. „Alle Adeligen des Itz- und Baunachgrundes traten bereits 1520 oder kurz darnach zur Reformation über; Schaumberg war selbst im Itzgrund, namentlich in Großheirath sehr begütert" (vgl. Raab, Gesch. der Pfarrei Rattelsdorf, im 30. Ber. d. hist. Ver. zu Bamberg S. 8) Der erste Satz ist zweifellos zu stark. Nicht von einem Uebertritt, wohl aber von Sympathien der Adeligen kann die Rede sein. Einen Uebertritt könnte man erst seit dem Jahre 1525 annehmen, denn aller Wahrscheinlichkeit nach ist dieses das Jahr, in welchem die Pflege Coburg wenigstens dem Papsttume, in diesem Falle dem Würzburger Bischof offizielle Absage gab. Ob es übrigens „alle" Adeligen gewesen, bedürfte noch des Nachweises, besonders für die Stiftsangesessenen des Itz- und Baunachgrundes. Der zweite Satz der Anmerkung läßt sich gleichfalls so, wie er dort steht, nicht erweisen. Daß Silvester im Itzgrund begütert war, d. h. hier im unteren Itzgrunde, konnte bisher nicht belegt werden; im oberen Itzgrunde bei Schalkau war er möglicherweise noch angesessen. Wenn Großheirat als sein Besitz wirklich in Betracht käme, worauf aber gar keine Spuren weisen, so könnte es sich nur um einzelne, wenige Güter, um Zinsen oder Gefälle handeln.

den Brief zu verdeutlichen! „Ich habe von vielen gelehrten und studierten Leuten in Erfahrung gebracht, daß Eure Anschauungen und Eure Lehre auf die heilige Schrift gegründet sind; daß Euch aber auch Gegner erwachsen sind, mißgünstige und neidische Personen, die mit einem ganz unchristlichen Geiz behaftet sind[1]). Und wiewohl Ihr Eure Lehre[2]) dem Entscheid eines allgemeinen Conzils oder eines Richter-Kollegiums von unbefangenen und frommen Leuten überlassen und unterstellen wollet, so soll doch für Euch Leibs- und Lebensgefahr bestehen, so daß Ihr veranlaßt würdet, Euch außer Landes, man sagt nach Böhmen, zu begeben, wo man nichts nach geistlichen, willkürlichen Fesseln fragt[3]).

Ich bitte Euch aber und beschwöre Euch bei Gott, dem Herrn: Ob auch gleich Kurfürsten, Fürsten oder andere Obrigkeiten sich Eurer entledigen würden und sich lieber in die alten geistlichen Fesseln, die doch willkürlich sind, — Euren Mahnungen zum Trotz —[4]) wieder fügen wollen, daß ihr Euch solch ein Abweichen und Abfallen nicht bekümmern laßt; auch nicht zu den Böhmen gehet, bei denen einige hochgelehrte Leute vor Zeiten sich befunden haben, die bekanntes Aergernis erregt haben und dadurch sich Abneigung und Mißgunst zugezogen haben[5]). Denn ich, und

---

[1]) Geiz war einer jener Fehler, den man in ganz besonderer Weise dem Klerus vorwarf. Nic. von Clemangis sagt von den Kardinälen „ihre Habsucht sei unbeschreiblich, sie besäßen oft 400—500 Pfründen etc. . . . (Heller, Reformationsgesch. von Bamberg S. 158.) Derselbe Vorwurf findet sich z. B. auch mehrmals in Adam von Schaumbergs „Leienspiegll". Auch Luther hat Neid und Geiz des öfteren zum Gegenstand seiner Mahnungen gemacht; z. B. predigt er darüber 1518 auf der Reise nach Augsburg in Weimar vor Kurfürst Friedrich; er zielte damit speziell und ausdrücklich auf die Bischöfe hin (vgl. Köstlin „Martin Luther" I. S. 214 f.). Es hat übrigens den Anschein, als spräche aus der obigen Briefstelle der Ruf, den Luthers damaliger Hauptgegner, Dr. Eck, genoß.

[2]) Der Ausdruck „Wohlmeinung" steht auch sonst synonym für Lehre; z. B. Berbig a. a O. S. 93.

[3]) Wohl: sich von dem Zwang des Papsttums freigemacht hat". Lotz, in „Adel u. Reformation" S. 473 kommentiert ebenso.

[4]) Dieser Satz ist im Original wohl, wie folgt, zu lesen: Ich bitte euch etc.: „Ob gleich churfürstenlich, fürstenlich, oder ander Obrigkeit sich eurer [ent]äußern, eher und lieber eigenwaltig[en], geistlich[en] Zwäng[en] [gemäß], — wider euch ungehorsamlich —, leben wollten, etc. etc."

[5]) Die Stelle geht auf Huß und Hieronymus. Die positiven Einflüsse von Huß' Lehre waren in Deutschland nur in einzelnen Gegenden stärker; in den Kreisen der Ritterschaft wurden sie aus nationalen und kirchlichen Gründen abgelehnt. Die gewaltigen Kämpfe mit den Hussiten, bei denen nicht selten die Blüte der Ritterschaft auf dem Felde blieb, haftete durch

mit mir mindestens hundert Edelleute, soviel ich sehe, die ich mir mit Gotteshilfe aufzubringen zutraue zu Eurem redlichen Schutz, wir wollen Euch gegen Eure Widersacher vor Gefahren schützen, bis Eure Lehre durch ein allgemeines Conzil oder durch unverdächtige Richter entweder als unwiderleglich festgestellt ist, oder Ihr eines besseren belehrt werdet, wie ihrs selbst auf Grund eben angebotener Unterwerfung zufrieden sein wollet[1]).

Das wollte ich Euch, dem ich, — zwar unbekannterweise, — in freundlichen Diensten ergeben bin, nicht verhehlen, damit Ihr getrost sein könnt."

Es hätte wahrhaftig nicht erst des vorher versuchten Nachweises bedurft, daß die fränkische Ritterschaft um 1520 aus keinem anderen, als aus religiösem Grunde eine sympathische Stellung zu Luther einnahm, denn dieser Brief hier bringt allein schon den Nachweis. Er redet für sich selber; er ist ein Dokument für das Vorhandensein starker religiöser Stimmungen. Aus dem ernsten, ruhigen Inhalt heraus klingen Töne kaum verhaltener Sehnsucht nach

---

Generationen hindurch im Adel. Schon darum werden die fränkischen Edelleute ihren Einfluß aufgeboten haben, Luther von den Böhmen abzuhalten; sie mochten sichs wohl denken, wenn er seine Sache mit hussitischen Lehren vermischt, so wird er wohl für Deutschland verloren sein.

[1]) Der Gedanke, den Streit zwischen Wittenberg nnd Rom durch ein Konzil entscheiden zu lassen, war in Deutschland sehr populär. Aleander schreibt selbst nach Rom: Neun Zehntel von Deutschland schreien „Luther", und das übrige Zehntel wenigstens „Tod dem römischen Hofe" und jedermann verlangt und schreit nach einem Konzil (vgl. von Bezold a. a. O. S. 314). Luther selbst war dem Gedanken nahe getreten. Im „Sermon von den guten Werken" hat er zwar ein Konzil nicht als stark genug angesehen, die Reform ins Werk zu setzen, „denn wir haben viele Concilia gehabt, wo solches vorgewandt ist, nämlich zu Kostnitz, Basel und das letzte römische; es ist aber nichts ausgerichtet und immer ärger geworden. Auch sind solche Concilia nichts nutz, weil die römische Weisheit den Fund erdacht hat, daß zuvor die Könige und Fürsten sich vereidigen müssen, sie bleiben und haben zu lassen, wie sie sind und was sie haben. Also ist ein Riegel vorgesteckt, mit sich aller Reformation zu erwehren". Diese Meinung Luthers war aber zur Zeit, da Silvesters Brief ausging, noch nicht bekannt, denn der „Sermon" ist erst am 8. Juni aus der Presse gekommen. Aber bekannt war im ganzen Lande sein häufiges Erbieten, sich eines besseren belehren zu lassen. Was er am 4. Februar an Kurfürst Albrecht von Mainz schrieb: „Cur non me docent meliora? cur non ostendunt errorem? Cur prius apud magnates damnant, quam convincunt? praesertim cum pollicear toties, me auditurum meliora, cum tam paratus sim cedere sensu meo ... tausendmal hab ichs versprochen, daß ich mich überzeugen lasse und dann bereit bin, meine Meinung fallen zu lassen", das ging in ähnlichen Tonarten durchs ganze Land und vermehrte Luthers Ansehen beim Volk. Man sah, daß der Mann seine Sache auf Billigkeit gestellt hatte und nichts Ungewöhnliches verlangte.

Besserung, großen Vertrauens auf Luther und unverhohlener Besorgnis, daß das verheißungsvoll begonnene Werk durch die Machenschaften der Gegner erfolglos wieder in den Sand verrinnen könnte. Etwas Warmherziges und wirklich Teilnahmvolles spricht aus allen Zeilen; man sieht es ihnen an, daß des Schreibers Herz bei seinem Briefe war. Was daneben den Eindruck des Schreibens noch erhöhen mußte, war die gemessene, besonnene Art, die ohne Ueberschwang im Tone, ohne Uebertreibung in der Sache, ihre Anerbietungen ruhig und sicher machte. Man vergleiche hierzu den pathetischen Ton, den Huttens Einladungsschreiben an Luther aufweist, welches ungefähr aus den gleichen Tagen stammt. Hier in dem Silvesterbriefe redet kein Stürmer, den die Begeisterung des Augenblicks zu poetischen Stimmungen hinreißt; hier redet ein Mann, der weiß, was er will, ein Mann, der nicht zuviel verspricht, sondern einer, der sich der großen Verantwortlichkeit bewußt ist, die er mit seiner Einladung an Luther auf seine Schultern genommen hat. Aber ebendiese gerade, ungekünstelte Schlichtheit mußte beim Briefempfänger das Gefühl hervorrufen, daß es sich hier um ein ehrliches, durchaus solides, vollständig ernst zu nehmendes Anerbieten handelte. Eine ruhige Zuversichtlichkeit hat immer etwas Bestrickendes und Ansteckendes. Sie hat auch auf Luther ihren Eindruck nicht verfehlt. Was neben diesen Zügen noch für die Kenntnis des Charakters des Briefschreibers wesentlich erscheint, ist die wirklich ritterliche Gesinnung, die aus dem Briefe spricht. Der sich seiner Stärke bewußte Mann, — unbeschadet ob diese Stärke auch nur eine vermeintliche gewesen wäre, — kann es nicht mit ansehen, wie der Schwächere, der Bedrohte, allmählich niedergeworfen wird. Er muß vor ihn hintreten, ihn mit seinem Schilde zu decken und sein gutes blitzendes Schwert dem Feinde zu zeigen. Und hinter seinem eigenen stand noch manch anderes ritterliche Schwert zum Schutze bereit. Ich sagte schon, daß der Brief als ein Dokument für die Gesinnung und das Verhalten eines guten Teiles der fränkischen Ritterschaft anzusehen sei. Wenn Silvester, wie er es doch mit dem Briefe tut, sich in die Welthändel, also in jene Angelegenheiten, welche Völker bewegen, einmischte, so besaß er, der Mann, der mitten im Leben stand, doch genug staatsmännische Einsicht, um zu wissen, daß das für ihn und seine Standesgenossen eine sehr verantwortungsvolle Sache sein konnte. Wenn er darum von hundert Gesinnungsgenossen spricht, auf die er sich verlassen könnte, so hat er ohne Zweifel gewußt, — und wer hätte es denn besser wissen können als der Mann, der unter seinen Standesgenossen eine so hervorragende Rolle spielte und teilnahm an allem, was sie bewegte! — daß von der Rhön bis zum Fichtelgebirge sich mehr denn hundert starke adelige Schlösser dem Schutz suchenden, heimatlosen Manne auftun würden. Er hätte mehr denn hundert im Frankenlande hell klingende Namen von Rittern und Edelknechten aufzuzählen gewußt, die mit bewährtem Schwert das von ihrem Vertrauensmann und Wortführer gegebene Versprechen einzulösen bereit waren.

Verweilen wir aber doch noch einige Augenblicke bei dem Briefe selbst, um aus ihm den Stand der Sache Luthers und ihre Auffassung in der Ritterschaft in jenen Tagen kennen zu lernen. Zunächst spricht die hohe Achtung vor der Person und dem Werke des werdenden Reformators aus diesem Briefe. Der Edelmann sieht diesen Bettelmönch sich völlig gleichberechtigt an. Von gönnerhafter Herablassung ist hier keine Spur zu bemerken; Silvester schreibt: „meinem besondern lieben Herrn und Freunde", „dem ich mit unbekannten Diensten und Freundschaft gewilligt bin", das ist durchaus der Ton, in welchem die Edelleute unter sich verkehrten, es ist sogar der höfliche und verbindliche Ton, mit dem man sich an fürstliche Beamte, Kanzler und Räte wandte, um durch sie etwas zu erreichen. Man sieht aus der unzweifelhaft ehrerbietigen Art, mit welcher der Edelmann sich an den Wittenberger wendet, daß um jene Zeit schon Luthers Person von seiner Sache getragen wurde. Die Achtung, die aus Silvesters Worten spricht, ist in der Tat nicht bloß die Achtung des Ungelehrten vor der Wissenschaft und Gelehrsamkeit, sondern die Achtung vor der Geistesgröße. Mit einem wesentlichen Stützpunkt dieses großen Ansehens, welches Luther genoß, werden wir dann auch im Briefe selbst noch bekannt gemacht. Es ist der Umstand, daß Luthers Neuerungen in den Augen des Volkes gar keine Neuerungen waren, sondern in der heiligen Schrift Grund und Ursache hatten. Offenbar war in jenen Tagen die Kontroverse zwischen Tradition und heiliger Schrift lebhaft erörtert und bereits vom Volke zugunsten der heiligen Schrift entschieden worden. Klar geht weiter aus dem Briefe hervor, daß man damals

Luther als noch auf dem Boden der Kirche stehend ansah; noch ist kein Bruch erfolgt, der Riß aber, der vorhanden ist, ist doch nicht derart, daß er nicht noch zu überbrücken wäre. Ein Schiedsgericht aus unverdächtigen Männern, oder auch ein ökumenisches Konzil schien dem Volke dasjenige Mittel zu sein, welches die Einheit der Kirche hätte aufrecht erhalten können. Wichtig ist, daß man zweifelsohne den Papst und die hohen Würdenträger nicht als diejenigen Richter anzuerkennen zu dürfen vermeinte, welche in der schwebenden Sache hätten Recht sprechen können; gerade im Gegenteil: um Luther und seine Sache bewegungsfrei zu erhalten, durfte man sie nicht schutzlos Rom preisgeben. Sie Rom preisgeben, hieße, sie ewig verstummen machen. Dies wollte die Ritterschaft verhindern, sie wollte sich und Luther eine rechtliche, gesetzliche Beurteilung seiner Sache garantieren, damit alle über die schwebenden Streitfragen zur Klarheit und Ruhe kämen. Wie hoch sie Luthers Sache dabei einschätzten, beweist dann der Umstand noch, daß sie das letzte und allerhöchste Tribunal in Glaubenssachen, das ökumenische Konzil, als eine durchaus nicht zu hohe Instanz ansehen. Alles in allem ein Brief, der in die Zustände und Stimmungen, wie sie in jener Zeit im fränkischen Adel herrschten, einen tiefen, nicht unwichtigen Blick tun läßt, ganz abgesehen von dem ehrenvollen Lichte, welches er auf den Briefschreiber selbst wirft.

Die Bedeutung des Briefes wird übrigens erst durch eine Betrachtung des Eindruckes, welchen er auf den Adressaten hervorgebracht hat, erschöpft. Und hier liegt die Sache so, daß man den Wert des Briefes durchaus nicht gering anschlagen darf. Allerdings muß man sich auch vor einer allzu starken Betonung desselben hüten, indem man, wie es geschehen ist, Folgerungen an ihn anknüpft, die der wirklichen Sachlage nicht entsprechen. Es ist zur richtigen Beurteilung nötig, daß man sich die innere und äußere Lage Luthers in der Zeit, da Silvester von Schaumberg mit ihm in Berührung steht, vergegenwärtigt. Das Jahr 1520 ist für Luther und die Reformation das allerwichtigste. Es ist das Jahr der großen innerlichen Entscheidungen, ob das begonnene Werk still liegen bleiben solle oder fortschreiten müßte im Sturm; ferner noch darüber, ob das Werk mit Rom erfolgen könnte oder gegen Rom erfolgen müßte. Die Entscheidung konnte natürlich bei einer solchen wichtigen und großen Sache nicht aus dem Augenblicke geboren sein, sie brauchte Monate zu ihrer Vorbereitung. Man muß die Korrespondenz Luthers mit Spalatin lesen, um den richtigen Eindruck über die fortlaufenden Stadien dieser inneren Entscheidungskämpfe zu gewinnen. Eine bessere, auf alle psychologischen Einzelheiten und Feinheiten eingehende Lutherbiographie für diese ungemein wichtigen Monate etwa vom Januar bis Juli dieses Jahres gibt es nicht als eben die Briefe, die Luther damals in ausgiebigster Zahl seinem Freunde und Fürsprecher am kurfürstlichen Hofe geschrieben hat[1]). Es ist ein gewaltiges Kämpfen und Drängen, welches um diese Zeit durch die Seele des Mannes zieht. Die Freunde raten zur Mäßigung und Ruhe, Spalatin fürchtet ernsthafte Verlegenheiten für ihn. Die Gegner waren mächtig an der Arbeit. Es war so, wie man im Volke fürchtete: man wollte ihn beim Kurfürsten unmöglich machen. Herzog Georg von Sachsen lag seinem Vetter an, endlich doch gegen die böhmische Ketzerei seines Professors vorzugehen, die im Sermon vom hochwürdigen Sakrament so offen zutage trat. Und zu den alten Gegnern traten neue; selbst der Meißner Bischof hatte gegen ihn zur Feder gegriffen. Die heftige Abfertigung, die ihm Luther als Antwort auf den Stolpener Zettel zuteil werden ließ, hatte wieder am kurfürstlichen Hofe peinliche Empfindungen hervorgerufen. Spalatin war in tausend Sorgen. Wenig erfreuliche Nachrichten kamen in dieser Zeit auch aus dem Süden. Eck war, um sich höchsten Ortes einen Jagdschein auf das Wittenberger Edelwild ausstellen zu lassen, nach Rom gereist uud hatte dort ausgezeichnete Aufnahme gefunden. Es schien, als ob er, ein zweiter Saulus, wirklich mit den weitgehendsten Vollmachten zur Bekämpfung des alten Gegners ausgerüstet nach Deutschland zurückkommen werde. So standen also auch hier neue Kämpfe bevor. Auch die Löwener und Kölner Theologen,

---

[1]) Diese Periode hat auch Berbig in „Georg Spalatin in seinem Verhältnis zu Luther" eingehend verarbeitet. — Wer die Darstellungen katholischer Geschichtsschreiber über diese gewaltigen Monate innerer Kämpfe liest, z. B. die Aufsätze eines ungen. Verf. in den histor.-polit. Blättern 1839 (Studien und Skizzen zur Schilderung der politischen Seite der Glaubensspaltung des 16. Jahrhunderts. III. „Luthers Verbindung mit der Reichsritterschaft" (der Verf. beschränkt sich bloß auf die Verbindung mit Hutten und Sickingen, Silvester ist nur gestreift) oder auch Jansen, Geschichte des deutschen Volkes, II. von S. 89 ab, kann sich nicht des Eindruckes erwehren, daß diese Geschichtsschreiber an dem wichtigsten Dokument zur Beurteilung Luthers achtlos vorübergegangen sind.

deren Urteil inzwischen zu Luthers Ungunsten ergangen war, mußten beantwortet werden. Neue Feinde traten auf den Plan in dem Franziskaner Alveld, hinter dem ganz Leipzig, und in Silvester Prierias, hinter dem ganz Rom stand. Also Kampf, wohin er sah. Zu diesem äußerlichen Wirrwarr stürmte auch innerlich noch manches auf ihn ein. Die Schrift des Laurentius Valla hatte ihm über die eigentliche Natur Roms vollends die Augen geöffnet; ... er fühlte es, daß eine unsichtbare Macht, er mochte wollen oder nicht, ihn hineintreibe in die bitterste Feindschaft mit Rom; aber noch hält er zurück, um das Aeußerste zu vermeiden. Auch andere innere Grundlagen, zwar schon erschüttert, stürzten in diesen Tagen zusammen, vor allem der Glaube an die Unfehlbarkeit der Konzilien. „Wir sind alle Hussiten, auch Paulus und Augustinus, ich weiß vor Staunen nicht was ich denken soll", schrieb er, „die offenbare evangelische Wahrheit ist vor 100 Jahren verbrannt worden". Noch tiefer in den Geist der Hußschen Lehre führte ihn ein damals erfolgter Neudruck von Huß' Schrift de ecclesia. Da fielen denn schon damals in seiner Seele die festen Mauern, eine nach der andern, mit denen Rom sich umgeben hatte. Huß ist ungerechterweise verbrannt worden, er ist kein Ketzer, er steht auf dem Boden der Schrift, folglich können die Konzilien irren. Der Beweis war geliefert. Wieder ein Beleg zu der Meinung, die sich ihm über Rom aufdrängte: Es sei der Antichrist. Auch starke, innerlich gefestigte Menschen, die gewaltige Stöße ohne Schaden vertragen können, werden doch nicht imstande sein, ganze Stücke ihrer geistigen Grundlagen herzugeben, ohne dabei aufs tiefste erschüttert zu werden. Man kann sich denken, daß Luther in jenen Tagen gewaltig kämpfen mußte, und zwar nicht bloß äußerlich, sondern auch innerlich, um das Gefallene auf andere Weise wieder zu ersetzen. Und bei diesem allen fehlte es auch nicht an kleinlichem Aerger und Sorgen: Geschäftsangelegenheiten der Universität, allzu großer Studentenandrang, die Teuerung in Wittenberg, die äußeren Verhältnisse naher Freunde, — alles hat er verarbeiten müssen, dazu noch Dinge, die ihn selbst angingen: Von allen Seiten kamen ihm schriftliche und mündliche Warnungen vor Meuchelmördern. Von befreundeter Seite kamen ihm um diese Zeit überhaupt viele Nachrichten; in demselben Maße, in dem die Feindschaftserweise wuchsen, nahmen auch die Freundschaftsbezeugungen, die Zustimmungs- und Ermunterungsschreiben zu. Er hatte eine starke Korrespondenz zu führen mit Böhmen, Basel, Paris, in die Nähe und in die Ferne. Und zu diesen mehr persönlichen Arbeiten kam endlich die ungemein fruchtbare schriftstellerische Tätigkeit, die er damals entfalten mußte. Im ersten Semester des Jahres 1520 hat er nicht weniger als 16 teilweise recht umfangreiche Schriften polemischer und erbaulicher Art ausgehen lassen.

Inmitten dieses gewaltigen inneren und äußeren Drängens, inmitten dieses Ansturmes von Freunden und Feinden sollte also die große Entscheidung fallen, ob die Zukunft mit oder gegen Rom fürs deutsche Volk erstehen werde. Sie fiel gegen Rom. Mit dem Worte: „Fahr hin, unseliges Rom" hatte er dem Papsttum für immer den Abschied gegeben. Mit dem Augenblicke, als er sich niedersetzte, um seine Schrift „An den christlichen Adel deutscher Nation" zu schreiben, war die endgültige Entscheidung gefallen.

Es war natürlich, daß man die Herausgabe dieser Schrift in erster Linie mit den Ermunterungsschreiben, welche Luther von Seiten der Ritterschaft in den Tagen der werdenden Entscheidung erhielt, in ursächliche Verbindung brachte. Man hat in diesen Briefen geradezu die Veranlassung zu der wichtigsten aller Reformationsschriften gesehen. Es sind auch Belege dafür vorhanden, daß Luther gerade die Zustimmungsäußerungen aus den Kreisen des Adels nicht gleichgültig aufnahm; irgendeinen Einfluß müssen sie auf den Reformator erzielt haben. Es hieße aber doch das Wesen Luthers verkennen, wenn man annehmen wollte, eine solche Schrift, die aus dem tiefsten Innern geboren wurde, zu deren Abfassung mit innerer Notwendigkeit nicht bloß die äußere Situation, sondern der ganze Gang der inneren Entwickelung Luthers drängte, die als Produkt monatelanger Kämpfe angesehen werden muß, — wenn man annehmen wollte, daß eine solche Schrift durch ein paar zufällige Briefe hervorgerufen sein könnte; dann müßte man annehmen, daß die Reformation überhaupt nur auf Aeußerlichkeiten und Zufälligkeiten beruhe. Der Nachweis wäre übrigens zu liefern, und teilweise ist er auch schon geliefert worden[1]), daß die Keime zu dem um-

---

[1]) Nämlich in der kritischen Einleitung zu der Schrift „an den Adel deutscher Nation", die sich in der Weimaraner Gesamtausgabe der Schriften Luthers findet, VI. Band S. 381.

stürzenden wieder neu aufbauenden Inhalte der Schrift „An den Adel" schon längst vorhanden waren, ehe Luther die Briefe der Ritterschaft erhielt, und daß bei der normalen Entwickelung der Gedankenreihen, die Luther in sich bewegte, eine solche Schrift wie die „An den Adel" notwendigerweise die Folge sein mußte. Sie war das Schlußglied einer Kette, die längst schon, — seit mindestens drei Jahren, — in Arbeit war. Freilich, daß Luther doch so rasch zur Entscheidung kam, und daß er diese Schrift, mit der die eigentliche Kirchentrennung beginnt, an die Adresse des deutschen Adels bestimmt hat, dazu haben sicher die Sympathiebeweise aus Ritterschaftskreisen mit beigetragen. Nicht aber der eigentliche Brief Silvesters, der scheidet wohl zur Beurteilung der Vorgeschichte der Schrift „An den Adel" aus. Er ist am 11. Juni geschrieben und hat sicher eine Zeitlang gebraucht, bis er in die Hände des Adressaten kam. Am 23. Juni aber war das Werk bereits handschriftlich vollendet und wanderte in die Presse. Doch kam es hier nicht so sehr auf den Brief selbst an, als vielmehr auf den Inhalt; und diesen hatte ja Silvester bereits am 11. Mai durch mündliche Botschaft dem Reformator übermittelt. Neben dieser Botschaft waren Einladungen gekommen, die Sickingen durch seinen Freund Hutten über Melanchthon an Luther hatte gelangen lassen. Sickingens Schutz war wirklich etwas. Er stand damals auf dem Gipfel seiner Macht; er war der „ungekrönte König am Rhein", der eben im Reuchlinschen Streite bewiesen hatte, daß sein Schwert auch im heißen Kampfe der Gelehrten eine starke Geltung besitze. Und nun noch Silvesters Botschaft, hinter der ein Teil der damals in großem Ansehen stehenden fränkischen Ritterschaft stand. Ohne Eindruck konnte das nicht bleiben. Es mußte Luther mit Befriedigung erfüllen, daß hochangesehene, maßgebende Kreise des Reiches teilnahmsvoll seine und seiner Sache Geschick verfolgten. Er aber bezog diese Befriedigung weniger auf seine Person, die er recht wenig für gefährdet ansah, als vielmehr auf seine Sache. „Wie ich dieses zwar nicht verachte," schrieb er auf Silvesters Botschaft an Spalatin, „so will ich mich doch auf niemandes Schutz

---

Die Annahme, daß vor allen Hutten der Veranlasser der Schrift „An den Adel" sei, vertritt besonders der Verfasser jener schon genannten Aufsätze in den histor. polit. Blättern 1830; auch Jansen betont die Einwirkung Huttens usw. allzu kräftig.

verlassen, als auf den des Heilands." Aber trotzdem mußte es ihm äußerst wertvoll sein, zu sehen, daß die Sache des Gottes Wortes an Boden wiederum gewonnen hatte; ja mehr noch: Die ihm aus diesem Kreise zugekommenen Beifallsäußerungen mußten wohl in ihm die Hoffnung erwecken, als ob vorzugsweise der deutsche Adel der Träger der künftigen Reformation werden könnte. Es war etwas ganz natürliches, daß der Gedanke an den Adel sich mit den Zukunftshoffnungen, die er in sich trug, verwob. So darf man gewiß annehmen, daß die Zustimmung aus Ritterschaftskreisen zur Beschleunigung der großen Entscheidung mit beigetragen hatte, und ebenso, daß sie der Faktor war, der im wesentlichen einer in nuce bereits vorhandenen Schrift die äußere Richtung gab und die ihr zu gebende Form bestimmte. Eine größere Bedeutung darf sowohl den Anerbieten Huttens und Sickingens als Schaumbergs in der Vorgeschichte der gewaltigen Reformationsschrift nicht zugelegt werden.

Der Brief Silvesters, den Luther allem Vermuten nach Anfang Juli bekommen hatte, sollte übrigens auch in der Folge noch eine gewisse Rolle spielen, welche dann Historiker aus allen Lagern veranlaßt hat, Rückschlüsse auf die damalige psychologische und ethische Beschaffenheit Luthers zu machen. Wir werden daran nicht vorüber können. Gerade in den ersten Julitagen waren am kurfürstlichen Hofe Briefe aus Rom eingetroffen und zwar von verschiedener Seite, vom sächischen Agenten an der Curie, Valentin von Teutleben, und vom Kardinal Raphael Petrucci, genannt H. Georgii. Beide Schreiben betonten in gleich ernster Weise die Gefahr, die durch Luther und Luther selbst drohe. Spalatin übersandte sie dem Freunde, sich dazu zu äußern. Luther tat es in zwei Briefen vom 9. und 10. Juli. Im letzteren weist er auf den Brief von Silvester hin und deutet an, daß man dieses Schreiben zur Deckung des Kurfürsten der Kurie gegenüber verwenden könne. Er schrieb: „Mitto litteras Franci Equitis Sylvestri Schauenbergensis et nisi molestum esset, vellem in literis Principis id subindicari Cardinali S. Georgii, ut scirent, etiamsi me pellerent diris suis e Vittenberga, nihil effecturos, nisi ut rem peiorem e mala reddant, quandoquidem jam non in Boemia, sed media quoque Germania sint, qui expulsum tueri possint et velint invitis ipsis contra omnia sua fulmina." Ein eingelegter Zettel nimmt dann denselben Gedanken wieder auf: Der Kurfürst solle nur sagen, daß Luthers Lehre durch ganz Deutschland gedrungen sei, ja sogar darüber hinausgewachsen, daß nur mit Vernunftgründen oder durch die heilige Schrift gegen sie anzukommen sei. Würde man Gewalt anwenden, so würde man höchstens aus Deutschland ein zweites Böhmen schaffen. Als trefflicher Beleg für die Tatsächlichkeit dieser Behauptung konnte in der Tat der Brief Silvesters gelten. Zweifelsohne hat er nicht bloß die Position des Kurfürsten der Kurie gegenüber, sondern auch die Position Luthers dem Kurfürsten gegenüber gestärkt. Auch weiterhin zeigt es sich, daß der Brief aus Franken in seiner ernsten und besonnenen Art Luther in diesen Tagen ein herzlicher Trost gewesen ist. Wie es für einen aufrichtig vorwärts strebenden Menschen gewissermaßen eine Lebensfrage ist, dann und wann ein Zeichen des Beifalles zu erhalten, es fehlt ihm sonst der Sporn für die weitere Arbeit, und wie jedem ernsten Streben diese Beifallsäußerungen Lichtpunkte der Freude sind, so bedurfte auch Luther ab und zu eines Beweises, daß sein Vorgehen von anderen Billigung finde. So war auch er erfreut über die erhaltenen Zeichen des Einverständnisses. Der Brief Silvesters war ihm immerhin so wertvoll, daß er ihn nicht gern hat missen wollen; drei Tage später fordert er ihn von Spalatin zurück, um ihn, wie er schreibt, auch den Freunden zum Lesen zu geben. Wenige Tage darauf hat er noch einmal Gelegenheit, auf den Brief zurückzukommen und sich über den Wert, den er für ihn hatte, bestimmt zu äußern. Es war bei Gelegenheit plötzlich entstandener Studentenunruhen in Wittenberg, über welche Luther in große Aufregung geriet. Er hatte scharf dagegen gepredigt, damit aber nur erreicht, daß der Groll der Studenten sich gegen ihn wandte. In einem Briefe an Spalatin teilt er dem Freunde seine Meinung über den bedenklichen Charakter der Bewegung mit. Dies war am 17. Juli. Am Ende dieses Briefes macht er einige Bemerkungen über persönliche Angelegenheiten und schließt dann: „Vale, et memor esto, oportere nos pro verbo pati. Quia enim jam securum me fecit Sylvester Schauenberg et Franciscus Siccingen ab hominum timore, succedere oportet daemonum quoque furorem; novissimus erit, cum mihi ipsi gravis ero. Sic est voluntas Dei. Die S. Alexii 1520." Die Worte „Weil mich denn Silvester von Schaumberg und Franz von Sickingen vor Menschenfurcht sicher gemacht haben, muß auch jetzt hier ein Wüten der Dämonen sein," gehören zu den umstrittenen; sie sind es vor allen, aus denen teilweise recht verletzende Rückschlüsse auf des Reformators Charakter, wie schon oben erwähnt, gezogen werden. Es wird sich daher nötig machen, kurz auf ihren Sinn einzugehen. Eine Parallelstelle, die im gleichen Zusammenhang zitiert wird, dürfte gleich hier ihren Platz finden. Am 3. August schreibt Luther dem Augustiner Johann Voigt in Magdeburg über den gegenwärtigen Stand seiner Angelegenheiten und sendet ihm dabei seinen Sermon von der Messe und Melanchthons positiones. In diesem kurzen Briefe befindet sich folgende Stelle: „Franciscus Sickingus per Huttenum promittit tutelam mihi contra omnes hostes. Idem facit Sylvester de Schauenberg cum nobilibus Franciscis, cujus literas pulchras habeo ad me. Nihil timemus amplius, sed jam edo librum vulgarem contra Papam de statu ecclesiae emendando: hic Papam acerrime tracto et quasi Antichristum." Zunächst geht aus beiden Stellen klar hervor, daß Luther auf den Silvesterbrief großen Wert gelegt hat, das spricht er ja hier unzweideutig aus „cujus literas pulchras habeo ad me". Es würde auch aus dem Umstande schon hervorgehen, daß Luther in diesen Tagen fast in jedem Briefe auf das Schreiben Silvesters zurückkommt. In der Zeit vom 10. Juli bis zum 3. August ist es in fünf Briefen erwähnt, zum Teil sehr eingehend. Es ist aber nun die Frage, welchen Wert dies Schreiben mit seinem Anerbieten für ihn hatte. Jene Gruppe von Geschichtsschreibern, die vom katholischen Standpunkt aus Reformationsgeschichte schreiben[1]), hat das Interesse, Luthers „Mut zu seinem kühnen, rücksichtslosen Auftreten" aus dem Verkehr mit der Ritterschaft herauswachsen zu lassen, ein Vorgang, der ihrer Meinung nach durch seine eigenen Aeußerungen — ebenjene beiden oben zitierten Bemerkungen über den Silvesterbrief, — belegt würde. Was damit bezweckt wird, würde man, wenn es nicht durchsichtig wäre, schon aus der mit bemerkenswerter Offenheit dargestellten Meinung

---

[1]) Nämlich der bereits mehrfach zitierte unbenannte Verfasser der Aufsätze „Studien und Skizzen zur Schilderung der polit. Seite der Glaubensspaltung des 16. Jahrhunderts in histor. polit. Blättern 1839 (Sechs Abteilungen); dann Kampschulte, die Universität Erfurt in ihrem Verhältnis zu dem Humanismus und der Reformation 1858—60; endlich Jansen a. a. O. II S. 100 ff.

jenes ungenannten Geschichtsschreibers in Görres' historisch politischen Blättern erkennen[1]), die dahin geht, daß zwar trotzige Kühnheit in Luther gelegen habe, daß sie meistens jedoch nur, wenn er seine Person in voller Sicherheit wußte, hervorgetreten sei. „Außerdem", heißt es weiter, „finden wir Züge in seinem Leben, die von einem bedeutenden Mangel an persönlichem Mut und einer ans Lächerliche streifenden Besorgnis um sein Leben unzweideutiges Zeugnis geben ....". Es liegt dieser Gruppe daran, Luthers persönlichen Mut und Initiative in dieser wichtigsten Reformationsperiode in Frage zu stellen. Er könne nichts anderes gewesen sein als nur das Produkt der Ritterschaft, vor allen Huttens. Die Lektüre allein der Korrespondenz Luthers mit Spalatin hätte eine solche Ansicht nicht aufkommen lassen können. Denn hier liest man fast in jedem Briefe, wie Luther in einer Zeit, wo er an der Ritterschaft noch keinen Rückhalt hatte, ohne alle Rücksicht auf seine eigene Person seine Wege geht. Nirgends vielleicht so sehr als hier tritt die Frage des besorgten und oft erschreckten Spalatin und der Freunde, was wohl aus ihm selber würde, so ganz für ihn in den Hintergrund. Eine persönliche Zukunft scheint für ihn monatelang gar nicht existiert zu haben. Was aus ihm selbst wird, ist für ihn nicht erörterungswert, alles ist an seiner Sache, am Wort Gottes, am Evangelium gelegen. „Gott reißt mich hin und Er mag zusehen, was Er durch mich wirkt. Ich bin gewiß, daß ich nichts von alledem gesucht und erstrebt habe; aber ich fühle, daß eine fremde Gewalt mich zwingt." Das sind seine Worte am 18. Februar auf die Warnungen Spalatins. In einem anderen Briefe, der wohl auch noch in den Februar fällt, heißt es: „Ich muß meine Sache Gott überlassen und mich treiben lassen, wie ein Schiff, das Wind und Wellen zum Spiele dient. Eins nur kann ich tun. Ich kann bitten, daß Gott mir gnädig sei! Mir ist zumute, als wär ich vor einem ungeheuren Sturm .... Aber was denn! Wie kann das Wort Gottes anders getrieben werden als durch Unruhe, Aufstand und Gefahr .... es ist Gotteskrieg! Vom Frieden kann nicht mehr die Rede sein." Wenn ein Mann zu einer Zeit, da er durchaus nicht des Schutzes seines Kurfürsten sicher war,

---

[1]) Histor. polit. Blätter 1839, 6. Aufsatz: Luthers Verbindung mit der Reichsritterschaft S. 474 ff.

und ehe sein Leben durch die Anerbietungen der Ritterschaft festeren Grund und Boden bekommen hatte, inmitten drohender Gefahren also sprechen kann, so bedarf es wohl kaum eines Nachweises mehr darüber, daß sein persönlicher Mut nur eine Quelle hatte — seine eigne Seele. Sickingen und Schaumberg haben ihm nicht erst etwas zu geben brauchen, was er nicht längst in reichem Maße besessen hätte. Von einem Mut „machen" kann hier nicht die Rede sein, wohl aber von einem „den Mut dichter und feuriger machen". Sprechen denn aber nicht gegen diese Auffassung Luthers eigene Worte, daß ihn Schaumberg und Sickingen von Menschenfurcht befreit hätten? Nur scheinbar. Zur Beurteilung dieser Briefstelle darf man nur nicht übersehen, jenen Unterschied zu machen, den Luther selbst in diesen Tagen stets gemacht hat, den Unterschied zwischen seiner Person und zwischen der Sache, die er vertrat. Es soll hier nicht in Abrede gestellt werden, daß man diese beiden Momente eigentlich gar nicht vollständig trennen kann; eine Menge unkontrollierbarer Einflüsse wird fortwährend von dem einen zum anderen überfließen. Darum wird es auch sicher sein, daß Luther durch die Anerbietungen der Ritterschaft hinsichtlich seiner eigenen Person eine gewisse Erleichterung empfunden haben wird. Er hätte ja nicht von Fleisch und Blut sein müssen, wenn sich nicht doch ab und zu der Gedanke an sein eigenes Schicksal in die Sorge um sein Werk gemischt hätte. Aber die Sorge um seine Person steht nicht im Vordergrund. Es sollte hier der Darstellung begegnet werden, als sei Luther durch Rücksicht auf seine eigene Person so niedergedrückt gewesen, daß es erst fremder Hilfe bedurft hätte, ihn wieder zu heben und vorwärts zu bringen. Gerade das scheint an Luther so groß, daß er seine eigene Person so ganz hinter seine Sache zurücktreten läßt. Was nun jene Briefstelle betrifft, „quia enim jam securum me fecit Sylvester Schauenberg et Franciscus Siccingen ab hominum timore", so ist zunächst darauf hinzuweisen, daß in dieser Anführung der Satz aus dem Zusammenhang herausgerissen ist; vervollständigt man das Bild, so ist das vor dem Satze stehende „vale, et memor esto, oportere nos pro verbo pati" mit hineinzunehmen. Damit ändert sich aber auch der Sinn, den man gewöhnlich der Stelle unterlegt. Luther ruft mit dem Abschiedsgruße Spalatin zu: „Vergiß nicht, daß wir für Gottes Wort zu leiden haben". Um das Wort Gottes trugen sie Besorgnis; sie fürchteten, daß das Evangelium unter der Feindschaft der Menschen zugrunde gehen könne. Von dieser Besorgnis haben Luther Silvester von Schaumberg und Franz von Sickingen befreit. Er ist guten Mutes für seine Sache, persönlich gehoben, wie von einem Drucke befreit, — und nun muß diese seine freie und frohe Stimmung durch das ärgerliche Gebaren der Studenten wieder gestört werden. — In ganz ähnlicher Weise wird auch jene andere Briefstelle vom 3. August zu erklären sein, da er an Johann Voigt schreibt: Nihil timemus amplius, „jetzt brauchen wir nichts weiter zu fürchten" — nämlich für das Gotteswort, da so mächtige und hochstehende Leute sich der Sache annehmen werden. Würde sich die hier geäußerte Besorgnis wirklich auf seine Person beziehen, dann würde aller Wahrscheinlichkeit auch nicht die erste Person pluralis, sondern wie im ganzen Brief die erste singularis gesetzt worden sein. Die Freude über den nun gesichert scheinenden Fortgang der Gottessache übte natürlich ihre Wirkung auf seine ganze Gemütsverfassung aus. Beruhigten Herzens und mit sorgenfreier Stirne kann er dem Kommenden entgegensehen. Aus diesem Gefühle heraus hat er denn auch verschiedenen Freunden Mitteilung von dem Briefe Silvesters gemacht; sie sollten daraus ersehen, daß die Sache des Evangeliums dadurch, daß sie in weiten Kreisen der Ritterschaft Verständnis gefunden hatte, um ein gut Stück vorgerückt sei. So schreibt er am 20. Juli auch in einem Brief an Wenzel Lück: „Dedit ad me literas Sylvester de Schauenberg, Franciae nobilis, rogans, ne in Bohemiam aut alio, sed ad se confugiam, si dirae Romanenses praevaluerint, pollicitus tutelam eximiam centenorum nobilium equitum Franciae. Itaque contemptus est furor Romanus tandem et Germanis. Idem fecit Franciscus Siccingerus." Wenn er um Darlegung seiner innerlichen und persönlichen Stellungnahme ersucht worden wäre, hätte er sicher nichts anderes hinzugefügt als jenes bereits angeführte, auf die erste Botschaft Silvesters an Spalatin geschriebene Wort: „Ich achte solchen Schutz nicht gering, stützen aber will ich mich für meine Person allein auf Christus[1]."

Fassen wir die Ergebnisse der Untersuchung über die Bedeutung dieses Briefes noch einmal zusammen: Der Brief

---

[1] Vergleiche hierzu die Ausführungen zu der Voruntersuchung der Schrift „An den Adel" in der Weimaraner Gesamtausgabe S. 382 ff.

Silvesters von Schaumberg kann nicht als eine der Veranlassungen angesehen werden, welche die Grundrichtung und den Inhalt der Reformationsschrift „An den Adel deutscher Nation von des christlichen Standes Besserung", herbeiführten, ebensowenig als der Einfluß Huttens. Wohl aber haben beide dem Reformator die Augen darüber geöffnet, daß im Ritterstande starke, sittlich ernste und zahlreiche Kräfte auf·die Mitwirkung an der Reformation begierig warteten. Und diese Erkenntnis Luthers hat dann die Ueberschrift geprägt „An den Adel deutscher Nation" und hat dem Reformator die Hoffnung gemacht, den deutschen Adel für die „Besserung des christlichen Standes" als Mitarbeiter zu gewinnen. Und ferner: Der Brief Silvesters kann ebensowenig wie der Einfluß Huttens als der Produzent, als die alleinige Ursache jener starken kampfes- und siegesfrohen Stimmung angesehen werden, die seit den Wintertagen 1520 an Luther zu bemerken ist und die im Sommer desselben Jahres zur endgültigen Trennung von Rom geführt hat. Wohl aber gehört der Brief zu den Faktoren, die Luther heiterer, fester und zuversichtlicher in den großen, gewaltigen und offenen Kampf mit Rom haben ziehen lassen. Zweifelsohne hat er in schweren, sorgenvollen Tagen dem Reformator einen wesentlichen Dienst geleistet, und alle jene, denen Luther als eine verehrungswürdige Größe erscheint, werden es dem fränkischen Rittersmanne Dank wissen, daß er eine so wackere Art fand, die den Wittenberger seinen schweren Weg leichter finden und zuversichtlicher und fröhlicher gehen ließ.

Silvester von Schaumberg gehört aber nicht bloß um dieses Briefes willen als handelnde Persönlichkeit in die Geschichte der Kirche. Der weitere Verlauf seines Lebens zeigt, daß die schriftliche Begegnung mit Luther für die künftige Gestaltung seiner religiösen Anschauung von durchschlagendem Einfluß war. Wie er selbst offen auf die Seite der Reformation tritt, so hat er auch daran gearbeitet, seinen Wirkungskreis dem Evangelium zu öffnen. Er gilt allgemein als der Reformator seines Amtsbezirkes Münnerstadt, und ebenso als der jenes Herrschaftsgebietes seiner Familie, das Münnerstadt benachbart war, — Thundorfs.

Persönlich scheint Silvester mit Luther nicht zusammengekommen zu sein. Kurze Zeit nachdem er den Brief geschrieben hatte, ist er in die Angelegenheiten des letzten

Hochmeisters verwickelt worden, von denen schon die Rede war. Wahrscheinlich ist er durch die Teilnahme an der preußischen Expedition, die ihn für längere Zeit seiner Heimat entführte, auch am Besuche des Reichstags zu Worms, auf dem ein großer Teil des fränkischen Adels versammelt war, verhindert worden, so daß ihm die beste Gelegenheit, Luther zu sehen und zu sprechen, genommen wurde. Ueber die späteren Jahre fehlen die Nachrichten. Man darf sich allerdings nun den Verlauf der reformatorischen Arbeit Silvesters nicht so vorstellen, als habe er nach seiner Rückkehr aus Preußen mit Hochdruck für Luther gearbeitet; ein solches Vorgehen wäre der Sachlage nach ganz unmöglich gewesen. Der Brief an Luther berechtigt auch gar nicht zu dieser Annahme; man bekommt darin nicht einen Draufgänger à la Hutten zu sehen, sondern einen ernsten, besonnenen Mann. Ja, der Brief weiß noch nicht einmal von einer bereits für Luther gefallenen Entscheidung der Ritterschaft oder Silvesters zu erzählen, sondern nur von dem Bestreben, für Luthers Sache einwandfreie Richter zu sichern. Lange war indes die Entscheidung für oder wider Luther nicht mehr hinauszuschieben. Mit dem Augenblick, als Luther sich für romfrei erklärte, waren auch die Angehörigen des Ritterstandes vor die Frage gestellt, ob auch sie mit Rom für immer brechen sollten. Diese Frage ist, wie schon eingangs dieses Abschnittes erwähnt ist, mit großer Vorsicht von den fränkischen Edelleuten, vor allen von dem Stiftsadel gelöst worden. Und diese Vorsicht war dringend geboten. Es war für die Verbreitung der Reformation in Franken ein schwerer Schlag, daß die beiden geistlichen Fürsten, welche man mit Recht ihrer ganzen Vergangenheit nach als Freunde der Kirchenverbesserung hatte ansehen dürfen, kurz nacheinander gerade in den Entscheidungsjahren starben, die Bischöfe von Würzburg und Bamberg, Lorenz von Bibra und Georg Schenk von Limpurg. Beide standen bei den Freunden der Reform in hohem Ansehen. Von Lorenz von Bibra erzählte man sich eine Anzahl hübscher Züge, die seine Neigung für die Kirchenverbesserung dartaten. So war er kein Freund des Klosterwesens; lieber half er die Töchter seines Stiftsadels ausstatten, damit sie heiraten konnten und vor dem Kloster verschont blieben[1]). Für die Jubelablässe der römischen Agen-

---

[1]) Die Antwort, die er einmal einem Stiftsadeligen gegeben hat, der nach alter Sitte seine Tochter dem Kloster übergeben wollte, soll gelautet

ten hatte er sein Bistum solange verschlossen, bis der Befehl des Erzbischofs von Mainz die Tore öffnete. Er war bekannt als ein Mann, der, selbst aus humanistischen Kreisen hervorgegangen, an seinem Hofe alles zur Pflege der alten Wissenschaften und schönen Künste tat. Mit Luther war er persönlich zusammengekommen. Als der Wittenberger Mönch zum Augustinerkonvent 1518 nach Heidelberg reiste, berührte er in den Apriltagen die bischöfliche Residenz. Bei dieser Gelegenheit ließ ihn der Bischof zu sich kommen und erwies ihm allerhand Freundlichkeiten. Der Eindruck, den die Persönlichkeit des in jenen Tagen schon durch ganz Deutschland berühmten Mannes auf den Bischof gemacht hat, spiegelt sich wieder in dem Passus eines Briefes, den er nicht lange vor seinem Tode dem ihm befreundeten Kurfürst Friedrich geschrieben hatte: „Ew. Liebden wolle ja den frommen Mann, Doctor Martinus, nicht wegziehen lassen, denn ihm geschähe Unrecht." So schien die Stimmung, die in den Tagen Lorenz von Bibras am Würzburger Hofe herrschte, für die großen Umänderungen, die sich anbahnten, recht günstig zu sein; man durfte hier für die Ausbreitung der Reformgedanken Großes erwarten. Das änderte sich aber bald. Lorenz von Bibra erlag am 7. Februar 1519 einer schmerzhaften Krankheit, an der er schon länger gelitten hatte. Wenige Tage später, am 15. Februar, traten die Kapitulare zur neuen Wahl zusammen. Wer der Mann sein würde, der den erledigten Bischofssitz und Herzogsstuhl besteigen würde, war nicht vorauszusehen. Um zwei Domherren gruppierte sich aber ein größerer Anhang. Die Anhänger der neuen, freieren Richtung wollten den ihrem Kreise angehörigen Jacob Fuchs den Aelteren als Bischof sehen, während die alte römische Partei Conrad von Thüngen den Vorzug gab. Der Unterschied der Richtungen dieser beiden, die sich in dieser Bischofswahl gegenüberstanden, muß übrigens nicht ein allzu scharfer gewesen sein, mindestens mußte die Persönlichkeit des Kandidaten der alten Richtung den Freunden der Reformpartei die Gewähr gegeben haben, daß auch von ihm Fortschritte im Sinne der Zeitströmung zu erwarten seien, denn man einigte sich vor dem Wahlakt

---

haben: „Gieb Deiner Tochter einen Mann, und schicke sie in kein Kloster; fehlt es Dir an Geld, sie auszusteuern, so will ich Dirs vorstrecken." (Heller, Reform.-Gesch. im Bistum Bamberg S. 48.)

auf die Person Conrads von Thüngen. In einstimmiger Wahl wurde er zum Bischof und Herzog in Franken erwählt. Der neue Herr stand gleichfalls dem Humanismus nicht ferne, seine Jugendjahre hatte er dem Studium der Alten gewidmet und war persönlich mit den ersten führenden Geistern in Berührung getreten, er stand auch mit Erasmus in Briefwechsel. Es war vorauszusehen, daß er ein gut Teil der Traditionen seines Vorgängers aufnehmen würde. Darum schien er auch den Gegnern eine genehme Persönlichkeit. Darin hatte man sich auch nicht getäuscht, als man meinte, er würde wohl, dem Zuge der Zeit nachgebend, Reformbestrebungen nicht abhold sein. 1521 und 1523 erließ er Statuten und Gebote zur Abstellung eingerissener Mißbräuche in der Geistlichkeit. In einem Punkte war er aber von seinem Vorgänger ganz verschieden, nämlich in der Stellung zu der Reform, die von Wittenberg ausging. Er war ein strenger Angehöriger der alten Richtung, das neue Wesen war ihm bitter verhaßt; er sah das Heil der Kirche in dem bleibenden Anschluß an Rom. Und wenn man sich vielleicht der Meinung hingegeben hatte, in ihm einen leicht zu behandelnden und lenkbaren Herrn zu bekommen, so hatte man sich ebenfalls gründlich getäuscht. Er war ein selbständiger und energischer Charakter. Die unbeugsame Festigkeit seines Wesens sollte niemand mehr zu spüren bekommen, als jene Angehörigen der neuen Lehre, die sich seinen Anordnungen nicht fügten. Freilich stärker als seine Kraft war der Strom der Zeit; auch dieser Wille erwies sich nicht als rettender Damm, die Flut von Wittenberg zurückzuhalten. Bischof Conrad III. hat in den 21 Jahren seiner Regierung viel Schweres erlebt; das Schwerste aber mag ihm wohl gewesen sein, daß sein Bistum, als er schied, wohl an die Hälfte evangelisch war[1]).

In Bamberg lagen um diese Zeit die Verhältnisse ganz ähnlich. Bischof Georg III. Schenk von Limpurg hatte durch die Wahl seiner Räte, eines Johann von Schwarzenberg und Georg von Schaumberg bewiesen, daß er dem Vordringen von Luthers Lehre keinen ernstlichen

---

[1]) Vergleiche hierzu Würzburger Chronik II. S. 9. Bischof Conrad III.; auch Keller, Geschichte des bischöfl. Münzwesens unter Conrad von Thüngen etc... in Archiv des histor Ver. f. Unterfranken 1850, 11. Jahrg. S. 125. Die Einleitung handelt über die Lebensumstände und den Charakter Conrads v. Thüngen.

Widerstand entgegenzusetzen gewillt war. Der Hof des fürstlichen Mäzens war der Sammelpunkt von Künstlern, Gelehrten und Humanisten. Hier gingen Leute aus und ein, die zu den entschiedensten Anhängern des Wittenberger Augustiners gehörten, so Albrecht Dürer, Crotus Rubianus und Ulrich von Hutten. Daß die evangelisch gesinnten Räte die milde, reformatorische Richtung des Bischofs ausnützten, war natürlich, geschah aber wohl mit seinem Einverständnis. Hier in Bamberg wurden die Schriften Luthers offen gedruckt und verkauft, evangelische Prediger durften ungestört im Sinne des Reformators predigen. Bezeichnend für den Geist, der in den letzten Regierungsjahren Bischof Georgs in Bamberg herrschte, war die Aufnahme, die Luthers alter Gegner, Dr. Eck, hier fand, als er in seiner Würde als päpstlicher Pronotar die Publikation der Bannbulle Luthers durchsetzen wollte. Es wurde ihm bedeutet, daß man die Bulle weder anerkennen noch veröffentlichen wolle. Unverrichteter Sache mußte er wieder abziehen[1]. Unter solchen Verhältnissen war es kein Wunder, wenn schon sehr frühzeitig die Bürgerschaft zu einer Entscheidung in der religiösen Frage kam, welche sich der neuen Lehre zuneigte. Als am 31. Mai 1522 Bischof Georg III. seine Augen schloß, soll mindestens die Hälfte seiner Untertanen offen für Luther gewesen sein. Aber auch hier änderte sich das Bild sehr rasch. Durch kluge Wahlpolitik kam ein Mann auf den Bischofsstuhl, mit dem, gerade wie in Würzburg, auch die Reformpartei auskommen zu können glaubte, Weigand von Redwitz. Auch dies erzeigte sich als ein Irrtum. Bischof Weigand erwies sich als ein ebenso starrer Gegner der

---

[1] Ueber die Zustände in Stadt und Bistum während der Reformationszeit gibt am besten Auskunft Heller, Reformationsgeschichte des ehemal. Bistums Bamberg 1825; siehe auch Pöhlmann, Geschichte von Küps S. 141 ff. Es ist Dr. Eck in Bamberg nicht gut ergangen, überall hat man ihn als lächerliche Person angesehen. Pirckheimers Eccius dedolatus hat ihn vollends um seinen Ruf gebracht. Ein Brief des Nürnberger Stadtschreibers und Vorkämpfers der Reformation Lazarus Spengler vom 20. Okt. 1520 an Willibald Pirckheimer sagt u. a.: alle weltlichen rette hielten ihn (Eck) für kein Theologum, sondern für einen losen man und narren, — es werde ein gespott aus Eckens Handlung zu Bamberg getrieben. Eucharius v. Rosenau, einer der Räte Bischof Georgs, soll nach diesem Briefe zu Eck gesagt haben, „er woll am Luther bis in sein Grab bleiben und solte er ine darüber moniren oder das mynste gegen in fürnemen, er sollte ime zu Ingoldstadt in seiner pfarrkirchen nit sicher sein."

Religionserneuerung wie sein Zeitgenosse auf dem Bischofsstuhl des heil. Kilian, nur daß ihm nicht jene rücksichtslose Festigkeit zu eigen war, die für die Regierungszeit Conrads III. von Würzburg charakteristisch war. Nachdem nach kurzem Schwanken die bisher führenden Männer am Bischofshofe, darunter Johann von Schwarzenberg, Georg von Schaumberg, Eucharius von Rosenau, den bischöflichen Hof in den Jahren 1524—26 verlassen hatten, war auch für die evangelischen Prediger Bambergs die Zeit gekommen. Der Bauernkrieg gab willkommenen Vorwand und die gedemütigte Bürgerschaft mußte es geschehen lassen, daß die Männer des Evangeliums, denen sie in vergangenen Tagen zugejubelt hatte, ein Ulrich Burkard, ein Johann Schwanhäuser, von dannen zogen. Nun ging der Bischof mit scharfen Maßregeln gegen die neue Lehre vor. Und doch konnte auch er es nicht hindern, daß bei seinem Tode 1556 wohl drei Vierteile seiner Untertanen sich für Luther entschieden hatten.

Das war also der Boden, auf welchem die reformfreundliche Partei der in den Hochstiften Frankens ansässigen Reichsritterschaft ihre Bestrebungen verwirklichen mußte. Daß hierbei, vor allem in Würzburg, wo der Scheiterhaufen zu den Waffen des Bischofs gehörte, äußerste Vorsicht geboten war, war klar. Wollte die Reichsritterschaft auf ihren in den Bistümern gelegenen Territorien etwas erreichen, so konnte das nur in der Stille geschehen. Aus diesem vorsichtigen Vorgehen erklärt es sich auch, daß über die Einführung und Fortschritte der Reformation sowohl in den ritterschaftlichen Gebieten als auch in den Amtsbezirken der Bistümer keine oder nur sehr dürftige aktenmäßige Nachrichten existieren. Man wird deshalb nur in seltenen Fällen den genauen Zeitpunkt des Beginnes der evangelischen Kirche in den einzelnen Orten und Gemeinden, die man später der Reformation zugetan findet, angeben können. Die entscheidenden Jahre für das Bistum Würzburg sind die Jahre 1521—1525. Vor dem Jahre 1520 kann man überhaupt nicht von einem Beginn der Reformation reden, höchstens von einer Parteinahme für Luther. Die Reformation kann doch nur von jenem Zeitpunkt an beginnen, von dem ab klare Richtlinien über die Zukunft gegeben waren. An solchen fehlte es gänzlich vor 1520. Selbstverständlich kannte man auch in diesem Zeitraume schon diejenigen

Punkte, die zu reformieren waren und arbeitete auch daran, aber die Reformgedanken waren sozusagen noch nicht organisiert. Dies war erst der Fall nach den drei großen Reformationsschriften des Jahres 1520, welche die allgemeine Richtung der werdenden Reformation angaben, als Luther an den einzelnen reformbedürftigen Punkten der Lehre und des Kultus dargelegt hatte, in welcher Weise auf dem Grunde der Schrift eine Abänderung und Verbesserung vor sich gehen könnte. Diese innere Organisationsarbeit der neuen Kirche fällt aber in die obengenannten Jahre 1521—1525. Nun waren greifbare Richtlinien vorhanden, auf deren Grund auch die Reformation in den einzelnen Orten und Territorien vor sich gehen konnte. So wurde dann auch das Jahr 1523 für die alte Lehre im Würzburger Hochstift verhängnisvoll. Von allen Seiten kamen die Hiobsbotschaften über den Abfall jener Gebiete, die zwar nicht der Landesherrschaft Würzburgs, wohl aber seiner geistlichen Aufsicht unterstellt waren. Zuerst fielen die sächsischen Landesteile im Coburger Gebiet ab. Hier war die Priesterschaft schon längst verdächtig, im Einverständnis mit Luther zu sein. Man wußte aber auch, daß Herzog Johann seine starke Hand über sie hielt. Einige Fälle offenen Ungehorsams waren bereits zu verzeichnen; die Priester machten keine Testamente mehr, vom Pfarrer von Heldburg war bekannt, daß er mit der Tochter eines Würzburger Bürgers, die mit ihm entflohen war, verheiratet sei. Man war in Würzburg auf alles gefaßt, waren doch schon zwei Jahre vorher ärgerliche Sachen vorgekommen, als die Bürger Coburgs die Publikation der Bannbulle gehindert hatten. Nun hatte die Priesterschaft Coburgs im Einverständnis mit den Bewohnern den Plan gefaßt, die Form des Gottesdienstes nach der lutherischen Messe zu gestalten. Als der Bischof dies verbot, versagte man den Gehorsam. Aehnliche Nachrichten kamen aus den Herrschaftsgebieten der Grafen von Wertheim und des Kurfürsten von der Pfalz; in den brandenburgischen Gebietsteilen, die unter der geistlichen Jurisdiktion Würzburgs standen, nahm Markgraf Casimir die Ordnung der religiösen Verhältnisse selbst in die Hand. Was aber noch bedenklicher schien, war der Umstand, daß selbst innerhalb der Landesgrenzen des Bistums der Geist der Neuerung starke Fortschritte machte. Selbst die Mauern altehrwürdiger Hochburgen der alten

Lehre wurden brüchig. Von den Aebten von Banz, Aurach, Steinach, Saltz, Birkenfeld, Ansbach und Kitzingen war es bekannt, daß sie sich gerne der bischöflichen Obrigkeit entschlagen hätten. Die jura episcopalia, d. h. die Hilfsgelder und Abgaben an Bischof und Kapitel waren aus diesen Gegenden schon lange nicht mehr eingegangen. Der Bischof arbeitete mit Hochdruck dagegen; erneut ließ er verschärfte Mandate für die Priesterschaft ergehen, selbst zwei seiner geistlichen Räte, die sich verheiratet hatten, entgingen seinen schweren Strafen nicht. Im gleichen Jahre berief er auch die Landstände, denen er, — insbesondere der Ritterschaft, — ernste Vorstellungen über die religiösen und kirchlichen Angelegenheiten machte und strengste Bestrafung für Zuwiderhandlungen seiner Gebote in Aussicht stellte. Mit großer Offenheit wandte die Ritterschaft ein, daß sie sich das Evangelium nicht unterdrücken lassen wollte; auch wies sie darauf hin, daß bei angewandter Strenge der kleine Mann erst recht der katholischen Sache entfremdet würde[1]. Ein weltliches Territorium in der Würzburger Nachbarschaft bildete in dieser Zeit allgemeinen Abfalles von Rom eine Ausnahme, und das war die Grafschaft Henneberg beider Linien, Schleusingen und Aschach-Römhild. Man hat sich hier erst spät entschließen können, dem allgemeinen Zuge der Zeit zu folgen und in Luthers Sinne zu reformieren. Henneberg hing mit stärkeren Banden als die übrigen Herrenhäuser Mitteldeutschlands an Rom. Kein Land in Franken, die Hochstifte mit eingeschlossen, war so stark mit Klöstern und Ordensniederlassungen durchsetzt, als das Land der Henneberger. In den Herrschaften, die etwa der Größe des heutigen Herzogtums Meiningen gleichkamen, gab es einige zwanzig Ordensniederlassungen, darunter Klöster von anerkannter Größe und Reichtum[2]. Es mochte wohl auch kaum noch eine Familie des deutschen

---

[1] Die kirchlichen Verhältnisse des Jahres 1523 in Würzburg sind verschiedenen Locaten des Würzburger Kreisarchivs entnommen. Eine eingehende neuere Beschreibung der Reformationsjahre im Würzburger Bistum scheint es nicht zu geben. Einschlägig zur Betrachtung der Verhältnisse ist Schornbaum, Reformationsgeschichte von Unterfranken S. 5 ff. und die bereits in Anm. 1 S. 164 genannten Werke. (In diesen Werken ist auch Rücksicht genommen auf die älteren Schriften von Gropp und Scharold.)

[2] Vgl. hierüber Germann, D. Joh. Forster, der hennebergische Reformator S. 393 f.

Hochadels existieren, die so viele geistliche Mitglieder aufzuweisen hatten, als die Hennebergs. Darin liegt denn auch der Grund, daß beide Linien, obwohl kurz vor ihrem Erlöschen mit kinderreichen Familien gesegnet, so rasch und unerwartet ausstarben. Beide Linien haben nachweislich die Reformation erst in den vierziger Jahren des 16. Jahrhunderts in ihren Landen eingeführt[1]). Graf Hermann, der langjährige Dienstherr Silvesters von Schaumberg, blieb bis zu seinem 1535 erfolgten Tode der alten Kirche ergeben. Wenn nun Münnerstadt, trotzdem die beiden Territorialherrn Würzburg und Henneberg der Reformation gegenüber sich ablehnend verhielten, schon frühzeitig in seiner Bürgerschaft einen starken lutherischen Anhang aufweist, so müssen andere Einflüsse vorhanden gewesen sein. Nach allgemeiner Ansicht darf man hierin das Werk Silvester von Schaumbergs sehen. Aktenmäßige Belege für seine reformatorische Tätigkeit lassen sich freilich nicht bringen; man hat es, wie oben schon gesagt, aus bestimmten Gründen absichtlich vermieden, mit solcher Tätigkeit an die Oeffentlichkeit zu treten. Deshalb konnten keine oder nur wenige Akten über die Vorgänge entstehen. Wer aber sollte oder könnte denn als Förderer der Reformation in diesem Landstriche in Betracht kommen, wenn nicht in erster Linie der Mann, dessen Leben in der Uebergangsperiode eng mit der Stadt verbunden ist und der notorisch, wie alle seine Vettern und Freunde, ein entschiedener Anhänger der Reformation gewesen war? Gewiß, offen konnte die Förderung der neuen Lehre nicht geschehen; beide Oberherren der Stadt waren ihr abgeneigt, wer aber konnte trotzdem bei vielen Gelegenheiten die ihm am Herzen liegende Sache begünstigen und vorwärtsbringen, wenn es nicht der Amtmann gekonnt hätte, der sich hier in freier Stellung, in den letzten Jahren fast in völliger Unabhängigkeit von seinem Herrn befand? Es wird also dabei bleiben dürfen, daß man nach wie vor Silvester von Schaumberg als Reformator Münnerstadts ansieht[2]). Es erübrigt sich

---

[1]) Vgl. Germann a. a. O. S. 421 ff. für Schleußingen und 439 ff. für Römhild.
[2]) Diese Meinung äußern auch: Germann a. a. O. S. 413. Er sagt: „In solchen Exclaven — wie Münnerstadt — taten die zugleich der freien Ritterschaft angehörigen herrschaftlichen Beamten vieles auf eigne Hand; in Münnerstadt und Umgegend gingen die Anfänge der evangelischen Bewegung weiter (als auf die Grafen Berthold und Albrecht) zurück, bis auf

noch die Frage, inwieweit denn wohl das Evangelium zu Lebzeiten Silvesters in Münnerstadt um sich gegriffen hat. Darüber liegen einige Angaben vor, so daß eine überschlägliche Berechnung angestellt werden kann. Zunächst einmal erst der Nachweis, daß Münnerstadt wirklich zu Anfang der dreißiger Jahre teilweise evangelisch war. Als in späteren Jahren Bischof Friedrich von Würzburg die Evangelischen in Münnerstadt bedrängte, beschwerte sich 1557 Gräfin Katharina von Stolberg, die Witwe Graf Albrechts von Henneberg-Schwarza, als Mitregentin über Münnerstadt über diese Bedrängung beim Kammergericht mit dem ausdrücklichen Zusatz, daß die evangelische Religion schon vor mehr als 20 Jahren dort eingeführt worden wäre. Dieses „vor mehr als 20 Jahren" führt aber unzweifelhaft in die Lebenszeit Silvesters. Man kann etwa sagen, daß um 1535 die evangelische Religion dort bereits festen Fuß gefaßt hatte. Die Vorarbeiten dazu fallen, da von einer plötzlichen Einführung der Reformation hier nicht die Rede sein kann, in die Tage, da Silvester dort lebte und sein Amt führte[1]). Eine genaue Berechnung über die Stärke der evangelisch gesinnten Bevölkerung läßt sich nicht anstellen. Lichtvoll für die religiösen Verhältnisse des Jahres 1525 sind die ersten Artikel, welche Rat und Bürgermeister aus den Wirren des Bauernkrieges an den Bischof schicken.

Sylvester von Schaumburg." Ebenso Reiniger: Münnerstadt und seine nächste Umgebung S. 171. „Zu Münnerstadt fand die Lehre des Martin Luther frühzeitig Anklang und Aufnahme. Sylvester von Schaumberg, Burggraf zu Thundorf, und vom Jahre 1526 bis zu seinem Todesjahre 1534 Amtmann zu Münnerstadt, trug unstreitig zur Verbreitung derselben vieles bei, obwohl er in die Hände seines Bischofs das Gelöbnis abgelegt hatte, die fürstlichen Gerechtsame auch in geistlichen Dingen zu handhaben." Am eingehendsten beschäftigt sich mit Silvester Schornbaum a. a. O. S. 122 ff. „ . . . so war Sylvester von Schaumburg — würzburgischer Amtmann zu Münnerstadt — (aber nicht, wie hier steht, zur Zeit des Auftretens Luthers, sondern erst später) einer der tätigsten, die durch Luther hervorgerufene Bewegung . . . möglichst zu fördern". und „unter dem Schutze und der Begünstigung der Ritter von Schaumberg fand auch in Münnerstadt die Lehre Luthers frühzeitig und leicht Eingang, . . ."

[1]) Vgl. Schultes, Diplom. Gesch. von Henneberg I. 401. Anm. l. Die auf 401 im Texte stehende Vermutung, als hätten die Grafen Berthold und Albrecht bereits um 1535 die Reformation in Münnerstadt eingeführt, hat bereits Germann als irrtümlich nachgewiesen. Die Römhilder Grafen von Henneberg führten aller Wahrscheinlichkeit nach erst 1545, jedenfalls unter dem Eindrucke der Ereignisse im Schleusinger Gebiete, die Reformation in ihren Landen ein. Germann a. a. O. S. 439. Vergleiche auch dazu Germann a. a. O. S. 413.

Nachdem im ersten Artikel die Wahl der „Prediger und Verkünder des Wort Gotts" durch die Gemeinde beansprucht ist, heißt es weiter: „Also das die pfafferey und muncherey, wie die bisher gehalten worden, nit mer frey und dermaßen geduldet werd sol, sonder das zwen furneme, redliche, gelerte menner nach der lere Pauli zu prediger und verkunder des wort Gotts gewelt werden. Dieselbigen zwen sollen ir ampt getrewlichen und vleißig versehen und damit solchs dester vleißiger und unverseumbt beschee moge, sollen in zwen als levitten zugeordnet werden, welche zwen ain gemain schul halten und versehen darin alle gemainer stadt burgerskinder umbsunst on ainich lere- oder schulgeld gelert und in christlichen evangelischen Schriften mit vleys unterwisen werden sollen, damit ain jedes Kind nach seiner geschicklichkayt darnach zu Handwerken und dergleichen gewerken dester geschickter, auch aus inen, so der schrift erfaren, prediger und verkunder des Wort Gottes zu bekomen sain mogen. Und ob solch prediger und lerer mit der Zeit zu ehlichem stand greuffen mochten, ir weyber, so redlichs, erbars und christlichs wandels weren, dahin richten, das sie die meidlein, darzu geschickt auch leren und in der schrift unterrichten, domit bede, menlich und weiblich geschlegt, von gott zu gleich beschaffen, des Gesatzs und Glaubens dester kundiger werden mochten."
Hier handelt es sich um fortgeschrittene evangelische Forderungen. Sicher war zu jener Zeit die große Mehrheit der Bürgerschaft von solchen Gedanken ergriffen. Man muß aber im Auge behalten, daß das schmähliche Ende des Bauernkrieges und das Blutgericht der Oberherrn eine starke Reaktion hervorrief. Nach den Julitagen, in denen Graf Hermann v. Henneberg 22, der Bischof 12 Bürger hat richten lassen, war Münnerstadt, wenigstens offiziell, wieder katholisch. Um 1533 waren Bürgermeister und Rat noch der alten Kirche ergeben. In diesem Jahre führten die Genannten nämlich Beschwerde beim Bischofe Conrad, daß der Commenthur des Deutschordens, Wolfgang von Rosenberg, die Messe, Stiftungen und Jahrtage vernachlässige. Der Deutschorden besaß seit 1230 — ein Geschenk des Grafen Poppo VII. — das Patronat der Pfarrei, ja die Pfarrei selbst mit ihren Gütern und Einkünften. Der Umstand, daß bei derartigen Verhältnissen der damalige Amtmann, eben Silvester von Schaumberg nicht eingriff oder zum mindesten eine Beschwerde an den Bischof sandte, beweist ebenfalls, daß ihm

diese Verhältnisse nicht unlieb waren. Wenige Jahre später, 1539, war in Münnerstadt nur noch ein einziger katholischer Geistlicher von den 7—8 Priestern, welche der Deutschorden zur Besorgung der geistlichen Geschäfte für gewöhnlich dort unterhalten hatte, übriggeblieben. Aus Mangel an Geistlichen kann diese Tatsache nicht hergeleitet werden; sie erklärt sich aber daraus, daß der Boden in Münnerstadt für die alte Kirche nicht mehr fruchttragend genug war. Die Verhältnisse waren derartig, daß neue Priester die ganze Lage als zu hoffnungslos ansahen, um es noch mit ihrer Arbeit dort zu probieren. Man könnte wohl einwenden, daß im Jahre 1539, als ein Teil der Bürgerschaft beim Bischof um Ersatz für den letzten katholischen Geistlichen, der ein alter, gebrechlicher Mann sei, petitionierte, immer noch ein beträchtlicher Teil katholisch gewesen sei. Allzu beträchtlich kann aber wohl dieser katholisch gebliebene Teil der Bürgerschaft kaum gewesen sein, sonst hätten sich die Petenten schwerlich mit der Forderung nur eines einzigen Priesters begnügt. Schließlich fragt es sich noch, ob man die beiden Bittschriften von 1533 und 1539 nicht bloß als offizielle Kundgebungen dem strengen Bischofe gegenüber anzusehen hat. Der würzburgische Teil von Münnerstadt war um diese Zeit ganz und gar an Silvester verpfändet, war also wirtschaftlich in seine Hände gegeben; nimmt man hierzu noch die obrigkeitliche Gewalt, die ihm von Amts wegen zustand, so darf man wohl sagen, der eigentliche Herr der Würzburger Stadt ist in jenen Tagen Silvester von Schaumberg gewesen. Unter solchen Umständen konnte man sich wohl eine Loyalitätskundgebung leisten. Natürlich soll hier nur gesagt werden, daß die Sachlage eine solche Auffassung gestattet, bewiesen werden kann ihre Richtigkeit nicht. So darf man wohl annehmen, daß im Todesjahre Silvesters mindestens die Hälfte der Stadt der neuen Lehre anhing. Der damals noch übriggebliebene katholische Bevölkerungsteil glich aber schon einer brüchig geschossenen Burg. Die Zeit, da der letzte Widerstand gebrochen war, stand nahe bevor. Im Jahre 1575 gab es in Münnerstadt außer dem Deutsch-Ordenscomthur, nur noch vier Personen, die der alten Kirche anhingen und um die österliche Zeit die Sakramente empfingen[1]). Eine Episode aus der Amtszeit Silvesters, von der man hätte annehmen können, daß sie einiges Licht auf das religiöse

---

[1]) Ueber den weiteren Verlauf der Reformation berichten ausführlich Reiniger a. a. O. S. 172 ff. und Schornbaum a. a. O. S. 124 ff.

Verhalten des Amtmannes wirft, ist leider auch nicht ergiebig genug. Zur Beleuchtung der Verhältnisse in Münnerstadt Ende der zwanziger Jahre sei sie hierher gesetzt. Ein Nürnberger Handelsmann, Erhardt Donner, war nach Neustadt an der Saale gekommen und bot Bücher feil. Da sich evangelische Schriften darunter befanden, deren Vertrieb im Gebiete des Hochstifts mit strengen Strafen belegt war, schritt man behördlicherseits gegen den Händler ein. Man nahm ihm seine Bücher weg und setzte ihn selbst gefangen. Seine Frau, die ihn begleitete, floh mit dem ihr gebliebenen Büchervorrat nach Münnerstadt, um von dort aus die Freilassung ihres Mannes zu betreiben. Nach vier Tagen wurde er wieder aus der Haft entlassen mit der Weisung, das Würzburger Gebiet zu meiden. Die Münnerstädter Amtleute, Würzburger und Henneberger Seite, legten aber, obwohl dort kein Buch feilgeboten worden sei, Beschlag auf die Bücher. Die Frau des Händlers schreibt darüber: Sie hätte gemäß der bischöflichen Weisung ihre Pflicht getan, „dobei aber nit pleiben können, sonnder dowider von E. f. Gn. (also des Bischofs) und den hennebergischen Amptmann zu Mürstatt, dohin ich die Bücher aus dem Lande zu furen hingeschickt, dobey nit gewesen, auch keins aufgeschlagen und feil gehalten, dieselbigen Bücher zu dem Wirtshaus, da sie gelegen, vberfallen, ires gefallens daraus genomen vnd die andern Bucher vmbgewandt, aufgehalten, die sie auch noch bei ihnen haben. . ." Jedenfalls war die Gelegenheit günstig, sich das Neueste zu verschaffen; daß es sich dabei um „etliche vill Lutherische und von Kais. Maj. verpothene Buchlin" handelte, wird vom Bischofe zugegeben. Dem Händler wurden bald darnach auch seine Schriften, soweit sie nicht verboten waren, wieder zugestellt. Für unseren Zweck hier hat die Episode nach ihrem ganzen Verlaufe das Ergebnis, daß lutherische Bücher um jene Tage in Münnerstadt etwas Willkommenes gewesen sind, denn aus dem Wortlaute der Bittschrift an den Bischof kann kaum herausgelesen werden, daß die Amtleute, nur um dem bischötlichen Gebote zu genügen, sich der verbotenen Bücher angenommen hätten. Es geht aber noch weiter daraus hervor, daß der würzburgische Amtmann in diesem Punkte dem Bischof gegenüber recht vorsichtig verfuhr und den Schein wahre[1]).

---

[1]) Der Händler, der nicht gleich zu seinem Eigentum kommen konnte, bat den Rat seiner Vaterstadt Nürnberg um Vermittelung, der sich dann an den hennebergischen Amtmann Fabian von Uttenhoven und an Bischof

Aber trotz allem wird es immer tief bedauerlich bleiben, daß ein urkundlicher und aktenmäßiger Beweis über die Art des reformatorischen Wirkens Silvesters in Münnerstadt nicht — wenigstens bis jetzt nicht, — gegeben werden kann; ebensosehr wird man den Mangel an direkten Nachweisen über die Entwickelung des innerlichen Lebens Silvesters beklagen dürfen. Hier sind schmerzliche Lücken für die Geschichtsschreibung seines Lebens. Indessen auch die Geschichtsschreibung großer und gewaltiger Zeitperioden und Menschen muß mit Wahrscheinlichkeitsbeweisen rechnen und vorliebnehmen.

Wir haben schon kurz berührt, daß in nächster Nähe von Münnerstadt, etwa drei Wegstunden entfernt, ein ritterschaftliches Herrschaftsgebiet sich ausdehnte, welches seit geraumer Zeit im Besitze einer Linie der Familie von Schaumberg war, die Herrschaft Thundorf[1]). Es war ein ansehnlicher Besitz; zwei Jahrhunderte lang war er der Stolz der Familie. Hier saß ein kleiner aber sehr tatkräftiger, starker und reicher Stamm des Geschlechtes. Hartköpfe wie der Bamberger Bischof Georg I. waren aus diesem Stamme. Den Hauptort der Herrschaft bildete das Dorf Thundorf. Zwischen Stadtlauringen und Münnerstadt liegend, ist es heute ein Pfarrdorf mit einem evangelischen und katholischen Pfarramt und etwa 300 Seelen. Thundorf kann auf eine lange und reiche Geschichte zurückschauen; ihre Anfänge sind mit Erinnerungen verwoben, die aus dem Grenzgebiet der Sage und Geschichte stammen. Jahrhunderte hindurch stand über dem Dorfe eine Burg, der Wohnsitz der jeweiligen

---

Conrad wandte und um baldige Beilegung der Irrung bat. Fabian von Uttenhoven schrieb an den Rat zurück, daß, während der Händler in Neustadt im Gefängnis lag, sein Weib mit den Büchern nach Münnerstadt geflohen sei. Er leugne nicht, die Bücher zurückgehalten zu haben, das wäre aber sein Recht gewesen, denn sie seien im Reiche verboten. Wenn er die unverbotenen wieder haben wolle, müsse er sich zur Hälfte an Würzburg wenden. Der Bischof teilte dem Rat von Nürnberg mit, daß er seinem Amtmann Befehl gegeben habe, die nicht verbotenen Bücher ohne Entgelt zurückzusenden. Der Händler könne übrigens zufrieden sein, denn er sei gnädiger behandelt worden, als ihm zukomme. (Freitag nach Sebastian 1528.) Kreisarchiv Würzburg G. 16995.

[1]) Thundorf, einst im Besitze der Familie von Maßbach. war durch Erbschaft und Kauf in Schaumbergische Hände gekommen. Wilhelm von Maßbachs Töchter Elsa, vermählt an Heinrich von Schaumberg, und Agnes, vermählt an Heinrich Marschalk, bekamen kurz nach 1376 Thundorf als gemeinsames Erbe. 1483 erkaufte Hans von Schaumberg von seinem Vetter Dietz Marschalk dessen Hälfte zu der seinigen hinzu.

Herren des Dorfes und der Herrschaft. Der Berg, den sie einst
krönte, ist nicht gerade hoch; er ist auch kein isolierter Kegel,
der alle Wünsche der einstigen Burgenbauer befriedigt hätte,
sondern er ist der Vorsprung eines lang gedehnten Rückens,
der ziemlich steil nach dem Dorfe zu abfällt. Die Hauptbedingung aber, die man an eine mittelalterliche Burg stellte,
hat er erfüllt: Er beherrschte die Umgegend. Hier oben
hatte ritterliche Baukunst einen starken Sitz geschaffen, —
man spricht von einer „Veste" Thundorf, — der jahrhundertelang die Stürme der Zeit überdauerte. Seit welchen Zeiten
die Burg da oben stand? Es ist uralter Kulturboden. Könige
und Fürsten der Kirche, Heeresmassen und die Züge friedlicher Eroberer, Kaufleute und Mönche, hat er genugsam
geschaut. Man sagt, daß an dieser Stelle ein Dynastengeschlecht, von dem man nicht mehr viel weiß, seine
Stammburg gehabt hat, die „Herren" von Thundorf, die
sich eines Geschlechtes mit denen von Wildberg rühmten,
deren Burg von den stolzen Höhen des Haßgaues herübergrüßte. Der Wechsel der Zeit, der die einen auf die Höhe
bringt, die anderen zu Tal, hatte die Schaumbergs an diese
Stelle gebracht. In jenen Tagen, da der scharfe Nordwind
der religiösen Erneuerung durch das deutsche Land fuhr,
war hier Wilhelm von Schaumberg, Ritter, der Burgherr.
In frühester Jugend hatte er seinen Vater verloren; wo und
unter welchem Einfluß er heranwuchs, ist unbekannt, möglicherweise am fürstbischöflichen Hofe zu Würzburg; denn
der damalige Herzog von Franken, Bischof Lorenz von
Bibra, war der Bruder seiner Mutter[1]). Das Bild, das man
sich von ihm machen kann, ist das eines rauhen, vielbeschäftigten Kriegsmannes. Nach einer wilden Jugend, — vom
Kaiser als Landfriedbrecher wegen Teilnahme an der Fehde
Götz von Berlichingens gegen Nürnberg geächtet, vom
schwäbischen Bunde mit Brechen seiner Veste bedroht, —
trat er in den Dienst des Hochstifts; die engen verwandtschaftlichen Beziehungen mit dem Bischof mögen ihm diesen
Dienst wünschenswert gemacht haben. Er war Amtmann

---

[1]) Die Eltern Wilhelms waren Ritter Moritz von Schaumberg, bekannt als Turnierheld und würzburgischer Amtmann, gest. 1494, und Katharina, geb. von Bibra, gest. 1518; beide hatten ihre Begräbnisstätte in der Bergkirche zu Thundorf gefunden, die später den Katholiken ausgeantwortet, zu Beginn des vorigen Jahrhunderts abgebrochen und zum Neubau der jetzigen katholischen Kirche im Orte verwandt wurde. Bei dieser Gelegenheit wurden die zahlreichen und schönen alten Epitaphien absichtlich vernichtet.

in den verschiedensten würzburgischen Aemtern, so in Haßfurt, Trimberg, Marktsteinach; zu Beginn der vierziger Jahre des Reformationsjahrhunderts wird er zum Hauptmann des Kontingents ernannt, welches Würzburg zum Türkenkriege zu stellen hatte. In Ausübung dieses seines Dienstes starb er anfangs der vierziger Jahre in Ungarn. Er ist sicher ein brauchbarer Beamter und ein tüchtiger Soldat gewesen. Ob aber geistige, besonders religiöse Interessen ihn beseelten, darf bezweifelt werden; sie haben in dem Charakterbild, das er hinterlassen hat, eigentlich keinen Raum. Man weiß von ihm, daß er zwar an den ständischen Kämpfen der Ritterschaft teilgenommen hat, aber meist nur in der Masse. Die enge dienstliche Stellung, die ihn an das Hochstift band, hätte wohl kaum eine andere Teilnahme zugelassen. Auf das Vorhandensein besonderer religiöser Interessen bei ihm weisen keine Spuren. Er war wohl sicher der neuen Lehre ergeben, aber wieder wird ihm seine Dienststellung Vorsicht dabei geboten haben. Daß er viel in seinem Thundorf geweilt und sich besonders um seinen Besitz und seine Untertanen bekümmert hat, darf schon im Hinblick auf seine fortwährende amtliche Gebundenheit als ausgeschlossen gelten. Jedenfalls besaß er nicht die Liebe seiner Untertanen, sonst hätte beim großen Ansturm der Bauern sein Schloß und sein Besitz warme Fürsprecher bei den Bauernhaufen gefunden. Es ist aber so gründlich verwüstet und zerstört worden, daß wahrscheinlich auch Leute aus der Nachbarschaft beteiligt waren.

Hier in Thundorf ist nach Angabe der alten und neuen Geschichtsschreiber des Ortes schon sehr frühzeitig Luthers Lehre eingeführt worden[1]. Die Tradition nennt sogar schon

---

[1] Die Geschichte Thundorfs hat mehrmals zu ihrer Beschreibung gelockt, wenn leider auch keine davon durch Druck festgelegt ist. Die Repositur des protestantischen Pfarramts besitzt zwei ausführliche Bearbeitungen, die durch die Pfarrer Bub und Eilfländer angefertigt worden sind. Besonders die letztere ist sehr eingehend, mit besonderer, recht gründlicher Berücksichtigung der Familie von Schaumberg, soweit sie mit Thundorf in Berührung kam. Sie schließt zwar mit dem Aufhören der Familie von Schaumberg in Thundorf ab, doch finden sich im Pfarrbuche wertvolle Ergänzungen der Geschichte des Ortes aus späterer Zeit, vor allen über die Rekatholisierungsversuche der neuen Herrschaft und über die Stellung des Hochstifts zu seinen evangelischen Untertanen. — Die Familie besitzt verschiedene Bearbeitungen ihrer Geschichte aus älterer Zeit, z. B. die von Pfarrer Dumpert angefertigte, die vortrefflichen kritischen Stammtafeln des Freiherrn von Gudenus-Thannhausen und die sogenannte „gute Handschrift", deren Urheber General Berthold von Schaumberg ist.

das Jahr 1520 oder doch mindestens den Anfang der zwanziger Jahre. Schornbaum, der als Pfarrer von Thundorf besonders umgehende Studien über die Geschichte seines Pfarrortes gemacht hat, äußert sich in seiner Reformationsgeschichte von Unterfranken hierüber: „So soll denn schon im Jahre 1520 die Reformation dahier eingeführt, und ein eigner lutherischer Prediger aufgestellt worden sein", während die im Thundorfer Pfarrbuch durch Pfarrer Bub und Eilfländer gemachten Angaben auf den Beginn der zwanziger Jahre weisen. Aktenmäßige Belege gibt es auch hier nicht; an der sehr frühzeitigen Einführung der neuen Lehre darf aber wohl festgehalten werden. Wichtiger noch für unseren Zweck ist, daß die Ueberlieferung als den Reformator von Thundorf Silvester von Schaumberg bezeichnet. Als Verwandter des Dorfsherrn hat er gewiß einen nach dieser Richtung hin gehenden Einfluß an Thundorf ausüben können, und es ist gar nicht unwahrscheinlich, daß, wie erzählt wird, Wilhelm von Schaumberg, der sehr viel von seiner Herrschaft abwesend war, den benachbarten Vetter, dessen Amtsbezirk an die Grenzen Thundorfs stieß, nicht bloß mit dem Schutze und der Bewachung seiner Herrschaft betraut, sondern ihm auch alle Freiheit zur Einführung der neuen Lehre gelassen hat. Die Tradition weiß auch Einzelheiten von der Evangelisierung Thundorfs durch Silvester zu erzählen; wichtig daran aber ist, daß diese Tradition bereits einige hundert Jahre alt ist. Der Historiograph der hildburghäusischen Kirchen- und Schulgeschichte, Johann Werner Krauß, erzählt ao. 1760, daß er in vergangenen Tagen zum genaueren Studium der Thundorfer Geschichte nach dem Orte selbst gereist sei. Er sah sich

---

Zweifellos ist aber die hier berührte Bearbeitung von Eilfländer, die allerdings nur einen Ausschnitt der Familie behandelt, die bedeutendste. Man wird es bedauern, daß diese schöne Ortsgeschichte noch keine Drucklegung gefunden hat. Wertvolle Ergänzungen zu beiden gab ein dritter Pfarrer von Thundorf, Joh. Wolfgang Schornbaum, der bekannte Verfasser der unterfränkischen Reformationsgeschichte. Das Pfarrarchiv enthält auch sonst noch eine Anzahl schaumbergischer Urkunden, die sich auf Thundorf und auf das Geschlecht von Schaumberg beziehen, in Abschriften. Umfangreiches und für die Geschichte Thundorfs sehr ergiebiges Material besitzt Hauptmann Oscar von Schaumberg. Daß der Verfasser Einsicht nehmen konnte in die Archivschätze der Pfarrei, verdankt er der Liebenswürdigkeit Pfarrer Schönäckers-Thundorf; ihm sei auch an dieser Stelle gedankt. Die Repositur des katholischen Pfarramts soll, da das Pfarramt neueren Datums ist, nichts von Wichtigkeit enthalten mit Ausnahme eines Briefes, von dem weiter unten die Rede sein wird.

die Merkwürdigkeiten, die mit der Vergangenheit Thundorfs verbunden waren, eingehend an und berichtet darüber; dann fährt er fort: „Unterdessen zeigte man mir die Rudera von dem Altan an dem Berge, der dem Schlosse gegenüber liegt, worauf Sylvester von Schaumberg ehemals durch seine Trompeter Morgens und Abends Evangelische Lieder zur Ermunterung der Andacht, hatte abblasen lassen." Diese Mitteilung ist dem Berichterstatter zu einer Zeit gemacht worden, in welcher die neue, nunmehr katholische Dorfsherrschaft von Rosenbach auf die protestantische Bevölkerung des Ortes einen starken Druck ausübte. Die Rosenbachs hat es immer nach einem Stück Heiligenschein gelüstet. Damals mag der Stamm der altprotestantischen Familien mit besonderem Stolze die alten Erzählungen, die den so schmerzlichen Gegensatz zwischen einst und jetzt offenbarten, hervorgeholt haben. Es gewährt ja immer einigen Trost, in trüber Gegenwart sich großer vergangener Tage zu erinnern. Silvester hat zweifelsohne als Held der evangelischen Kirche jener Landschaft jahrhundertelang im Gedächtnis des Volkes gelebt. Das was hier nach 200 Jahren seines Wirkens von ihm erzählt wird, trägt auch nichts von dem Gepräge der Unwahrscheinlichkeit an sich. So etwas erfindet man nicht. Von dieser durch Werner Krauß mitgeteilten Episode aus läßt sich übrigens auch ein Rückschluß auf das Alter der evangelischen Lehre in Thundorf machen. Es ist in dem Berichte von den rudera des Altans auf dem Berge, dem Schlosse gegenüber, worauf die Trompeter Silvesters ihre evangelischen Weisen geblasen haben, die Rede. Gemeint ist hier das Schloß der Rosenbachs, das sie sich Ende des XVII. Jahrhunderts im Dorfe selbst errichtet haben. Das Gebäude, ein kräftiger Bau mit Mittelhaus und zwei starken Flankentürmen, steht heute noch; es bildet zur Zeit den katholischen Pfarrhof. Diesem Schlosse gegenüber liegt der Berg, auf dem einst die alte „Veste" Thundorf gestanden hat. Krauß fand nur noch einen Trümmerhaufen davon. Der Bauernkrieg, dessen stärkste Woge gerade über Thundorf ging, hat die Burg in Trümmer gelegt. Nach der großen Entschädigung zu schließen, die der Burgherr dann bekommen hat, muß wenig mehr als ein Steinhaufen von ihr übriggeblieben sein; und jedenfalls hat es Jahre gedauert, bis der Bau wieder aufgeführt war. Der Söller oder der Altan, von dem Silvesters Trompeter ihre Weisen hinabbliesen, muß also wohl noch dem alten Schlosse angehört haben. Evangelische Lieder waren auch in jenen Tagen bereits vorhanden, da die beiden ersten Ausgaben des lutherischen Gesangbuches mit vierstimmigen Melodien bereits 1524 erschienen waren. Man hätte hier einen Anhaltspunkt, den Beginn der Reformation wirklich in den Anfang der zwanziger Jahre zu setzen[1]).

Die Ueberlieferung weist aber noch ein anderes evangelisches Werk dem Silvester von Schaumberg zu, welches an dieser Stelle nicht mit Stillschweigen übergangen werden darf: die Ritterschule von Thundorf. Leider stößt man beim Forschen dieser nach verschiedenen Richtungen hin interessanten Erscheinung wieder auf das schmerzliche Versagen fast aller Quellen. Urkundlich bewiesen ist zunächst die Existenz der Schule. Sie hat eine geraume Zeit bestanden, mindestens 100 Jahre; man kennt auch einige Lehrer, die an der Anstalt unterrichtet haben, auch einige Schüler, die den Unterricht dort genossen, man weiß etwas von den Stoffen, die man dort gelehrt hat, und von der Tendenz, auf deren Grund man sie gebaut. Ein weiteres Faktum darf gleichfalls als aktenmäßig erwiesen gelten, nämlich daß die Schule wirtschaftlich mit der Thundorfer Renteiverwaltung verbunden war und durch die schaumbergische Dorfsherrschaft unterhalten wurde. Für alles andere sind wir auf die Berichte älterer und neuerer Geschichtsschreiber angewiesen und auf die Tradition, die noch heute — nach fast 400 Jahren, — im Orte noch nicht ganz über die Sache zur Ruhe gekommen ist. Sehen wir uns zunächst einmal in diesen Berichten um. Die Schule hat verschiedene Bezeichnungen, sie wird „Ritterschule", „Studienschule", „Adelsschule" oder auch „adeliges Gymnasium", „lutherisches Gymnasium" genannt. Von den älteren Geschichtsschreibern möge zuerst Joh. Werner Krauß zu

---

[1]) Zur Ergänzung des oben Gesagten diene noch folgendes: Die Herrschaft Thundorf ist 1676 um 57000 fl., eine im Verhältnis des eigentlichen Wertes sehr geringfügige Summe, an die von Rosenbach verkauft worden. Hier spielte die große Güterentwertung nach dem 30 jährigen Krieg eine Rolle. Der adelige Ansitz auf dem Berge muß nicht mehr nach dem Geschmack der Käufer gewesen sein; jedenfalls hatten die Stürme des 30jährigen Krieges dem Bau zugesetzt, so daß es sich nicht mehr verlohnte, viel daran zu wenden, um so mehr, als es nach dem großen Kriege Mode wurde, die Höhenburgen mit Talbauten zu vertauschen. So baute sich die neue Herrschaft ein Schloß im Tale, einen wehrhaften Bau mit Wall und breiten Gräben, noch heute in ihren Umrissen als Wasserburg erkennbar.

Worte kommen. Er sagt: „Silvester hat auch eine Ritter-Schule zu Dundorff angerichtet, welche geraume Zeit gedauert hat. Wie denn der alte ritterschaftliche Consulent Geißler zu Wetzhausen oft erzählet hat, daß er dieselbe in seiner Jugend besuchet hätte. Ueber dem Eingange des Schlosses zu Dundorff hat ein Stein und darauf eine Schrift gestanden, wer diese Schule gestifftet, und wie der Stifter den Fluch auf denjenigen, der sie würde eingehen lassen, geleget hätte. Ich bin selbst einstmals dahin gereist, um mich genauer zu erkundigen. Der Stein war aber hinweg und stund ein anderer an dem Platz mit dem Rosenbach'schen Wappen. Das Haus, worin die Schule gehalten, war zwar noch vorhanden, aber etlichen jüdischen Familien zu ihrer Wohnung eingeräumet." Zu dieser einfachen und einwandfreien Schilderung des als gründlich und sicher geltenden Hildburghäuser Geschichtsschreibers bedarf es höchstens einer Erinnerung. Es steht hier, daß der Inschriftstein über dem Eingang des Schlosses gestanden hätte. Das Bergschloß kann nicht gemeint sein, denn von dem waren laut Zugeständnis des Berichterstatters nur noch „rudera" vorhanden. Er hatte wohl das Wappen der Rosenbachs an deren Schlosse gesehen und wußte nicht, daß dieses Schloß nicht aus der Schaumbergzeit stammte, sondern eine Schöpfung der neuen Dorfsherrschaft war. An diesem Schlosse war niemals der erwähnte Inschriftstein, von dessen Existenz und Inhalt zur Zeit von Werner Kraußens Reise noch in Thundorf erzählt wurde. Es handelt sich also hier um eine kleine Verwechselung, die am Tatbestand aber nichts ändert; dieser Tatbestand ist: zu Werner Kraußens Zeit wußten die Leute noch von einem einst vorhandenen Inschriftstein am alten Schlosse, und was mehr ist, sie wußten noch zu erzählen, daß die Inschrift den Namen des Schulstifters getragen und daß der Stifter den Verderber der Schule mit seinem Fluche bedroht habe; mehr noch, — und das erscheint uns als das wichtigste: die Leute zu Werner Kraußens Zeiten wußten auch noch, wie der Name des Schulstifters geheißen hat, der auf dem Steine gestanden, der Name hieß: Silvester von Schaumberg[1]. Das ist für uns wichtig; denn hier werden greifbare Angaben über das Alter der Schule und den Stifter gegeben. Krauß

---

[1] Das Zitat aus Krauß befindet sich gleichfalls in dessen bereits erwähntem Werke S. 411 Anm.

aber ist nicht der einzige, der das Vorhandensein dieser Schule kennt. Ebenso wichtig ist das Urteil, das in der 2. Hälfte des 18. Jahrhunderts ein Kenner der fränkischen Schulgeschichte über die Thundorfer Schule fällt. Es ist das Urteil des Franziskaner-Paters Possidius Zitter, der 1747—1793 als Lehrer am Münnerstadter Gymnasium lehrte. Es ist allerdings nur weniges, was er darüber zu sagen weiß: „Dum de wirzeburgensium episcoporum meritis in rem litterariam agitur: praetereundi non fuerant Schaumbergii, qui Dundorfi scholam equestrem, in qua adolescentes nobiles erudiebantur, erexerant[1]". Wertvoll ist die Angabe darum, weil der kundige Mann die schaumbergische Schöpfung für so bedeutend hält, daß sie durch die bekannten Verdienste der Würzburger Bischöfe auf dem Gebiete der Schule und des Unterrichts nicht in Schatten gestellt würde. Auch hier wird die Anstalt eine „schola equestris" genannt, dazu bestimmt, junge Edelleute zu unterrichten. Auf diese älteren Zeugnisse bauen sich wohl zumeist die Mitteilungen auf, welche von den Neueren über diesen Gegenstand gemacht werden, z. B. von Kretzer, Reiniger, Schornbaum[2]). Sie stimmen darin überein, daß die Schule ein hohes Alter besitze und von Silvester von Schaumberg gegründet sei. Selbständige Wege geht zur Erforschung der Schule Dr. Joseph Gutenäcker vom Gymnasium zu Münnerstadt, ein Mann, der für die Thundorfer Blüte des fränkischen Unterrichtswesens das lebhafteste Interesse zeigte[3]). Er baut seine Kenntnisse von der Schule auf

---

[1]) Diese Aeußerung ist in Klüpfelii Nova bibliotheca Ecclesiastica Friburgensis VII. fasc. 1. 1783; Gutenäcker hat die Stelle angeführt in „Einigen Bemerkungen über die Studienschule in Thundorf im XVI. und XVII. Jahrhundert" im Archiv des histor. Vereins von Unterfranken Bd. IX. 1848 S. 144.

[2]) Kretzer, Geschichte der Leute und des Dorfes Maßbach 1861 S. 38. 54. Reiniger, a. a. O. S. 98 f. Schornbaum a. a. O. S. 142.

[3]) Gutenäcker a. a. O. Siehe Anm. 1 dieser Seite. Der von ihm beklagte Mangel an urkundlichen Belegen über die Schule ist nach ihm öfters empfunden worden. Der Vorstand des Würzburger Kreisarchivs, Herr Reichsarchivrat Göbl, teilte freundlichst mit, daß über den Gegenstand mehrfach Nachsuchungen in den Beständen des Archivs veranstaltet worden sind, leider stets mit negativem Ergebnis. Man dürfe der Ansicht sein, daß das Kreisarchiv kein Material über die Thundorfer Ritterschule berge. Auch die Nachforschungen an anderen Stellen waren vergeblich, z. B. im ev. Pfarrarchiv Thundorf und in den Ueberresten schaumbergischer Archive. Hier scheinen planmäßige Recherchen zu keinem Erfolge zu führen. Man wird es dem Zufall überlassen müssen, daß er je nach Laune noch irgendwelche verborgene Nachrichten zutage fördert. Die Repositur des ev. Pfarramts bringt wenigstens die Ursache dieses beklagenswerten Mangels:

einem Brief aus der Repositur des katholischen Pfarramts in Thundorf, welchen Kaspar Sesthius, Pfarrer zu Waltershausen[1]), an seinen Dorfsherrn und Patron seiner Kirche, Georg Philipp Marschall von Ostheim am 29. Mai 1622 richtete. Der Brief lautet nach Weglassung der Einleitung und des Schlusses: „Ew. Gestr. vnd Vh. kann unterthenig nicht verhalten, wie mein Söhnlein, (welches anjetzo das eilfte Jahr complirt) soviel von meinen studiis abbrechen können selbst in doctrina(e) c . . . . et grammaticae partibus teglichen informirt und nunmehre entschlossen in eine Schule zu schicken, daß er ein mehreres profitiren möchte, vnd

Als bei der Uebernahme der Herrschaft durch die von Rosenbach der protestantische Pfarrer nach Würzburg übersiedelte und katholisch wurde, soll er die Akten über die Ritterschule mitgenommen haben. Wer die Geschichte Thundorfs kennt, darf mit vollem Rechte hinzufügen, daß die Rosenbachs in Konsequenz ihres sonstigen in Thundorf bemerkbaren Wirkens sicher alle etwa zurückgebliebenen Akten über das „lutherische" Gymnasium der Vernichtung preisgegeben haben, wiewohl die Erhaltung aller protestantischer Einrichtungen im Kaufkontrakt besonders von ihnen versprochen worden war. Nur ein Brief wurde wohl durch Zufall gerettet. Alles was an die frühere protestantische Dorfsherrschaft erinnerte, Wappen usw., wurde planmäßig entfernt und mit Rosenbachschen Herrschaftszeichen ersetzt. Es ist doch sonderbar, daß in einem Orte, in dem eine Familie 300 Jahre lang den weitgehendsten Einfluß ausübte, auch nicht eine einzige sichtbare Spur auf das Vorhandensein jenes Geschlechtes weist; — doch! eine einzige, die dem Vernichtungsgebot der neuen Herrschaft entzogen blieb, ein zinnernes Taufbecken in der evangelischen Kirche, welches das schaumbergisch-ostheimische Allianz-Wappen trägt mit der Umschrift der Stifter: „Wilhelm Ludwig von Schaumberg und seine Gattin Dorothea, geb. Marschall von Ostheim". Es ist das letzte Burggrafenpaar; die Stammeltern der einen der beiden noch blühenden Linien, welcher auch Oscar von Schaumberg angehört Freilich findet sich auch nach 130 jährigem Wirken keine Spur der Rosenbachs mehr. Als Thundorf nach Absterben des Letzten der Familie 1806 dem Großherzogtum Würzburg zugeteilt wurde, ließ die Staatsregierung ebenso sorgfältig die Spuren der alten Herrschaft verwischen, die Wappen ausmeißeln usw., wie das die Rosenbachs früher getan hatten. Auch ein Gericht der Geschichte!

[1]) Waltershausen ist ein Dorf an der Milz bei Königshofen. Die noch heute bestehende protestantische Pfarrei verdankt der Ort der einstigen adeligen Dorfsherrschaft, den Marschalls von Ostheim, die bis 1522 das Dorf erb- und kaufweise an sich gebracht hatten. Ritter Moritz Marschall sind wir mehrfach begegnet und zwar als Teilnehmer an der ständischen Bewegung und als Freund der Reformation Er starb 1523. Die protestantische Pfarrei soll nach Rost erst aus dem Ende des Reformationsjahrhunderts stammen, etwa aus 1580. (Vgl. dazu Rost, Histor. statist Beschreibung von Königshofen, Stadt und Bezirk, 1832 S. 129 ff.) Es ist schwer zu denken, daß in diesem ritterschaftlichen Dorf, dessen Herrschaft längst evangelisch war und wo es ein Pfarramt schon früher gegeben hatte, die protestantische Pfarrei erst um die Wende des 16. zum 17. Jahrhunderts entstanden sein soll.

aber leider wegen der schweren Theuerung nicht bei anderen zu vnterhalten weiß, ich aber hiebevor berichtet worden bin, wie das wohledel vnd löbl. Geschlecht von Schaumburg verordnet, daß etliche Knaben in die Schule zu Dundorf angenommen, gratis alimentirt vnd in doctrinae christianae capitibus et bonarum artium rudimentis also informirt werden, daß dieselben wegen des Fleißes der bei ihnen angewendet wird vnd ihren progressus in andern Schulen hernach ihre studia cum fructu continuiren können, wie dann, neben andern weiland der Ehrwürdige vnd wohlgelehrte Herr Jonas Gadamerus aus Poppenlauer, mein Herr praedecessor zu Waltershausen, wie es mit dem Knaben in bewährter Schule gehalten wird, referirt vnd hochgerühmt als welcher selbst ehemals ein Alumnus und nachher Ludimoderator daselbsten gewesen: als wäre entschlossen, wenn von dem wohledel löbl. Geschlecht von Schaumberg verordnetes beneficium in der Schule Dundorf aus großen Gunsten meinem Söhnlein widerfahren könnte etliche Jahre an ermeldeten Ort vnd Schule zu schicken.

Weilen denn gewisse Nachrichtung habe, daß ein Alumnus bald resigniren vnd ein locus vaciren wird: als gelangt an Ew. Gestr. v. Vh. mein ganz vnterthenig vnd hochfleißiges Bitten, dieselbe wolle zur Beförderung meines Söhnleins eine Commendation an das wohled. löbl. Geschlecht v. Schaumberg großgünstig ertheilen, tröstlichen verhoffende, würde ohne besondere Furcht nicht abgehen, sondern derselben gewißlichen empfinden lassen, wie denn nicht zweifeln will. E. G. v. Vh. werden sich hierinnen großgünstig und geneigt erweisen" [1]).

Der Brief läßt uns einen Blick in das Wesen der Schule tun. Es handelt sich unzweifelhaft um eine Gelehrtenschule, denn die beiden Hauptgegenstände des Gelehrtenunterrichtes wurden hier getrieben: die capita doctrinae christianae und

---

[1]) Der Wortlaut ist wiedergegeben nach der Kopie Gutenäckers. Das Original, welches noch vorhanden ist, war leider nicht einzusehen. Ueber den Briefschreiber Kaspar Sesthius, den Rost als zweiten protestantischen Pfarrer in Waltershausen anführt (1620—1629), wird berichtet, daß er 1629 in den Wirren des 30 jährigen Krieges von den Katholiken in der Papiermühle, einer der vier zu Waltershausen gehörigen Milzmühlen, gefangen und nach Sulzfeld, dem Sitz der würzburgischen Amtskellerei, unterhalb der Ruine Wildberg gelegen, geführt wurde, wo er Urfehde schwören mußte. Der im Briefe genannte (erste) evangelische Pfarrer von Waltershausen, Gadamer, wird nach anderer Lesart statt „Jonas" „Johann" genannt (1600—1618). Vgl. Rost, a. a. O. S. 151.

die rudimenta bonarum artium. Was man unter den capita oder Hauptsachen der christlichen Lehre zu verstehen hat, ist klar, es ist die Grundforderung, welche die Reformatoren an jede Schule stellten und unter deren Einfluß jahrzehntelang die Tendenz des Humanismus zurückgedrängt wurde. 1521 bereits empfahl der praeceptor Germaniae, Philipp Melanchthon, dem die Organisation des Schulwesens der neuen Kirche übertragen war, das theologische Studium an den Schulen, indem er sagte: „wenn nicht die Theologie Anfang, Mitte und Ende des Lebens sei, so fielen wir ins tierische zurück[1]." Wir dürfen also hier unter den capita doctrinae christianae einen Religionsunterricht verstehen, der die Grundzüge der Religion in der Form theologisch-dogmatischer Auffassung vermittelte; die bedeutsame Stellung, die man der doctrina christiana im Unterrichte einräumte, blieb auch in der Folgezeit bestehen, wenn gleich die Forderungen nach Wissenschaftlichkeit und Gelehrsamkeit, welche von den Humanisten aufgestellt waren, wieder mehr in den Schulen zur Geltung kamen. Auch in der Thundorfer Schule hatte diese Forderung ihren Platz gefunden; es werden die rudimenta bonarum artium gelehrt, also die Grundzüge, die untersten Stufen der schönen Künste. Der Begriff der „schönen Künste" ist in der Geschichte der Schulen nicht immer derselbe geblieben. In der vorreformatorischen Zeit, die auf diesem Gebiet von der Renaissance und vom Humanismus beeinflußt wurde, kamen vor allen die sieben freien Künste in Betracht, nämlich die drei artes sermocinales, Grammatik, Rhetorik, Dialektik, und die vier artes reales, Arithmetik, Geometrie, Astronomie und Musik. Spätere Lehrpläne reden von den artes dicendi, Grammatik, Rhetorik und Dialektik, daneben von den artes reales, Mathematik und Musik. Das Bildungsideal, das in den Zeitperioden nach der Reformation nicht immer ein und dasselbe blieb, hat auch den Begriff der artes umgebildet. Um die Zeit, aus welcher der Brief des Pfarrers Sesthius stammt, bestand in ähnlichen anderen Schulen der artistische Unterricht in den eben genannten drei Künsten, nämlich Grammatik, Rhetorik und Dialektik und in der Erlernung der drei, — mindestens aber zwei alten klassischen Sprachen. Auf dieser Grundlage ruhten z. B. die Landesschulen, die sich

---

[1] Corp. Reformat. XI 44.

in der zweiten Hälfte des 16. Jahrhunderts überall bildeten. Man darf nun freilich nicht vergessen, daß der Zweck der Thundorfer Schule war, junge Edelleute des Frankenlandes zu unterrichten. Das Bildungsziel aber, das man hier zu erreichen hoffte, dürfte sich trotzdem nicht allzusehr von dem der anderen Schulen unterschieden haben, denn die gelehrte Bildung war damals auch der Wunsch adeliger Kreise; höchstens sind hier Uebungen für speziell edelmännische Ausbildung hinzugekommen, besonders Reiten, Fechten, Tanzen, Ballspielen und Waffenübungen. Diese Vermutung wird dann auch durch die Ueberlieferung gestützt, welche erzählt, daß die alte, schöne Lindenallee, die sich hinter dem heutigen protestantischen Pfarrhause ein Stück in die Aue hinzieht, einst für die Adelsschüler zu einem Spiel- und Erholungsplatz angelegt worden sei. Sie führt auch heute noch den Namen „Tournierallee"; ihre Entstehung verbindet die Tradition ebenfalls noch mit dem Namen Silvester von Schaumberg. Daß der hübsche, langgezogene, mit Linden umsäumte Platz zum Schloßgut gehörte, beweist der Umstand, daß er heute noch Eigentum des Fiskus ist, der nach Aussterben der Rosenbachs hier Erbe ward, und einige Stücke, vor allem die alten, reichen, herrschaftlichen Waldungen, den großen Schloßgarten und die Tournierallee vom allgemeinen Verkaufe des Schloßgutes ausschloß.

Aus dem oben angeführten Briefe geht aber noch hervor, welcher Art von Schulen man die Thundorfer zuweisen muß. Es handelt sich um die Aufnahme eines elfjährigen Knaben, von dem ausdrücklich gesagt wird, daß er den Elementarunterricht hinter sich hat. Der Elementarunterricht umfaßte bereits die erste ars dicendi, nämlich die Grammatik. Weiter wird bemerkt, daß die Schule ihre Besucher so weit förderte, daß sie in anderen Schulen ihre „studia cum fructu kontinuieren" können. Damit ist der Charakter der Schule hinlänglich gekennzeichnet. Wir haben es hier mit einer Partikularschule zu tun, mit einem „gymnasium", — dieser Name wird ja auch ausdrücklich auf die Thundorfer Schule angewandt, — welches eine Zwischenschule zwischen der Elementarschule und der Universität, der schola generalis, bildete. Das beweist auch das Alter des Knaben. Solche Zwischenschulen, scholae particulares, Lokalschulen, nahmen Schüler im Alter von 11 bis 15 Jahren auf. Mit dem 15. oder 16. Jahre bezog man die Universität. Dieser Annahme entsprechen auch die Unterrichtsgegenstände, die man von der Thundorfer Schule weiß, nämlich die capita doctrinae christianae und die rudimenta bonarum artium. Daß die Schule in der Zeit des Briefschreibers nicht bloß für adelige Knaben bestimmt war, sondern auch für bedürftige Beamtensöhne der Umgegend, hat schon Gutenäcker hervorgehoben. Wir wüßten das auch noch aus einer anderen Notiz. Zu Beginn der sechziger Jahre des 16. Jahrhunderts faßte der Sohn und Erbe des öfter genannten Wilhelm von Schaumberg zu Thundorf, Veit Ulrich, den Plan, die weitausgedehnte, reiche Herrschaft Thundorf der Gesamtfamilie von Schaumberg zu vermachen. Sein letztes Kind, ein Knabe, Wilhelm, war 1553 in jugendlichem Alter gestorben, er selber war der einzige Sohn seines Vaters, so daß nahe Erben nicht in Betracht kamen. Um seine von Würzburg zu Lehen gehenden Güter vor dem Heimfall zu schützen und sie dem Geschlechte zu erhalten, zugleich wohl auch, um die Kraft der Familie zu stützen und einen Gegenwert für die ausfallenden Vorteile, die eine adelige Familie von der katholischen Kirche hatte, zu schaffen, brachte Veit Ulrich seinen Plan zur Ausführung. Das Dokument, welches die Thundorfer Güter der Familie zusichert, stammt vom 11. November 1566. Die Herrschaft wurde vom Kaiser Rudolf II. zu dem Range einer Burggrafschaft erhoben und dem jeweiligen Verwalter derselben der Titel eines Burggrafen zugestanden[1]). Im

---

[1]) Veit Ulrich gehört zu den interessantesten Gestalten der Familie. Er war ein Lutheraner strengster Observanz, persönlich mit Matthias Flaccius befreundet, der ihm auch seine deductiones wider die Sakramentirer, eine seiner Streitschriften dedizierte. Thundorf selbst ist damals auch eine der Zufluchtsstätten der vertriebenen Flaccianer geworden. Georg Autumnus, einer der Verfasser des Gerauischen oder Graitzschen Bekenntnisses, fand hier Schutz und war eine |Zeitlang Pfarrer hierselbst. Die bewußt evangelische Richung hinderte Veit Ulrich übrigens nicht, in würzburgische Dienste zu treten, wie sie auch für den Bischof kein Grund war, den trefflichen Mann von seinem Hofe und seinem Dienste auszuschließen, — auch ein Beitrag zur Geschichte des Verhältnisses der Evangelischen und Katholiken in der Mitte des Reformationsjahrhunderts. Um diese Zeit müssen die lebendigsten Hoffnungen in evangelischen Kreisen bestanden haben, daß auch die Bistümer für die neue Lehre noch zu gewinnen seien. Veit Ulrich war würzburgischer Oberst und Amtmann zu Mainberg. Sein gutes Verhältnis zum Hochstift ist nicht der letzte Grund, daß Bischof Friedrich von Wirsberg in die Umwandlung der Herrschaft Thundorf in ein schaumbergisches Ganerbinat einwilligte. Die Gegenleistung, zu der sich Veit Ulrich verstand, war die Aufgabe zahlreicher Eigengüter zugunsten des Würzburger Lehnshofes und die Zusicherung treuer Gefolgschaft in Kriegs- und Friedenszeiten. Veit Ulrich war vermählt mit Veronica von Selbitz; er starb

Stiftungsbrief wird merkwürdigerweise der Schule nicht besonders gedacht, nur das Alumnat wird erwähnt. Es heißt da: die Pfründner — so hieß man diejenigen Alumnen, welche Freistellen inne hatten, — sollen für die Zukunft aus dem Schlosse Küchenspeis und Geschmölz erhalten, während Brot und Trank auf Kosten der Ganerben gereicht werden soll. Das heißt also: die Erhaltung des Alumnats wird auf die Schultern der gesamten Ganerben gelegt, die Zuschüsse aber zur feineren Lebenshaltung sollen aus der Tasche des jeweiligen Burggrafen fließen. Zur Zeit der Abfassung des Dokumentes waren vier Pfründner vorhanden. Die Zahl der Freistellen wurde noch durch die Witwe Veit Ulrichs, welche erst 1599 ihrem Eheherrn in die Gruft folgte, auf acht erhöht. Bleiben wir bei der Notiz der Stiftungsurkunde noch einen Augenblick stehen! 1566 war also die Schule bereits vorhanden, auch das Alumnat bestand schon. Daß die Schule nicht bloß aus „gratis alimentierten" Schülern bestand, geht zweifelsfrei aus dem Briefe des Pfarrers Sesthius hervor; von einer Bereitstellung der Mittel zur Existenz der Schule wird aber in dem Stiftungsdokument des Ganerbinats nicht geredet, es wird nur das Fortbestehen des Alumnats gesichert. So erhebt sich die Frage, woher denn eigentlich die Mittel stammen mögen, auf deren Grund die Schule leben konnte. Offenbar nicht von Veit Ulrich. Wäre die Schule seine Schöpfung gewesen, so hätte er sie bei Uebergabe seiner Güter ganz anders bedacht, vor allen sie seinen Erben dringender ans Herz gelegt. Man kann wohl annehmen, daß die Schule teilweise durch die Zahlungen der begüterten, besonders der adeligen Schüler erhalten wurde. Wenn man aber bedenkt, wie um diese Zeit dergleichen Anstalten z. B. in den Städten Nürnberg, Magdeburg nicht ohne große Zuschüsse aus dem Stadtsäckel erhalten werden konnten, so wird man auch, wenn die Schule nur klein war, auf ähnliche Verhältnisse auch hier schließen dürfen. Es müssen Mittel zur Erhaltung der Schule vorhanden gewesen

---

am 16. März 1571. Seine großartige Schöpfung, in zwei ausführlichen Testamenten festgelegt, überlebte ihn nur 100 Jahre. 1676 wurde, wie schon erwähnt, das stolze Burggrafentum der Schaumbergs — der Not gehorchend! — an die von Rosenbach, die Neffen des damaligen Würzburger Bischofs und Lehnsherrn der Herrschaft, verkauft, — eines der schmerzlichsten Kapitel in der Geschichte des illustren Geschlechtes.

Hieraus erhellt die Unrichtigkeit der Notiz bei Reiniger, die Silvester bereits einen Burggrafen von Thundorf sein läßt. (S. 171.)

sein, und diese stammen aus der Zeit vor Veit Ulrich, gerade wie die Schule auch vor seiner Zeit schon bestand. Ueber die Unwahrscheinlichkeit, daß sein Vater Wilhelm die Schule fundiert hätte, haben wir schon gesprochen. Es bleibt daher nichts anderes übrig, als daß man in der Tat wieder bei dem Manne stehen bleibt, den auch die Ueberlieferung klar und bestimmt als den Gründer der Schule nennt, bei Silvester von Schaumberg. Er mag nach Gründung der Schule ihr Fortbestehen durch ein Stiftungskapital gesichert haben; nur dadurch bekommt auch die Steininschrift, die den Zerstörer der Schule mit einem Fluche belegte, erst ihren eigentlichen Zweck und Sinn. Mit dem angedrohten Fluche sollte nicht bloß das Ideelle, sondern auch das Reelle geschützt werden. Von Silvesters Sohn und Erben, Karl von Schaumberg weiß man, daß er eine nicht unbeträchtliche Schulstiftung gemacht hat. Er vermachte als Stipendium für Bürgersöhne von Münnerstadt 300 fl., eine Summe, die von seinen Erben auf 350 fl. erhöht wurde. „Solche 18 $1/_2$ fl. Zins soll", so heißt es in der Stiftungsurkunde, „der Rat jährlich einem armen wohlerzogenen Studioso bonae spei et indolis puero, der ein Münnerstädter Kind und Bürgersohn und wenigstens 16 Jahre alt sei auf zwei bis vier Jahre lang als Beihilfe zum Studieren verabreichen. Dagegen sey der Stipendiat anzuhalten, seinen Studien auf den großen Partikularschulen oder Universitäten, welche der Augsburger Konfession zugethan seyen, obzuliegen"[1]). Ob sich nicht in dem Stipendium Karls von Schaumberg das Beispiel des Vaters in Thundorf widerspiegelt? Man kann sich des Gedankens nicht gut erwehren. Wenn wir also in bezug auf die Gründung der Thundorfer Schule der Tradition recht geben, und Silvester als Stifter annehmen, wie zielbewußt evangelisch, wie weitsichtig und klar, wie kraftvoll muß uns der Mann erscheinen, der diese Gründung vorgenommen hat! Wem die Jugend gehört, dem gehört die Zukunft. Die Schulen mußten das Rückgrat der neuen Lehre bilden, diese Ansicht war genügsam von den Reformatoren vertreten. Denselben Zweck sollte auch die Schule in Thundorf erfüllen; sie war, wie von allen anerkannt wird, ein Mittel, das Luthertum in Franken zu stärken. Hier wird die Theorie in die Praxis umgesetzt und zwar, wenn nicht alles täuscht, in sehr früher

---

[1]) Vgl. Reiniger, a. a. O. S. 95 f.

Zeit. Das vom Thundorfer Pfarrbuch angegebene Jahr 1520 wird allerdings nicht festgehalten werden können. Zur Schulgründung schritt man in den der Reformation ergebenen Ländern erst nach oder mit dem Jahre 1524, als Luthers Schrift „An die Ratsherrn aller Städte deutschen Landes, daß sie christliche Schulen aufrichten und halten sollten", erschienen war. Den Anfang, Luthers Mahnung in die Tat umzusetzen, machte Magdeburg noch in demselben Jahre, 1525 folgten Eisleben und Nürnberg, wie überhaupt in den beiden ersten Jahrzehnten die Städte auf dem Gebiete des Schulwesens an der Spitze marschierten. Von der Mitte des 16. Jahrhunderts an tritt darin insofern eine Aenderung ein, als die Landesfürsten beginnen, die Regelung der Unterrichtsverhältnisse in ihre Hände zu nehmen. Eine Partikularschule wie die Thundorfer ist in das bekannte Schema der Schulentwickelung gar nicht unterzubringen, sie gehört zu den seltenen, vielleicht einzigartigen Erscheinungen[1]. Es fragt sich, ob im ersten oder zweiten Jahrzehnte der Reformation in deutschen Landen noch eine solche Schule bestand. Ritterschulen waren in Deutschland nichts Ungewöhnliches, aber erst viel später. Das erste collegium illustre, von dem die Schulgeschichte zu erzählen weiß, war im Stifte Seltz 1575, ihm folgte Tübingen 1589, Kassel mit seinem Mauritianum 1618. Die Glanzperiode der Ritterakademien, beginnt aber erst, als der große Krieg sich seinem Ende zuneigte. Das Bildungsideal hatte sich umgeändert; wenn es früher galt, einen Gelehrten und einen in dogmaticis geschulten Christen zu bilden, so war nun das Ziel des Unterrichtes, einen vollkommenen Hofmann zu erziehen. Wie Leibnitz für diese Epoche der deutschen Pädagogik maßgebend war, so darf auch in ihm für die Ritterschulen das treibende Element gesehen werden; er hatte für ihre Einrichtung freilich noch einen anderen

---

[1] Einzig und allein in unserer Gegend käme als Parallele in Betracht die Schule in Schleusingen, die im Jahr 1534 wenigstens ein starkes Kontingent adeliger Schüler aufweist. In einem Erlasse des Grafen Wilhelm von Henneberg an den Stadtrat zu Themar 1534 heißt es: „Nachdem der Magister, ein gelarter, geschickter man und nicht viell über ein Jahr die Schul in Verwaltung und die Jugent Got lob dermassen vnterricht und gelernt, sich wol zu verwundern und so viell Knaben vnd sonderlich ein dapffere Zall der Kinder von der Ritterschaft des Landes zu Franken bey sich hat und daselbst noch täglich ire Kinder zu Ime schicken . . ."
(Franz Ittig, der oben genannte Magister, ist ein Schüler Melanchthons, er trat die Schulstelle bereits 1531 an). Siehe Schultes a. a. O. I. S. 214 f.

Grund, und zwar einen höchst praktischen, wirtschaftlichen Grund: „ja rechte Ritterschulen aufzurichten und zu verlegen, damit man nicht solcher Dinge wegen, so man zu Hause haben könnte, sein halbes Patrimonium in der Fremde verzehren und mit seinem eigenen Verderben zu Verarmung des Vaterlandes kooperieren müsse." Mit diesen Ritterakademien hat die Thundorfer Schule nichts zu schaffen; nur in gewissem Sinne darf sie eine Vorläuferin jener genannt werden: sie hat mit ihnen nur den Namen „Ritterschule" und einige Unterrichtsfächer gemeinsam. Die Tendenzen beider sind verschieden: Es ist der Unterschied zwischen dem heiteren, leichtsinnigen Rokoko und der ernsten, herben deutschen Renaissance; dort sind Pflegestätten des Kavaliertums, hier aber sollen junge Edelleute zu echter adeliger Tugend erzogen werden auf dem ernsten Untergrunde der Religion, Moral und wissenschaftlichen Bildung, — also zu jenem Ideal, das dem Gründer, Silvester von Schaumberg, vorgeschwebt hat, das er sich aber für seine Person erst nach mühseligen Irrwegen und Suchen herausarbeiten konnte: Ein Christ und ein Edelmann. Es ist tief bedauerlich, daß besonders über die frühere Zeit der Schule so wenig Innerliches und Aeußerliches bekannt ist. Die Geschichtsschreibung des deutschen Unterrichtswesens und der gelehrten Schulen würde dann nicht mehr an dieser eigenartigen Erscheinung auf dem Schulgebiete Frankens vorüber kommen. Um das rasch gegebene Bild der Schule, welche wir auf Grund der dürftigen Belege zu rekonstruieren versucht haben, soweit es möglich ist, noch zu vervollständigen, sei hinzugefügt, daß man zwei Lehrer kennt, die an der Schule gelehrt haben. Der eine ist schon erwähnt, es war der spätere Pfarrer Johann oder Jonas Gadamer von Waltershausen, der, wie Gutenäcker berichtet, in hohem Alter 1620 verstarb. Derselbe war auch Schüler der Anstalt. Setzt man das „hohe Alter" auf 70—80 Jahre und berechnet, daß der Schüler mit dem 10.—11. Jahre aufgenommen wurde, so wird man auch hier für die Ritterschule ziemlich weit zurück kommen: Gadamer hat zwischen 1550 und 1560 die Schule besucht. Der andere Lehrer, von dem man Kenntnis hat, ist Magister Sebastian Lutz aus Ottendorf, der 1590 Präzeptor an der Schule zu Thundorf war und darnach Konrektor zu Schweinfurt wurde[1]). Man kann sicher sein, daß für die Unter-

---

[1]) Gutenäcker, a. a. O. S. 149, 4 und Thomae, Licht am Abend S. 732.

richtsfächer wie auch an den anderen Schulen die Lehrer durchweg dem geistlichen Stande angehörten. Für die Ausbildung in ritterlichen Uebungen mögen die schaumbergischen Vögte und Waffenmeister die Lehrer gewesen sein. 1624 waren es 20 Schüler, 12 Adelige und 8 Pfründner. Es erübrigt sich, noch ein kurzes Wort über die Dauer der Schule zu sagen. Die Meinungen gehen auseinander. Ein Bericht des katholischen Pfarrers J. Bartholomäus Hartmann vom 27. Januar 1688 an die geistliche Regierung zu Würzburg sagt, daß in diesem Jahre eine katholische Schule zu Thundorf errichtet wurde und daß mit Bewilligung der Gutsherrschaft diese Schule in das Gebäude der ehemaligen schaumbergischen Ritterschule, auch das lutherische Gymnasium genannt, welches bisher an Juden vermietet war, versetzt worden sei[1]). Danach ist es ausgeschlossen, daß das Thundorfer Pfarrbuch recht haben kann, welches den Bestand der Schule noch bis etwa 1700 annimmt. Der Grund, den Eilfländer für diese Annahme angibt, ist die Notiz bei Werner Krauß, daß der damalige Ritterschaftskonsulent Geisler in Wetzhausen nach seiner eigenen Angabe Schüler dieser Anstalt gewesen sei. Die Krauß'sche Kirchenhistorie ist 1750 erschienen. Hier liegt ein Irrtum vor. Der Ritterschaftskonsulent Geisler lebte bei Erscheinung des Krauß'schen Buches längst nicht mehr; seine Jugendzeit fällt nicht in die Jahrhundertwende, sondern viel früher. Krauß interessierte sich schon viel früher, als sein Buch erschien, für die Thundorfer Ritterschule, er ist um ihretwillen eigens nach Thundorf gereist und sagt ausdrücklich, daß er gerne Einzelheiten erfahren hätte. Die Reise nach Thundorf ist aller Wahrscheinlichkeit nach in die Jahre 1717—1731 gefallen, denn in dieser Zeit war Krauß Diakonus in Königsberg i. Fr., welches etwa sechs Wegstunden von Thundorf entfernt liegt; später ist er nach Eisfeld gekommen und wird kaum mehr die weite Reise dahin unternommen haben. Zur Zeit seiner Thundorfer Studienfahrt lebte Geisler sicher nicht mehr, denn dann hätte es sich der interessierte Historiker sicher nicht entgehen lassen, in Wetzhausen, das am Wege nach Thundorf liegt, einzukehren und sich Einzelheiten über die Schule erzählen lassen, die er ja dann in gewünschter Fülle erhalten hätte. Die Erwähnung Geislers ist nichts anderes als eine Jugenderinnerung; Werner Krauß, 1690 geboren,

---

[1]) Reiniger, a. a. O. S. 99.

ist Pfarrerssohn aus Königsberg und hat dort seine Jugend
verlebt. In dieser Zeit mag er mit Geisler in Berührung
gekommen sein, der damals schon „der alte ritterschaftliche
Rechtskonsulent", also ein bejahrter Mann war. Im Pfarr-
archive zu Thundorf befindet sich ein Brief eines Joh. Geisler
von 1675, der die damalige schaumbergische Gutsherrschaft
bei der bevorstehenden Vakanz des Thundorfer Pfarramtes
auf einen Kandidaten, einen jungen Lauterburger Beamten-
sohn, der in Wetzhausen den Schuldienst versehen hat,
aufmerksam macht. Dieser Geisler, der da Ritterschafts-
sachen betreibt und schon um diese Zeit ein angesehener
Mann ist, ist wohl mit dem alten Wetzhäuser Ritterschafts-
konsulenten identisch. Seine Jugend fällt in die Zeit des
30jährigen Krieges. Um diese Zeit also hat die Ritterschule zu Thundorf noch bestanden. Und das scheint
den Verhältnissen zu entsprechen. Denn in der schwe-
dischen Periode des Krieges ragt in diesen Gegenden ein
Mann aus der Masse, der eine Zeitlang im Auftrage der
Krone Schweden über das Land zwischen Schweinfurt,
Haßfurt und Münnerstadt gebot. Dieser mächtige und
kraftvolle Mann ist Hans Otto von Schaumberg zu Mupperg
und Haig, schwedischer Reiter-Oberst und Burggraf zu Thundorf. Er hat die Macht und den Willen gehabt, vom
schaumbergischen Besitz, sowohl seinem ideellen als reellen,
nichts verkümmern zu lassen. Zu seinen Tagen hat die
Ritterschule sicher noch bestanden, denn in seiner Bestallungsurkunde 1624 wird sie erwähnt; er starb 1634. Von
da ab ging es mit dem ganzen Geschlechte schnell bergab.
Der Religionskrieg hatte zwischen der katholischen Lehens-
herrschaft und den evangelischen Lehensträgern drückende
Verhältnisse geschaffen, die gewaltigen Leistungen, die der
Krieg auferlegte, häuften eine starke Schuldenlast zusammen,
Jahrzehnte langes Darniederliegen der Landwirtschaft und
aller Einnahmen aus den Gütern, Mißwirtschaft späterer
Burggrafen und Uneinigkeit unter den Ganerben brachten die
stolze Herrschaft fast bis zum Zusammenbruch. In dieser
Zeit des Niederganges ist dann auch die Schule eingegangen, aller Wahrscheinlichkeit nach hat sie bei der Ent-
völkerung und der schrecklichen Zerstörung der vierziger
Jahre keine Schüler mehr bekommen; um die eingeschlafene
dann nach dem Kriege wieder zu erwecken, fehlte die
finanzielle und moralische Kraft. Der Fluch des Stifters
hat das eigene Geschlecht getroffen und für Thundorf sich
an ihm erfüllt. Sicherlich hat die Schule bei der Ueber-

gabe der Herrschaft an die von Rosenbach 1676 nicht mehr bestanden. Man hatte, wie schon erwähnt, schaumbergischerseits in bezug auf die evangelische Bevölkerung und Kirche Thundorfs ernstliche Bedingungen an den Verkauf geknüpft und hätte sicher auch die Schule mit eingeschlossen, wenn sie noch bestanden hätte. Nichts deutet darauf hin.

Die Jahrhunderte sind dahin gegangen und haben die Spuren stolzen evangelischen Lebens verwischt. Von Silvesters einstiger Arbeit für das Evangelium ist nicht mehr viel zu spüren. Münnerstadt ist 1586 durch den mächtigen, — auch in Rücksichtslosigkeit und Härte mächtigen, — Würzburger Bischof Julius Echter von Mespelbrunn durch einen Gewaltakt und in Folge der Arbeit der Jesuiten rekatholisiert worden. Thundorf zeigt heute unverkennbare Spuren sinkenden protestantischen Lebens; es scheint nur eine Frage der Zeit, daß die wenigen evangelischen Familien sich dort noch halten. Die Ritterschule ist längst dahin. Nur eines steht noch! Unterhalb der evangelischen Kirche zu Thundorf ziehen sich längs des Baches zwei Häuserreihen hin. Zu Cent- und Zehendzwecken soll die vordere gedient haben; die hintere, aus altertümlichen Gebäuden, mit kleinen unregelmäßigen Fenstern versehen, heißt heute noch „die Ritterschule". Die letzte Spur! Die Bewegung der Geschichte ist, wie die Bewegung des Meeres, ein stetes Steigen und Fallen. Wohl dem, dessen ernstes Lebenswerk durch die aufwärtsführende Welle getragen wird! Jenem Manne, der einst heißen Herzens über diese Fluren schritt, der klar und kraftvoll Hand anlegte, seine erkämpften Ideale zu verwirklichen, ist für sein Werk das Glück des Steigens nicht beschieden gewesen. Es hat nicht an ihm gelegen. Mit einem aber könnte die Geschichte den ihm schuldig gebliebenen Erfolg der Dauer bezahlen, nämlich daß sie ihn in die Reihe derer stellt, die in großer Zeit ihren Platz und ihren Weg genau erkannt haben, und daß sie ihm den Lorbeer der Förderer des Evangeliums windet und seinen Namen für immer aus der Masse herausstellt: Silvester von Schaumberg [1]).

---

[1]) Einige Literaturangaben über die zuletzt beschriebenen Verhältnisse sind noch nachzutragen: Die Geschichte des Schulwesens, soweit es für unseren Zweck in Betracht kommt, beschreibt Paulsen, Geschichte des gelehrten Unterrichts. 1885. Hiervon kommt vor allem der II. Abschnitt im 1. Buch in Betracht: „Das gelehrte Unterrichtswesen unter dem Einfluß der Kirchenreformation" Kapitel 1—4; dazu II. Buch, I. Abschnitt, 3. Ka-

Einige Berichtigungen müssen zur Vervollständigung des Lebensbildes Silvesters auf diesem Gebiete noch gemacht werden. Wohl in allen Büchern, die einige biographische Notizen über ihn bringen, wird angegeben, daß er auch ein Glied der 1528 von Kurfürst Johann von Sachsen angeordneten Kirchenvisitation der sächsischen Lande gewesen sei. Die Nachricht erscheint erstmalig in Seckendorfs historia Lutheranismi. In der deutschen Ausgabe von 1714 werden als Visitatoren in Franken Johann von Sternberg, Johann Schott, Sylvester von Schaumburg, Niclas Kind, Johann Langer und Balthasar Thüring genannt[1]). Diese Mitteilung läßt sich nicht halten. Die Visitationsakten für Franken weisen urschriftlich folgenden Eintrag auf:

Er Hans von Sternberg zu Kallenberg, Rytter,
Nicolaus Kyndt, Doctor, Pfarrer zu Eißfeld
Balthasar Düring, Magister, Prediger zu Coburg
Paulus Bader, Castner daselbst.

Ebensowenig führt eine Notiz, daß Silvester für die Osterlande als Visitator bestellt gewesen sei, zu einem Resultat[2]).

Allerdings hatte Silvester mit der sächsischen Visitation in Franken zu tun. Er war Geschlechtsältester und mußte als solcher verschiedene Familiengüter, die von Sachsen zu Lehen gingen, empfangen; ebenso hatte er auch Familienbesitz, der zu Lehen gemacht war, zu verleihen. Dazu gehörten die Patronate von Öttingshausen und Rottenbach, zwei coburgischen Dörfern. Beide Pfarreien waren bereits

---

pitel „die Ritterakademien". Für die Verhältnisse im Thundorfer Burggraftum kommt in Betracht das Pfarrbuch der evangelischen Pfarrei Thundorf und die umfangreichen Materialien über diesen Gegenstand aus den Sammlungen Oscar von Schaumbergs, besonders das schaumbergische Kopialbuch im jetzt von Enckevort'schen Schlosse zu Almerswind (S.-Meiningen). Ueber die Gegenreformation des Bischof Julius in Münnerstadt vergl. Reiniger, a. a. O. in ganz ausführlicher Schilderung von Seite 185—206. Schornbaum, a. a. O. S. 129—137; Krauß, a. a. O. Teil IV. Kap. 14, S. 231 ff.; für die allmähliche, planmäßige Rekatholisierung Thundorfs durch die Rosenbachs bringt das ebengenannte Pfarrbuch genügsame Belege. Ueber die interessante Periode des Burggrafen Hans Otto von Schaumberg vergl. Thundorfer Pfarrbuch, Schornbaum a. a. O. S. 138f. Mühlig. Schweinfurter Chronik 1817, S. 537 und Archiv des histor. Vereins für Unterfranken, 7. Bd. S. 43 und 130.

[1]) Vergl. Veit Ludw. v. Seckendorf „Historie des Luthertums" 1714. S. 884. Von hier aus hat die Notiz weite Verbreitung gefunden, sie erscheint bei Schornbaum, a. a. O. S. 123, Reiniger a. a. O. S. 98, Lotz, Geschichte von Mupperg S. 130 und vielen andereu.

[2]) Diese Mitteilung hat Salig, Historie der Augsburger Confession I. 120.

vor der Visitation mit lutherischen Predigern versehen, die in der Examination vor den Visitatoren wohl bestanden, und darum in ihren Aemtern gelassen wurden. Von seiten des Patrons aus erfolgte kein Einspruch gegen die offizielle Evangelisierung der beiden schaumbergischen Pfarreien. Der Oettingshäuser Pfarrer, Johann Bethäuser hatte sich den Magistergrad erworben und bereits einige Zeit vor der Visitation in seinem Pfarrort in evangelischem Sinne gewirkt. Der Patron, also Silvester von Schaumberg, muß daher längst mit der Umwandlung in eine evangelische Pfarrei einverstanden gewesen sein, ja wohl mehr noch, er muß sie durch die Berufung des Magisters geradezu herbeigeführt haben[1]). Also auch hier wandeln wir, wenn wir in Silvesters Spuren gehen, auf evangelischen Pfaden[2]). Eine aktive Teilnahme Silvesters an dem sächsischen Visitationswerk begegnet auch inneren Unwahrscheinlichkeiten. Das seit langem bestehende gespannte Verhältnis zwischen Sachsen und der Familie von Schaumberg, bei welchem Silvester öfter eingreifen mußte, läßt es von vornherein nicht als wahrscheinlich erscheinen, daß sich Sachsen bei der Durchführung eines so wichtigen Werkes eines Mannes bedient hätte, der die Rechte seiner Familie Sachsen gegenüber so scharf und nachdrücklich verteidigt hatte, noch dazu eines Mannes, der weder in sächsischen Diensten stand, noch zur Ritterschaft des Landes gehörte. Ein Mangel aber an bewußt evangelischen Männern bestand in der fränkischen Ritterschaft des Kurfürstentumes nicht[3]).

---

[1]) Die Einträge der Originalakten lauten: „Dye Pfarr Ottingshausen geht zu lehen von dem Eltsten von Schaumberg und steht die belehnung yetz vf Syluestern von Schaumberg, Amptmann zu Murstat." „Rottenbach ist ein Filial der Pfarr Ottingshausen gewest und vor etlichen verloffen Jarn abgesondert auch zu eyner eignen Pfarr bestettigt, geht zu Lehenn vonn dem Eltsten von Schaumberg. Coburger Haus- und Staatsarchiv B. II. 20. No. 8.

[2]) Seckendorfs Angaben beruhen auf einer irrtümlichen Vermischung der Visitatoren der ersten und zweiten Visitation. Bei der zweiten von 1532 werden Hans Schott und Silvester von Rosenau als Exekutoren genannt. Möglich, daß der Vorname „Silvester" an den durch seinen Lutherbrief als reformationsfreundlichen bekannten Silvester von Schaumberg erinnert hat und so die Verwechselung herbeiführte.
Vergleiche auch Burckhardt, Geschichte der sächsischen Kirchen- und Schulvisitation von 1524—1545; auch Berbig, Die kirchliche Versorgung des Coburger Landes im Reformationsjahr 1528/29, in „Bilder aus Coburgs Vergangenheit" II.

[3]) Bei dieser Gelegenheit sei eine Notiz besprochen, welche sich auf Silvester bezieht, bei der es aber fraglich erscheint, ob man sie wirklich auf ihn beziehen darf. Berbig in „Bildern aus

Bei der Schilderung des reformatorischen Wirkens Silvesters von Schaumberg in seinem Wirkungskreise müssen endlich noch einige Erscheinungen erwähnt werden, die auf den ersten Blick hin sich mit einem solchen Wirken nicht vereinbaren zu lassen scheinen. Silvester hat seiner 1525 verstorbenen Gattin ein Epitaph setzen lassen, auf dem sie mit einem Rosenkranz in der Hand abgebildet ist; er hat seinen — wohl jüngsten — Sohn Wolf Dietrich 1525 dem Domstift Würzburg einverleiben lassen, er ist dann selbst 1526 in die Dienste des dem Evangelium feindseligen Bischofs von Würzburg getreten. Das Auffällige an diesen Tatsachen wird sich mindern, wenn man bedenkt, daß der Uebergang vom Katholizismus zum Protestantismus nicht über Nacht erfolgen konnte. Wenn bei dem Führer der ganzen Bewegung, bei Luther, ein über Jahre sich erstreckendes, allmähliches Abstreifen katholischer Ansichten, Sitten und Gebräuche bemerkbar ist, so wird es

---

Coburgs Vergangenheit" Bd. I. „Gedenkblatt zum 400jährigen Geburtstag Philipp Melanchthons" sagt auf Seite 60: „Schon 1526 hatte Melanchthon die Stadt (Coburg) berührt . . . Er war von Sylvester von Schaumberg an der Landesgrenze empfangen und bis nach Coburg geleitet worden, — von demselben fränkischen Ritter, der schon vor dem Wormser Reichstag jenen begeisterten Schutz- und Trutzbrief an Luther geschrieben hatte. . . . Er — Melanchthon — ist begeistert über die humanistischen Gespräche des Ritters, der ihm viel von Italien und von den Alten erzählt. Er freut sich über die treue Erinnerung des Mannes, der am Reformationswerk festhält, auch wenn nicht wenige von der fränkischen Ritterschaft infolge der letzten Wirren und Kämpfe abgefallen sind." Diese Mitteilung beruht auf einem Briefe, den Melanchthon an Joachim Camerarius nach Bamberg schrieb (corpus Reformatorum I. S. 798), und zwar am 5. Juni 1526 von Coburg aus. Es heißt da: Heri nos Coburgam Sylvester deduxit, nosque summa comitate in itinere tractavit. Mire oblectarunt me sermones eius, quos tum de moribus Italiae, tum de nostris studiis habuit, quibus etsi non licuit ei versari satis diu in literis tamen favere ex animo videtur. Ea virtus quia rara nunc est in illo ordine, non parum laudis meretur meo judicio, nosse videlicet, admirari ac laudare disertos, ut pueri Junonis avem." „Gestern führte mich Silvester nach Coburg hinein, er war unterwegs sehr freundlich. Recht gefreut habe ich mich über seine Gespräche, die er mit mir zuerst über italienische Sitten, dann auch über Studien unserer Werke geführt hat. Er scheint diesen, wenn ihm auch nicht eine genügende Beschäftigung mit ihnen vergönnt war, von Herzen zuzuneigen. Eine solche Tugend verdient meines Erachtens alles Lob, gerade weil sie in jenem Stande jetzt recht selten ist, nämlich beredsame Leute zu kennen, zu bewundern und zu loben, wie die Knaben den Vogel der Juno, den Pfau." Melanchthon liebte es, in Briefen an seine Freunde gemeinsame Bekannte nur mit dem Vornamen zu nennen; so spricht er hier nur von einem Silvester. Daß dieser Silvester zur Ritterschaft ge-

nicht verwunderlich erscheinen, wenn der Prozeß bei den
Gefährten sich noch langsamer vollzog. Die Reformation
ist ein Vorgang, der sich im Individuum meist auf ein Jahrzehnt erstreckte. Es hat lange gedauert, ehe die Ritterschaft
sich z. B. vom Marienkult freimachen konnte; die Himmels-
königin war ja noch kurz vor der Reformation die Patrona
der Rittereinungen gewesen, ihre Statuette war das sichtbare Gemeinschaftszeichen, das die Glieder der Einigungen
trugen. Es war natürlich, daß man derartig eingewurzelte
Anschauungen erst allmählich von innen heraus überwinden
konnte. Noch 1522 hält Adam von Schaumberg in seiner
Reformationsschrift „Leienspiegell" an der Wirksamkeit
der Fürbitte durch Maria und die Heiligen fest. Gerade
die davon handelnde Stelle dieser tapferen und entschiedenen
Reformationsschrift des fränkischen Edelmannes mag zeigen,
wie stark in jenen Tagen immer noch katholische Einflüsse
in die neue Lehre hereinspielten. Es heißt gegen das Ende
der Schrift: „Darum glaube ich, wir Lebenden Menschen
die lieben Heyligen unterscheydlichñ anruffen vnd sunderlich

---

hört, geht wohl aus dem Worte „in illo ordine sei gelehrte
Neigung eine seltene Tugend" geworden, was in der Tat wahr gewesen ist. Die Reformation hat die wissenschaftlichen Interessen,
die sich schüchtern im Adelsstande zu erheben wagten, in ihrer ersten
Periode ganz zurückgedrängt. Unter der religiösen Idee sanken alle Bestrebungen, auch die humanistischen, vorerst zusammen. Ob aber dieser
„Sylvester" wirklich der unsrige ist? Daß Silvester von Schaumberg mit
Melanchthon persönliche Beziehungen hatte, wissen wir (s. S. 142); auch
die mit Melanchthon geführten Gespräche würden verständlich sein können,
denn ein so für die Reformation interessierter Mann, wie er, wird selbstverständlich nicht teilnahmlos an den literarischen Erzeugnissen eines ihm
befreundeten Mannes vorübergehen. So hoch erfreulich es wäre, eine solche
prächtige Regeste zu seinem Lebensbild verwenden zu dürfen, so scheint
es mir so lange untunlich zu sein, bis der Nachweis geliefert ist, daß sie
auf einen andern Silvester sich nicht beziehen könne. Es käme aber für
sie in Betracht Silvester von Rosenau. Der Vorname kommt in dieser
Familie öfter vor, z. B. gleich in jenen Tagen. Der hier gemeinte ist aber
nicht der gleichzeitige Pfarrer von Altenbanz dieses Namens, sondern jener
Silvester von Rosenau, der zu Rosenau bei Coburg als Angehöriger der
Landesritterschaft ansässig war. Auf einen solchen paßt in erster Linie der
feierliche Empfang Melanchthons, weniger aber auf Silvester von
Schaumberg, der nur ab und zu in der Pflege Coburg weilte.
Silvester von Rosenau hatte Bamberger Beziehungen und war ebenfalls ein
treuer Freund der Reformation (s. S. 195. Anm. 2). Er war 1534 Schosser
zu Coburg uud 1537 mit Ritter Hans Schott Befehlshaber der Pflege Coburg,
ein in seinen Tagen sehr bekannter Mann. Wenn wir die Regeste auf
Silvester von Schaumberg beziehen dürften, so hätten wir freilich die direkte
Bestätigung der an ihm gezeigten großen Züge.

die allerheiligste Junckfraw Maria, die über alle Engelchöre und Heiligen erhöht ist vnd die in allerhöchster Höhe dicht neben vnd unter der Hl. Dreyfaltigkeit, dem einigen wahren vnd ewigen Gott sitzet und als ein Kaiserin des Himmelreichs vnd Erdreichs in ewigen Freuden ruhet, wie der Erzengel Gabriel durch den Gruß verkündet, voll Gnaden ist vnd der himmlische Vater ist mit ihr als seiner allerliebsten Tochter, der Sohn ist mit ihr als seiner allerliebsten Mutter, der heil. Geist ist mit ihr als seines allerliebsten Gemahles, sie lieben, ehren und erhöhen sie und ir nit verhalten, was sie bitt, dann ihr gepet vol aller gnaden und Göttliche Weißheit ist. Deswegen darf sie der Mensch (meines Verstandes) anruffen, auch andere liebe Heilige, daß sie ihm Gnade und Barmherzigkeit erbitten." Wenn auch nach dem Schweinfurter Tage 1523 als Einigungszeichen die Figur des auferstandenen Christus von Wolken umgeben, erscheint[1]) an Stelle der früher gebrauchten Marienfigur, so ist doch auch in diesen Tagen der Marienkult noch nicht völlig überwunden gewesen, besonders noch nicht in den Gemütern der Frauen, denen das Bedürfnis der Anrufung der „schmerzhaften, freudenreichen Mutter" noch in stärkerem Maße als den Männern in Fleisch und Blut übergegangen war. Der Rosenkranz, also das Sinnbild des Gebetes zur „rosa mystica", zur Maria, oder des rosarium i. e. des Rosengartens, des Gebetsstraußes für Maria, in der Hand einer Edelfrau um 1525 dürfte noch nicht die Zugehörigkeit der Trägerin zur alten Kirche beweisen. Silvesters Gattin mag in vielen Dingen evangelisch gedacht, ohne aber den Marienkult preisgegeben zu haben. Uebrigens fragt es sich auch noch sehr, ob der Rosenkranz in den Händen der Grabfigur nicht doch weiter nichts ist als die Gewohnheitsarbeit des Bildhauers, welcher von seinem alten Schema nicht abging. Mit der Zulassung von Silvesters Sohn an das Hochstift zu Würzburg liegt es nicht viel anders. Die Reformation bedeutete doch in Ritterkreisen in der ersten Zeit nichts anderes als ein „Los von Rom" und den papistischen Lehren, aber nicht ein Los von der Kirche. Die fränkische Ritterschaft hat sich sicher lange mit der stolzen Hoffnung getragen, daß die Bistümer ihrer Heimat, ja die ganzen deutschen Bistümer noch im Sinne Luthers reformiert würden. Es ist

---

[1]) Fellner, Die fränkische Ritterschaft. S. 270. Anm. 70.

anzunehmen, daß aus diesem Grunde bei den meisten Gliedern des Adels gar kein offener Bruch mit der bischöflichen Kirche erfolgte. Man hätte sich ja auch alles Einflusses auf die künftige Gestaltung der Kirche begeben. Und die Kirche war damals gezwungen, sich das Verhalten der Ritterschaft gefallen zu lassen. Wegen seiner Zuneigung zur neuen Lehre und seines Wirkens für sie ist kein Edelmann jener Tage aus dem Dienste des Hochstiftes ausgeschlossen worden. Freiwillig sind wohl manche ausgeschieden, man denke an die bambergischen Räte Schwarzenberg, Schaumberg, Rosenau; hier lag aber wohl ein innerer, nicht ein äußerer Zwang vor. Für die Ritterschaft waren außerdem noch wirtschaftliche Gründe gegeben, die einen offenen Bruch mit der Kirche zu vermeiden geboten: „Die Klöster sind des Adels Spital". Man dachte nicht daran, sich diese Versorgungsanstalt nehmen zu lassen. Bis zu der Zeit, wo die Gegenreformation in Franken mit voller Wucht einsetzte, also etwa um 1575, hat der protestantische Adel seine Söhne in Kanonikate befördert[1]). Es hat den Anschein, als ob man gerade in der Unterbringung evangelisch gerichteter Elemente in den höheren Stellen des Hochstiftes ein Mittel der Evangelisation gesehen hätte. So kann also nach der Lage der Verhältnisse in dem Eintritte Wolf Dietrichs von Schaumberg in das Domkapitel zu Würzburg keine rückschrittliche Bewegung seines Vaters gesehen werden, ebensowenig wie

---

[1]) Wir erinnern nur an zwei Beispiele aus der Familie von Schaumberg. Martin, der Sohn Kaspars von Schaumberg zu Nakel, Amtmanns zu Nassenfels, wurde Domherr 1549 in Bamberg, 1550 in Würzburg, 1559 in Eichstedt; schon im folgenden Jahre wurde er in Eichstedt ordinarius und war einer der besten Bischöfe, die das Hochstift besaß, der weise Reformator der Schulen seines Landes. Ein anderer Martin, Sohn des Hans Ludwig v. Schaumberg auf Leitterbach, Burggrafen zum Rothenberg, wurde Domizellar 1561 (mit 10 Jahren) zu Bamberg, indem er die durch Resignation des zum Bischof von Eichstedt erwählten Martin von Schaumberg erledigte Pfründe erhielt, 1574 wird er Kapitular und 1577 Dompropst zu Eichstedt. Er selbst unterhielt die besten Beziehungen zu den weltlichen und kirchlichen Behörden seiner protestantischen Heimat. Sein Bruder, Hans Ludwig (medius) liegt in der evangelischen Kirche zu Weißenbrunn v. W. (Sa.-Coburg), sein anderer Bruder Wolf Christoph liegt in der evangelischen Kirche zu Effelder (Sa.-Mein.) begraben. Er war zweifellos der Sohn protestantischer Eltern. Seine Mutter stammt aus dem Geschlechte der Wiesenthau, welches bekanntermaßen sich kräftig für die Reformation eingesetzt hatte, (siehe darüber auch bei Raab, Geschichte von Rattelsdorf im Archiv des Histor. Ver. f. Oberfranken 30. 1866/67. S. 8).

in dem Umstande, daß Silvester selbst würzburgische Dienste annahm. Ein Amt im Würzburger Hochstift war in den zwanziger Jahren des 16. Jahrhunderts trotz der feindlichen Stellung, die Bischof Konrad dem Evangelium gegenüber beobachtete, kein Hindernis zur Pflege und Betätigung der evangelischen Gesinnnng. Die tatsächlichen Verhältnisse waren eben stärker als der Wille des Bischofs; sie gestatteten der evangelischen Ritterschaft auch unter dem Krummstab ein Leben nach ihrem Gefallen.

Werfen wir nun noch einen Blick auf dieses Würzburger Dienstverhältnis.

VII. Im Dienste des Hochstiftes Würzburg.

Es lag in der Natur der politischen Verhältnisse von Münnerstadt, daß seine Bewohner gewisse Beziehungen zu den beiden Herren der Stadt unterhalten mußten. Vor allen mußte diejenige der beiden Mächte, die das stärkere geistige Prestige besaß, auch auf die Untertanen der anderen Herrschaft Einfluß ausüben. Jahrzehntelang nahm Henneberg hier die dominierende Stelle ein. Seitdem aber das Hochstift seinem finanziellen Niedergang Halt geboten und seine inneren Verhältnisse geordnet und gekräftigt hatte, wuchs auch sein altes Ansehen wieder. In jenen Tagen, als die Reformation in deutschen Landen anhob, besaß Würzburg in Münnerstadt das moralische Uebergewicht. Hennebergs Stern war im Erbleichen. Es war darum kein Wunder, wenn durch den langen Aufenthalt in der Stadt und durch die vollkommene Kenntnis der Verhältnisse ein Mann wie Silvester von Schaumberg, auf diejenige Seite gezogen wurde, auf welcher die größere, sicher gegründete und mehr imponierende Macht war: auf die Seite des Hochstiftes. Schon vor Jahren hatte er sich in und in der Nähe der Stadt einigen Grundbesitz erworben. Vom Vater her besaß er hier ja schon liegendes Gut, nun vermehrte er es durch Ankauf feilgewordener Bürgergüter und durch Vergrößerung seines Lehnbesitzes. Wo dieser lag und wie groß er war, ist nicht bekannt. Bischöfliche Lehensregister geben keine Auskunft. Bekannt ist nur, daß sein erworbener Lehensbesitz ihn in die Reihen des Würzburger Stifts- und

Lehensadels führte. Mit Ritterdiensten mußte er die bischöflichen Verleihungen verdienen. Zum ersten Male erscheint er im Jahre 1522 in den Aufgebotbüchern des Stiftes[1]). Es scheint aber, daß er schon früher Würzburg verpflichtet war. Denn schon im Jahre 1520, als die Ritterschaft in Münnerstadt ein Armbrustschießen veranstalten wollte und der Stiftsadel sich deshalb an den Bischof um Erlaubnis wandte und zugleich um ein Stück Wildpret aus der bischöflichen Küche zum Feste bat, befand sich auch Silvester unter der Zahl der Bittsteller[2]). In einem Schriftstück aus

---

[1]) 1522. Ausschreiben der Rüstung halben, so Bischof Conrad auf den achten tag Laurenti ergehen ließ. Darunter:
    Adam, Ritter, und
    Silvester von Schaumberg;
    Bernhart
    Hans
    Wolf
    Christoffel
    Hans
    Paul
    Lorenz, alle von Schaumberg
    Wilhelm und
    Karl von Schaumberg.
(Nach welchen Gesichtspunkten hier eingeteilt wird, ist nicht erfindlich, nach Kantonen kaum, da allerdings Adam und Silvester zur Rhön gehörten, aber der in der 3. Gruppe genannte Wilhelm auch.)
    Auch im Jahre 1523 und 1524 erscheint Silvester unter den Aufgebotenen. (Kreisarchiv Würzburg; Standbuch 473.)

[2]) Mitteilung der Ritterschaft an den Bischof: Es sei verabredet worden am Sonntag nach Mariae Geburt gegen Abend in Münnerstadt zusammenzukommen, um folgenden Tags ein „Armbrustschießen und andere erlich Kurtzweyll, wie solchs hievor von unsern Elthernn seligen loblich bedacht und auffgericht" zu halten. Sie bäten den Bischof um Geleit für alle, die dieses Fest besuchen . . .
    In einem anderen Schreiben vom gleichen Tage bitten eben dieselben, der Bischof möge ihnen zu ihrem Feste ein Stück Wildpret aus seiner Küche zukommen lassen, „daß wollen wir vmb E. f. Gn. in aller unterthenigkeit zu uerdienen geflissen sein."
    Mittwoch nach Jacobi 1520.
        Jörg von Bibra
        Hans von Karspach, Comthur zu Münnerstadt,
        Jorig Voyt (zu Salzburg),
        Siluester von Schaumberg,
        Philips von Maßbach,
        Erhart Truchseß,
        Moritz von Heldritt,
        Burckart von Erthall,
        Wolf von Steynna.
(Würzburger Kreisarchiv: Standbuch No. 469. S. 12.)

etwas späterer Zeit forderte der Ausschuß der Ritterschaft aus den vier Kantonen des Stiftes die Standesgenossen auf, auf friedlichem Wege ihre Beschwerden gegen den Bischof beizulegen: Es fände sich, daß ihre Voreltern sich, so es die Not erfordert hat, mit ihrem Blutvergießen und sonst allewegen getreulich zu gemelten Fürstentum gesetzt hätten, so wollten auch sie sich friedlich zum Bischof als ihrem Landesherrn stellen. Man solle sich über die Gebrechen unterreden und die Ergebnisse schriftlich an den Ausschuß eingeben, damit eine gütliche Handlung erfolgen könne[1]). Unterzeichnet ist für Rhön-Werra: Silvester von Schaumberg. Hier nennt er also klar und deutlich den Bischof von Würzburg seinen Landesherrn. Es war nicht anders als natürlich, daß die Herstellung eines äußeren Bandes auch auf die innere Stellungnahme einwirkte. Schon der ständige Verkehr mit der Stiftsritterschaft mußte ihn für Würzburg und seine Angelegenheiten interessieren. Mit Henneberg waren nach Lösung des Dienstverhältnisses die Beziehungen etwas kälter geworden. Zwar bediente sich noch, wie schon oben erwähnt, der Graf in den zwanziger Jahren Silvesters als seines Vertrauensmannes bei den Verhandlungen der Ritterschaft; auch während der zweiten Episode im Dienste des Hochmeisters 1523 muß der Zusammenhang zwischen dem Hause Henneberg-Römhild und Silvester noch ein inniger gewesen sein. Von dieser Zeit an aber zogen ihn Neigung und Interessen mehr und mehr auf die Seite Würzburgs, bis dann eine schwere Entscheidungsstunde mit einem Male vollendete, was die Jahre langsam angebahnt hatten, — der Bauernkrieg. Er hat Silvesters äußerem Leben

---

[1]) Das Schriftstück trägt kein Datum, stammt aber wohl aus den ständischen Kämpfen zu Beginn der zwanziger Jahre. Unterzeichnet haben, als dem Ausschuß angehörig:

> für Baunach: Bernhard von Hutten,
> Hans von Rotenhan;
> für Rhön: Silvester von Schaumberg,
> (von späterer Hand durchstrichen);
> für Steigerwald: Wolf von Crailsheim,
> Albrecht von Vestenberg,
> Philipp Truchseß;
> für Odenwald: Marx von Berlichingen, Ritter,
> Albrecht von Witzheim,
> Philipp von Berlichingen,
> Ludwig von Hutten, Ritter.

(Kreisarchiv Würzburg, Standbuch No. 469. S. 21).

wieder eine neue Richtung gegeben. Von diesem Zeitpunkte an läuft die Linie seines Lebens bis zu ihrem Aufhören äußerlich mit den Angelegenheiten des Hochstiftes zusammen.

Das Ereignis, welches ihn offen auf die Seite Würzburgs bringt, kann hier schon aus dem Grunde nicht übergangen werden, weil die starken Erschütterungen, welche es mit sich brachte, auch im Leben Silvesters von Schaumberg für einige Monate starke Bewegungen hervorriefen.

Ein wildes Wetter war es, welches der stürmische Süd in den Maitagen 1525 über das Frankenland heraufjagte: Rasch, fast unerwartet brach es ein mit elementarer Wucht, verwüstete Landschaften bezeichneten den Weg, den es einschlug und schnell, fast jäh brach seine Gewalt; dann war es vorüber. Wie schwer aber der hinterlassene Schaden war, zeigen die Trümmerstätten zahlreicher Burgen, die jetzt nach fast 400 Jahren der Wanderer im Frankenlande noch sieht. Der Ausgangspunkt des orkanartigen Sturmes war das südliche Schwaben, jenes Stück Land, welches durch die Wasserläufe des oberen Rheins und der oberen Donau durchströmt wird. Hier wohnte ein unruhiges Landvolk, das mit begehrlichen Augen von seinen Schwarzwaldbergen hinüber in die Schweiz sah auf die politische und soziale Freiheit, welche die Eidgenossen sich errungen hatten. Freilich an Gründen zur Unzufriedenheit fehlte es den schwäbischen Bauern auch nicht. Klerus und Adel nutzten, wenn auch nicht überall und immer, das gesellschaftliche und wirtschaftliche Uebergewicht aus, welches ihnen die Entwickelung des deutschen Volkes zugesprochen hatte. Und wie in Schwaben, so war es auch in Franken und auch sonst im Reiche. Seit Jahrzehnten hatte man an verschiedenen Stellen den Versuch gemacht, die Lage mit Gewalt zu bessern. Die vor Beginn der Kirchenreformation liegenden Versuche sind aus dem Grunde interessant, weil sie zur Beurteilung des Charakters der großen bäuerlichen Empörung 1525 gewichtiges Material liefern. Sie beweisen, daß auch der Bauernkrieg wirtschaftlicher und sozialer Natur gewesen ist. Dies geht ja auch aus den Memminger zwölf Artikeln hervor, auf deren Grund der ganze Aufstand sich aufbaute. Daß diese zwölf Artikel ihre Forderungen in bescheidene Form einkleiden, trug gewiß viel zur Ausbreitung der Bewegung bei; aber mehr noch half es wohl der Umstand, daß das wirtschaftlich-soziale Programm sich mit religiöser Sprache verband und seiner Form nach an Ideen anknüpfte, welche damals in der Luft lagen. So mußte das höchst klug verfaßte Schriftstück in allen bäuerlichen Kreisen Anklang finden[1]). Auf diese Weise ist das Evangelium freilich zu einem wertvollen Hülfsmittel der Propaganda geworden. Halbverstandene Ideen sind von der Masse noch immer nach der Richtung des Radikalismus hin ausgebeutet worden. Doch wie gesagt, es war genug Grund zu Mißvergnügen und Unzufriedenheit vorhanden. Die vielfachen lokalen bäuerlichen Erhebungen waren die geöffneten Ventile, durch welche der lang angestaute zornige Unwille der Bauernschaft einen zeitweiligen Ausweg fand. Sie hätten den herrschenden Klassen sagen können, daß Vorsicht geboten sei. Aber niemand beachtete die sturmverkündenden Zeichen der Zeit; deswegen konnte dann auch das hereingebrochene Unwetter eine Zerstörung von solchem Umfange anrichten. Die ersten Warnungsrufe waren bereits im Januar und Februar ins Hochstift Würzburg gedrungen und zwar von der Seite des schwäbischen Bundes aus, dessen Mitglied der Bischof war. Die wirtschaftliche Lage der hier angesessenen Bauern war im allgemeinen dieselbe wie in Schwaben. Das alte Wort „unter dem Krummstab ist gut wohnen" hatte seine Wahrheit eingebüßt. Die Bauernschaft des Hochstiftes hatte es um kein Haar besser wie die der reichsritterschaftlichen Territorien. Seit Jahrzehnten war es des armen Mannes liebster Traum „die Pfaffen gestürzt und die Fürsten und Herren um Taglohn arbeiten" zu sehen. Der schreckliche Gesang, den die Väter einst auf ihrer Wallfahrt zum Pauker von Niklashausen anstimmten:

„Wir wollen Gott vom Himmel klagen
  Kyrie eleison
Daß wir Pfaffen nit sollen zu tot schlagen
  Kyrie eleison!"

---

[1]) von Bezold, Geschichte der Reformation VI. Der Bauernkrieg. Seine Ausführungen über den Charakter des Aufstands gipfeln in die Worte: „Mit dem Evangelium Luthers hatte das Evangelium der Bauern kaum irgendwelche innere Fühlung." (S. 467 ff.) Was Janssen von der Bewegung des Paukers von Niklashausen sagt, gilt auch vom Bauernkriege: „die brüderliche Gleichheit, die Freiheit von allen Lasten und von jeder Herrschaft erschien dem gemeinen Manne als das wahre Evangelium." (S. 398 Bd. II); desgl. S. 409: auch ohne das Auftreten Luthers würde das „unzufriedene und allenthalben schwierig gewordene Gemüt des gemeinen Mannes in Stadt und Land neue Aufstände erregt haben."

lag wie eine unausrottbare Melodie in den Seelen der
Söhne und Enkel. Vorerst aber hielt sich alles im Gebiete des Hochstiftes ruhig. Der Bischof nahm eine abwartende Haltung ein; irgendwelche Vorkehrungsmaßregeln,
der anschwellenden Flut zu begegnen, wurden nicht getroffen. Der März des Jahres 1525 verging fast ganz, ohne
daß etwas Besonderes zu größeren Befürchtungen Anlaß
gab. Aber schon am Ende des Monats und zu Anfang April
zeigte es sich, daß die züngelnden Flammen des Aufruhrs
vom Taubergebiet her auf die südlichsten Teile des Hochstiftes übergegriffen hatten. Und nun mußte der Bischof auf
Sicherung des eigenen Herdes bedacht sein. Seine Lage
war nicht sehr verheißungsvoll. Die Bauernschaft stand in
offener Erregung, alle Beschwichtigungsversuche blieben
vergeblich; auf die Bürgerschaft aber war kein Verlaß.
In Würzburg lebten die alten Hoffnungen auf städtische
Selbständigkeit, auch wenn sie in vergangenen Tagen blutige
Niederlage erlitten hatten, noch fort wie glimmende Funken
in der Asche. Ein Windstoß zu gelegener Zeit mußte die
Funken zur Flamme werden lassen. Unruhige Elemente
bliesen fortwährend das heimlich glühende Feuer an. Von
der Bürgerschaft der Landstädte, deren Interessen eng mit
den bäuerlichen Angelegenheiten verknüpft waren, war wohl
schon von vornherein anzunehmen, daß sie in dem Kampfe
nicht neutral beiseite stehen würde; man wußte wohl auch,
daß es nicht die Partei des Bischofs war, auf die sie sich
schlagen würden. So blieb die Ritterschaft die einzige
Hoffnung. Aber auch hier gährte es. Der Strom der
Empörung, der durch andere Gebiete floß, hatte teils freiwillig, teils gezwungen einen Teil des Adels mit fortgerissen.
Die Bauernhaufen im Tauberthal und im Odenwald zählten
unter ihren Führern Edelleute von klingenden Namen.
Das offenbare Ziel der Empörung, nämlich die Klöster und
Stifter zu brechen und ihren Reichtum unter sich zu teilen,
ließ bei einem Teile des Adels die Leidenschaft des
„kleinen Krieges" wieder aufflammen. Ob von den großen
Stiftsvasallen, den Grafen und Herren wirksam Hilfe zu erwarten war, konnte zum mindesten zweifelhaft sein. Die
Lehensverbände waren längst lästige Fesseln, die neue Zeit
hatte sie gelockert; es hätte nicht zu den Unmöglichkeiten
gehört, daß die günstige Gelegenheit der Ohnmacht des
Hochstiftes zum Anlaß geworden wäre, jene Bande ganz
zu durchschneiden. Auch von benachbarten Fürsten war

nichts zu erwarten, alle hatten mit der gleichen Empörung
in ihren eigenen Landen zu tun, und in der gleichen Lage
befand sich auch der schwäbische Bund. In dieser wenig
erfreulichen Lage wandte sich der Bischof an die Ritterschaft. Auf Mittwoch nach Judica, am 5. April 1525, kam
der Stiftsadel in ziemlicher Zahl in Würzburg zusammen,
um mit dem Bischof die für die Sachlage erforderlichen
Schritte zu beraten. Besondere Maßregeln wurden hierbei
nicht beschlossen. Die Beratung aber hatte doch wenigstens das vom Bischof gewünschte Ergebnis, die Ritterschaft
zu einer Erklärung über ihre Stellungnahme zu veranlassen.
Und diese Erklärung fiel zugunsten des Stiftes aus. Es hieß
darin: „sie erkleerten sich irem herren, dem bischove und
seinem stifte in disen obligenden ehaften mit leyb und gut
hilf und beystand zu thun schuldig, weren es auch zu thun
willig . . .". Ehe sie indes zu wirklichen Feindseligkeiten
gegen die Bauern vorschritten, müßten noch alle möglichen
gütlichen Vorstellungen erfolgen, auch wäre es notwendig,
vor Beginn des offenen Kampfes den Bauern erst die Absage zu senden, damit „sie von der Ritterschaft ihre Ehre
verwahrt" hätten. Ein weiterer Beschluß des Tages war
noch, daß man die hier nicht erschienenen Edelleute nochmals aufbieten solle. Demgemäß ging denn auch am
10. April sowohl an den im Stifte angesessenen, als auch
an den auswärtigen, aber vom Stifte belehnten Adel die
Weisung, baldigst ihrer Ritterpflicht nachzukommen. Es
hieß in dem Schreiben: „. . . demnach wir dich hiemit in
ernstlicher ersuchung gutlich ermanen, du wollest dich in
aygner person zu roß, mit spießen wol gerust, vnd zum
sterksten du magst, zum furderlichsten erheben und hie zu
Würtzburg bei uns einkommen neben andern unsern und
unsers stifts graven herren und ritterschaft zu abwendung
solcher tätlicher, bösen unleydlichen beschwerden und gewaltsame und also auch zu rettung deines vaterlands das
best handlen zu helfen". Silvester von Schaumberg hat zu
jenen in der Stiftsritterschaft gehört, die unverzüglich ihrem
Eide gemäß dem Bischof zu Hilfe eilten. Die Entscheidung
mag ihm vielleicht nicht ganz leicht gefallen sein; der
evangelische Ton, der unleugbar durch die Schriftstücke
der Bauernschaft ging, die Berufung auf Luther und Melanchthon mußte für einen Mann, der innerlich unter dem
Banne des Evangeliums stand, etwas Bestechendes haben.
Es wurden ihm plötzlich ungeahnte Aussichten eröffnet,

daß aut einem neuen Wege dem Evangelium mit Gewalt eine Gasse gebahnt werden könne. Mag es sein, daß Silvester sich von dem Gegensatze überzeugen konnte, der in den Worten und Taten der Bauern sich zeigte, mag es sein, daß aus diesen Taten ihm nichts Evangelisches entgegenleuchtete, oder daß er trotz seiner Neigung für das kommende Neue doch noch einen starken konservativen Zug in seinem Wesen trug, der ihm nicht erlaubte, eine Förderung des Evangeliums von unten herauf sich auszudenken; es muß genügen zu wissen, daß Silvester die Frage, auf welche Seite er sich schlagen solle, zugunsten seines Lehns- und Landesherrn beantwortete. Mit anerkannter Treue und Tapferkeit hat er dann auch in den kommenden schweren Tagen bei seinem Herrn und seiner Sache ausgeharrt. Kann man ihm seinen Entschluß zum Vorwurf machen? Es war auch Luthers Meinung gewesen, daß man in das tolle Wüten der Bauern mit dem Schwerte dreinschlagen müsse.

Die Apriltage brachten die Präliminarien. Von den Südgrenzen des Stiftes kamen üble Botschaften. Ein starker Haufe war aus dem Taubergebiet ins Hochstift eingedrungen und hatte bei Markolsheim ein festes Lager bezogen. Es war kein Zweifel mehr, daß sein Ziel der Sitz des Bischofs, die Stadt Würzburg sei. Gemäß den Ratschlägen, welche die Ritterschaft dem Bischof gegeben hatte, versuchte man es, durch gütliche Unterhandlungen, die Bauern von ihrem Wege abzubringen und die fremden Haufen zu ermahnen, keine Stiftsbauern als Zuzug anzunehmen. Die bekanntesten und fähigsten Leute wurden abgeordnet, mit den Bauern zu verhandeln. Man sieht daraus, wie wichtig allen diese Unterhandlung erschien. Der Bischof sandte von seiner Beamtenschaft seine drei besten Männer, den Ritter aureatus, Doktor Sebastian von Rotenhan, der das Hofmeisteramt des Bischofs damals versah, dann seinen Marschall, Heintz Truchseß, und als dritten Kunz von Rosenberg. Zu diesen dreien hatte die Ritterschaft noch für sich selbst zwei Gesandte hinzugefügt, nämlich den Grafen Wolfgang von Castell und Silvester von Schaumberg. Rotenhan war der Wortführer. Der Bescheid der Bauernhauptleute war ablehnend, es hieß, „daß sie nymant zu inen zwungen, wo aber yemant zu inen flohe um ir furnemen volziehen zu helfen, willens were, den konten sie nit hinweg jagen". Weiter bezeichneten sie als ihre Meinung: „was das evangelium ufricht, solt ufgericht sein, was es niderlegt, solt nidergelegt und ab sein; wolten auch der Obrikeit hinfür gar nichts geben, so lang bis dise sachen ire örterung und ausgang erraichten". Zu einer weiteren Erörterung der Sachlage wurden die würzburgischen Gesandten für den folgenden Tag, den 9. April geladen. Es war ein böser Bescheid, auf dessen Grunde alles zu erwarten war. Der Deckmantel Evangelium war in den Augen der Bauernschaft groß genug, um alle Wünsche eines begehrlichen Herzens und alle Leidenschaften eines aufgeregten und durch errungene Erfolge übermütig gewordenen Gemütes zu decken. Es war klar, daß es für dergleichen Leute zur Zeit eigentlich kein Gebot und Gesetz mehr gab. Diesen Eindruck hatten zweifelsohne auch die Gesandten. Sie sahen, daß von dem Bauernhaufen alles zu gewärtigen sei. Der Berichterstatter sagt dann auch, daß während der Beratung mit den Rittern die Bauern etwas „grolzend und ungeschickt" waren. Sie verzichteten daher auf jede weitere mündliche Unterhandlung, zogen sich nach Röttingen zurück, um von hier aus noch einmal sich auf schriftlichem Wege an die Bauern zu wenden. Der Hauptpunkt dieser schriftlichen Darlegung bezieht sich nun auch auf die Unzulänglichkeit des Bescheides hinsichtlich des Evangeliums; man dürfe nicht annehmen, daß unter dem Scheine des Evangeliums alles zu tun erlaubt sei, „wiewol die evangelisch lere zum ersten zu halten, so sein doch die beschriben rechte, auch erbere, zimliche, langhergeprachte übung und gewonheit, sovil dero dem evangelio nit widerwertig, da rumb gar nit zu verachten oder abzuthun". Noch einmal mahnten sie die Bauernschaft von ihrem gewalttätigen Vornehmen abzustehen und weder bischötliche noch ritterschaftliche Untertanen in ihre Gefolgschaft aufzunehmen. Es war natürlich, daß sich die Bauern auf eine Erläuterung des Begriffes „Evangelium" nicht einließen. Gerade in seiner unbegrenzten Weite war er so bequem und leicht zu handhaben. Nach ihrer Auslegung bedeutete das Recht des Evangeliums nicht viel anderes als: mea voluntas. So war der Vergleichsversuch gescheitert; die Gesandten brachten den Bescheid heim und die Sache ging ihren Gang weiter. Hiobsbotschaften kamen um diese Zeit schon von allen Seiten und vermehrten für den Bischof und sein Häuflein Getreuer das Gefühl der Unsicherheit. In verschiedenen Orten des Bistums waren die Stiftsbauern in offenen Aufruhr getreten.

Aus sechs verschiedenen Richtungen war die Nachricht gekommen, daß sich teilweise große Haufen zusammengerottet hätten, um mit dem Bauernheer von der Tauber gemeinsame Sache zu machen.

Unter diesen Orten befand sich auch die Heimat Silvesters, Münnerstadt. Bereits am 9. April brach der offene Aufstand dort aus, ohne aber, daß er vorerst das Gros der Bürgerschaft mit gerissen hätte. Aber von Tag zu Tag wuchs die Sache der Bauern auch in den Mauern der Stadt. Drei Tage später zogen 300 bewaffnete Bürger von einer Anzahl Bauern verstärkt zum Kloster Bildhausen. Dort brachen sie ein, vertrieben die Mönche, verbrannten die Zins- und Gültregister und bezogen, nachdem sie sich mit anderen zugelaufenen Bauernhaufen vereinigt hatten, ein gut befestigtes Lager bei Bildhausen. Am gleichen Tage — es war der 12. April, — stürmte ein anderer Haufe das Kloster in Münnerstadt und das deutsche Ordenshaus daselbst; sie wollten, so hieß es, nun auch einmal Herren sein, lange genug hätten sie den Amtleuten gedient. Alles Abraten des Bürgermeisters und der Amtleute beider Herrschaften half nichts, die ungebetenen Berater wurden mit dem Tode bedroht. Während die Amtleute mit Hilfe des Rates noch die Tore erreichen konnten und sich glücklich nach Ascha in Sicherheit brachten, wurde die Zahl der Ratsverwandten von den Aufrührern um 24 Personen aus ihrer Mitte vermehrt, nach deren Willen nunmehr alles gehen mußte. Nach Würzburg an den Bischof wurden wenige Tage später die Beschwerdeartikel geschickt, welche der neue Rat im Einverständnis mit der Bürgerschaft verfaßt hatte. Den Kern dieser Beschwerde bildeten die bekannten zwölf Artikel, die im Bauernkriege die Grundlage wohl aller bäuerlichen und bürgerlichen Forderungen ausmachten. Nur das haben die Münnerstädter Artikel vor jenen voraus, daß sie wirklich ernsten evangelischen Geist bewiesen. In der Stadt Silvesters von Schaumberg waren die Gedanken der neuen Lehre nichts Verschwommenes und Phantastisches mehr; der Begriff dessen, was man unter Evangelium verstand, war in der Schule evangelischer Prediger klar und greifbar geworden. Man bat, daß der Bürgerschaft die Freiheit, ihre Seelsorger selbst zu wählen, überlassen werden möchte. Der zweite Punkt behandelt die Abschaffung der bisherigen Priester und Mönche und die Einsetzung zweier tüchtiger, gelehrter Männer, nach der

Lehre Pauli, die das Wort Gottes verkündigen sollten. Auch die Errichtung einer gemeinen Schule wird ins Auge gefaßt, in welcher alle Bürgerkinder ohne Schulgeld in der christlichen evangelischen Lehre unterrichtet werden sollten. Man ging hier sogar noch weiter als in anderen Städten. Man wollte, daß die Frauen der evangelischen Lehrer von ihren Männern zu Lehrerinnen für die Mädchen angelernt würden[1]. Die weiteren Forderungen bezogen sich auf Bedrückungen, die vom Landgerichte ausgingen, auf Beschwerden über Bethe, Münze, Zoll, Zehnt und Waldrecht. Auch Gerichtssachen und Stadtangelegenheiten wurden besprochen, dazu noch einige kleinere Wünsche, welche die Bürgerschaft gern erfüllt gesehen hätte. Es war freilich eine tüchtige Anzahl Forderungen, die hier aufgestellt wurde; allerdings konnte es der Bürgerschaft kaum verdacht werden, die gute Gelegenheit, Langersehntes in Erfüllung zu bringen, auch auszukaufen. Der demokratische Zug, der durch diese Artikel geht, richtete sich im letzten Absatze auch gegen Silvester von Schaumberg, zwar nicht gegen seine Person, wohl aber gegen einen Standpunkt, welchen Silvester der Stadt gegenüber scharf vertreten hatte. Er hatte sich einige „bethhafte" Bürgergüter gekauft, war aber wohl der Meinung, daß er als Edelmann von der Verpflichtung, Bethe zu entrichten, wie auch anderswo (z. B. in Schalkau), befreit wäre. Auch andere Vergünstigungen mochte er wohl für sich als einen zur Ritterschaft gehörigen Einwohner der Stadt beanspruchen. Man kann diesen Standpunkt wohl verstehen; Silvester mußte ja Ritterdienste dem Bischof leisten, d. h. nach alter Auffassung, mit „Gut und Blut" dem Dienste seines Herrn gewärtig sein. Aber wie es heute noch im Volke ist, Kleinigkeiten, die gegen sein Rechtsgefühl verstoßen, sind ein Anlaß zu fortwährender Aufregung, um so mehr, wenn die Anstöße tagtäglich vor Augen liegen. Das Prinzip, „gleiches Recht für alle", welches durch die Münnerstädter Artikel zieht, mußte auch dem Edelmanne gegenüber zur Geltung gebracht werden. Wenn mit den großen Wünschen aufgeräumt wird, so darf man auch mit den kleinen reinen Tisch machen. Durch alle Herzen muß es damals gezogen sein: „Jetzt oder nie". Man kann wohl ein Bedauern empfinden, daß von diesen Wünschen zunächst sich so wenig verwirklichte; immerhin waren sie nicht auf unbescheidener Grundlage

---

[1] Den Wortlaut siehe S. 171.

erbaut¹), auch der Ton des Schreibens war durchaus ehrerbietig. Von jenen Spuren eines agrarischen Sozialismus, die in manchen Schriftstücken fränkischer Bauern gefunden wurden, läßt sich hier nichts nachweisen. Viele Forderungen, auch den letzten auf Silvester sich beziehenden, wird man beistimmen können; die demokratische Färbung, die an den Reformgedanken sichtbar ist, wird kaum wundernehmen, wenn man bedenkt, daß sie schon frühzeitig eine Eigenart städtischen Wesens war und damals überhaupt im Zuge der Zeit lag. In anderen Teilen des Frankenlandes und in anderen Kreisen ging man in ganz anderen Tonarten vor; z. B. gleich in Münnerstadts nächster Nachbarschaft, im Bildhäuser Lager. Hier hatten, wie auch anderswo im Gebiete des Hochstifts, radikal sozialistische und kommunistische Ideen Eingang gefunden. Alle Gesellschaftsklassen sollen gleich sein. „Es solle", so heißt ein Beschluß des Bildhäuser Haufens, „ein jeder vom Adel nicht mehr reiten, sondern zu Fuß gehen und sich mit Speise und sonst den andern gleichhalten; sollen Häuser bauen und bewohnen, wie andere in Städten und Dörfern". Und das war nicht die einzige Stimme, die ein solches Verlangen an den Adel stellte. In der Regimentsordnung des hellen Haufens vom 27. April wird den Edelleuten, die in die christliche Brüderschaft der Bauern eintreten wollen, befohlen, ihre Schlösser abzubrechen, keinen gerüsteten reisigen Gaul zu halten und gleiches Recht mit Bürgern und Bauern zu nehmen.

Solche Verordnungen mußten der Ritterschaft deutliche Anzeichen sein, daß die Bauernhaufen sich nicht begnügen würden, Klöster und Stiftsbesitz niederzulegen und etwa vor ihren Burgen Halt zu machen. Es war offenbar geworden, daß zwischen Priesterschaft und Ritterschaft kein Unterschied gemacht werden sollte. Uebrigens scheint es

---

¹) Jener Absatz in den Artikeln heißt: „Und auch Silvester von Schaumberg bethhafte burgers gutter hat, davon er etlich vil jar schuldig, der man uf vilfällig gutlich erfordern und gehabte Handlung vor bayden unsern gnedigen Herren und irer gnaden rethen nit hat konnen einpringen, das doch zu erhaltung gutter nachtbarschafft und glaichayt unfruchtbar, und sonderlichen, das derselbig von Schaumberg sich understanden, in die thor seines gefallens etwo aufzuhalten, das auch nit wenig unwillens geboren, bitten wir unterthenig gnedigs einsehen zu haben, das solchs alles obgemelt, abgestelt und billich Aenderung dareyn gebraucht werde" (siehe „Fries, Geschichte des Bauernkrieges in Ostfranken", herausgegeben von Schäffler und Henner, 1883, Bd. II. S. 237).

sich aus sozialistischen Aeußerungen, wie den eben genannten zu ergeben, daß die massenhafte Zerstörung der Ritterburgen nicht bloß aus dem Hasse „gegen die hochgehenden Bauernschinder" auch nicht bloß aus der Zerstörungswut entfesselter Elemente zu erklären ist, sondern zum Teil wohl auch dem Bestreben entsprang, nunmehr mit der Einführung des sozialistischen Nivellierungssystems Ernst zu machen. Der Weg, den die Ritterschaft bei dieser Wendung des Aufruhres gehen konnte, war ein doppelter: Entweder ihren Besitz preisgeben und sich zum Landesfürsten schlagen, um von dessen Schicksal das eigene abhängig zu machen, oder sich den Forderungen der Bauern zu unterwerfen und mit ihnen gleiche Sache zu machen. Den letzteren Weg haben viele fränkische Edelleute eingeschlagen. „Nach Dutzenden zählten die Adeligen des Frankenlandes, die in die Vereinigung mit den Bauern traten und sich zur Annahme der zwölf Artikel und Abschaffung der Klöster verpflichteten[1]." Es war der leichtere und bequemere, für die Not des Augenblicks auch gesichertere Weg; der andere Weg, sein Hab und Gut im Stiche zu lassen und dem Landesherrn Treue zu halten, tapfer dem Schicksal Trotz zu bieten und sich auf sein gutes Schwert zu verlassen, war mühseliger, aber ehrenvoller und ritterlicher. Freuen wir uns, daß Silvester von Schaumberg zu den ersten gehörte, die sich für diesen Weg entschieden hatten, und zu den vordersten, die das Schwert in der Hand zu den letzten Konsequenzen ihrer Entscheidung bereit waren. Er war doch ein echter, ritterlicher Mann, in welchem sich die beiden Hauptmerkmale des ritterlichen Wesens, Treue und Furchtlosigkeit zu einem Ganzen verbunden hatten.

In Würzburg selbst hatten sich seit den ersten Apriltagen die Verhältnisse unheilvoll gewendet. Zwar stand die Bürgerschaft noch nicht im offenen Aufruhr, aber sie war dicht an der Grenze. Die Verhandlungen zwischen der Stadt und den Abgesandten der Bauern über den Uebertritt der Bürgerschaft zu der „bäuerlichen Brüderschaft" waren im lebhaftesten Gange. Die Charwoche war eine der unruhigsten und lautesten Wochen, welche Würzburg je erlebt. Obwohl von der Grenze des Abfalls bis zum Abfalle selber nur noch ein ganz kleiner Schritt war, so wurde doch ge-

---

[1] v. Bezold a. a. O. S. 483.

zögert, ihn zu tun. Das letzte Schwanken vor einer folgenschweren Handlung ist immer das bewegteste. Die Stadt war zwischen zwei Kreuzfeuern. Auf der einen Seite standen die lockenden Bilder bürgerlicher und städtischer Freiheit und warfen ihre glühenden Hoffnungen in die Bürgerreihen; von der anderen her lief die Treue zum angestammten Herrn durch die Seelen und suchte die entflammten Leidenschaften zu dämpfen und die Gewissen zu binden. Aber aus dieser Treue war eine schwächliche Gestalt geworden, die Tage waren zu zählen, bis sie zum letzten Male durch diese Straßen schritt. Alle Mahnungen und Versprechungen seitens des Bischofs waren fruchtlos. Dazu war Nachricht gekommen, daß außer dem schwarzen Haufen, der vom Taubertale her langsam heranrückte, auch die Odenwälder Bauern in heller Empörung standen und sich zu einem Haufen — dem hellen — zusammengetan hatten, dessen offenkundiges Ziel die bischöfliche Residenz sei. Schwere Ostern feierte man in der Umgebung des Bischofs auf dem Marienberg über Würzburg. Nachdem der schwäbische Bund eine derzeitige Hilfeleistung abgesagt hatte, war auch am heiligen Abend von der Pfalz, auf die man in Würzburg so große Hoffnungen gesetzt hatte, die Nachricht eingetroffen, daß dem Kurfürsten selbst die Hände gebunden seien. Unter trübseligeren Anzeichen ist die große Freudenzeit der Kirche, die Zeit zwischen Ostern und Pfingsten, kaum je am bischöflichen Hofe begonnen worden. Die Stimmung wäre noch trüber geworden, wenn man schon gewußt hätte, daß die Bauern in Weinsberg an dem ersten Ostertage in der Frühe den Grafen von Helfenstein durch die Spieße gejagt hatten.

Wichtig für die kleine Schar, die auf „Unserfrauenberg" den Hofstaat bildete, war es, die Bewegungen des „schwarzen" Haufens zu verfolgen. Mit dieser Beobachtung wurde ein Teil der treugebliebenen Ritterschaft betraut, unter ihnen wieder Silvester. Um den Zug der Bauern auf die Residenz aufzuhalten, war es nötig, die festen bischöflichen Schlösser und Plätze im südlichen Teile des Bistums möglichst lange zu halten. Auch hier hieß es: Zeit gewonnen, alles gewonnen. Mit der Erkundung dieser Angelegenheiten waren gleichfalls die streifenden Ritter betraut. Darauf bezieht sich ein Brief, welchen Heinz Truchseß, der Marschall, an den Bischof am 19. April sandte; Darin heißt es: Silvester von Schaumberg und ich sein zum

Raigelberg gewest, den besichtigt und halten bede dafür, wan man den nach notturft besetzen solte, das man wol 100 manne darzu bedörft". Georg von Rosenberg und Heinz von Stein befänden sich aber nur mit 30 Personen darinnen, und diese seien aus Furcht vor den Bauern halb wankend und verlangten Verstärkung. Wie schwierig die Lage des Bischofs war, erkennt man daraus, daß er, obwohl er die Wichtigkeit, diesen Platz zu halten, einsah, doch nicht mehr als zwölf Fußknechte zur Verstärkung senden konnte. Immer weiter rückte das Unheil im Stifte vor. Die Bauern zogen vor Röttingen und fanden offene Tore. Die Würzburger Ritter mit ihrer kleinen Reiterschar hatten schwere und gefährliche Arbeit. Der Bischof selbst ist um sie besorgt. Am 20. April schreibt er „. . . ist unser gutbedunken, das ir euch in solcher geverlichkeit daselbst nit langer enthalt"... Am 21. April in der Nacht wären sie beinahe einem feindlichen Anschlage zum Opfer gefallen. Sie hatten ihr Quartier im Flecken Bütthard aufgeschlagen, waren von den Frauen des Ortes verraten worden — die Frauen spielen auch in dieser Revolution ihre Rolle, — und sollten von den Bauern aufgehoben werden. Der Geschichtsschreiber des Bauernkrieges im Würzburgischen, Lorenz Fries, erzählt den Hergang wie folgt . . . „darumb die reytere iren weg uf Buthirt namen und die nacht da pliben, als aber sulchs den Bauren, so zu Rötingen lagen, angezeigt, lasen sie aus inen uf trey vendlin ongeverlich der gerusten Bauren, so im ganzen Haufen waren. Die schickten sie die volgenden nacht etlich stund vor tags aus Rötingen uf Buthirt, die reytere, dieweyl sie noch in der ruhe schlaffend lägen zu überfallen und zu schlagen . . . es wurden aber die reytere, so die nacht uf der wacht gehalten, der Bauren bey zeyt inen und schickten eylends hinein in das Dorf, warnung zu thun. Da eylet yderman zu seinem harnisch und pferde und diejenigen, so zum ersten fertig wurden, ruckten vor das Thor. balt darnach kamen auch die andern. in demselbigen brach der tag herfur und zogen die bauren daher. die reyter liessen ir veldgeschutz uf die bauren abgehn, thetten inen aber kai schaden, dann allein, das die bauren ain grossen schrecken darob entpfingen, also das sie sich in die flucht gaben". Aus Furcht, in einen Hinterhalt zu fallen, wagte man keine Verfolgung, 14 Bauern blieben aber dennoch auf dem Platze. Am nächsten Tage ritt die Reiterschar nach Würzburg zurück, dem Bischof die

Botschaft bringend, daß vor dem Ansturm der gewaltigen Massen im südlichen Teile des Stifts nichts mehr zu retten sei.

Die nächsten Tage vergingen unter Verhandlungen mit der Bürgerschaft der Residenz. Täglich wurden dringende Botschaften an die benachbarten Fürsten gesandt, vor allem hoffte der Bischof noch auf Hilfe von seiten des Grafen Wilhelm von Henneberg. „Wir warten", so hatte er bereits am 21. April geschrieben, „täglich uf unsers freunds von Henneberg Zukunft mit etlichen geraisigen und fuesvolk, wie ir wißt. Das ist noch zur Zeit alle unsere Hoffnung". Es war eine trügerische Hoffnung: Anfang Mai ging Graf Wilhelm mit Sack und Pack zu den Bauern über. Als keine Aussicht auf baldige Hilfe von irgendeiner Seite mehr bestand und die Nachrichten von dem gewaltigen Zuzuge, den die Bauern von den Stiftsleuten erhielten, sich mehrten, täglich auch Botschaften über die Zerstörung von Schlössern, Höfen, Klöstern eintrafen, mußte allen Ernstes daran gedacht werden, den Marienberg kriegstüchtig zu machen. Man sah die Stunde kommen, wo die alte Veste über Würzburg der einzige Ort sei, der im ganzen Bistume dem Bischof noch geblieben war. Der tapfere und kriegskundige Hofmeister des Stiftes leitete die Arbeiten. Fieberhaft wurde auf dem Schlosse geschafft; an allen Orten verstärkte man die Befestigungswerke, Pallisaden wurden gebaut, Querzäune aufgerichtet, eine Pulvermühle angelegt, auch trefflich für genügende Proviantierung gesorgt. Die Vorsichtsmaßregeln beweisen, daß man sich mit dem Gedanken vertraut gemacht hatte, hier hinter diesen Mauern dem Ansturme der Bauern zu begegnen. Unter diesen Vorbereitungen brach der Mai herein. Als letztes Mittel zur Beruhigung der Landschaft hatte der Bischof, den Wünschen der Landstände nachkommend, für Anfang des Monats einen Landtag ausgeschrieben. Die Boten der Städte waren zum Termin gekommen und harrten des Bischofs. In der Veste war man sich über den Ort, an dem die Landtagsverhandlungen zu führen seien, nicht einig; die Mehrzahl riet, das Schloß, oder wenigstens die Berghöhe außerhalb der Stadt, dazu zu nehmen. Der Bischof aber entschied sich endlich für die Stadt. Am 2. Mai ritt er in Begleitung einer kleinen Zahl Ritter hinab. Es war, wie wenn ein Mann, um sein Haus zu retten, sich einem schwankenden Kahne anvertraut zur Fahrt auf tosendem See. Um eines großen Gewinnes willen muß auch der Einsatz kostbar sein. Niemand wußte, ob der Bischof heil aus der Stadt zurückkehrte, oder ob nicht die schlagenden Wellen ihn und sein Schifflein verschlängen. Der schlimmste Fall wurde vorgesehen. Ehe der Bischof in dieser ernsten Stunde schied, hatte er seinen Dompropst, den tapferen Markgrafen Friedrich von Brandenburg, zum Befehlshaber der Veste, und im Falle seiner verhinderten Rückkehr zum Herrn über Stift, Land und Leute eingesetzt. Ihm zur Seite als Regiment und Kriegsrat stellte er die Domherren Dietrich von Thüngen, Conrad von Bibra, Achaz von Lichtenstein, Martin von Ussigheim und Martin von Wiesenthau; von Seite der Ritterschaft wurden als Beigeordnete zum Regiment Graf Wolfgang von Castel, Friedrich, Herr von Schwarzenberg, die Ritter Sebastian von Rotenhan, Hans von Bibra, Philipp von Herbilstadt, Silvester von Schaumberg, Hans von Grumbach, Eustach von Thüngen, des Bischofs Bruder, Carl Zolner und Marsilius Voit von Urspringen bestellt. Der Bischof befahl, unter allen Umständen das Schloß zu halten, selbst dann, wenn er etwa in Gefangenschaft geriete und mit Gewalt gezwungen würde, von ihnen die Aufgabe des Schlosses zu verlangen[1]). Mit Handschlag wurde Regiment und Kriegsrat in bischöfliche Pflicht genommen. Die allernächste Sorge war indeß unbegründet; die Bürger hatten das zugesagte Geleit gehalten, unversehrt kehrte der Bischof auf sein Schloß zurück. Aber seine Sache war doch eine verlorene. Die gefürchtete Vereinigung zwischen Bürgertum und Bauernschaft war nicht

---

[1]) Die Gewaltvollmacht ist am 1. Mai gegeben. Sie ist dem Wortlaute nach gedruckt bei Fries, Gesch. des Bauernkrieges I S. 159 f. Einige Stellen mögen hierher gesetzt sein: „Wir Conrad ... bekennen, daß wir dem fürsten etc. hern Fridrichen, markgrafen zu Brandenburg und .. (folgen die obgenannten Namen) .. als unsres Thumpropsts und obristen hauptmans zu geordneten Kriegsrethen, unsern stifte. desselbigen Land und Leute, und sonderlich unser sloß Unterfrauenberg ob Wirtzburg gelegen, von unseren wegen treulich zu verweren und zu verwalten"..... „ob es sich begeben das wir in besuchung obenangezeigten Landtags von den unsern oder ymant andern gefangen, gehemt, ufgehalten, verpflicht oder in andern weg .... verstrickt und verbunden wurden und darauf in aigner person mit leuten, der sie nit wol mechtig, für unser sloß komen, inen bey iren pflichten uns und dieselbigen leute daselbst einzulassen gebieten oder sunst leute, der sie nit mechtig, einzulassen und inen unser handschrift oder muntlich ermanen und haißen wurden etc. .... das sie sich nichts daran keren und auch in dem ... kain gehorsam zu laisten schuldig sein, sonder das gedacht unser sloß unserm vertrauen und irem pesten vermögen nach verwaren, beschutzen und behalten ......"

mehr aufzuhalten: Unaufhaltsam rückten die beiden gewaltigen Bauernhaufen, der schwarze vom Taubertal, der helle vom Odenwald, dieser von Götz von Berlichingen, jener von Florian Geyer befehligt, gegen Würzberg heran. Der Abfall der Landstädte war entschieden; die Absage der Residenzstadt konnte täglich erfolgen. Man wartete in Würzburg nur noch auf das nähere Heranziehen der beiden Bauernheere. Es war ein langes Warten oben auf dem Schlosse. Da kam die Nachricht, daß derjenige unter den großen Stiftsvasallen, auf welchen der Bischof seine letzte Hoffnung gesetzt hatte, Graf Wilhelm von Henneberg, sich auf die Seite der Bauern geschlagen hatte. Unter der Wucht dieses unerwarteten Schlages brach die Widerstandskraft des Bischofs zusammen. Er gab dem Drängen seiner Umgebung nach und verließ den letzten Platz, den er von allen Orten des Bistums noch sein nennen konnte, um Schutz und Hilfe beim Pfalzgrafen zu suchen. Das war am Freitag, den 5. Mai, nachmittags zwischen 4 und 5 Uhr. Ein schweres Abschiednehmen! Der Bischof mochte wohl denken, daß er dieses letzte Häuflein seiner Getreuen auf seiner letzten Burg nie wieder sehen werde. Auf eiligen Tieren verließ der flüchtige Fürst mit seinen Begleitern sein Land. Als das Tor hinter dem stillabziehenden Häuflein wieder geschlossen war, schritt, allen sichtbar, eine aufgerichtete Gestalt durch die verlassenen Räume: der Ernst des Todes. Doch Markgraf Friedrich und seine wackere Schar waren tapfere und mutige Leute. Alles wurde getan, um bei der Besatzung nicht die Meinung aufkommen zu lassen, es sei ein sinkendes Schiff, auf dem sie sich befänden. Das erste war, zur Organisation der Wehrmannschaft zu schreiten. Sie wurde in 18 Rotten eingeteilt, deren jede einem Rottenmeister unterstand. Silvester von Schaumberg wurde als Angehöriger des Kriegsrates keiner besonderen Rotte zugeteilt, sondern sollte in der ständigen Umgebung des Markgrafen bleiben. Weiter wies man jeder Rotte ihren Platz an; genau wurde bestimmt, wer die Tore, die Wehrgänge, Türme und Zwinger zu besetzen hatte. Trotzdem noch bei Anwesenheit des Bischofs die Besatzungsmannschaften der bischöflichen Schlösser im Lande eingezogen waren, um die wichtigste Position, den Frauenberg zu stärken, war die Zahl der Verteidiger doch eine erschreckend kleine, sie zählte knapp 300 Mann, darunter viele Chorherren. An allen Ecken und Enden fehlte es in jenen Tagen an verläßlichen Leuten. Man sicherte sich, so gut es ging. Der Markgraf rief die Mannschaft zusammen und stellte ihnen anheim zu bleiben oder zu gehen. Alle entschieden sich fürs ausharren. Darauf nahm er sie unter den Eid: „Wir schweren bey Got und den heiligen, das wir semptlich und unser jeder sonderlich dem erwirdigen durchleuchtigen, hochgebornen fürsten und hern, hern Friedrich als verordneten obersten hauptmann, so an stat und von wegen des hochwurdigen fürsten unseres gnedigen hern von Wirtzburg das sloß Unserfrauenberg zu verwaren gesetzt ist, gevolglich und gehorsam sein wollen, auch mit nymant auswendigs gesprech oder unterredung haimlich oder offenlich fürnemen oder halten . . . altes bey leibs straff on geverde". So war denn hier alles getan, was Menschen tun können. Am Abend desselben Tages, als Bischof Conrad sein Schloß verlassen hatte, schickten die Bauern eine Botschaft mit den zwölf Artikeln und begehrten ihre Annahme durch den Bischof. Durch eilende Boten in Kenntnis gesetzt, versprach der Fürst zu tun, was man billigerweise von ihm verlangen konnte. „Wir geben euch", so schrieb er, „diese Antwort, das uns nie liebers gewest, auch noch nit ist, dan das Wort Gots und das heylig evangelium nach dem rechten waren verstand, wie das unser seligmacher Jesus Christus in seiner heyligen menschheit hie uf erden selbst gelert . . ." Im weiteren stellt er in Aussicht, über die Artikel mit den Bauern zu verhandeln. Es war eine unbestimmte Antwort, ihr Zweck war durchsichtig: der Bischof wollte durch das Hinziehen der Unterhandlungen Zeit gewinnen; denn es war ihm vom Pfalzgrafen Hilfe zugesagt worden. In diesem Sinne schrieb er auch an die Besatzung, aber zugleich auch, in Besorgnis um ihr Schicksal, ermächtigte er den Markgrafen, bei dringender Gefahr des Schlosses die Artikel anzunehmen. Der Bischof hatte richtig gesehen, wenn er von großer Gefahr sprach. Am 6. Mai war der schwarze Haufe der Bauern aus dem Taubertale vor Würzburg eingetroffen, ihm folgte am nächsten Tage der Haufe aus dem Odenwalde. Es war der Sonntag Jubilate, an dem sich die Hoffnungen der Würzburger Bürgerschaft erfüllten. Nun konnte der letzte Schritt getan werden. Die allgemeine Verbrüderung erfolgte, ein rechtes Jubilate für die Bauernsache. Zwei Tage später, am 9. Mai sagten Bürgermeister und Rat für sich und für die Bürgerschaft in einem Briefe an den Markgrafen dem Bischofe Pflicht und Gehorsam auf. Nun schien sich für das Häuflein im Schlosse das Schicksal zu vollziehen. Ein fester, eherner, waffenstarrender Ring war um die Burg gezogen; die regelrechte Belagerung begann. Knapp dreihundert gegen eine hundertfache Mehrheit! Ja, wenn es nur Bauernscharen gewesen wären, die zur Belagerung sich anschickten, aber sie hatten Führer, kriegskundige Ritter, die in der Feldschlacht ebenso erfahren waren, wie im Belagerungskrieg. Und wer weiß, wie lange sich die Hilfe, die der Bischof verheißen hatte, noch verzögerte! Für die Belagerten eine fast hoffnungslose Lage. Aber die Schar auf der Burg war wie ein Häuflein, das in Seenot sich aus brandendem Meere auf einen Felsen gerettet hat. Zornig schreien und tosen die Wogen unten am Gestein, mit tausend schaumigen Armen greifts hinauf nach den entronnenen Opfern; die aber stehen über der Macht und über dem Gebot des brausenden Meeres, unerreichbar seiner Wut; sie schütteln den Gischt von den Füßen und vertrauen der fernen Hilfe.

Im Bauernheere war neben anderen Edelleuten auch Graf Georg von Wertheim, ein Mann, auf dessen Beteiligung an ihrer Sache die Bauern allerdings stolz sein konnten. Tiefer religiöser Ernst und aufrichtige Zuneigung zu der neuen Lehre mögen bei seinem Entschlusse in die Reihen der Bauern zu treten, in erster Linie bestimmend gewesen sein. Auch im Lager der Bauern hielt er auf ritterliche Art. Es mag ihm wohl um das Schicksal der Besatzung, unter der er viele einstige Freunde, ja seinen eigenen Schwager wußte, gebangt haben. Er kam am 12. Mai in Begleitung einiger vom Adel vor das Tor der Veste geritten und hoffte, durch sein persönliches Zureden, die Uebergabe in die Wege zu leiten und damit die Besatzung vor einem gewissen Schicksal zu bewahren. Das war den Belagerten nicht gleichgültig; die fünf ersten unter ihnen wurden zur Verhandlung vor das Tor gesandt, der Markgraf selbst, dann der Schwager des Grafen, Wolf von Castell, Sebastian von Rotenhan, der Bruder des Bischofs Eustachius von Thüngen und Silvester von Schaumberg. Die Unterredung verlief resultatlos. Obgleich der Graf freien Abzug zusicherte, wurde ihm von den Fünfen zur Antwort, daß sie lieber Leib und Leben verlieren wollten, denn das Schloß. Das einzige, was man zugestand, war die Annahme der zwölf Artikel, und auch diese nur unter dem Vorbehalt.

des bischöflichen Einverständnisses. Wieder war hinter den Belagerten eine Brücke abgebrochen. Größer übrigens als die Furcht vor den zahllosen Scharen, die zu Füssen des Schlosses lagerten, war in den Anfangstagen der Belagerung den Rittern die Besorgnis über die Haltung der eigenen Leute. Allerlei Volk mußte aufgenommen werden, die Not der Zeit und der Mangel an Mannschaft ließ keine sorgfältige Auswahl zu. Ob nicht doch innerhalb der Mauern inmitten der Besatzung Elemente waren, die in den Stunden der Entscheidung sich zu den Bauern und Bürgern schlugen, das war die bange Frage, die durch alle Gemüter zog. Nun es Ernst wurde, rief man noch einmal die Mannschaft zusammen. Sebastian von Rotenhan stellte ihr die ernste Lage der Burg vor Augen und verhehlte nichts von der Gefahr, in der sie sich befänden. Durch die Worte des Ritters aber klang seine altbewährte Tapferkeit, die alle mit fortriß. Keiner wollte zurückstehen, alle drängten sich vor. Es war ein großer Augenblick für alle in der Burg, als der Sekretär des Bischofs, Conrad Weinaug, beim Anblick der Unerschrockenheit der Mannschaft laut ausrief: „Des sei Gott gelobt; singt mir alle nach:
    Christ ist erstanden
    Von der Marter alle,
    Des sollen wir alle froh sein;
    Christus will unser Trost sein
    Kyrie eleis!"
und als mächtig nach diesen Worten der österliche Lobgesang an den düsteren Mauern sich brach, da ging der Geist des Evangeliums, der allein sich auf Christus stützt, über den Burghof. In diesem Zeichen mußten sie siegen.

    Sie war aber auch notwendig, die starke Kraft, auf welche die Besatzung vertraute. Am Sonntag Cantate, am 14. Mai fiel der erste Schuß aus den Bauernschanzen gegen die Veste. Zwei Tage hielt das Schießen an, ein Mann aus der Besatzung war gefallen. Aber das war erst das Vorspiel. Den zweiten Tag abends gingen die Bauern zum Sturm über. Am Tage hatte bei schönem klaren Himmel ein lichter Regenbogen über dem Schlosse gestanden; allen war er aufgefallen, nur wußte man nicht, zu wessen Gunsten man ihn deuten dürfte. Den Belagerten erschien das auffällige Zeichen wie eine Verheißung des Himmels, die den Mut ihnen stärkte. Bei Einbruch der Dunkelheit wurde es ums Schloß lebendig.

Von allen Seiten waren die Stürmenden herangerückt; bereits hatten sie die Außenzäune genommen und wollten die Leitern an die Mauern legen, aber die Pechkränze, Schwefelkugeln, Pulverklötze, welche die Belagerten ununterbrochen auf die Angreifer warfen, nötigten diese zum Weichen. Einen schaurig schönen Anblick bot das Schloß von der Stadt aus; es war als wäre alles in ein Flammenmeer getaucht gewesen. Endlich zogen sich die Bauern zurück, an die hundert Tote lagen zerstreut in den Gräben und unter der Mauer. Die Besatzung beklagte zwei Tote. Aber trotz des Mißerfolges gaben die Bauern ihren Plan nicht auf. Nachdem das ganze Stift vom Bischof abgefallen war, durfte auch dieser letzte Platz nicht bleiben. Es handelte sich um eine Ehrensache. Besonders die Würzburger Bürger trieben immer wieder zu neuem Sturme. Sie sahen in dem Schlosse eine Art Zwingburg und wollten sich nun nicht die Gelegenheit vorübergehen lassen, sie endgültig zu brechen. Auch wußte man nur zu gut, daß, solange dieser Stützpunkt unerobert war, des Bischofs Sache immer noch stand. In der Stadt spielte in jenen Tagen ein zugereister Rothenburger Bürger eine bedeutende Rolle, Ehrenfried Kumpf, den man sogar zum Schultheiß gewählt hatte; und gerade der war es, der immer wieder zum Kampfe gegen die Burg anspornte. Er wußte, wie man die Würzburger anzufassen hatte. „Die Stadt Würzburg", so ließ er sich hören, „hätte einst zum Römischen Reich gehört, wäre aber durch die Tyrannei der Bischöfe daran abgedrungen worden; nun aber sei wieder die Zeit gekommen, daß die Stadt befreit werden könnte". Das war Musik in den Ohren der Bürger und williges Gehör fand er dann, wenn er weiter fortfuhr in seiner Rede: „Das Schloß muß herab und nichts anders!" Dies Wort war der Wahlspruch der Bürger und Bauern. Mit neuem Eifer ging man ans Werk. Die Zahl der Schanzen wurde vermehrt, weitere Notschlangen und Steingeschütze herbeigeschafft und alle Vorkehrungen, die eine kriegsmäßige Belagerung verlangt, getroffen. Um dem Häuflein auf der Burg möglichsten Schrecken einzujagen, kam man auf alle möglichen Gedanken. Ein Banner mit dem Nürnberger Adler wurde hergestellt; mit ihm sollte eine Schar Landsknechte, die sich vorher aus der Stadt entfernt hatten, am Vormittag in Würzburg einziehen, um den Schein zu erwecken, als seien Nürnberger Hilfstruppen eingetroffen.

Um sich gegen die starken Beschädigungen, welche die Kugeln von der Burg in der Stadt anrichteten, zu schützen, erwog man den Gedanken, "alle die im sloß begriffen sein vom Adel, denselbigen ire Kinder und weyber zu holen und in Körben uf die heuser zu henken, das sie zu denselben zu schießen". Doch scheint man den Gedanken nicht ausgeführt zu haben. Noch einmal beschritt man den gütlichen Weg. Georg Metzler, der berühmte Bauernführer, im Verein mit Ehrenfried Kumpf leitete selbst die Unterhandlung; es half aber alles nichts, die Belagerten blieben fest. So war denn das Ende, daß man ihnen eine zornige Absage hinaufschickte und jeden künftigen Pardon verweigerte. "Wir, die räthe beder Versammlung", so hieß es, "und der Stat Würzburg haben euer schrift, die sich allein uf ain schemlichen verzug zeucht, hören lesen, welche der und kainer andern mainung, als ob wir nur hoffnarren und nit christlich leut weren, zu vermerken ist. jedoch got bevolhen und summarie: so wollen wir euch, auch andern des slos inhabern kain weyteren anstant bewilligt haben. und wir können und mögen anders nit gedenken, dan das ir die sachen zum ernst und blutvergissung (darnach ir durst habet,) komen lassen wollet, das uns doch von herzen laid ist, und darumb solchs von uns uf euch und euer gewissen geschoben und got dem almechtigen hiemit bevolhen haben wollen. geschehe aber, das euch die reuhe in künftigen nötten nmb begnadung zu bitten anlangen wurt, so wollet ytzund betrachten, das wir zur selben stund des Haufen nit mechtig sein mögen. darnach wist euch entlich zu richten, und geschehe der Wille des almechtigen". (dat. 19. Mai.) Auch das letzte Mittel half nichts. Man versuchte das Schloß durch Unterminieren zu gewinnen und holte zu diesem Zwecke Eibelstadter Bergleute. Als die Arbeit zu langsam vor sich ging, beschloß man noch einmal einen Sturm auf die Veste zu unternehmen. Das Vorhaben wurde in der Stadt bekannt gemacht, reichlicher Sold den Teilnehmern versprochen, ja in Aussicht gestellt, daß den Stürmenden alle Schätze des eroberten Frauenberges gegeben werden sollten. Trotzdem meldeten sich so wenige, daß der Sturm nicht zustande kam. Am 15. Mai, an einem Montag, hatte die schwerbedrängte Besatzung eine frohe Botschaft erhalten. Der Türmer meldete am Abend, daß die "Herstat", ein Weiler in der Nähe der Stadt gelegen, in Flammen stände.

Das war das verabredete Zeichen, das der Bischof geben wollte, wenn er mit Hilfe unterwegs sei. In der Tat! Der Bischof hatte endlich mit seinem Werben beim Pfalzgrafen Erfolg gehabt. Der Kurfürst von Trier hatte ihn getreulich dabei unterstützt; auch war in diesen Tagen die Nachricht eingetroffen, daß der schwäbische Bund die Bauernmassen geworfen habe und sich nun zum Zuge nach Franken rüste. Aber 14 bange Tage vergingen noch für die Besatzung, ehe die Hilfe wirksam und fühlbar wurde. Am 23. Mai brach Herzog Ott Heinrich in Bayern begleitet von den Bischöfen von Würzburg und Trier von Heidelberg auf. Am Sonntag Exaudi vereinigte sich bei Neckarsulm das Pfälzer Heer mit den Hilfstruppen des Bundes. Um diese drohende Vereinigung zu verhindern, war der Odenwälder Haufe von Würzburg aufgebrochen. Er kam nur bis ins Taubergebiet. Bei Königshofen an der Tauber erreichte ihn sein Schicksal. Die Bauern wurden völlig geschlagen und im schrecklichen Gemetzel wurde niedergemacht was erreichbar war; es war am 2. Juni, am Freitag vor Pfingsten. Eine falsche Nachricht veranlaßte die vor Würzburg zurückgebliebenen fränkischen Bauern, ihr befestigtes Lager vor der Stadt aufzugeben und ihren Genossen zu Hilfe zu kommen. Am Pfingstmontag, den 5. Juni, schlug auch ihre Stunde. Bei Ingolstadt wurden sie aufgerieben im selben jammerseligen Hinschlachten wie wenige Tage zuvor ihre Kameraden bei Königshofen. Am 7. Juni ergab sich Würzburg auf Gnade und Ungnade. Die Besatzung des Marienberges feierte ein fröhliches Pfingsten; am heiligen Abend hatte der Bischof seinen Getreuen die Annäherung der Entsatzungstruppen und den bereits erfochtenen Sieg bei Königshofen mitgeteilt. Großer Jubel herrschte im Schlosse. Am Pfingstmontag, dem Tage des Schlachtens bei Ingolstadt, schlug die Stunde der Befreiung. Heintz Truchseß, der Marschall, brachte den Freunden die Freiheit. Er kam mit 200 Reitern auf den Glaßberg geritten mit allen Trompetern und Paukern. Auf dieses Zeichen hin machten die Belagerten einen Ausfall bis hinab in die Vorstadt, am Tage darauf war die Belagerung vollends zu Ende. Ein Augenzeuge berichtet darüber recht anschaulich folgendes: „Aber ehe sie (die Würzburger Bürger) sich beratschlagt haben, ist das schloß ob der stat aufm berge dem reisigen gezeug des punts geöffnet worden und also Herzog Ott Heinrich sampt andern vil vom Adel hienein gerant, mit drumeten pauken und anderst ein solch pomp uff dem schloß geführt, item mit dem Fenlein oben uf der mauren hirumb gangen, und alsdan ein sollich schießen vom schloß in die stat gewesen, das ir keiner der bürger oder pauer hat dorfen sich regen noch wenden"[1]). Gerne wird man glauben, daß nach der fünfwöchentlichen Belagerung die Stunde der Befreiung ein Freudenfest war. Die tapferen Männer hatten sichs verdient. In Würzburg wütete dann das Schwert des Henkers. Bischof Konrad zeigte nicht die Milde, die man von einem Träger seines Amtes hätte erwarten sollen. Nach dem Blutgericht von Würzburg trat er die Henkerreise durch sein Stift an; 211 Hingerichtete zählte man nach seiner Heimkehr[2]). Wie ganz anders gab sich doch Kurfürst Johann von Sachsen! Nachdem er den Bauernhaufen bei Meiningen geschlagen hatte, sicherte er jedem, der sich in seinen Schutz begeben würde, Leib und Leben zu. Ob diese Milde nur einer gütigen Naturanlage entsprang? Oder ob der vergebende Geist des Evangeliums, der Konrad von Thüngen fehlte, sie hervorgerufen?[3]).

Die zähe Verteidigung des Frauenbergs war nicht bloß eine tapfere Tat, sondern auch eine Tat von politischer Tragweite. Man hat die wackeren Ritter, die das Schloß gehalten haben, mit lauten Zungen im Frankenlande gepriesen. Vom Standpunkte der Fürsten aus durfte dies auch mit vollem Rechte geschehen. Solange das Schloß stand hielt, konnte man nicht sagen, daß Bischof Conrads

---

[1]) Merx, Beiträge zur Geschichte der rel. u. soz. Bewegung (1524 bis 1526) im Archiv des histor. Ver. f. Unterfr. 1907, Bd. 49. S. 154/5.

[2]) Der Profoß des Bischofs rühmte sich sogar, in einem Monat 350 mit dem Schwerte gerichtet zu haben.

[3]) Bei der Darstellung der Belagerung des Frauenberges sind wir den sehr ausgiebigen gedruckten Quellen, die zum großen Teil auf zeitgenössische Schilderungen beruhen, gefolgt, die sich darboten in: Würzburger Chronik II. S. 17—91; Lor. Fries, Geschichte des Bauernkrieges in Ostfranken (herausgegeb. v. Schäffler und Henner 1883). Martin Cronthal, Die Stadt Würzburg im Bauernkrieg; herausgegeben von Wieland 1887; Sperl, „Castell" 1909, S. 62—71; Bullnheimer, Geschichte von Uffenheim, ed. von Meyer 1905; Ranke, Deutsche Geschichte im Zeitalter der Reformation I. S. 124—158. v. Bezold, Geschichte der deutschen Reformation 449—504; Roth v. Schreckenstein, Geschichte der Reichsritterschaft II. S. 253 ff. Reiniger, Münnerstadt und seine Umgebung S. 43—47. Rost, Geschichte der Cisterz. Abtei Bildhausen in Archiv des histor. Ver. f. Unterfranken. Jahrg. 11, 1851, S. 53 ff. Thundorfer Pfarrbuch (Manuskript); Merx, Beiträge zur Geschichte der rel. und soz. Bewegung (1524—26) in Archiv des histor. Ver. f. Unterfranken, 49. 1907. Janssen, Geschichte des deutschen Volkes. II. 3. Buch S. 391—580. Auch Kreisarchiv Würzburg, Handbuch 412.

Macht gebrochen sei. Vor allen Dingen ging von den mutigen Männern des Frauenbergs viel moralische Kraft aus, die überall im Lande zugunsten des Bischofs wirken mußte. Aber auch vom militärischen Standpunkte aus war die Erhaltung des Platzes von Bedeutung. Als die Truppen des Bundes und des Pfalzgrafen sich anschickten, das Land zurückzuerobern, war es sehr wichtig, daß sie noch mitten im Lande einen starken Stützpunkt besaßen und daß durch diesen Stützpunkt die Kraft der Aufrührer gebunden war. Der größte Wert, welchen die Tat der Verteidiger hatte, lag aber wohl darin, daß hier im Frankenlande die siegreichen Haufen der Bauern zum Halt gezwungen waren und ihre Zeit mit einer unfruchtbaren Belagerung, die gar nicht nach ihrem Geschmack war, vergeuden mußten. Revolutionäre Bewegungen können ihrer Natur nach nur dann auf Sieg rechnen, wenn sie im Fluge über die Lande fahren und in ihrem Sturme die Menschen mitreißen. Wenn sie gezwungen werden, ihren Anhängern Zeit zum ruhigen Ueberlegen, und ihren Gegnern Zeit zum Widerstand zu lassen, dann ist zweifellos ihr Höhepunkt überschritten. An den starken Mauern des Marienbergs und des Mutes jener Männer brach sich die Wucht des Sturmes von 1525. Welches Unheil hätte entstehen können, wenn die süddeutschen Bauernhaufen den aufgeregten Gemütern in Mittel- und Norddeutschland Wind in die Segel geführt hätten! Der Frauenberg hielt die Bauern fest, wie mit eisernem Arme, bis der Sturm im Lande sich ausgetobt hatte; er hielt sie fest, bis die Rache der Fürsten sie erreichte und blutig niederwarf. Und dazu noch ein anderes! An erfreulichen Bildern sind die Monate April und Mai des Jahres 1525 sehr arm, besonders auch in ritterlichen Kreisen. Der Berner Chronist Anshelm hat von jenen Tagen ungefähr gesagt: „Die Edelleute wurden aus Löwen zu Hasen, und als die Bauern geworfen waren, wurden sie wieder aus Hasen zu Löwen." Das mag für viele Adelige zutreffen. Hier aber bei den Rittern des Frauenbergs ist eine wohltuende Ausnahme. Das jammerselige Schicksal des Grafen Helfenstein hat viele Wangen bleich gemacht und viel stolze Tapferkeit und Treue gebrochen. Die droben auf der Burg, inmitten desselben tobenden Feindes, der eben den Grafen durch die Spieße gejagt, hats nicht wankend gemacht; sie blieben standhaft und treu. Sie haben den ritterlichen Ruhm der Väter gewahrt. Daß

Silvester von Schaumberg zu diesen Männern gehörte, daß er unter ihnen in vorderster Reihe stand, sagt über den Geist und die Kraft, die ihn beseelten, mehr, als hohe Worte tun könnten.

Monate vergingen, bis im Gebiete des Hochstifts wenigstens einigermaßen die Ordnung wiederhergestellt war. Nach der Blutreise des Bischofs durch alle seine Aemter mußte in erster Linie die Besichtigung und Regulierung des Schadens in Angriff genommen werden. Die Bürger der Landstädte hatten die alten Schuldposten, die sie seit Generationen bei den benachbarten Edelleuten stehen hatten, an den Schlössern und Burgen der Ritter in ihrer Nachbarschaft bezahlt gemacht. Was sonst im Lande noch stand, das hatte der Bildhäuser Haufe auf seinem großen Zuge durchs Stift nach Schweinfurt, Haßfurt, Eltmann, Rentweinsdorf, Königshofen, Melrichstadt und Meiningen niedergelegt. Man stritt sich in den beteiligten Kreisen, wen der Schaden mehr betroffen, ob die Kirche oder die Ritterschaft; auch war es ein strittiger Punkt, ob überhaupt das Stift für den Schaden, den die Ritterschaft erlitten habe, aufkommen müsse. Man entschied sich nach langem Für und Wider endlich dafür, mit der Ritterschaft einen Vertrag über die Beschädigung einzugehen und zwar weil „unser gn. H. von Würtzburg bedacht hatt, daß sie zusammengehörten, ire elter hievor und vor viel hundert jahren dem stift treulich gedient, sich auch hinfüro derselben trewen Dienst noch mehr befleißen möchten, dardurch ein bestendiger, geneigter will ewiglich erhalten werden möcht." Es wurde eine Kommission eingesetzt, um die Schäden der Ritterschaft zu regulieren. Jeder der Beschädigten sollte bis St. Andreastag seine Einbußen an „briefen, versaumnus, vahrnus, zehrung und andern" auf Edelmannswort angeben, während die Kommission die Schäden an den verbrannten und zerstörten Gebäulichkeiten unter Beiziehung verständiger und zuverlässiger Bauleute, die mit dem Bau in seinem früheren Zustande vertraut waren, zu taxieren hatte. Unter den 27 Obmännern, die zu diesem Schätzungsgeschäft bestimmt waren, befand sich wieder Silvester von Schaumberg. Wenn es auch, wie der Berichterstatter Martin Cronthal berichtet, nun „im Schwank" ging mit dem Taxieren, so vergingen doch einige Monate, bis das Geschäft geregelt war. Die Summe des Gesamtschadens, den diese Kommission abzuschätzen hatte, betrug $273209^{1}/_{2}$ fl. deren Aufbringung den aufständischen Bürgern und Bauern auf die Schultern gelegt wurde. Der kritische Martin Cronthal, der naturgemäß als Stadtschreiber der meist betroffenen Residenzstadt nicht besonders gut auf den Bischof und seine Maßregeln zu sprechen war[1]), urteilt nicht sehr günstig über die Taxationen, manches Haus, Schloß oder entwendete Fahrnus sei weit höher angeschlagen worden, als sie wert gewesen seien, und in Summa seien alte zerrissene Rattennester dermaßen überschätzt worden, daß man öffentlich davon geredet hätte. C'est la guerre! Es war hier wie überall. Ein jeder mißglückter Revolutionsversuch schafft üblere Zustände als die, welche vorher gewesen. In Franken sang man noch lange dem heranwachsenden Geschlechte zur Warnung:

„Schnabel Schaar und Schippel
Brachten die Bauern aus gefütterten Röcken
In leinene Kittel[2])."

Die Frage, wie wohl der Bischof sich den tapferen Verteidigern des Frauenbergs erkenntlich zeigte, liegt nahe. Die zeitgenössischen Berichte weisen nichts darüber auf, aber eine gewisse Antwort liegt in den Besetzungen erledigter Aemter, welche der Bischof im Jahre nach dem Bauernkriege vornahm. Es lag in den Verhältnissen, daß anno 1526 zur Beruhigung der Landschaft und Wiederherstellung der Ordnung eine Neuorganisation des Verhältnisses zwischen Fürst und Untertanen in verschiedenen Teilen des Stifts stattfinden mußte. Manche Amtmannsstellen waren wohl auch dadurch erledigt worden, daß sich die Inhaber der Not der Zeit durchaus nicht gewachsen gezeigt hatten. So kam es, daß Bischof Conrad zu Petri Cathedra eine Anzahl neuer Amtleute ernannte. Die Erwählten gehörten fast durchweg jener Schar an, die bei der Verteidigung des Frauenbergs mit beteiligt waren oder sich sonst in jenen schweren Tagen um die Person oder Sache des Bischofs verdient gemacht hatten. Man findet hier den tapferen Heinz Truchseß von Wetzhausen, Friedrich Herrn von Schwarzenberg, Jörg von Gnotstadt, Kunz von Rosenberg, Endres vom Sande und andere, deren Namen

---

[1]) Martin Cronthal, der Stadtschreiber und Tilman Riemenschneider, der berühmte Bildschnitzer, entgingen mit knapper Not dem Henkerschwerte. Die Kerker des Frauenbergs und der Stadttürme haben sie beide genossen; Riemenschneider wurde auch „vom Henker hart gewogen und gemartert" (S. 91).

[2]) Drei Führer des Bildhäuser Haufens. Vergleiche über das Schätzungsgeschäft die ausführlichen Berichte bei Martin Cronthal, die Stadt Würzburg im Bauernkrieg S. 98—115.

man in der Umgebung des Bischofs 1525 öfters begegnete. Zu ihnen gehörte auch Silvester von Schaumberg. Das Amt, zu welchem ihn der Bischof berief, war ihm längst gleichsam auf den Leib gewachsen. Es war der würzburgische Teil von Münnerstadt und Burglauer. Niemand hätte auch so wie er mit den lokalen Verhältnissen Bescheid gewußt. Und es bedurfte eines erprobten tatkräftigen Mannes, der mit festen Händen hier die Zügel führte, denn der Bezirk Münnerstadt war es gerade, von dem jene schreckliche Schar, der Bildhäuser Haufe, seinen Ausgang genommen hatte. Der Bischof hätte für dieses Amt keinen besseren Mann finden können als ihn; so ward Silvester an Petri Cathedra 1526 zum würzburgischen Amtmann von Münnerstadt und Burglauer ernannt. Die Amtsdauer, die vorläufig in Aussicht genommen wurde, betrug drei Jahre. Eine Kündigung ist aber nach Ende der Periode von beiden Seiten nicht erfolgt; Silvester blieb in diesem Amte bis an sein Lebensende. Er hatte von Amts wegen drei reißige Knechte und einen Knaben zu halten und mußte das Amt wie von alters her üblich führen, die Gerichte besetzen und das Stiftsinteresse in aller Weise fördern. Mit der Rentei hatte er nichts zu tun; die etwa strittig werdenden Fälle in der Amtsführung sind im Bestallungsbriefe genau geregelt, als Amtssitz wird ihm seine eigene Behausung in Münnerstadt zugewiesen. Der Besold für den Dienst betrug jährlich an bar 200 fl. fr; weiter war ihm der Genuß des Bauhofes zu Burglauer eingeräumt, wohin etwa 9—10 Morgen Wieswachs gehörten, außer diesem noch etwa 24 Morgen Wiesen, Spann- und Handfrohn der Würzburger Untertanen von Burglauer. Das ihm nötige Brennholz hatten ihm Kellner und Förster des Bischofs in Münnerstadt an gelegenen Orten zuzuweisen. Die Kündigung sollte jedem Teil frei stehen, nur mußte sie $1/4$ Jahr vor dem üblichen Ziel, Petri Cathedra, angezeigt sein[1]). Am Ende des Bestallungsbriefes ist noch

---

[1]) Der Bestallungsbrief Silvesters ist nach dem hergebrachten Formular ausgestellt. Der Jahrsold ist der übliche, der, je nachdem 4 oder 5 Knechte anzunehmen waren, zwischen 200 und 220 fl. schwankte. Die Urkunde lautet (gekürzt): Wir Conrad, Bischoue etc. bekennen, daß wir mit dem vesten vnnsern lieben getreuen Silvestern von Schaumberg einig worden vnd vberkomen sindt, also das er von heut dato dits brieffs an, drey jar lanng die nechsten das nemlich sein würdet von Petri cathedra des xxvi jars biß wieder auf S. Peterstag Kathedra bis xxix vnnser vnserer nachkomen vnnd Stieffts Amptman zu Murstat vnd Burcklauer sein, vnd es auch zwischen vnnser vnnd ime gehalten werden wie hernach uolgt, nemlich soll er sein behaußung, die er zu Murstat hat, wesenlich und persönlich

darauf hingewiesen, daß Silvester den gewöhnlichen Amtseid dem Bischof und seinem Kapitel in üblicher Weise geleistet und darüber sich reversiert hat. Um einen Vorwurf, der Silvester gemacht worden ist, zu entkräften, soll der gewöhnliche Amtseid der Amtleute hier folgen: „Daß ich meinem gnädigen Herrn, Herrn Konrad, Bischof des Stiftes Würzburg, und den Ehrwürdigen, meinen Herrn des Kapitels des genannten Stiftes zum Dom in Würzburg, getrewe, gewere vnd gehorsam sein vnd wil, jren vnd desselben Stiffts schaden bewaren jren fromen werben, dem Ampt, das mir von Ine beuolhen ist, getreulich vor sein, Ire gericht, geistlich und werntlich fürdern vnd auch irer fürstlichen Gewalt und recht helffen, handthaben und hegen, meinen vorgenanten Hern Conradten Bischof als lang ich sein Amptman bin und er Bischof zu Würzburg zu gewartten . . . "

---

beziehen, sein wonung vnd raisige pferdte, drey tügliche knecht vnd einen knaben, daselbst habenn vnd dieselbigen sampt andern seinem Gesinde für sich selbst mit Futter vnd Mal, nagel vnd eyßen kost vnd lone, gantz on vnnsern vnnseren nachkomen vnd Stieffts schaden, halten vnd versorgen, die gedacht vnser Stat vnd ampt, derselben obrigkeit, herlichkeit, gerechtigkeit, felle, nutzung, gericht, leut vnd guter getrewlich verwaren, handthaben, verthaidigen, schützen vnd schirmen nach seinem pesten vermegen als sein aigen leut hab vnd gut, vnd dauon vns vnd vnsern Stiefft souiel jm moglich nichts entgehen lassen. Was aber jn seinen thun vnd vermogen nit were, an vns oder vnser nachkomen gelangen lassen, ferner beschaids darjnn zu gewartten. Desgleichen vnsere arme leuth in Stat vnd Amt gehörig, weder durch sich noch sein knecht vber wider alt herkomen mit keiner fron, atzung noch sonst nit beschweren oder belestigen. Es soll auch gedachten vnnsern amptman mit allen vnd jglichen Renten vnd Fellen zu gemelt vnnsern schloß, stat vnd ampt gehorig, die einzunemen oder außzugeben gantz nichts zu thun habenn, Sonnder die vnnßer Kellner, so wir yn zu Zeiten daselbst hoben werden, einfordern vnd einnehmen lassen, vnnd so vnser kelner sein zu solchen an beden orten die einzupringen zu hilff nottürftig vnnd jne darumb ansuchen würdte, soll er jme also zu einpringung derselben getrewe hilff vndt beistandt thun. Er soll auch zu Zeit solcher Amptmanschaft keinen jnnen oder auserlands jn gemelt vnnser schlos oder Stat jn seinen oder andern ausserhalben vnnser vnd vnser Stifftssachen sehen . . . (?) noch alda einlegen, wie es aber daruber beschehe, soll er alwege den oder dieselben jn vnnser Hanndt stellen, wan wir des begeren, mit dem oder den sollen wir dan furtter nach vnnsern willen vnd gefallen on Eintrag vnd Hinderung sein." Im Falle das Amt mit würzburgischen Leuten in Zwist käme, so sollen würzburgische Gerichte entscheiden. Ohne Vorwissen des Bischofs darf der Amtmann keinen zu peinlichen und anderen großen Sachen aus dem Gefängnis holen. Wenn der Bischof einen Gefangenen fordert, so muß er ihn nach Würzburg bringen lassen, auch soll er mit seinen reißigen Knechten jederzeit zu des Bischofs Erfordern stehen. So der Amtmann und seine Reißigen in Stiftsdiensten sich außer seinem Amtsgebiet befände, hat der

Im Falle der Bischof gefangen würde, — „do Got vor sei", — ist das Kapitel sein Herr, ebenso wenn er mit Tode abginge. Reiniger schreibt in seiner Geschichte von Münnerstadt, daß Silvester von Schaumberg unstreitig viel zur Verbreitung der Lehre Martin Luthers beigetragen habe, obwohl er in die Hände seines Bischofs das Gelöbnis abgelegt hatte, die fürstliche Gerechtsame auch in geistlichen Dingen zu handhaben'"[1]). Diese Deutung kann dem Amtseide, wie er oben steht, nicht untergelegt werden. Der Ausdruck im Eidesformular „ire gericht — geistlich und werntlich — fürdern" bezieht sich auf ganz andere Dinge als auf die Erhaltung der alten Lehre. Eidlich ist Silvester auf kirchlich-religiöse Dinge in keiner Weise verpflichtet worden, so wenig wie seine vielen Vorgänger, die nach diesem Formular Amtspflicht leisteten. Wäre eine religiöse

---

Bischof ihm und seinen Leuten gut zu stehen für Futter und Mahl, Nagel und Eisen, desgleichen auch für erlittenen Schaden, wenn dieser binnen 14 Tagen angezeigt ist. Bei dieserhalb entstehenden Irrungen entscheiden zwei weltliche Hofräte, deren einen der Bischof, deren anderen Silvester zu ernennen hat, als letzte und einzige Instanz. Betreffen die Streitigkeiten Pferde, so entscheidet der bischöfliche Marschall.

Als Amtssold erhält der Amtmann für die drei Jahre Amtszeit 200 fl. rh. (28 Schilling für den fl. gerechnet) pro Jahr an Petri Kathedra zahlbar, dazu soll er Zeit seiner Amtmannschaft für sich gebrauchen den Bauhoff zu Burglauer, dahin ungefähr 9—10 Morgen Wiesen gehören, „item vff 24 Morgen wiesen vngeferlich, die fron mit den pferden vnd mit der hand vff den vnsern zu Burcklauer vnd Zugehörung" (dagegen soll er den armen Leuten zu essen geben, wie herkommen ist). Item Brennholz zu seiner Notdurft, aber das Gehölz, der Hain genannt, und das junge Holz am Burglaurer Schloß soll er in guter Hege belassen. Der Würzburger Kellner und Förster ist beauftragt, ihm Orte zum Brennholzschlagen anzuweisen. Kündigung steht jedem Teile frei, nur muß die Kündigung $1/4$ Jahr vor dem Ziele erfolgen. Wird nicht gekündigt, so bleibt diese Bestallung in Kraft, solange bis ein Teil dem anderen aufsagt, also auch nach den drei Jahren.

Der Amtmann hat zur Befolgung dieser Amtsverschreibung vnsern gewöhnlichen Amtmannseid geleistet und uns und unserem Kapitel gelobt und geschworen und darüber einen versiegelten Reversbrieff übergeben.

Geben am S. Peterstag Kathedra anno xxvj. (Kreisarchiv Würzburg, Bischof Konrads Amtsbestallungen II. 1520—31.)

Der Sold für die Amtsdienste in Münnerstadt ist wesentlich gegen den der früheren Beleihungen gestiegen. 1516 wurde Jörg von Bibra zum Amtmann in Münnerstadt bestellt. Er hat 3 Pferde zu halten und bekommt neben 2 Acker Brennholz 100 fl. rh. jährlich Gehalt und jeden Quatember 25 fl. 1510 war Jorg von Herbilstadt Amtmann mit 30 fl. rh. Gehalt, allerdings standen seine Knechte und Pferde in des Bischofs Kost. (Kreisarchiv Würzburg. Dienerbuch Bischofs Lorenz von Bibra.)

[1]) Siehe bei Reiniger a. a. O. S. 172.

Verpflichtung verlangt worden, so hätte in dem Eide ein
Einschiebsel Platz finden müssen, wie es in der Mitte der
zwanziger Jahre im Hochstift Bamberg üblich war, wo die
Amtleute direkt und ausdrücklich auf „ein christliches Leben
der katholischen Kirche" verpflichtet wurden. Bischof
Konrad hat eine Zeit lang geglaubt, daß er mit Gewalt die
neue Lehre unterdrücken und ausrotten könnte, er war aber
zu klug, um nicht zu wissen, daß papierne Forderungen
hier nichts helfen können. Hätte er den Weg der Gewalt
weiter beschritten, so wäre er ein einsamer Mann geworden,
noch einsamer als in den Maitagen des Jahres 1525; dann
hätten ihn auch seine letzten Ritter verlassen. In seiner
Zeit half nur Vorsicht und Klugheit. Er hat besonders in
den späteren Tagen seiner Regierung häufig die Augen zu-
drücken müssen. Zu seiner Zeit hätte die dauernde An-
wendung von Gewalt zum religiösen, und bei der schweren
finanziellen Lage des Stiftes, wohl auch zum wirtschaftlichen
Bankerott geführt. In den Tagen Julius Echters lagen die
Verhältnisse ganz anders; um diese Zeit konnte der Bischof
über eine katholische Kerntruppe verfügen, mit deren Hilfe
er Stürme seiner Art wagen durfte.

Einige wenige Angaben werfen ein spärliches Licht
auch in die Würzburger Amtsperiode Silvesters in Münnerstadt. Eine ihn betreffende Mitteilung aus dem Jahre 1534
ist vorhanden; damals handelte es sich um eine kleine
Irrung zwischen ihm und dem Kloster Bildhausen. Das im
Bauernaufstand stark mitgenommene Stift mußte auf Neu-
fundierung seiner Verhältnisse hinarbeiten. Alles, was zu
diesem Zwecke dienlich war, wurde hervorgesucht; jeder
Rechtsanspruch, der aus alten Papieren nachgewiesen werden konnte, wurde geltend gemacht. So kam es auch, daß
Silvester zwei Klosterhuben zu Fridritt, die er bereits seit
20 Jahren in Besitz hatte, strittig gemacht wurden.
Seine Rechtsansprüche waren nicht derart, daß sich ein
unangefochtener Besitz von ihnen herleiten konnte; der
Richterspruch zwang ihn zur Rückgabe [1 u. 2]. Wichtiger als

---

[1] Rost, Gesch. v. Bildhausen in Archiv des Histor. Ver. f. Unterfr.
p. 58 f. Auch Wilhelm v. Schaumberg zu Thundorf mußte 1529 ebenfalls
einen einige Jahre behaupteten Besitz an das Kloster zurückgeben. Bei ihm
handelte es sich um den Zehnt im Hasengehetze der Seubrichtshäuser Gemarkung.

[2] 1530 schreibt der Rat von Nürnberg an Silvester von Schaumberg
und Michael Schneeberg, beiden Amtleuten zu Münnerstadt, und bittet sie,

diese Mitteilung ist eine Sache, bei der zwar Silvesters Name nicht
genannt wird, die aber sicher nicht ohne sein Zutun erfolgt ist,
nämlich die Aufstellung der neuen Stadtordnung von Münnerstadt. Die Grundlage, auf der sie aufgebaut ist, bilden die
Artikel, auf welche kurz nach dem Bauernkrieg, am 9. August,
die Würzburger Bürger Erbhuldigung tun mußten. Der
scharfe Zug dieser Kriegsartikel ist auch in der Stadtordnung nicht ganz verwischt, wiewohl auch eine empfun-
dene Sorge für Ordnung und Bürgerwohl unverkennbar ist.
Es ist ein eigener Aufruhrparagraph aufgenommen, auch
richtet das Statut sein besonderes Augenmerk auf den
Zuzug von Auswärts, auf das Waffentragen und auf An-
sammlungen bei Volksfesten und in Trinkstuben[1]). Aus
verschiedenen Punkten, die hier aufgenommen sind und
sich in den Würzburger Artikeln nicht finden, scheint Silvester von Schaumbergs Geist zu sprechen. Die Paragraphen, die von den unnötigen Aufwand und Ausgaben
reden, ebenso die Bestimmungen über „die Gotteslesterung

---

in einer Erbschaft, die dem Nürnberger Bürger Val. Koch von seiner Schwester
Ossanna Weynstock zu Münnerstadt zugefallen ist, behilflich sein zu wollen
(Briefbuch No. 101 f. 37).

[1]) Die Stadtordnung ist zu finden Kreisarchiv Würzburg „Gericht
Münnerstadt 717 (XXIX); ein 2. Exemplar ist auch das.: L. d. f. 23
S. 299; sie soll auch gedruckt sein und zwar Archiv des hist. Ver, f. d.
Untermainkreis III. B. 3 Heft S. 132 (Reiniger a. a. O. S. 46). Die Einleitung lautet: Bischof Conrad und Graf Hermann beschließen „auf Grund
der vielfeltigen, besonders durch die bäuerische Entpörung entstanden Miß-
stände, bey vnd ane, den Rate, Gerichtenn vnd andern gemeinen burger-
lichen emptern und verwaltung derselben, jnn vnser beder stadt Münnerstadt etc. etwan merklich zerüttung, jrrung vnd vnordnung, die sich zu-
getragen abzustellen vnd die verwandten Burgern vnd Gebauern in der gemelten Stat beim Gehorsam zu erhalten auch den gemeinen Mann bei
seinen Gewerbe, Hantirung und Notturft staatlich treiben meniglich bei recht
vnd billigkeit gehandhabt ... vnd zu einem friedlichen Wesen aufnemen
vnd gedeyen." Die Ordnung besteht aus 25 Paragraphen. Der letzte handelt
vom Aufruhr. §. 16. „Welche Waffen wern zugelassen sein" (für gewöhnlich nur
Brotmesser, Weidmesser, Dolche, beim „vber landt reyßen" auch langmesser,
Schweinspieße, auch „Scheflin" (kleine Lanze). §. 10. „Von den Zünften,
lantschießen, drinckstuben, Zechen vnd andern Versammlungen." Recht
hart mag diese Anordnung empfunden worden sein, die — jedenfalls nur
für die ersten Jahre, — alle Zunftversammlungen, Landschießen, besonders
aber die Wirtschaften und Trinkstuben [auch „alle heimlich winckel und
schlupfecken zum Zechen, zeren und hoffelen" (in Gesellschaft gehen)]
verboten haben. Nur die Schenke im Rathaus und die offenen Wirts-
häuser waren geöffnet und zwar von mittags 12 bis abends 7 Uhr. Die
Einrichtung der heimlichen Schenken war freilich auch zum Unfug geworden Man
zählte in ganz kleinen Städten oft bis zu 25 Trinkstuben.

und Zutrincken" erinnern doch recht sehr an jene Abmachungen in der Ritterschaft von 1517, bei denen Silvester eine Hauptrolle zufiel[1]). Auffällig mag es erscheinen, daß hier — wie übrigens ebensowenig in den Würzburger Artikeln von 1525, — die neue Lehre mit keinem Worte gestreift wird. Wenn auch in der Stadtordnung zunächst die politischen und wirtschaftlichen, oberhoheitlichen und polizeilichen Verhältnisse geregelt werden sollten, so war die neue Lehre, so wie sie von dem Volke in jenen Tagen aufgenommen wurde, derart, daß sie in alle diese Verhältnisse stark eingreifen mußte, wie dies auch der Bauernkrieg gezeigt hat. Auch hieraus mag hervorgehen, daß Bischof Konrad und Graf Hermann, welcher bis an sein Ende katholisch blieb, vielleicht gerade unter dem Einflusse der mit den lokalen Verhältnissen am meisten vertrauten Räte, wie Silvester von Schaumberg, auf diesem Gebiete bereits einige Vorsicht walten ließen. Die Stadtordnung gibt übrigens nicht bloß ein kulturgeschichtliches Bild von dem damaligen Zustande der Stadt und des bürgerlichen Lebens, sondern auch, was uns hier besonders interessiert, ein Bild von der weitausgedehnten Gewalt der Amtleute. Es war natürlich, daß in Zeiten, wo die vor kurzem erlebten Stürme noch die Herzen durchzitterten, den ersten Beamten und Stellvertretern der Landesherren die weitgehendsten Befugnisse übertragen wurden. Man könnte diese Ordnung darum fast ein Funktionarium des Amtmannes nennen; fast jeder Paragraph beschäftigt sich mit den Rechten und Pflichten, welche dieser als höchste Polizeigewalt den Bürgern gegenüber beanspruchen und ausüben soll. Es war eine fast landesfürstliche Gewalt; nur in einigen Hoheitsrechten ist der Amtmann an die Räte der Residenz, beziehungsweise an den Bischof selbst gewiesen. So war also die Stellung, die Silvester in Münnerstadt einnahm, eine klare und auch anspruchsvolle Leute befriedigende[2]). Sie sollte

---

[1]) Uebrigens erließ auch Bischof Konrad 1525 Nov. 28. ein Gebot über das Fluchen und Zutrinken (Würzburg. Kreisarchiv L. d. f. 25. 86).
[2]) Zur Vervollständigung sei hier noch mitgeteilt, daß die oben erwähnte Stadtordnung v. Münnerstadt nicht die erste war. Bischof Lorenz und Graf Hermann hatten gleichfalls schon eine solche geschaffen; sie datierte vom Neujahrstag 1511. Auch diese, die, soviel ich sehe, noch nicht gedruckt ist, ist vorhanden. Das Manuskript ist im Kreisarchiv Würzburg, Gericht Münnerstadt 717 (XXIX.) im selben Faszikel wie das Manuskript der Stadtordnung. Die Erlasse in dieser früheren Ordnung betreffen meist andere Gebiete als die in der späteren. Es sind meist Polizei-

nach wenig Jahren eine geradezu glänzende werden. Die finanzielle Lage des Bistums war nicht gerade günstig. Der Bauernkrieg und die Unsumme, welche die Pack'schen Händel verschlang, hatten die Kassen leer gemacht. Der Bischof war mannigfach gezwungen gewesen, zu jenem finanziellen Mittel zu greifen, welches seinen Vorfahren oftmals aus dringender Geldnot geholfen hat, zur Verschreibung und Verpfändung. Zu Beginn des Jahres 1531 verschrieb er seinem Münnerstadter Amtmanne für 3000 fl., welche dieser ihm vorgestreckt hatte, den Anteil des Stiftes an der Bethe, am Ungeld, an Gerichtsbußen, Gefällen und Nutzungen der Stadt Münnerstadt. Zu gleicher Zeit gab Bischof Conrad dem fürstlichen Kellner, dann dem Bürgermeister und Rat zu Münnerstadt einen Heißbrief, in welchen sie mit der Bezahlung ihrer Abgaben an Silvester von Schaumberg gewiesen werden. Der Revers, den die staatlichen und städtischen Beamten darüber ausstellten, ist gleichfalls noch vorhanden[1]). Die Verpfändung oder Ver-

vorschriften über das interne Stadtleben, über Familienfeste, Frühurten (Frühstück), Sonntagsarbeit, Reinlichkeitsgebote, Hüten, Marktwesen usw. Diesen Vorschriften schließen sich die Ordnungen für die einzelnen Handwerkergilden der Stadt an, nämlich Krämer, Höcken, Bäcker, Metzger, Schuhmacher („Schubartte"), Gerber, Weißgerber, Schneider, Gewandschneider, Sattler, Müller, Garköche und die sehr ausgedehnten Anweisungen für die „Wullnweber". Eine Ergänzung dieser Stadtordnung ist dann zu Petri Cathedra 1525, also vor dem Bauernkrieg erfolgt; diese Erklärung ist mir jedoch nicht in die Hand gekommen.

[1]) Die bischöfliche Verschreibung lautet: Wir, Conrad . . . ., bekennen, das wir dem vestin vnnsern Amptman zu Munerstadt Siluester von Schaumberg und desselbigen erben recht und redlich schuldig worden sind . . . . 3000 fl. rh. in Gold, welche er uns jetzo uff vnnser gnedig Ersuchen zu vnnser und vnnsers Stiffts notturft gütlich gelihen. Die wir auch also jnn vnser stat Munerstat entpfangen und fürter zu vnnsern und vnnsers stiffts scheinbaren Nutzen und Fromen gewent haben . . . . Wir versprechen ihm, diese Sume mit $1^1/_2$ Hundert fl. rh. in Golt oder grober müntz (je xvj batzen oder 22 Achter für 1 Gold gulden) und das Kapital auf vnsers Stiffts Teil bethe, ungelt, Gerichtsbuß und allen andern Gefallen, Nutzungen und Einkomen vnserer Stat Münnerstadt zu sichern; weisen unsern Keller, Bürgermeister und Räthe daselbst an, einem jeden St. Petri Cathedra von unserer Bethe, Ungeld und Getällen dem Silvester von Schaumberg oder den Inhaber dieses Briefes gegen Quittanzen zu begeben". Jedem Teil steht vierteljährl. Kündigung vor dem Ziele zu. Die Unsern zu Münnerstadt stehen solange in des von Schaumbergs Verpflichtung, bis das Kapital bezahlt ist.

Dat. Donnerstag nach Petr. Kath. 1531.

Neben dem Bischof siegeln Johann von Guttenberg und das Kapitel des Domstifts.

schreibung war natürlich auf Wiederkauf; die Kündigung mußte von beiden Seiten einviertel Jahr vor dem Ziel erfolgen. Silvester war bis zu seinem Lebensende im Besitze dieser Verschreibung; sie hat ihn in seinen letzten Lebensjahren so ziemlich zum unumschränkten Herrn von Münnerstadt, Würzburger Anteils, gemacht. Neben den faktischen Rechten, welche ihm mit der Verschreibung eingeräumt wurden, mußte natürlich sein Ansehen dadurch sehr steigen. Das Abtreten des finanziellen Hoheitsrechtes hat immer dem neuen Inhaber desselben ein starkes moralisches Gewicht gegeben, wie ja das nur natürlich ist. Zieht man zu diesem die ihm längst übertragene Amtsgewalt in Betracht, so mochte ihm bezüglich seiner Machtstellung in Münnerstadt kaum ein Wunsch noch offen bleiben. Nun begreift man auch, warum trotz der Niederlage nach dem Bauernkriege und trotz des abgeneigten, feindseligen Bischofs in der Nähe, das Evangelium in Stadt und Land Münnerstadt wieder so überraschende und schnelle Fortschritte hatte machen können. Unter der Bedingung, daß die mächtigste und angesehenste, in ihren Bestrebungen kaum gehinderte Persönlichkeit für sie war, mußte eine Sache, welche genug innerliche Kraft besaß, sich Bahn zu brechen, rasch und sieghaft durchdringen. Eine solche Stellung, wie Silvester sie besaß, war natürlich für den Landesherrn nicht gerade eine sehr erfreuliche Erscheinung; Bischof Konrad beeilte sich denn auch, sie abzuschütteln sobald es ging. Mit der Zurückerstattung der geliehenen

---

Der Heißbrief für die Münnerstadter Beamten lautet: Wir Konrad, Bischof, und wir Johann von Guttenberg, Dechant, und das Kapitel des Domstifts entbieten gnädig dem Kellner, Bürgermeister und Rat zu Münnerstadt, unsern Gruß und thun euch zu wissen, daß wir von und auf unsern Teil Bethe Ungeld, Gerichtsbußen und allen andern Gefällen, Nutzungen und Einkommen dem vesten, lieben, getreuen Silvester von Schaumberg und seinen Erben ein und ein halb hundert Gulden auf Wiederkauf verkauft....
  Dat. Donnerstag nach Petr. Cath. 1521.
 Der Revers hierüber:
  Nach volgendermaßen haben sich die von Münnerstat gegen Silvester von Schaumberg vmb IIC fl. Zins verschrieben: (gekürzt)
  Wir Kelner, Bürgermeister, Rath von Münnerstadt bekennen, daß nach Mitteilung unseres Bischofs und Fürsten $1^1/_2$ Hundert fl. an Silvester von Schaumberg zu zahlen sind auf die von uns zu zahlende Bethe etc. Wir bekennen dem Silvester diese $1^1/_2$ Hundert fl. anheißig worden zu sein und haben uns ihm mit getreu geschwornen Eidstadt verschrieben, daß wir ihm die Zins pünktlich entrichten
  Sambstag nach Petr. Kath. 1531.

Summe war es vorerst nichts, als aber nach drei Jahren Silvester selbst das Zeitliche segnete, hielt es der Bischof für gut, nicht den Sohn des Heimgegangenen zum Nachfolger des Vaters zu machen, sondern einen anderen. Eines besonders sicheren Mannes erschien es dem Bischofe auf diesem für Würzburg etwas fremd gewordenen Boden zu bedürfen. Er ernannte daher seinen eigenen Bruder zum Amtmann, Eustachius von Thüngen, während Silvesters Sohn, Karl von Schaumberg, erst unter einem neuen Bischofe der Nachfolger seines Vaters in Münnerstadt wurde[1]).

Die Jahre nach dem Bauernkriege erscheinen, wenn man einmal einen Gang durch die Repertorien des Würzburger Kreisarchivs macht, im allgemeinen reich an Berichten der Amtleute über die ihnen anvertrauten Amtsbezirke. Aus Münnerstadt finden sich aber auch aus dieser Zeit keine Mitteilungen. Sind sie verloren? Oder ist nichts zu berichten gewesen? Darf man das Schweigen der Akten darauf deuten, daß die Verhältnisse unter Silvesters Führung geordnete gewesen sind? Auch sonst dringt aus dem Leben Silvesters wenig mehr in die Außenwelt. Der Höhepunkt war überschritten, die sechziger Jahre kamen heran. Eine tatenreiche, ausgekaufte Lebenszeit hat auch stärkere Ab-

---

[1]) Über den Fortgang und das Ende dieser großen Verschreibung nach Silvesters Tode sei hier das Nötige mitgeteilt: Vom Jahre 1532 und 1533 liegen noch Quittungen von Silvesters Hand über die vereinnahmten Zinsen vor. 1535 schreibt Silvesters anderer Sohn, Wolf Dietrich, an den Bischof: Nachdem ihr Vater gestorben sei, teile er im Namen seiner Brüder mit, daß die 1½ Hundert fl. Zins auf ihn, Ambrosius und Karl, seine Brüder, gefallen seien; weiter, daß er und sein Bruder Karl die Verwaltung des väterlichen Erbgutes übernommen hätten. Diese stellen ihrem Bruder Ambrosius Gewalt aus, für sie die Zinsen zu empfangen. Er — Wolf Dietrich — schreibe im Namen seines Bruders Karl: „Dieweil ich dieser Zeit eigen sigel nit habe, habe ich Conrad von Bibra, Domherrn zu Würzburg, gebeten zu siegeln".

Montag nach Laetare 1535.

1536 schreibt Karl v. Schaumberg die 3000 fl. Kapital auf die Bethe von Münnerstadt auf; er müsse das Geld um seiner Gelegenheit und Notturft willen kündigen. (Auch hier siegelt Conrad von Bibra — der spätere Bischof — wieder.)

1536 Mittw. nach Martini. Die Schwestern und Schwäger Karls geben hierzu ihren Konsens. Sicher hatte das verpfändete Kapital, nun es nicht mehr mit der Amtsgewalt des Amtmanns verbunden war, nicht mehr den Wert wie früher für die Familie. Sie zog es zurück, weil sie das Interesse an der Art der Ausleihung verloren hatte.

Die betreffenden archivalischen Nachweise befinden sich Würzburger Kreisarchiv L. d. f. 24 S. 224 ff.

nutzungen, als ein friedliches Leben auf der Scholle und hinter dem Herde. Und sein Leben war eines, in dem immer Ebbe und Flut sich abwechselten, Sturm und Stille sich ablösten. Ein Ruhebedürfnis wäre kaum ein Wunder gewesen. Aber davon hatte er scheinbar nichts gewußt und nichts gewollt.

In den Schluß dieses tatenfrohen Lebens fällt noch eine Großtat. Dramatisch wie das ganze Leben fügt sie sich in den ganzen Rahmen ein, aber was noch mehr gilt, sie trägt den edlen Charakter, der aus dem Leben des Mannes fortwährend herausleuchtet. Die Episode des Würzburger Frauenbergs wiederholt sich noch einmal in seinem Leben, nur im großen Stile. Noch einmal hat er zu den ruhmvollen Verteidigern einer großen allgemeinen Sache gehört und hat, bereits ein Alternder, die Ideale der Jugendzeit mit dem Schwerte geschützt. War damals, was er verteidigte, eine Burg, so war es diesmal eine Stadt; stürmten damals Tausende an wie wildgewordene Meereswellen, so zählten diesmal die Feinde nach Zehn- ja Hunderttausenden; erzitterte damals die heimatliche Scholle unter den Schlägen, so erbebte diesmal das ganze Reich, ja die Welt. Die Türken standen vor Wien.

Suleiman der Prächtige hatte die Wirren in Ungarn benutzt, um einen gewaltigen Vorstoß bis über die Grenzen des Reiches zu machen. Seit dem schweren Tage nach der Niederlage von Mohacz, da König Ludwig auf der Flucht ertrunken war, hatten die Zustände in dem heimgesuchten Ungarlande einen stürmischen Charakter angenommen. Die alte Königspartei hatte den Bruder der verwitweten Königin, Ferdinand von Oesterreich zum König ausgerufen, während die Nationalpartei Johann Zapolya in Stuhlweißenburg die Krone aufsetzte. Zapolya konnte sich dem mächtigen Habsburger Gegenkönige gegenüber nur dadurch halten, daß er sein Reich dem Sultan Suleiman zu Lehen auf trug. Mit diesem verhängnisvollen Schritte ist Ungarn für Jahrhunderte in die Abhängigkeit der Türken gekommen. Suleiman hätte zu einem neuen Zuge gegen das Abendland sich gar keinen besseren Vorwand wünschen können. Er kam mit gewaltiger Heeresmacht vor Wien, um als Lehensherr von Ungarn das Regiment seines Lehensträgers zu sichern. Wien war damals eine nur wenig befestigte Stadt; aber auch in jenen Tagen bewahrheitete es sich, daß tapfere Männer die ausreichende Brustwehr

eines gering bewehrten Platzes sein können. Gegen die
zahllosen Scharen des Sultans, stand ein Haufen von
20000 Mann in der Stadt unter der kühnen und umsichtigen
Führung des Pfalzgrafen Philipp und Grafen Niklas von
Salm. Eine bittere Enttäuschung wurde dem Sultan bereitet; er glaubte ein rasch besiegbares Häuflein vor sich
zu haben, er hoffte in Bälde den ersehnten Stoß in das
Herz der Habsburger Macht zu tun, hier aber, vor diesen
Mauern brach sich der Wille des sich allmächtig dünkenden Sultans, „des Schattens Gottes über zwei Welten",
wie er selbst sich nannte. Unter den deutschen Hieben
der gering geachteten deutschen Ritter verloren die Janitscharen den Ruhm ihrer Unbesiegbarkeit. Nach vierwöchiger Belagerung hatte Suleiman die Belagerung
als aussichtslos aufgeben müssen, besiegt von deutscher
Tapferkeit, der sich als Bundesgenosse das deutsche
Klima zugesellte, die September- und Oktobertage
des Jahres 1529. Der Heroismus der Verteidiger
Wiens ist zu bekannt, als daß es hier noch eines Wortes
des Lobes bedürfte. Von jeher hat man den Widerstand,
der im Jahre 1529 den Türken vor Wien geleistet wurde,
zu den Großtaten deutscher Tapferkeit gerechnet. Daß
auch Silvester von Schaumberg unter denen war, die unverwelklichen Lorbeer sich an der Donau holten, bedeutet
sicher nicht das geringste Blatt in dem Buche seines Ruhms.

Man kann nicht ohne Ergriffenheit auf seine Teilnahme an diesem Zuge sehen. Eben hat er sich aus gewaltigen Stürmen herausgekämpft und sich ein Stück festen
Boden unter den Füßen erarbeitet. Andere in seinem
Alter hätten auf diesem Ruhepunkte in wohlverdienter
Muße den Lebensabend erwartet. Vielleicht trug auch er sich
mit demselben Gedanken. Da schlägt die Not an seine
Türe. Der Erbfeind steht an den Pforten des Reiches;
wer weiß, wie weit die verheerende Woge ihren Weg noch
nimmt. Die alten Güter sind in Gefahr, wenn deutsche
Treue sie nicht aufs neue schützt. Da wallt in ihm wieder auf
das Blut der Väter, für das Gute und Hohe hat er noch
immer sein Schwert gezogen. Weg ist der Gedanke an
Frieden, verflogen die Ruhbedürftigkeit. Der greise Recke
reitet mit seinem Sohne der Donau zu zum schweren
Kampfe. Die Quelle, aus der wir schöpfen, fügt zu dem
Namen Silvester von Schaumberg eine besondere Bemerkung
hinzu; nachdem eine Anzahl Hauptleute genannt sind, wie

Ernst von Brandenstein, der Hauptmann der königlichen Trabanten, Leonhardt Hauser, der Hauptmann der Stadt Wien, heißt es weiter: „Von des Reiches wegen zu diesem Krieg gesandt: Syluester von Schaumburg; Ludwig von Graueneck, Thomas Marschalck von Pappenheim" und andere, worunter sich noch weitere fränkische Edelleute finden, z. B. Martin und Veit von Egloffstein, Güntzel und Ambrosius von Schaumberg, — letzterer Silvesters Sohn, — Pankraz Zolner, Nickel von Rosenberg. Nach dieser Bemerkung hat Silvester zu jenen fränkischen Rittern gehört, die das Reich für den Türkenfeldzug aufgeboten hatte. Schon oben war erwähnt worden, daß in dem Reichstagsabschied von Nürnberg 1522 Silvester neben fränkischen Grafen und Herren zum Kriegsrate für den eventuellen Feldzug gegen die Türken vom Kaiser ernannt worden war. Entweder war die Berufung noch in Geltung oder man griff, als der Türkenfeldzug 1529 wirklich Ernst wurde, auf die bewährten Leute zurück, welche bereits 1522 genannt waren, soweit sie eben noch am Leben waren. Auch in der veränderten Lebenslage und in den vorgerückteren Jahren weigerte sich Silvester nicht, dem Rufe Folge zu leisten. Das Gefühl der Gemeinsamkeit und Verantwortlichkeit einer dem Reiche drohenden Gefahr gegenüber muß doch eine ganz gewaltige Macht in seiner Seele gewesen sein! Wer sechzig ist, zieht nicht mehr zu Abenteuern aus. Und wie frisch und jugendlich muß er sich gefühlt haben, daß er mit seinen sechs Jahrzehnten auf dem Rücken die Mühseligkeiten eines Feldzuges, die Arbeit und Entbehrung einer Belagerung auf sich nimmt, von der man im voraus wußte, daß sie über die Maßen Anforderungen an Mut, Ausdauer und Tapferkeit ihrer Teilnehmer stellen würde! Ueber die Einzelheiten dieser Episode sind wir nicht unterrichtet. Nachdem die Belagerung nach vergeblichen Anstürmen durch Sultan Suleiman aufgehoben worden war, werden die fränkischen Ritter ruhmgekrönt die Heimat wieder aufgesucht haben. Silvester führte nach der Rückkehr dann sein Amt in Münnerstadt weiter[1]). Mit einer schönen und großen Tat

---

[1]) Der Bericht ist entnommen dem II. Teil des Adelsspiegel von Cyriacus Spangenberg, 1514 S. 245. Der Thüringer Historiograph gilt allgemein als durchaus vertrauenswürdig. Zweifelsohne hat er seine Angaben aus gedruckten oder geschriebenen Berichten über die Belagerung Wiens geschöpft. Nachforschungen über archivalische Belege der von Spangenberg gebrachten Notiz haben zu keinem Ergebnis geführt. Uebrigens bringt auch die Lauter-

schließt das uns bekannte militärische Leben Silvesters ab. Fürwahr ein preiswürdiger Abschluß, wert, der Abschluß eines so tapferen ritterlichen Lebens zu sein.

Aber ein otium procul negotiis gab es für ihn nicht, auch wenn das Schwert in die Scheide gesteckt war. Die mannigfachen Beziehungen, welche er während seines ganzen Lebens pflegte, haben bis zuletzt Opfer und Dienste von ihm gefordert: so sein Amt, sein Freundeskreis, seine Familie. Bis in die letzten Lebensjahre hinein hat er z. B. seine nunmehr 40 jährigen, engen Beziehungen mit dem Rothenberge unterhalten. Zu den Ganerbentagen ist er sehr häufig persönlich erschienen; ein Blick in die Aufzeichnungen des Burggraftums zeigt, daß auch in den zwanziger Jahren nichts Wichtiges auf dem Rothenberge vorgenommen wurde, bei welchem vorher nicht auch Silvesters Rat erholt und gegeben wurde[1]). Von einer aus diesen Rothenberger

---

bachiana, eine Regesten-Sammlung in der Wolfenbüttler Herzogl. Bibliothek, dieMitteilung: Silvester de Schaumberg est ex praesidiariis auxil. imperii nobis vindobon. secturrentibus contra Turcos 1529. (Nach einer gefl. Mitteilung Oscar von Schaumbergs.) In verschiedenen biographischen Notizen über Silvester werden er und sein Vetter Konrad (demin. Güntzel) als volontarii im Türkenkrieg bezeichnet. Das trifft auf Silvester nicht zu; sein Sohn Ambros und sein Vetter Güntzel mögen aber volontarii gewesen sein. Silvester war von Reichs wegen geschickt. Eine weitere Ungenauigkeit besteht darin, daß Silvester und die beiden anderen Schaumbergs zur Abteilung des Hauptmanns Ernst von Brandenstein gezählt werden. Diese Ungenauigkeit beruht auf flüchtiger Abschrift aus Spangenberg. Silvester steht zwar in der Rubrik, welche die Edelleute unter Brandenstein umfaßt; es steht aber direkt über ihn: „von des Reichs wegen zu diesem Krieg gesandt". Der Setzer hat vergessen, hier einen Absatz zu machen.

[1]) Die Aufzeichnungen in den Rothenberger Akten des Kreisarchivs Nürnberg (Rep. 187b. II. C. 3. Abschiedsbuch No. 3; auch andere Locate) bringen in den zwanziger Jahren für Silvester Folgendes:

1520. Ganerbentag Sonntag nach Matthäus: Silvester hat Vollmacht gesandt.

1521. Ganerbenverzeichnis, dem Stadthalter zu Amberg überschickt. No. 43. Siluster von Schaumberg.

1523. Ganerbentag Sonntag nach Kreuz-Erhebung: Ungehorsam und gepönt, weil keine Entschuldigung und vollmacht: Siluester v. Schaumberg u. a.

1524. Ganerbentag am Sonntag nach Mich; unter den 33 Erschienenen als No. 4: Siluester von Schaumberg.

1525. Ganerbentag zu Bamberg Unter den 43 Erschienenen No. 5: Siluester.

1526. Ganerbentag Sonntag n. Mich: Ungehorsam und gepönt um 3 fl.: Siluester.

1526. Ganerbentag Sonntag nach 3 Könige. Unter den 36 Erschienenen ist No. 9: Siluester.

Beziehungen sich ergebenden Irrung Silvesters mit einem Schnaittacher Bürger, Heinz Schneider, berichten die Akten aus dem Jahre 1533/4. Ueber den Anlaß ist nichts bekannt; man weiß nur, daß Schneiders Haus durch irgend welche Verschuldung Silvesters oder seiner Leute schadhaft geworden war. Ob wirklich eine Verschuldung Silvesters dabei vorlag, könnte aus dem Grund bezweifelt werden, weil der Ganerbentag, bei dem die Klage anhängig gemacht war, beschließt, daß, im Falle Silvester den Schaden binnen einem Vierteljahr nicht ersetzt, der Burggraf dafür aufzukommen habe. Mit dieser Angelegenheit schließt die vierzigjährige Geschichte der Beziehungen Silvesters zur Ganerbenburg ab. Ein gut Stück Leben hatte er ihr gewidmet. Sein Ganerbenteil ging auf seinen Sohn Karl über[1]).

Hier mag nun wohl auch der Ort sein, einiges über die Stellung zu sagen, welche Silvester seinem Geschlechte gegenüber einnahm. Es kann doch schon von vornherein angenommen werden, daß ein so hervorragendes, angesehenes und für Standesangelegenheiten so stark interes-

---

1527. Ganerbentag am Sonntag nach Matth. Gepönt um 3 fl.: Silvester u. a.
1528. Tag zu Bamberg. Unter den 9 Erschienenen ist No. 4: Silvester. (Donnerstag nach Laur.)
Tag zum Rothenberg Sonntag n. Matth. Erschienen 19; gepönt Siluester u. a.
1528. Jagdstreitigkeit zwischen dem Margrafen und den Ganerben (1525). Zu einem Termin in dieser Sache wird auch Siluester für Dienstag nach St. Thomas nach Onolzbach geladen.
1530. Ganerbentag Sonntag nach Matth. 25 Erschienene; vollkommene Gewalt hat Silvester geschickt.
1531. Tag Sonntag nach Kreuzerhebung: Silvester gepönt.
Auch diese Notizen verdanke ich Herrn Oscar von Schaumberg; sie stammen aus den trefflichen Archiv-Auszügen, welche durch Herrn Georg Gebhart-Nürnberg angefertigt wurden.

[1]) Nürnberger Kreisarchiv, Rep. 187b. II. C. Abschiedsbuch 3 S. 337: 1533 Sonntag nach Barbara, Ganerbentag zu Bamberg. „item Heinz Schneider von Schnaittach ist durch Siluester von Schaumburgkh zu schaden gekommen. Die Klage wird Silvester zugesandt. Falls er nicht Ersatz leistet, wird Schneider ermächtigt, klagend gegen ihn vorzugehen."
S. 351. 1534. Dienstag n. Matheus: Tag zum Rothenberg. Dem Burggrafen wird befohlen, Siluester zum Ersatz für das eingefallene Haus des Schneider anzuhalten.
S. 365. 1535. Dienstag n. Math.: Tag zum Rothenberg. Wenn Siluester binnen einem Jahr nicht zahle, soll der Burggraf dem Schneider zu seinem Haus verhelfen. (Hier war Silvester schon tot.)
S. 402. 1537. Tag zu Bamberg. Karl von Schaumberg ist auf seines Vaters Siluester von Schaumberg Teil zugelassen und angenommen.

siertes Glied auch für Familienverhältnisse Anteilnahme zeigen würde. Und so ist es auch in der Tat. Es sind uns leider nur knappe Aufzeichnungen über die Arbeiten, welche die Familientage der von Schaumberg in früheren Zeiten leisteten, erhalten geblieben, ebenso auch über die Namen der Teilnehmer. Daß solche Tage periodisch abgehalten wurden, ist sicher, ebenso, daß auch Silvester an ihnen teilgenommen hat. Die Familie hatte ja nicht bloß jene gemeinsamen idealen Interessen, welche die besitzen, die gemeinsamen Schildes und Helmes sind, sondern sie war auch längst durch gemeinsame Angelegenheiten realer Natur miteinander verbunden. Wie schon oben erwähnt, war der alte Reichslehnbesitz der Familie im Stammlande, vermehrt durch eine Anzahl sächsischer Lehen- und Eigengüter, gemeinschaftlicher Familienbesitz, der im Burgfrieden von Rauenstein seit 100 Jahren vereinigt war. Man kann sich denken, daß die Verwaltung der nicht unbeträchtlichen Güter, auch wenn ein Beamter aus der Mitte der Familie, der Burgvogt, mit der Verwaltung derselben betraut war, noch genug Fragen der Erledigung sämtlicher Ganerben anheim stellte. Die Güter des Burgfriedens waren rings von Landen sächsischer Oberhoheit eingeschlossen und der Genuß der mit ihm verbundenen Rechte kollidierte häufig mit den Anforderungen, welche die sächsischen Schosser, Jägermeister und Amtleute erhoben. Da war es eine immer wiederkehrende Angelegenheit, die sicher unzählige Familientage beschäftigt hat, die alten Rechte des Geschlechtes durch die Ansprüche der Landesherrschaft nicht schmälern zu lassen, sondern sie allen Angriffen gegenüber zu schützen und zu sichern. An diesen jahrhundertelang fortgesetzten Reibungen um des Burgfriedens von Rauenstein und der Reichslehen willen mag es wohl auch liegen, daß die von Schaumberg zur Landesherrschaft ihrer Stammlande lange Zeit in einem unverkennbar gespannten Verhältnis stehen. Gewiß mag auch hier der Trotz und Stolz eines Geschlechtes mitspielen, das einst in diesen Gegenden, nur dem Kaiser untertan, durch die Uebermacht der Waffen zur Vasallenschaft herabgedrückt war. Die unausbleibliche Schmälerung der alten Rechte durch die zur Landesherrschaft sich ausbildende Territorialmacht, die unvermeidliche Bedrückung des Schwächeren durch den Stärkeren hat ein besseres Verhältnis Jahrhunderte hindurch nicht aufkommen

lassen. Es ist ja wohl in den Zeiten Silvesters kein offener
Streit mehr gewesen, bei dem wie früher auch die Waffen
ein gewichtiges Wort mitsprachen, es war vielmehr ein
fortwährendes Einsprucherheben von seiten der Familie
oder ein Anklagestellen von seiten der Landesherrschaft,
die dann durch die Gerichte oder Kommissionen Sachsens
oder des Reiches zur Entscheidung kamen, aber diese
Reibungen waren doch der Art, daß es eine jahrhundertelang geübte Gewohnheit war, möglichst sächsische Dienste
zu meiden. In aller Herren Länder, an allen fürstlichen
Höfen findet man zahlreiche Familienangehörige in Aemtern
und Würden, nur im sächsischen Dienst sind sie selten,
selten wenigstens im Verhältnis zu der großen Zahl der
Familienglieder und zu den Amtsstellen, welche Sachsen
mit fränkischen Edelleuten zu besetzen pflegte. Im allgemeinen beschränkte man sich schaumbergischerseits auf
den Verkehr, der zwischen Lehensträger und Lehensherrn,
zwischen Vasall und Fürst nicht zu umgehen war. Der
Beginn des 16. Jahrhunderts war eine Periode, die an
Irrungen über die alten strittigen Punkte reich war. Das
Geschlecht ward in solchen Fällen meist entweder durch
den Geschlechtsältesten, der die Lehen der Familie
empfing, oder durch den Burgvogt von Rauenstein vertreten. Bei dringlichen oder wichtigen Angelegenheiten
kam es indes auch vor, daß von der Familie ein Glied
zur Vertretung und Führung des Streites erwählt wurde,
welches keines der beiden Familienämter verwaltete. Es
wird das wohl ein solches Glied gewesen sein, welchem
man durch das Gewicht und Ansehen seines Namens, oder
durch allbekannte ihm innewohnende Energie und Klugheit eine gedeihliche Förderung oder befriedigende Lösung
der schwebenden Angelegenheiten zutraute. In einem
solchen Falle wird man sich auch 1503 befunden haben.
Es handelte sich um eine Grenzirrung und um Fisch- und Jagd-
recht in der Rauensteiner Ganerbschaft. Die sächsischen
Forstbeamten hatten das Wildzeug den schaumbergischen
Jägern auf dem Thüringer Walde abgepfändet und sich
auch sonst Uebergriffe zuschulden kommen lassen. Es
war also eine recht ärgerliche Sache, die sich noch dazu
nicht schnell erledigen ließ, da die sächsischen Beamten
natürlich so gut wie die schaumbergischen ihr Recht behaupteten. Damals beauftragten die Geschlechtsvettern
gerade Silvester mit der Führung der Angelegenheit, ein

Beweis, daß er schon in jenen Tagen sich großen Ansehens in der Familie erfreute[1]).
Ob seine Bemühungen in dieser Sache zu befriedigenden Resultaten führten, ist nicht ersichtlich. Seine Tätigkeit in Familienangelegenheiten muß aber doch so ersprießlich gewesen sein, daß man ihn in späteren Jahren eines der

---

[1]) Silvester schreibt in dieser Sache an den Pfleger von Coburg, Graf Botho zu Stolberg: „Ich bin bericht durch meine Vettern, wie in der Irrung zwischen Sachsen und Schaumberg des Albantz (?) Fischwasser, Hundshaber, Welde und anderes gehabt und jüngst darum gehandelt, daß solche Irrung zu entlichen Austrag in kurtz kommen solt, das aber noch bisher nit gescheen, sonder itzt als bericht bin, vnser Wiltzeugk auf meiner vettern freien eigen Gütern gewaltiglichen genomen, das mich nicht wenigk befrembdt." Er bittet, „damit uns von Schaumberg das jhenige flo wir von dem helligen reich aus gnaden haben vngesert und gnediglich widder darzu komen lassen, angesehn, das wir solches mit schaden lang Zeit gedult haben vnd leyden müssen, vnnd obgleich mein vettern das lenger nicht rwen lassen, dann ich das meyner narung, auch meyner pflicht, damit ich dem helligen reich verwandt bin nit erleyden magk, jn dem allen wollen sich ew. Gn. bei meinen gnedigsten Hern bearbeyten vnd handeln, das uns unser Wiltzeugk, wie dann der genomen, vnverletzt widder gegeben werde sampt den erlieden schaden, damit ich meinethalben jn dem vnd andern vnklaghaft werde. Des wil ich in aller vnterdenigkeit verdynen. Bith des ew. gnad schriftlich antwort Dat. Freitag nach der helligen 3 Könige tag, anno iijto.
   Siluest von Schaumberg zum Rotenberge.
Aus dem Tone dieses Briefes spricht durchaus der energische, noch rauflustige Edelmann, dem es bei unbefriedigender Antwort auf eine Fehde nicht ankommt. Die Stelle des Briefes „dan ich das meyner narung auch meyner pflicht, damit ich dem helligen reich verwandt bin, nit erleyden magk," bezieht sich wohl auf seine Stellung als Glied der Ganerbschaft. Als solches hatte er Anteil am Gewinn der Güter und an der Pflicht dem Reiche gegenüber. Daß man annehmen könnte, Silvester habe bereits damals das Amt des Geschlechtsältesten versehen, ist kaum aufrechtzuhalten. Wenn das Seniorat auch nicht immer den ältesten zur Ausübung übertragen wurde, so wird man doch wohl kaum einen Mann damit beauftragt haben, der in der ersten Hälfte der dreißiger Lebensjahre stand.
Der Brief Silvesters an den Pfleger zu Coburg hat eine Korrespondenz zwischen diesem und dem Kurfürsten Friedrich zur Folge gehabt, aus der wir folgendes entnehmen. Graf Stolberg teilt dem Kurfürsten den Eingang des Briefes von Silvester mit und fügt hinzu, daß die von Schaumberg alle auf nächsten Montag zusammen gen Bamberg kommen zu einem Familientage in dieser Angelegenheit. Soweit er berichtet sei, wollen sie an den Kurfürsten sich schriftlich wenden. Er will allen Fleiß aufwenden, die Beschlüsse des Geschlechtstages zu erkundigen. Der Kurfürst teilt darauf mit, daß man an Silvester den Grund schreiben solle, warum man das Wildzeug weggenommen habe, und daß das allein „zur Erhaltung vnnserer Oberkeit vnd Gerechtigkeit bescheen" sei. Er mahnt den Pfleger, mit Aufmerksamkeit den Verlauf des Familientages zu verfolgen. Offenbar war ihm an der Sache gelegen; ein Fehdegrund war jedenfalls gegeben.
(Haus- und Staatsarchiv Coburg G. VII. 67 No. 4.)

beiden Familienämter anvertraute; und zwar jenes, dessen Ausübung weder mit der Aufgabe eines anderweitigen Amtes, noch mit einem Wechsel des Wohnsitzes verbunden war, das Seniorat der Familie. Er scheint es mit Georg von Schaumberg, seinem Lauterburger Vettern gemeinsam geführt zu haben, denn als nach der Thronbesteigung Karls V. die Reichslehen neu verliehen wurden, sind er und Georg als Geschlechtsälteste und mit ihnen der Burgvogt zum Rauenstein, Wolf von Schaumberg, die Lehensträger für die Familie[1]). Die beiden in ihren Tagen angesehensten und wohl auch bedeutendsten Glieder der Familie haben sich nicht vergeblich zur gemeinsamen Führung des Familienamtes verbunden, denn während ihrer Amtstätigkeit wurde das Verhältnis mit Sachsen durch einen langersehnten Vertrag endgültig geregelt. Dies war im Jahre 1525. Hierbei wurden die Grenzen im Rauensteiner und Meschenbacher Wald wieder genau bestimmt und versteint, und alle Hoheitsrechte des Geschlechtes in Jagd, Bergwerk, Zent, Zoll, Geleite und hoher Obrigkeit festgestellt und beschrieben, besonders die beiderseitigen Machtbefugnisse im Gerichte Schalkau, in welches sich Sachsen und Schaumberg teilten, begrenzt und auch über die niedere Obrigkeit, Huth, Trift und Schaftrieb, Fischrecht das nötige gesagt und geordnet, so daß künftigen Streitfällen vorgebeugt wurde. Dieser Vertrag bedeutet in der Geschichte des Burgfriedens Rauenstein einen Markstein. Sicherlich hat der in der Feststellung derartiger Rechtsverhältnisse gewandte und bewährte Silvester das Seinige mit beigetragen und sich damit den Dank der Familie verdient[2]). Nach dem Ableben seines Partners im Amte hat er dann von 1527 ab wohl bis zu seinem Ableben das Seniorat allein geführt. In diese Zeit fällt unter anderen Arbeiten die bereits schon erwähnte gesetzliche Begründung der evangelischen Lehre in den dem Senoriate unterstehenden Pfarreien im Coburger Lande: Rauenstein, Rottenbach und Oettingshausen, letzteres mit seinen Filialen Ottowind, Grattstadt und Ahlstadt. So hat also Silvester auch auf dem Gebiete der Familien-

---

[1]) Werner Krauß a. a. O. Teil IV. S. 410.

[2]) Der große Vertrag zwischen Sachsen und Schaumberg vom Jahre 1525, 14 Folioseiten, befindet sich unter anderen in Kopie von 1613 im Haus- und Staatsarchiv zu Coburg. D. IV 4, a. No. 6.

angelegenheiten seinen Mann gestellt und gute Dienste geleistet. Gerade wie bei den Standesinteressen, so hat er auch hier gezeigt, daß er einen stark ausgebildeten Sinn für gemeinnütziges Wirken besessen und daß er trotz aller anderweitigen Beschäftigung immer noch Zeit genug gefunden hat, seine Kraft in den Dienst von Arbeiten zu stellen, welche die Wohlfahrt ganzer Kreise zu fördern geeignet waren. An weiteren Zeugnissen, daß er das Vertrauen seiner Familie, seiner Freunde und seiner Dienstherren genossen hat, fehlt es nicht. Zu den bereits angeführten sei noch ein weiteres hinzugefügt: 1529 am 16. Juni gehört er zu den Zeugen, die bei Georg von Bibras, wohl des ehemaligen Amtmannes in Münnerstadt, Eheberedung mit Anna von Hutten fungieren. Derartige Pflichten gegen seine Freunde waren ihm nicht lästig. Er hat sich ihnen nie entzogen. So auch 1521 am 15. Februar bei der Verpfändung von Schloß und Amt Bodenlauben an Reinhardt von Steinau genannt Steinrück, um 3000 fl., wobei Silvester als Mitsiegler auftritt[1]).

Daß er daneben seine eigenen Angelegenheiten nicht vergessen hat, dürfte ein Blick auf seine Vermögensverhältnisse zeigen. Wir haben bereits gesehen, daß er die Stufen der damaligen wirtschaftlichen Entwickelung seines Standes hat mit durchmachen müssen. Durch Erbschaft zu gewissem Besitz gekommen, mußte er nach wenigen Jahren des Genusses seine Güter wieder verkaufen. Seit jener Zeit hat er darauf verzichtet, das wieder gewonnene Vermögen in Grundbesitz anzulegen. Von dieser Vermögensart besaß er nur das notwendige: Ein Wohnhaus zu Münnerstadt und das zur Erhaltung des Haushaltes und des Pferdestandes nötige Gelände, wohl in Burggütern und einigen dazugekauften Ländereien bestehend. Die Würzburger Lehensregister weisen keinen Besitz für ihn nach, wie er auch nicht zu jenen Edelleuten gehörte, die nach Beendigung des Bauernkrieges in die Liste der zu Entschädigenden aufgenommen wurden, es waren, wie schon erwähnt, Bürgersgüter und wohl auch freieigener Besitz[2]). Zu

---

[1]) Kreisarchiv Würzburg L. d. f. 23.
[2]) Daß er außerhalb des Hochstiftes Besitzungen hatte, ist gewiß, aber sicherlich keine bedeutenden. So besaß er z. B. im Bambergischen einige Liegenschaften, Wiesen in der Gemarkung von Roth bei Kronach, wo ein Zweig der Ehneser eine Zeitlang saß. Von seines Großvaters Bruder sind diese auf ihn gekommen. Möglicherweise ist er mit einigen alten Ehneser Gütern in der Nähe von Schalkau auch im Coburgischen ansässig gewesen.

den Besitzlosen hat er darum aber nicht gehört. Wer drei Reichsfürsten zu seinen Gläubigern zählte, und zwar mit nicht unbedeutenden Posten, kann nicht zu den Armen gerechnet werden. Zweifelsohne war ihm die Anlage seines Vermögens in Kapitalien angenehmer; er mag diese Art von dem Gebahren des Kaufmanns gelernt haben. Sie macht seinem Scharfblick und seiner Klugheit keine Unehre, denn sie gewährte ihm einen doppelten Vorteil. Abgesehen davon, daß ihm flüssige Mittel zu Gebote standen, wenn sich die Gelegenheit zu einer günstigen Erwerbung bot, wie z. B. 1531 die Verpfändung der Bethe in Münnerstadt, brachte ihm die Gepflogenheit, fürstlichen Personen aus der Verlegenheit zu helfen, den Gewinn, daß die Schuldner sich ihm verpflichet fühlen mußten. Wie groß sein Vermögen war, läßt sich auch nicht annähernd bestimmen. Von seinem Sohne und Erben Karl, der 1578 starb, behauptete die Fama bei seinem Tode, daß er zu den reichsten Edelleuten seiner Zeit in Franken gehört habe. In der Tat! Die Bestimmungen seines Testamentes lassen auf nicht gewöhnlichen Reichtum schließen. Der ohne direkte Leibeserben verstorbene Mann vermachte seine nicht unbeträchtlichen Liegenschaften der Burggrafschaft Thundorf und setzte neben sonstigen Vermächtnissen jedem seiner sehr zahlreichen Geschlechtsvettern 1000 Goldgulden Erbgut aus[1]). Es ist anzunehmen,

---

Raab in „Geschichte von Rattelsdorf." (Arch. des Histor. Vereins Bamberg XXX 1866/67, S. 8f.) und nach ihm Enders, Luthers Briefwechsel II und Pöhlmann, Geschichte von Küps u. a. reden von seinem Besitz im Itzgrund, besonders in Großheirath (Sa.-Coburg). Daß die Ehneser einigen Besitz in Obersiemau hatten, einem in einen Seitental des Itzgrundes gelegenen Dorfe ist wahrscheinlich. Ob diese Güter auf Silvester gekommen, erscheint zweifelhaft. Großheirath war ein Ganerbendorf; die von Schaumberg sind bis jetzt aber noch nicht unter den Ganerben gefunden worden. Die Lehensbücher von Banz und Coburg weisen in Großheirath und Obersiemau keinen Besitz für Silvester nach. Es könnten also höchstens freieigene Güter gewesen sein. Ein Schloß oder adeliger Ansitz stand in Großheirath aller Wahrscheinlichkeit nach niemals.

[1]) Auch der scharfsinnige schaumbergische Familienforscher von Gudenus kennt einen Karl von Schaumberg, der große Reichtümer zusammenhäufte. Er hält diesen aber nicht für den Sohn Silvesters und zwar aus einem Grunde, der kurz hier angeführt werden muß. Ausgehend von der Tatsache, daß Silvester seine Güter an der Aisch „aus Notturft" verkauft hat, meint er, daß er bei seinen häufigen Feldzügen und wahrscheinlichen Aufwendungen zugunsten Luthers wohl schwerlich viel erspart und seinem Sohne zum Erbe hinterlassen habe. Aus diesem Grunde hält er den „reichen" Karl von Schaumberg gar nicht für den Sohn Silvesters, sondern, durch einen Schreibfehler in der Genealogie Adams von Schaumberg verführt, für den Sprossen zweiter Ehe des Hans von Schaumberg zu der

daß zu dem wirklich vorhandenen großen Vermögen Karls bereits der Vater den Grund gelegt hat. Wir wissen von ihm, daß er schon ziemlich frühzeitig der Gläubiger des Markgrafen Casimir war. Die Summen, die er nach Onolzbach geliehen hat, schwanken. 1516 sind es 2000 fl.; ebenso 1518; 1528 weist das Schuldregister des Markgrafen auf: „1300 fl. Siluester von Schaumberg entlehnt", ein anderer Eintrag zeigt noch für 800 fl. Silvester als Gläubiger auf. 1526 werden auch die Schulden des Markgrafen Georg, Casimirs Bruder, aufgezeichnet, als er die Herrschaft im „Niederland" d. h. im untergebirgischen Teil der markgräflichen Lande in Franken, antritt; es sind 2000 fl., aller Wahrscheinlichkeit aber dieselben, die Markgraf Casimir Silvester schuldete. 1527 war Casimir gestorben und die Lande, welche bisher gemeinsam regiert waren, wurden geteilt; dabei war Ansbach und mit ihm natürlich auch der Teil der auf diesem Herrschaftsgebiet ruhenden Schulden auf Markgraf Georg übergegangen. In demselben Register findet sich auch der Eintrag „Herr Sigmund geliehen mer denselben (Silvester) 1300 fl." 1531 war die Summe auf 3300 fl. angewachsen, welche der Margraf Silvester schuldete[1]). Außer dieser ausstehenden Schuld, welche nach unseren heutigen Werten mindestens die Summe von 50000 M. repräsentiert, stand auch beim Grafen Wilhelm von Henneberg ein Kapital Silvesters[2]). 1526 bekennt Silvester auf dem Rittertag zu Haßfurt, daß ihm der Graf 1200 fl. schuldig sei. Nehmen wir hierzu noch die 3000 fl., welche Silvester 1531 dem Bischof von Würzburg auf die Bethe von Münnerstadt vorstreckte, so ergeben schon diese

---

Lauterburg mit Maria, Erbtochter von der Deck. Die Vermutung läßt sich nicht nur nicht beweisen, sondern direkt widerlegen und zwar sowohl von den Personalien Karls aus, als auch von der Lauterburger Linie aus. Gudenus, der vor 100 Jahren seine Forschungen betrieb, hat die Tatsache nicht gekannt, daß Silvester wirklich vermögend war. Von der Erbtochter finden sich auch sonst nicht die geringsten Spuren. Nicht einmal die Familie läßt sich mit dem ihr zugeschriebenen Wappen nachweisen.

[1]) Die Angaben sind entnommen den Herrschaftsbüchern im Kreisarchiv. Nürnberg, und zwar 1518, No. 48, fol. 17. 1526, No. 48, fol. 55, No. 35, fol. 44b. (45.) 1528, No. 48, fol. 79. 1531, No. 35, fol. 79. Ich verdanke sie der Liebenswürdigkeit des Herrn Oscar von Schaumberg.

[2]) Es ist übrigens nicht ausgeschlossen, daß der an den Bischof geliehene Betrag dieselbe Summe ist, welche Silvester bei dem Markgrafen stehen hatte. Vielleicht ist sie zurückgezahlt worden. Nach 1531 hören die Aufzeichnungen in den Schuldbüchern des Markgrafen darüber auf. Aber trotzdem wäre sein Vermögen immer noch beachtenswert.

Grabdenkmal
der Frau Caecilia von Schaumberg, geb. von Sparneck,
in der Kirche zu Münnerstadt.

Posten zusammen ein nicht unbeträchtliches Vermögen.
Jedenfalls dürfte die Bemerkung, welche Looshorn in seiner
Geschichte von Bamberg macht „unter den verarmten, an
Straßenraub und blutige Fehden gewöhnten Rittern bot der
fränkische Silvester von Schaumberg Luther 100 Adelige zum
Schutz an", nach ihrer finanziellen Richtung hin nicht zu halten
sein¹). Es dürfte sich im Gegenteil die Meinung rechtfertigen,
daß Silvester ein guter Haushalter gewesen sei. Jedenfalls
setzte ihn seine finanzielle Lage in den Stand, für die
Seinen in ausreichender Weise zu sorgen. Anforderungen
nach dieser Richtung traten auch an ihn heran. Die drei
Söhne, welche ihn überlebten, haben ein Universitätsstudium
durchgemacht, drei Töchtern hat er die Ehe ausgestattet.
Daß er auch den für einen weltlichen Beruf bestimmten
Söhnen gelehrte Bildung zukommen ließ, beweist, daß er
ein Mann war, der sich ebensowohl den fortschreitenden
Anforderungen der Zeit anpaßte, als auch für die Geistes-
bildung seiner Kinder Sorge trug. Ueber sein Familien-
leben selbst ist nichts überliefert. Seine Ehe mit Caecilie
von Sparneck dauerte bis zum 11. November 1525.
An diesem Tage nahm ihm der Tod die Lebensgefährtin,
die ihn wohl 25 Jahre lang begleitet hatte. Das Todesjahr könnte darauf deuten, daß die Schrecken des Bauernkrieges zu den Ursachen gehörten, welche den Tod seiner
Gattin herbeiführten. Bestimmtes läßt sich nicht darüber
sagen. Ihre Ruhestätte hat sie in der Stadtkirche zu Münnerstadt gefunden. Am Ende des Südschiffes der Kirche befindet
sich eine kleine Kapelle, die ehemals durch einen Zugang
mit diesem Nebenschiffe verbunden war. Jetzt ist dieser Zugang vermauert. Die kleine Kapelle kann nur von dem
Altarraum der Kirche betreten werden. Hier in dieser
Kapelle, die den Namen Ritterkapelle führt, steht ihr Epitaph.
Es ist ein rechteckiger Stein, der in Flachrelief die Figur

---

¹) Siehe Looshorn a. a. O. Bd. IV, S. 550. Looshorn kennt von
Silvester nur dessen früheste Periode; die Tatsache, daß er ein Freund
Luthers war, genügt für den Verfasser der Geschichte des Bistums Bam-
berg, ihn ein für allemal zu den minderwertigen Menschen zu rechnen.
Man vergleiche Looshorns Urteile über Luther und die Reformation; z. B.
S. 530: „Mit beispielloser Rohheit, Lascivität und Frechheit der Sprache
griff er das Bestehende an . . ." S. 532 „. . . . wodurch der Fanatismus
besonders der Halbgebildeten und Urteils-Unfähigen für Luther und sein
Evangelium entflammt wurde, das damals wie jetzt jeder nach seinen Lüsten
zurechtlegte . . . ."

zeigt. Schrift und beigegebene Verzierungen weisen spätgotischen Stil auf. Die Figur stellt die Gestalt einer aufrecht stehenden, schon bejahrten Frau dar; die Hände sind über die Brust gefaltet, aus ihnen hängt der oben schon erwähnte Rosenkranz, an dem sich als Endglied ein Pater befindet. Die Tracht weist die Gewandung der Patrizierin am Ende des ersten Viertels des 16. Jahrhunderts auf. Das übliche Ober- und Unterkleid, beide in schönem Faltenwurf, das Unterkleid in Aermeln und Mieder reich verziert. Der starke Brustausschnitt deckt sich durch das bis zum Halse aufsteigende Hemd, das in kleine, regelmäßige Fältchen zusammengefaßt den Hals im festen Bündchen umschließt. Ueber dem Oberkleid ebenfalls im schönen Faltenwurf die Schaube. Als Kopfbedeckung findet sich die vielgetragene, ein asketisches Aussehen gebende Haube, die hier in runder Form auftritt und die Stirne und Wangen fast ganz verhüllt, und neben ihr die Kinn und Mund zudeckende Rise, das auch bei der Nonnentracht auftretende Kinntuch, — ein ständiges Kleidungsstück der älteren Frau. So sind also vom Gesicht nur Nase und Augen sichtbar. Das Ganze stellt eine Edelfrau im Zeremonienkleide dar und zwar gerade aus der Zeit, in welcher die Frauentracht des 16. Jahrhunderts ihren Höhepunkt an Schönheit erreichte. Fünf Wappen sind auf dem Steine angebracht. Das Stammwappen der Schaumbergs in kleinerer Form als die vier Ahnenwappen trägt sie auf dem Leibe; die vier Ecken der Grabplatte sind mit den Ahnenschilden Sparneck, Seckendorf, Vestenberg, Schenk von Geiern, ausgefüllt[1]). Ueber der Figur steht die Zahl 1525. Die Umschrift lautet: Am tag Martinj ist v'schid die erbere vñ tugēthaftige frau Cecilia v. schaumburg geborne vo. sparneck etc. Man kann aus dem Stile des Werkes annehmen, daß Silvester seiner Gattin wohl bald nach ihrem Tode das Monument hat setzen lassen; denn wenig später tritt bereits auf den Grabplatten die Stilform der Renaissance zutage.

Die Ehe mit Caecilie von Sparneck war eine kinderreiche; acht Kinder lebten noch beim Tode des Vaters.

---

[1]) Eine Abbildung des Monumentes bringt „Der deutsche Herold" XXIX No. 11. Daselbst ist auch die Ahnentafel nach Salver abgedruckt, die indes falsch ist; die vier Ahnenwappen sind nicht: Sparneck-Seckendorf-Plassenberg-Schaumberg, siehe schon oben.

Der älteste Sohn war Ambros; von dem wir bereits wissen, daß er 1520 die Universität Wittenberg besuchte und an Philipp Melanchthon empfohlen war; weiter, daß er 1529 in Begleitung des Vaters den Türkenfeldzug mitgemacht hat. Nimmt man an, daß er beim Besuch der Universität 16—18 Jahre war, so würde sein Geburtsjahr zwischen 1502 und 1504 fallen. Er hat seinen Vater nur kurze Zeit überlebt; denn 1536 erscheint bei Erbauseinandersetzungen mit den Schwestern sein jüngster Bruder Karl nur als der noch einzige männliche Erbe des Vaters. Der zweite Sohn war Wolf Dietrich, vielleicht wegen schwächlicherer Leibeskonstitution nach alter Sitte dem geistlichen Stande bestimmt. Ueber die auffällige Erscheinung, daß der bewußt evangelisch gerichtete Vater seinen Sohn dem Würzburger Domstifte anvertraute, ist bereits gehandelt worden. Hier soll nur noch das gesagt sein, daß der Adel jener Zeit ohne Rücksicht auf die konfessionelle Spaltung mit großer Zähigkeit an dem alten Rechte festhielt, die höheren geistlichen Würden mit den jüngeren Söhnen der Familie zu besetzen. Die Personalien Wolf Dietrichs sind kurz folgende: 1525 am 5. August, also kurz nach dem Bauernkrieg, der Silvester mit dem Hochstift in engere Berührung brachte, wird er in sehr jugendlichen Jahren Domherr in Würzburg, nachdem er schon eine Präbende in Bamberg besaß; sein Universitätsstudium legte er in Tübingen ab, einer Hochschule, die eben in humanistischem Sinne reformiert worden war. 1533 am 5. Juni wurde er in Würzburg Subdiakon. Die Ahnen hat Salver unrichtig angegeben. Wolf Dietrich ist besonders wegen seines tragischen Endes bekannt geworden. Er war um eines Pferdes willen mit dem ihm früher eng befreundeten Domherrn Kilian Fuchs in Streit gekommen. Die Angelegenheit hatte bei einer zufälligen Begegnung am Abend des 18. Oktober 1536 eine Fortsetzung erfahren, bei welcher Wolf Dietrich von seinem Gegner tödlich am Halse verwundet worden war. Er starb noch am gleichen Tage. Seine Frömmigkeit und Sittsamkeit wurde hoch gerühmt. Zwei Tage später wurde er im Dome und zwar in der Sepultur oder Kapitelhaus mit großem Gepränge begraben. Die Grabschrift, die man ihm setzte, hat den Wortlaut: Wolfgangus Theodericus a Schaumberg dictus Knoch, sacrae hujus aedis Canonicus, pietate insignis, morumque suavitate cunctis dum viveret amabilis, sub hoc saxo quiescit, cujus

anima vivat in Christo, Moritur 1536 decimo octavo octobris[1]).
Kilian Fuchs wurde flüchtig und verzichtete, nachdem er
unter Anklage gestellt war, auf seine Pfründe.
 Mehr und Besseres ist hingegen von dem dritten
Sohne Silvesters zu sagen, von dem bereits mehrfach
erwähnten Karl. Aller Wahrscheinlichkeit nach ist es derselbe, der 1535 in den Matrikeln der Universität Wittenberg
genannt wird. Als nach dem Tode Bischof Konrads III.
1540 Konrad IV. von Bibra den Herzogstuhl von Franken
besteigt, findet sich unter den Männern des neuen Regiments
auch Karl von Schaumberg. Bischof Conrad von Bibra war
ein Vetter Karls und hatte bereits mit Silvester und dessen
Sohn Wolf Dietrich enge Beziehungen unterhalten. 1543
ernennt er Karl zum Amtmann von Münnerstadt. Karl ist
wie sein Vater eine bewußt evangelische Persönlichkeit und
ein anerkannter Parteigänger des Luthertums; über sein
Stipendium für evangelische Bürgersöhne aus Münnerstadt
ist schon gesprochen worden. Wenn auch die Nachfolger
Konrads IV., der schon nach vierjähriger Regierung starb,
ein Melchior Zobel von Giebelstadt, ein Friedrich von
Wirsberg, ja selbst ein Julius Echter von Mespelbrunn
unter solchen Umständen Karl von Schaumberg in ihren
Diensten behielten, so ist das wieder ein erneuter Beweis,
daß bis in die erste Zeit der Regierung Bischof Julius' die
Bischöfe von Würzburg bei Besetzung ihrer höheren Dienststellen zwischen Katholiken und Protestanten keinen Unterschied machten. Karl war später Jahrzehnte hindurch
würzburgischer Amtmann von Wildberg und nannte sich
nach dem am Fuße der Ruine Wildberg gelegenen Weiler
„Linden", oder „Lindenhof", woselbst er wohl seinen Wohnsitz hatte, Karl von Schaumberg zu Linda. Unter diesem
Namen tritt er als würzburgischer Dienstmann häufig auf.
Ueber seine äußerst günstigen Vermögensverhältnisse ist
bereits gesprochen worden. Vermählt — wie berichtet
wird, seit 1539 — war er mit Anna von Bibereren, einer
Tochter aus einem alten Geschlechte im Taubertal. Sein
Epitaph sagt, daß ihm sein einziges Kind, ein Söhnlein, im

---

[1]) Vgl. Wachter, Gen. Pers. Schematismus der Erzdiözese Bamberg;
No. 8621. Ueber seinen Tod: Würzburger Chronik II. 107—109. Die
Grabplatte ist nicht mehr sichtbar, da die Sepultur ein neues Plattwerk
erhalten hat. An der Südwand ist nunmehr eine Gedächtnistafel angebracht
mit den Namen derer, die hier ihre letzte Ruhe gefunden. In der IV. Reihe
No. XXIV. 1536 steht Wolf Dietrich.

frühen Alter gestorben war. Ein gütiges Geschick bewahrte den echt evangelischen Mann davor, die gewaltsame Gegenreformation des Bischof Julius mit erleben zu müssen. Er starb 1578 und hat ebenfalls in der Stadtkirche zu Münnerstadt seine Ruhestätte gefunden. An der Langwand des Südschiffes steht sein Epitaph, ein hervorragend schönes Kunstwerk. Es zeigt in einer Säulenhalle, deren Dach mit dem Auferstandenen und dem großen Familienwappen geziert ist, einen unbehelmten Ritter auf einem Löwen stehend und neben ihm seine Gattin, zu ihren Füßen den geöffneten Helm. Dicht zur Seite des Mannes steht ein Kind. Das Monument weist 16 Wappen auf. Zu Seiten des Mannes sind die Schilde der Seckendorf, Gotsmann, Sparneck, Schaumberg, dann Stiebar, Vestenberg, Wiesenthau und Freudenberg. Die Ahnenwappen der Frau sind außer Schaumberg noch Bibereren, Rosenberg, Fronsberg, Finsterloh, Helmstadt, Seckendorf, Rechberg. Die Umschriften zu Häupten der Gestalten lauten: ANNO DOMINI MD ACHTUNDSIBENZICH DEN NEUN UND ZWANZIGSTEN JANUAY IST DER EDEL UND ERNVEST CAROL VON SCHAUMBURCK. KNOCH GENANNT ZU LINTA. AMPTMANN UF WILTBURCK IN GOT SELIGLICHEN VERSCHIDEN WAR SEINES ALTERS . . JAR. DER SELEN GOT GNEDIG SEI. AMEN. Leider ist die Alterszahl nicht eingesetzt. Die Umschrift seiner Gattin lautet: ANNO DOMINI MD EIN UND SIEBENZICK DEN ZWEI UND ZWANZIGHSTEN MARTII IST DIE EDELE UND TUGENDHAFTGE FRAW ANNA VON SCHAUMBURCK EIN GEBORNE VON PIBERERN IN GOT SELIGLICHEN ENTSCHLAFEN UND WAR IRES ALTERS . . JAR. DER GOTT GNEDIG SEI WOL. AMEN. Auch hier hat der Meister die Alterszahl nicht eingesetzt. Das Monument ist in deutscher Renaissance, bemalt und scheint aus Marmor zu sein. Seine Kostbarkeit deutet wohl auf den Reichtum des Besitzers. Schade, daß es durch die ungünstige Beleuchtung seines Standortes so wenig vorteilhaft in der prächtigen Pfarrkirche zu Münnerstadt zur Geltung kommt[1]. Ein schönes, würdiges Denkmal ist es, das ihm die Erben gesetzt haben. Es mußte auch so sein, denn es gehört dem letzten Träger des Namens

---

[1] Siehe Reiniger a. a. O. S. 94 ff. Sein Revers über seinen Amtsantritt in Münnerstadt liegt im German. Museum, Pergament-Urkunde No. 3970.

Karl in der Familie, eines Namens, an den sich manch ruhmvolles Stück der Geschichte des Geschlechtes knüpft, und zugleich dem letzten Ehneser. Silvesters Blut rollte nur weiter in den Kindern und Enkeln seiner Töchter, — wohl bis heute noch. Fünf Töchter überlebten den Vater: 1. Margaretha, die Gattin des Hans Schott zu Trappstadt im Itzgrund, 2. Brigitta, die Gattin des Simon von Stetten zu Kochstetten, 3. Magdalena, die Witwe des Paulus von Schaumberg[1]), 4. Helena und 5. Anna, die beide 1536 noch unvermählt waren[2]). Die sogenannte „Gute Handschrift", eine frühere Bearbeitung der Schaumbergischen Familiengeschichte teilt mit, daß eine Tochter Silvesters, deren Name nicht genannt ist, an Bartholemäus Zollner von Brand verheiratet gewesen sei. Eine Quellenangabe dieser Notiz ist nicht gemacht.

Wenige Jahre sind Silvester noch in Ruhe und Frieden beschieden gewesen, dann schlug auch seine Stunde. Am 29. Juni 1534 sank sein Haupt im Tode. 64—66 Jahre betrug seine Lebenszeit. Die Stadtkirche zu Münnerstadt, die seines Weibes sterbliche Ueberreste aufnahm, wurde auch Silvester von Schaumbergs Stätte der letzten Rast. Heimatboden nahm ihn auf. In der Ritterkapelle seiner Gattin gegenüber hat sein Epitaphium Platz gefunden. Es

---

[1]) Welcher Paul das gewesen ist, läßt sich zur Zeit noch nicht ganz genau feststellen, es gibt mehrere des Namens, die um jene Zeit lebten; so Paul zu Stressendorf; doch sind dessen beide Frauen Eva v. Streitberg und Dorothea v. Stiebar; dann Paul zu Schorgast, † 1519, dessen Gattin Magdalena Truchseß v. Wetzhausen. Paul zu Lichtenfels, uxor Dorothea von Wiesenthau, der starb auch erst 1537. Es bleibt endlich noch ein vierter übrig, von dem man noch gar nicht viel weiß, nämlich Paul zum Haig, Sohn des Otto von Schaumberg. Man kennt weder Todesjahr noch Gattin. Wahrscheinlich kommt er hier in Betracht.

[2]) Kreisarchiv Würzburg L. d. f. 24. S. 224 ff. 1536 Aufschreibebrief: Wir Hans Schott zu Trabstadt, und Margaretha, geb. von Schaumberg, Simon von Stetten zu Kochenstetten und Brigitta, geb. von Schaumberg, ihre ehel. Hausfrauen, und Magdalena, weiland Paulsenn von Schaumberg verlassene Wittib, Helene und Anna, alle weilandt Silvesters von Schaumberg eheliche Töchter tun kund, nachdem Karl von Schaumberg, unser Schwager und Bruder, die 3000 fl., die unser Schwäher und Vater sel. Silvester von Schaumberg gehabt hat, gekündigt hat . . . . verzichten sie auf ihr väterliches Erbe. Als Pfleger der verwitweten Tochter fungiert Sebastian von Schaumberg zu Strössendorf, für die beiden unverheirateten Töchter Karl von Schaumberg, ihr Bruder; dieser hat seine beiden Schwestern versichert, sie in gleicherweise wie die bereits verheirateten auszustatten, im Falle sie in die Ehe treten.

zeigt die Ornamentik der Frührenaissance: zwei Säulen
mit Halbkreisförmiger Bedachung. Hier steht die Inschrift:
Auf Montag Petri uñ Pauli Starb der Edel un eřvest
Silvester võ Schaumbergk Knoch genant dem got gnad. A.
In dem Bogen des Halbkreises steht unter der Jahreszahl
1534 das schaumbergische Wappen und zwar der vermehrte, viergeteilte Schild, den die Familie seit Mitte des
XVI. Jahrhunderts trug. Feld 1 und 4 zeigen das alte
Wappen, den blauweißrot geteilten und halb gespaltenen
Schild. Feld 2 und 3 stellen wieder ein bereits kombiniertes Wappen dar, nämlich eine schwarze aufwärtsstehende Schafschere in Gelb und einen weißen Ecksparren
in rotem Felde. Dieses letzte hinzugekommene ist das
Wappen der einst im Coburgischen reich begüterten
Herren von Sonneberg gewesen. Es findet sich auch als
mütterliches Wappen auf dem Grabstein des Kardinals
Peter von Schaumberg, Bischofs von Augsburg, in einer
der Grabkapellen hinter dem Chor des Augsburger Domes.
Wie die Familie zu der Wappenvermehrung gekommen
ist, ist heute noch Gegenstand der Forschung. Jedenfalls
deutet der Umstand, daß auf Silvesters Epitaph bereits
das vermehrte Wappen sich findet, darauf, daß Karl
seinem Vater erst eine geraume Zeit nach seinem
Tode das Monument hat setzen lassen. Die vier Ahnenwappen zeigen Schaumberg, Gotsmann, Stiebar und
Wallenfels. Die Schönheit und Eigenart des Denkmals
ist auch anderen bereits aufgefallen. Das Hauptinteresse
nimmt die Grabfigur selbst natürlich in Anspruch.
Die Gestalt tritt nicht bloß im Relief, sondern völlig
plastisch aus der ornamentalen Nische heraus. Sie stellt
einen Ritter im sogenannten „Mailänder" Harnisch dar.
Alle Teile der Rüstung sind fein gerifelt, die Achselstücke mit hohen Bruchrändern versehen; an der rechten
Brustseite eine Oese zum Halten der Lanze. Zwischen
den über die Beine verlängerten Teilen des Bruststückes
wird zum Schutze der Weichteile Kettengeflecht sichtbar.
Die Kniebuckeln haben an der Außenseite große, überragende Muscheln; die Beinröhren sind nicht gerifelt,
während die beiden abgestumpften Schuhe — sog. Kuhmäuler — wieder die Riefelung zeigen. Der Helm ist
in Burgunder Form, mit Kinnreff und Stirnschutz. Das
Visir ist zurückgeschlagen, so daß das ganze Gesicht sichtbar ist. Die Spitze des Helmes trägt Federschmuck. Eine

schwere goldene Kette fällt in doppelter Verschlingung auf die Brust, wohl, da er nicht Ritter und Burgvogt war, das Abzeichen des senior familiae, vielleicht auch nur Edelmannsschmuck. Die linke Hand umfaßt den Schwertgriff, die rechte ist erhoben und hält in schöner, ungezwungener Haltung den Speer, dessen farbiger Wimpel hinter dem Helme quer über die Nische flattert. Die ganze Gestalt, in ungemein natürlicher Stellung, ist voll Kühnheit und Selbstbewußtsein. Frische, kluge, sympathische Züge treten auf dem Gesichte dem Beschauer entgegen. In der Tat! So muß er gewesen sein, nach allem, was wir von ihm wissen: Frei und offen das Antlitz, in unerschrockener Haltung, gestützt auf Lanze und Schwert, allzeit bereit für das, was er als Recht erkannte, einzutreten mit seiner ganzen Person. Saxa loquuntur! Dieser redende Stein erzählt von einem starken, schönen Leben.

Vier Jahrzehnte deutscher Geschichte sind es, in welche die Lebensgeschichte Silvesters von Schaumberg verwoben ist. Aber was für Jahrzehnte! Nie hat unsere Nation eine Zeit gehabt, in der eine solche Fülle einschneidender Ereignisse erstand, in der sich eine solche Fülle so erstaunlich schnell vollzog. Die Werte, die das Mittelalter herausgebildet hatte, erwiesen sich fast auf allen Gebieten für die Fortdauer und Entwickelung des Volkes als unbrauchbar. Die wirtschaftlichen, sozialen, religiösen, kirchlichen, politischen Anschauungen waren unzulänglich, die sittlichen Ideale wankend, Kultur, Kunst, Wissenschaft drängten auf Erneuerung. Ihre Umbildung mußte erfolgen. Der Umstand indes, daß die Umbildung aller dieser das innere und äußere Leben beherrschenden Ideen in einem Zeitumfang weniger Jahrzehnte vor sich ging, mußte diese Zeit zu einer stürmischen machen. Nie hat unser Volk solche Umwälzung aller seiner Lebensmächte erfahren! Stolze und kühne Geister mit Adlerflügeln an den Seelen mochten sprechen: „Es ist eine Lust zu leben", aber weitaus die Mehrzahl sah wohl die Tage der ersten Christenheit für sich wieder erneuert und beugte sich unter den Stürmen der Zeit mit des Apostels Wort: „Schicket euch in die Zeit, denn es ist böse Zeit!" Und auf diesem sturmbewegten Meere das Lebensschifflein jenes Mannes — Silvesters von Schaumberg. Wie fährt es? Wird es getrieben, ein Spiel von

Wind und Wellen? Oder sitzt ein Starker am Steuer, der es sicher durch die Wogen zwingt? Es hatte zuerst den Anschein, als wollte es treiben, wohin der Wind der Zeit die Masse treibt. Dann aber erwacht der Mann am Steuer. Er sieht, sein Schifflein wird stranden; es erwacht ein Wille, ein Stolz, es bildet sich eine Kraft. Von da ab ist er Herr über den Sturm, nicht mehr der Sturm über ihn. Und sicher und kraftvoll geführt, gleitet stolz sein Schifflein über die Flut, verheißenen Gestaden zu. Neminem time, neminem laede, dies schwellt dem Fahrzeuge die Segel.

Eines wird man wohl aus seinem Leben, soweit wir hineinschauen durften, erkennen und ihm zugestehen: Hier ist ein Selbständiger in der Masse. Nicht einer der Großartigen und Genialen, welche neue Lichter anzünden für die Dunkelheit des Lebens, aber ein Charakter, voll Stolz, Ernst und Kraft, ein Mann, wie das neue Leuchten sie brauchte, um nicht wieder für die Menschheit zu verlöschen. Nicht einer von den Grundlegenden, aber einer der mit dem Einsatz seiner Persönlichkeit auf jenem Grunde weiter gebaut hat, welchen die Größten seiner Zeit gegraben. Die Geschichte braucht Pioniere, das sind die Heroen unseres Geschlechtes; aber sie braucht auch solide, kernhafte Arbeiter, welche die Wege jener sichern, ausbauen und den Künftigen gangbar machen trotz Sturm und Kampf der Zeit. Ein solcher war Silvester von Schaumberg; ein tapferer Mitarbeiter am großen Werke jener gewaltigen Zeit. Wacker und unermüdlich hat er auf dem Gebiete, wo er stand und wirkte, mitgeholfen, die neuen Werte herauszubilden, welche das Leben der kommenden Geschlechter erfüllen und gestalten sollten. Das macht sein eigenes Leben bedeutungsvoll genug, um von den Späteren nicht vergessen zu werden. Neben diesem allgemeinen Ergebnis bietet aber auch die innere Struktur seines Lebens genügend Schönheiten, so daß ein Blick darauf sich verlohnt. Gewiß, auch von Irrtum und falschen Wegen erzählt sein Leben, doch ebensoviel auch vom Suchen und Sehnen, vom Zurechtfinden und tapferen Vorwärtsschreiten. Aber im Grunde genommen, was war sein Leben? Es war ein arbeitsfrohes, kampfbewegtes Leben; doch wenn es voll Mühe und Arbeit gewesen, so ist es köstlich gewesen. Was ist köstlicher als hingebende Mühe für seine Ideale? Was ist schöner als ein ehrlicher und ritterlicher Kampf um das, was man als Wahrheit erkannt? Mühe und Kampf, die beiden sind unser Leben.

Längst hat die Geschichte Silvester von Schaumbergs Namen ehrenvoll genannt und der Nachwelt überliefert als Luthers Freund und Schützer. Möge künftig, wer ihm begegnet, von ihm denken und sagen: „Er war ein Mann in einer Zeit, die Männer verlangt."

**Und wer den besten seiner Zeit genug getan,
der hat gelebt für alle Zeiten.**

Stammtafel der Ehneser Linie der Familie von Schaumberg.

(Dieser Stammtafel liegen zugrunde die schaumbergischen Stammbaumarbeiten Adams von Schaumberg [† 1574], des Freiherrn von Gudenus, Paul Östreichers, und Oscars von Schaumberg.)

Heinrich
der erste „Knoch" zum Rauenstein,
Ritter, Bamberg. Ministerial; † 1377
ux.: Elisabeth.

Karl, Knoch;
zu Ehnes, Rauenstein, Schalkau;
† 1395.

1. Hans, Knoch; der „Schöne" genannt, Ritter, zum Rauenstein; † vor 1395 ux.: Anna.
2. Heinz, Knoch; Ritter, zum Rauenstein und Ehnes; † 1396 beim Sturm auf den „Stein"; ux.: Agnes.
3. Heinrich can. Bamberg.
4. Georg can. Bamberg.
5. Caspar Abt zu Schwarzach; † 1436.
6. Eberhard Abt zu Banz; 1410—1434.

1. Kunz † vor 1396.
2. Hans, Knoch, der Jüngere; (genannt 1396).
3. Jürge zum Rauenstein (genannt 1396. 1399).

1. Karl, Knoch, Ehnes, Höchstadt, Schalkau, Rauenstein, Vogt zu Königsberg, Bamberg. u. Sächs. Rat, brandenburg. Diener; † 1441 b. Bergtheim. ux.: Christina Siebar.
2. Hans, Knoch, zu Roth, Ehnes, Neuhaus, Rauenstein, Nordeck, Bamberg. Rat; brandenburg. Diener; lebt noch 1468. ux.: Katharina N.
3. Michel can. Naumburg. und Meißen; 1419—43.
4. Hans † 1490.
5. Heinz, Knoch; Ehnes, Rauenstein, hennebergischer Diener; † 1490.

1. Simon, Knoch; Ehnes, Höchstadt, Schalkau, Münnerstadt. Henneberg. Diener; † 1498/9. ux.: Kunigunde Gotzmann von Thurn.
2. Hans, Knoch; Roth, Neuhaus, Rauenstein, erwähnt 1448.
3. Heinz, Knoch; Ritter, Nordeck, Giech, Geiersworth
4. Ulrich, Knoch, zu Ehnes, Höchstadt, Rauenstein, Scheßlitz; † nach 1473
1. Hans can. Eichstedt.
3. Karl, Knoch, der ältere; Roth, Amtmann zu Gößweinstein, Weißmain usw. lebt noch 1493. ux.: Veronica von Pflug.
Hans can. Bamberg. 1485.
Jörg can. Bamberg. 1508.

1. Elsbeth ux.: Jobst von Machwitz. verm.: 1468.
2. Kunigunde.
3. Margaretha ux.: Georg Zufaß. verm.: 1462.
4. Konrad can. Francisc. 1470.
5. Gabriel can. Bamberg. Würzburg 1470/95.
6. **Silvester**, Knoch; zu Höchstadt, Roth, Amtmann zu Ehern und Rauenstein stadt, Veldenstein, Parckstein; † 1534. verm. mit Caecilie v. Sparneck († 1525).
7. Karl, Knoch, der Jüngere; zu Ebern und Rauenstein und Mümmerstadt, Na. von Redwitz (1486).
8. Wolf, Dietrich, zu Ehnesthurn; † 1486.
1. Simon.
2. Brigitte ux.: Wilhelm von Hutten.
1. Hans can. Bamberg. Pfarrer zu Bayreuth; 1459-1504.
1. Wolf; Knoch; Ehnes, Roth, Amtmann zu Neideck, Burgvogt z. Rauenstein 1522. ux.: Dorothea von Aufseß.
2. Hans, Knoch, Roth, Hof, Rauenstein ux.: Anna Schott von Schottenstein.
3. Heinz.
5. Anna zu Roth; † 1532.

1. Ambros † vor 1536.
2. Karl, Knoch; zu Münnerstadt, Linda, Amtmann zu Wildberg; † 1578. ux.: Anna von Bibereren († 1571).
3. Wolf Dietrich can. Bamberg. Wirceb. † 1536 (erstochen).
4. Margarethe ux.: Hans Schott zu Trappstadt.
5.— Brigitte ux.: Simon von Stetten zu Kochstetten.
6. Magdalena ux.: Paulus von Schaumberg.
7. Helena.
1. Hans, Knoch; zu Roth † 1531 ohne Nachkommen.
2. Anna † 1534.

Anonymus; † vor dem Vater als Kind.

Sach- und Namenregister.

A

von Absberg, Familie, 129.
— Hans Thomas 106.
Adelstag zu Schweinfurt v. 1523, 124—126. 126 A. 1.
Ahlstadt, Dorf in S.-Coburg, 245.
Alberada, Markgräfin v. Banz, 4 A. 2.
Albrecht Achill, Markgraf v. Brandenburg, 7. 10 14.
Albrecht Alcibiades, Markgraf von Brandenburg, 78 A. 1.
Albrecht, Markgraf v. Brandenburg, Hochmeister, 95—102.
  Krieg mit Polen, 95.
  Zug gegen Danzig, 96. 97.
  Geplante Hilfsaktion gegen Dänemark, 97—100.
Albrecht, Markgraf v. Brandenburg, Kurfürst v. Mainz, 147 A. 1. 163.
Albrecht der Weise, Herzog v. Bayern-München, 55—63.
Albrecht der Beherzte, Herzog v. Sachsen, 7.
Aleander, Hieron., päpstl. Legat, 147 A. 1.
Almerswind, schaumberg. Schloß u. Dorf (S.-Mein), 3 A.
Altenburg b. Bamberg, 81 A.
Altenhoven, Kloster, 56 A. 1.
Altmühl, Ritterkanton, 125.
Alveld, Leipziger Theologe, 152.
Amberg, 47 A. 2. 84.
Amtmannsstellen u. Befugnisse, 78-80.
„An den Adel", Vorgeschichte dieser Schrift, 153—155. 161.
Ansbach, Stadt, 65 A. 100. 241 A. 248.
Ansbach, Kloster zu, 168.
Anshelm v. Bern, Chronist, 225.
Anna. Landgräfin v. Hessen, 122.
Aschach, Schloß u. Amt, 52. 209.
v. Aschhausen, Familie, 129.

Attelsdorf, Bamberg. Dorf, 33.
Auerbach, Stadt, 65 A. 1.
v. Aufseß, Familie, 129.
v. Aufseß, Heinrich, Ritter, 35 A. 1.
Augsburg, Stadt, 146 A. 1. 255.
Aurach, Kloster, 168.
Autumnus, Georg, Pfr. in Thundorf, 186 A. 1.

B

Bader, Paulus, Schosser i. Coburg, 194.
Bamberg, Hochstift, 9. 10. 13. 14. 19. 25—51. 64 A. 1. 67—70. 82. 87—90. 114 A. 1. 231.
  Schaumbergische Fehden mit Bamberg, 9. 10. 13.
  Silv. v. Schaumbergs Fehden mit Bamberg, 26—34. 34—51.
Bamberg, Stadt, 41. 65 A. 1. 82. 128. 166. 240 A. 1. 241 A. 1.
Banz, Kloster, 4 A. 2. 168.
v. Banz, Markgr. Hermann, 4 A. 2.
Bauernkrieg, 78 A. 1. 129. 176. 202—227.
  Ursachen, 203.
  Ausbruch, 203. 204.
  in Franken, 204—227.
  Verhältnis zur Reformation, 203. 204 u. A. 1.
  Belagerung des Marienberges 215—225.
  Ausgang 223—227.
Baunach, Ritterkanton, 115 u. A. 1. 125. 135. 202 A. 1.
Bayern, Herzöge von 34 A. 1.
Bayern-Landshut, 55—63.
Bayern-München, 55—63.
Bechhoven, Bamberg. Dorf, 67. 69. 70 A.
Bergtheim, Treffen bei, 9.

17*

v. Berlichingen, Götz, Ritter, 21. 65 A.
175. 217.
— Marx, Ritter, 202 A. 1.
— Philipp, 202 A. 1.
Bethäuser, Joh., Pfarrer zu Oettingshausen, 195.
v. Bibereren, Anna, 252. 253.
v. Bibra, Hans, 216.
— Georg, 91 92 A. 1. 122. 201 A. 2. 230 A. 246.
— Lorenz, Bischof v. Würzburg, 38. 53 A. 1. 56. 114. 121. 162. 163. 175. 233 A. 2.
— Konrad, Bischof v. Würzburg, 216, 236 A 252.
— Valentin, 114.
Biermost, Dr. Joh., sächs. Rat, 71 A. 1.
Bildhausen, Kloster, 78 A. 1. 82 und A. 1. 209. 231.
Abt Laurentius, 82.
Bildhäuser Haufe, 209, 211. 226. 227 A. 1. 228.
Birkenfeld, Kloster, 168.
Bischofshofen, Stadt, 76 A. 1.
v. Blankenfels, Kaspar, 83.
Bodenlauben, Schloß u. Amt, 246.
Böhmen, Krone, 15. 16 A. 1. 25. 84—86
v. Boyneburg, Ludwig, 122.
Brandenburg, Markgrafschaft, 25. 26 A. 2.
— Fürsten von, 34 A. 1. 65.
— Kurfürst von, 34 A. 1.
v. Brandenstein, Ernst, 239. 240 A.
Braun, Hans, Bamberg. Kammermeister, 64 A. 1.
Brief Silvesters v. Schaumberg an Luther, 142—161.
Veranlassung, 141—144.
Milieu, 143.
Wortlaut u. Interpretation, 144 bis 147.
Charakter, 147. 148. 149.
Wirkung auf Luther, 148—154.
Bedeutung u. Folgen, 155—161.
Bub, Pfarrer v. Thundorf, 176 A. 1. 177.
Buch a. F., Bamberg. Dorf, 9. 67. 69. 70 A. 1.
v. Bünau, Heinrich, Ritter, 71 A. 1.
v. Burdian, Familie, 55 A.
— Anna, 12 A. 2.
— Hans Christoph, 55 A.
— Martin, 55 A.

v. Burdian, Vincenz, 11 A. 1. 52—54 (bes. 53 A. 1. 54 A. 1).
Bürgerstand, 105. 106. 107. 111.
Burglauer, Ort u. Amt, 228 u. A. 1. 230 A.
Burgmannschaft, 11.
Burdiansche Fehde, 53. 54 u. A. 1. 54 A. 1. 77. 140.
Burkard, Ulrich, Prediger zu Bamberg, 166.
Bütthard, Flecken, 214

C

Camerarius, Joachim, 196 A.
Campano, päpstl. Legat, 23.
Casimir, Markgraf v. Brandenburg, 101 102. 103. 114 A. 1. 123. 126 A. 2. 167. 248.
v. Castell, Graf, 34 A. 1.
— Graf Wolfgang, 207. 216. 219.
Christian II., König v. Dänemark, 97—101.
v. Clemangis, Nic., 146 A. 1.
Coburg, kursächs. Pflege, 6. 7. 8. 145 A. 1.
— Stadt, 71. 72 A. 81 A. 99. 100. 101. 114. 132 A. 1. 167. 196 A.
— Stadtkirche zu St. Moriz, 59 A. 1. 81 A.
— Pfleger zu, 53 A. 1. 73 A 244 A.
Coburger Adel, 28 A. 2.
v. Coburg, Familie, 28 A. 2.
— Heinz, 35 A. 1.
Cradel, Hans, 65.
Creiendorf, Bamberg. Dorf, 69. 70.
Cronthal, Martin, Stadtschreiber v. Würzburg, 226. 227 u. A. 1.
Crotus Rubianus, Humanist, 165.

D

Danzig, Stadt, 96—97.
v. der Deek, Maria (?), 248 A.
Deutschorden, 76. 78 A. 1. 95 bis 102. 171.
Dhiem, Friedrich, sächs. Rat, 71 A. 1.
Dirschau, Stadt, 96.
v. Dobeneck, Siegmund, 59 A.
Donner, Erhardt, Nürnberger Bürger, 173. 174.
Dotmann, Albrecht, Bürger zu Velden, 90 A. 1.

Dreißigjähriger Krieg, 3 u. A. 1.
28 A. 1. 78 A. 1. 192.
Dürer, Albrecht, 165.
Düring, Balthasar, Prediger in Coburg, 194.

E

Ebenhausen, Stadt u. Amt, 52 A.
Eberhardt, Graf v. Würtemberg, 52 A. 1.
Ebern, Stadt, 9. 13. 67 A. 1.
Echter von Mespelbrunn, Julius, Bischof v. Würzburg, 145 A. 1. 193. 231. 252.
Eck, Dr. Johann, 146 A. 1. 151. 165 u. A. 1.
Effelder, schaumberg. Sitz u. Dorf (S.-Mein), 199 A. 1.
v. Egloffstein, Familie, 68.
— Martin, 65. 239.
— Veit, 239
Eger, Stadt, 84. 86.
Ehnes, schaumberg. Dorf u. Sitz, [Ehnesturn] (S.-Mein.), 7—9. 71.
Ehneser Linie der Fam. v. Schaumberg, 8—14. 246 A. 2. 254.
Eichstedt, Bischof von, 34 A. 1. 85. 114 A. 1.
Eilfländer, Pfarrer in Thundorf, 176 A. 177. 191.
v. Eisenburg, Wilhelm, Ritter, 61 A. 1.
Eisfeld, Stadt, 191.
Eisleben, Stadt, 189.
Elisabeth, Gräfin v. Württemberg, 52 A. 1.
— Pfalzgräfin, 55. 61 62.
Eltmann, Stadt, 226.
Erasmus v. Rotterdam, 164.
Erbrecht, adeliges im XV. Jhrdt., 27.
Erding, Stadt, 60. 61.
Erfurt, Stadt, 100, 101.
Erlbeck, Amaley, 86 A. 1.
— Anna, 87 A
— Christoph, 86 A. 1.
— Georg, 86 A 1.
— Jobst Wolf, 87 A.
— Kaspar, 83—87.
— Margaretha, 87 A.
— Sibylla, 87 A.
— Wolfhard, 86 A 1.
v. Erthal, Burckard, 201 A. 2.
— Georg, 12 A.
— Michael, 12 A.
— Philipp, 12 A.

Erziehung, ritterliche im XV. Jhrdt. 22. 23.
— im XVI. u. XVII. 184—190.
Etzelkirchen, Bamberg. Dorf, 67. 68. 69 70.
Executionsordnung v 1521, 124.
v. Eyb, Ludwig, d. Jüngere, 45—49. 59. 80 A. 1.
— Margaretha, siehe Margaretha v. Schaumberg.

F

v. Falkenstein, Arnold, Schosser v. Coburg, 93 u. A. 1.
Faustrecht, Erscheinung u. Ursachen, 23. 24.
Fehdewesen, 23—25. 29-51. 87. 110.
Ferdinand v. Oesterreich, 237.
v. Finsterloh, Familie, 253.
Flacius, Matthias, 186 A 1.
Fladungen, Stadt, 76 A. 1.
Forchheim, Stadt, 29 43 A.
Franken, Landschaft, Zustände das., 20. 23. 63.
Frankfurt a. O., Stadt, 96.
v. Freudenberg, Familie, 253.
Fridritt, Würzburg. Dorf, 231.
Friedrich III., Kaiser, 16 A. 1. 30. 60.
Friedrich der Weise, Kurfürst v. Sachsen, 13 28 A. 2. 37. 71. 72 A. 1. 93 A. 1. 126 A. 1. 141. 146 A. 1. 151. 155. 156. 163. 244 A. 1.
Friedrich der Alte, Markgraf v. Brandenburg, 56. 58. 81 A. 85.
Friedrich, Markgraf v. Brandenburg, Dompropst v. Würzburg, 216. 217. 219.
Friedrich II., der Weise, Pfalzgraf, Kurfürst, 64 A. 2. 81 A. 86. 87 A.
Fries, Lorenz, Magister, 214.
v. Frunsberg, Familie, 253.
Fuchs, Christoph, 129.
— Hans, 35 A. 1.
— Hans, Ritter, 42.
— Jacob, der Aeltere, Domherr zu Würzburg, 163.
— Kilian, Domherr zu Würzburg, 251.
Fulda, Kloster, 11, A. 1.
— Abt von, 34 A. 1.
Füllbach (Niederfüllbach), schaumberg. Sitz (S.-Cob.), 7.

— 262 —

Füllbacher Linie der v. Schaumberg, 7. 9 A. 1.
Furer, Jörg, in Nürnberg, 90 A. 1.

G

Gadamer, Joh. od. Jonas, Pfarrer in Waltershausen, 183. 190.
Ganerbschaft, 15 A. 1.
Gebirg, Ritterkanton, 125.
v. Gebsattel, N., 124.
Gegenreformation 2 A. 1. 193. 199.
Geisler, Joh., Ritterschaftskonsulent, 191. 192
Georg, der Fromme, Markgraf v. Brandenburg, 248 u. A. 1 u. 2.
Georg, der Reiche, Herzog v. Bayern, 30. 31. 37. 55. 56. 86 A. 1.
Georg, der Bärtige, Herzog v. Sachsen, 151.
Geyer, Florian. 217.
v. Giech, Familie, 129.
— Dietz, 34 u. A. 1.
— Matthes, 126 A. 1.
v. Gnotstadt, Georg, 227.
v. Gotzmann, Familie, 66 A. 1. 253. 255.
— Albrecht, 18 A. 88.
— Kunigunde, 12 u. A. 2.
— Wolf, der Aeltere, 12 A. 2.
— Wolf, 26 A 2. 29—31. 32. 33. 59.
Grattstadt, Dorf (S.-Cob.), 245.
v. Graueneck, Ludwig, 239.
Gravamina der Ritterschaft, 110.
Grenzregulierung, sächs. u. henneberg., 92.
Groß v. Trockau, Heinrich, Bischof v. Bamberg, 26. 29. 30 A. 2. 31. 32. 33. 37 40 A. 2. 42 A.
Großheirath, Dorf (S.-Cob.), 145 A. 1. 247 A.
v. d. Gruen, Wilhelm, 123.
v. Grumbach, Hans, 216.
— Konrad, 122.
Gutenäcker, Dr. Jos, 181. 186. 190.
v. Guttenberg, Familie, 129.
— Johann, Domdechant, 234 A. 1.

H

Haller, Jörg, Nürnberger Bürger, 82 A. 2.

Hartmann, Barthol., kath. Pfarrer in Thundorf, 191.
Haßfurt, Stadt, 77. 176. 192. 226. 248.
Hauser, Leonhardt, Hauptmann d. Stadt Wien, 239.
Haut, Hans, 34 A. 1.
v. Haydeck, Herr, 123.
Heidelberg, Stadt, 45. 85.
v. Helfenstein, Graf, 213. 225.
Helle Haufen, der, 207. 211. 217. 218.
v. Helmstadt, Familie, 253.
Hemmendorf, Bamberg. Dorf, 13
Heinrich, Herzog v. Mecklenburg, 123.
v. Henneberg, Grafengeschlecht, 11. 74. 77. 168. 200.
— Graf Albrecht (Römhild, Sohn Hermanns), 169 A. 2 170 u. A. 1.
— Graf Berthold VII. (IV.), 5.
— Graf Berthold V. zu Hartenstein, 52 A. 1.
— Graf Berthold XII. (VI.), Domherr zu Bamberg, 77 A. 1.
— Graf Berthold XVI. (Römhild, Sohn Hermanns), 99. 101. 169 A. 2. 170 A. 1.
— Graf Friedrich I., 77 A. 1.
— Graf Hermann III. (V.), 77 A. 1.
— Graf Hermann IV. (VII.) (Römhild), 34 A. 1. 77. 78 81. 82. 91. 92. 93. 99. 112. 114. 121. 169. 171. 202. 232 A. 1. 233 A. 2.
— Gräfin Katharina, geb. Grfn. v. Stolberg, 170.
— Graf Otto IV. (V.) (Römhild), 34 A. 1 44. 52. 77.
— Graf Philipp, Bischof v. Bamberg, 44.
— Graf Poppo VII., 171.
— Graf Wilhelm IV. (Schleußingen), 34 A. 1. 39. 56. 59. 62 A. 1. 92 u. A. 1. 96. 98. 99 A. 112. 123. 189 A 1. 215. 217. 248.
Heinrich, Herzog v. Mecklenbg, 123.
Heldburg, Stadt, 92 A. 2. 167.
v. Heldritt, Moriz, 201 A. 2.
v. Herbilstadt, Jörg, 230 A.
— Philipp. 216.
Hersbruck, Stadt, 15.
v. Heßberg, Clas, 132 A. 1.
— Dietz, 34 u. A. 1.
Hessen, Landgraf von, 34 A. 1. 39. 56.
v. Hetzendorf, Hans, 59 A.
v. Heyden, Jörg, 13.

Hieronymus von Prag, 146 A. 5.
Höchstadt a. d. Aisch, Stadt, 9.
67 - 70
Hof, Dorf (S.-Coburg), 4.
v. Hohenlohe, Graf, 34 A. 1.
— Graf Albrecht, Bischof v. Würzburg, 52 u. A. 1.
Humanismus, 22. 132. 133. 163.
165. 184.
Huß, Johann, 146 A. 5. 152.
v. Hutten, Familie, 113.
— Anna, 246.
— Bernhard, 122. 202 A. 1
— Frowin, 95.
— Hans, 112. 113
— Ludwig, Ritter. 113 122. 129.
132. 202 A. 1.
— Ulrich, 1. 22. 31. 132 137—140.
148 154. 155. 157. 158. 162. 165.
Huttensche Angelegenheit mit Württemberg, 112—114.

I

Ingolstadt, Stadt, 62 A. I. 165 A. 1.
— Flecken, 223.
Joachim Nestor, Kurfürst v. Brandenburg, 96. 97. 133 A. 1.
Johann Cicero, Kurfürst v. Brandenburg, 7.
Johann der Beständige, Kurfürst v. Sachsen, 28 A. 2. 34 u. A. 1.
37. 71. 72 A 1. 93 A. 1.
132 A. 1. 167 194. 224.
Irmelshausen, Schloß u Dorf, 52 A. 1.
Ittig, Franz, Mag., 189 A. 1.

K

Kaiser, der, sein Ansehen im Reich,
31. 32.
Kaiserwahl 1519, 120. 121.
v. d. Kapell, Walburg, 12 A. 1.
Karl V., Kaiser, 120. 123. 131. 245.
v. Karspach, Hans, Komthur, 201 A. 2.
Kassel Mauritianum, 189.
Kind, Dr. Niclas, 194.
Kirchenvisitation, sächsische, erste u. zweite, 194. 195 A. 2.
Kissingen, Stadt, 76 A 1. 145 A. 1.
Kitzingen, Stadt, 118 A. 1.
— Kloster zu, 168.
Kleiderluxus, ritterlicher, 111.
Kleiderverordnungen, 116. 120.

v. Klingenbeck, Georg, 101.
Knoch, schaumberg. Beiname, 8 u.
A. 1. 255.
v. Knorringen Wolf Dietrich, 95.
Koch, Valentin, Nürnberger Bürger,
232 A.
Köln, Stadt, 87 A. 1.
Kölner, theolog. Fakultät, 151.
Königshofen im Grabfeld, 52 A. 1.
76 A. 1. 226.
— a. d. Tauber, 223.
Körbeldorf, pfalzbayr. Dorf, 14.
Konitz, Stadt, 96.
Krauß. Joh. Werner, Historiograph,
177. 178. 179. 180. 191. 192.
Krongut im Coburgischen, 4. 5.
Kumpf, Ehrenfried, Rothenburger
Bürger, 221. 222.
Kunzelt, Georg, Pfarrer v. Eilenburg, 137.
v. Künsberg, Konrad, Ritter, 32 A. 2.
41 u. A 1.
— Utz, 45.

L

Land vor dem Walde (Thür. Wald), 4.
Landfrieden, ewiger, 24. 117.
Landshut, Stadt, 59. 60 A. 62 A.
Landshuter Erbfolgekrieg, 55 - 63.
Veranlassung, 55. 56.
Verteilung der Streitkräfte, 56.
Teilnahme des fränk. Adels,
57. 58.
Charakter, 55. 62.
Beteiligung der Familie v.
Schaumberg, 58 u. A. 1.
59—63.
Stellung des Kaisers, 61.
Ausgang, 62. 63.
Langer, Joh., Prediger in Coburg, 194.
Lauf, Stadt, 18 A. 1. 45.
Lauterburg, schaumberg. Schloß,
3 A 1. 7.
Lauterburger Linie, 6. 7. 9. A. 1.
v. Leibnitz, Gottfr. Wilh., 189. 190.
v. Leiningen-Westerburg, Graf Reinhard, 84 u. A. 1.
Leipziger theol. Fakultät, 152.
v. Lentersheim, Veit, Ritter, 123.
Leo X., Papst, 141.
v. Leuchtenberg, Landgraf, 56. 57.
— Landgraf Johann, 86.
Leutenbach, Bamberg. Dorf, 39. 42 A.

v. Lichtenstein, Achaz, Domherr, 216.
v. Lidwach, Fritz, 123.
Linda, Lindenhof, Würzburg. Flecken, 252.
Linden, Dorf (S.-Mein.), 92 u. A. 2.
Lisberg, schaumberg Sitz, 75.
Lochinger, Hans, 59 A.
Lonerstadt, Bamberg. Dorf, 69. 70.
Löwener theolog. Fakultät, 151.
Lück, Wenzel, 160.
Ludwig der Reiche, Herzog v. Bayern, 86 A. 1.
Ludwig V. der Friedfertige, Kurfürst v. d. Pfalz, 64 A. 2. 83—86. 126. 127 A. 1.
Ludwig X., Herzog v. Bayern, 123.
Ludwig II., König v. Ungarn, 237.
Luther, Martin, 1. 22. 130–133. 136—161. 163—165. 196. 198. 204 A. 206. 207. 249.
    Beziehungen zur Ritterschaft, 140. 141. 153. 154.
    Die Schrift „An den Adel", 153. 155. 161.
    Gemütsverfassung Anfang 1520, 150—160.
    Konzilien, 147 A. 1. 150. 152.
    Stellung zur Kirche, Anfang 1520, 137.
    Verhältnis zu den Böhmen, 141. 142. 146 A. 5. 153.
    Verkehr mit Silvester v. Schaumberg, 141—161.
Lutz, Sebastian, Präzeptor in Thundorf, 190.

M

v. Machwitz, Jobst, 10 A. 2.
Magdeburg, Stadt, 187. 189.
Mainz, Kurfürst von, 34 A. 1. 163.
Marienberg bei Würzburg, 213. 215—225.
Marienkultus in der Ritterschaft, 135. 197. 198.
Markgräfler Krieg, 78 A. 1.
Markolsheim, Flecken, 207.
Marschall von Ebnet, Eva Marg., 12 A. 2.
Marschall von Ostheim, Familie, 77. 182 A. 1.
— Agnes, 174 A. 1.
— Dietz, 174 A. 1.

Marschall von Ostheim, Georg Philipp, 182.
— Heinrich, 174 A. 1.
— Heintz, 34.
— Moritz, Ritter, 114. 115. 118 u. A. 1. 128 u. A. 1. 131. 182 A. 1.
v. Maßbach, Familie, 77. 174 A. 1.
— Agnes, 174 A. 1.
— Elsa, 174 A. 1.
— Philipp, 114. 115. 118. 201 A. 2.
— Wilhelm, 174 A. 1.
Matthias Corvinus, König v. Ungarn, 18 A.
Meiningen, Stadt, 224. 226.
Meißen, Bischof von, 151.
Melanchthon, Philipp, 142. 154. 157. 184. 189 A. 1. 196 A. 206. 251.
Melber, Matthes, Nürnbg. Bürger, 65 A.
Mellrichstadt, Stadt, 76. 226.
Memminger Artikel, 203, 218. 219.
v. Meran, Herzöge, 4 A. 2. 5 A. 2.
— Arnold, der Stammvater, 4 A. 2.
— Gisela, die Stammutter, 4 A. 2.
Meschenbach, Dorf (S.-M), 245.
Meseritz, Stadt, 96.
Metsch, Kaspar, kursächs. Marschall, 72 A. 1.
Metzler, Georg, Bauernführer, 222.
Michael, Jude in Coburg, 35 A. 1.
Mittwitz, schaumberg. Dorf, 4.
Mohaez, Schlacht bei, 237.
Mönchsberg, Kloster, 69. 70 A. 1.
Münnerstadt, Stadt u Amt, 11. 51-52. 52 A. 1. 53 A. f. 76—82. 91—95. 114. 125. 161. 169—174. 188. 192. 193. 200 201. 209 - 211. 228 - 236. 246. 247. 252.
    Amtmannsstelle, 78—80. 94 u. A. 1. 228 u. A. 1. 229— 231. 233
    Archivalien, 78 A. 1.
    Beteiligung am Bauernkrieg, 209—210.
    Burgfriede, 77 A. 1. 93. 94. 94 A. 1.
    Burgmannen, 11 u. A. 1. 51. 53. 54 A. 1.
    Evangelisches Leben, 169—174.
    Geschichtsschreiber der Stadt, Reiniger, Rost, Schneider, 78 A. 1.
    Herrschaftsverhältn., 51. 77. 78.
    Kastell, 11 A 1.

Münnerstadt, Stadt u. Amt
  Lage u. Verhältnisse, 76—78.
  Münnerstadter Artikel, 171. 209.
  Pfarrei, 78 A. 1. 171. 172.
  Rekatholisierung, 193.
  Schulstiftung, 188. 252.
  Stadtkirche, 55 A. 66 A. 1.
    249. 253. 254.
  Stadtordnungen, 232 u. A. 1.
    233 u. A. 2.
  Verpfändung der Bethe, 234 u.
    A. 1 235. 236 u. A. 1.
v. Münster, Familie, 77.
— Engelhardt, 114. 115. 118. 122.
Mupperg, schaumbg. Dorf (S.-Mein.),
  4. 7.
Mupperger Linie der Familie v.
  Schaumberg, 7. 12 A. 2. 77.

N

Nachendorf, Bamberg. Dorf, 68.
Neckarsulm, 223.
Neuhaus, Stadt u. Amt, 88. 90 A. 1.
Neumarkt, Stadt, 47 A. 1.
Neustadt a. d. Aisch, 18 A. 1.
— a. d. Saale, 76 A. 1. 173.
Niclashausen, der Pauker von, 204.
Nordeck, Bamberg. Schloß, 10.
Nördlingen, Stadt, 129 A.
v. Nothaft, Alexander, 14.
— Engelhardt, 14.
Nürnberg, Reichsstadt, 10. 15—17.
  19. 25. 34 A. 1. 38. 56. 57.
  64 A. 1. 82. 90. 173 A. 1. 187. 189.

O

Obersiemau, Dorf (S.-Cob.), 9. 247 A.
Oberwinterbach, Bambg. Dorf, 67.
  68. 69.
Odenwald, Ritterkanton, 120. 125.
  202 A. 1.
Oheim, Kaspar, henneberg. Sekretär,
  93 u A. 1.
Oliva, Stadt, 97.
Ostereicher, Lorenz, Nürnberger
  Bürger, 65 A. 82 A. 2.
Ottheinrich, Herzog v. Bayern, Kur-
  fürst v. d Pfalz, 83. 85. 87 A. 223.
Oettingshausen, Dorf (S.-Cob.), 194.
  195 u. A 1. 245.
Otto II., Pfalzgraf, Herzog v. Bayern,
  13. 14 A. 15. 18 A. 81 A. 86 A. 1.
Ottowind, Dorf (S.-Cob.), 245.

P

v. Pappenheim, Thomas, 239.
Parkstein, pfalzbayr. Amt u. Schloß,
  82—87.
  Burghut, 86 u. A. 1.
  Verhältnisse, 82.
v Parsberg, Wolf, 18.
Petrucci, Rafael, 155.
Pfalz, die junge, 83.
Pfalzbayern, 25. 26 A. 2. 74.
Philipp, der Aufrichtige, Kurfürst v.
  d. Pfalz, 42 A. 45. 46—48. 55.
  56. 64 A. 2. 81 A.
Philipp, Pfalzgraf, 83. 85. 87 A. 238.
Philipp, der Großmütige, Landgraf
  v. Hessen, 121.
Philipp, Markgraf v. Baden, 123.
Pirckheimer, Willibald, 82 A. 1.
  165 A. 1.
v. Pommersfelden, Veit, Bischof v.
  Bamberg, 37—49.
Prag, Stadt, 84.
Prierreas, Silvester, 152.

R

Rätz, Berthold, 45.
Rauenstein, schaumberg. Ganerbinat,
  Schloß u. Burgfrieden, 3 A. 7.
  10. 14. 21. 22. 28 A. 1. 33. 53
  A. 1. 73 A. 1. 75 112. 242. 245.
v. Rechberg, Familie, 253.
v. Redwitz, Fritz, 128 u. A. 1.
— Martin, 41.
— Weigand, Bischof v. Bamberg,
  90 A. 126 A 2. 165. 166.
Reformation, siehe Luther.
Regensburg, Minoritenkirche, 59 A.
Reichelberg, Würzburg. Ort, 214.
Reichsacht, 24. 30—32. 61. 62.
Reichsregiment zu Nürnberg, 40 A. 2.
  99. 124.
Reichsritterschaft, 6. 7. 77. 95. 96.
  103—130. 131—140. 147. 154
  bis 161. 166.
Reichstag zu Frankfurt, 30.
— zu Nürnberg, 99.
— zu Worms 1495, 24.
— zu Worms 1521, 162.
Reiniger, Nic., Geschichtsschreiber v.
  Münnerstadt, 78 A. 1. 170 A.
  181. 230.
v. Reitzenstein, Familie, 26 A. 2.
— Friedrich, Ritter, 41 u. A. 1.
Reiterheere, 19. 104.

Rentweinsdorf, Dorf in Unterfranken, 226.
Reut, adel. Sitz, 83 – 86.
Rhön-Werra, Ritterkanton, 114. 115. 120. 125. 135. 202.
v. Riederen, Amaley, 75.
— Asmus, 75.
Riemenschneider, Tilman, 227 A. 1.
v. Rieneck, Graf, 34 A. 1.
Rittereinungen, 17. 108. 109. 115. 135. 136.
Rittergesellschaften, Ritterorden, 134. 135.
 Agleiorden, 134.
 Bär, 34 A. 1.
 Einhorn, 34 A. 1.
 Fürspanger, 34 A. 1. 134.
Ritterkantone, 109.
Ritterschaft fränkische, 6. 7. 15—17. 19—21. 23. 24. 26—29. 31. 36. 40. 50. 57 - 59. 63. 92. 98. 107—130. 131—137. 139—141. 146 A. 5. 147 - 150. 153. 161. 162 - 168. 185. 197—200. 201. 202. 206. 211. 212. 225. 226. 239. 249.
 Die Häupter, 111. 131.
 Im Bauernkrieg, 206. 211. 212. 225. 226.
 Moralischer Zustand, 106. 109. 110. 111.
 Nationale Stellung, 131—133.
 Politische Lage, 107. 110.
 Rechtsanschauungen, 21. 23—25. 50.
 Religiöse Stellung, 27. 28. 115. 130—140. 146 A. 5. 161. 166
 Standesbewegung, 104 – 130.
 Stellung zu den Fürsten, 110. 113. 117. 124 - 129. 130.
 — zu den Klöstern usw., 26—28. 105 A.
 — zur Reichsgewalt, 31. 32. 108.
 Strauchrittertum, 21. 24. 104. 117.
 Wirtschaftliche Lage, 36. 67. 68—70. 104. 105. 106. 110.
Ritterschulen, 189. siehe auch „Thundorf".
Rittertag, siehe Adelstag.
Ritterwürde, 98 A. 2. 118.
Ritzscher, Dr. Joh., Probst zu Altenburg, 71 A. 1.
Römhild, Stadt, 92 u. A. 2.

v. Rosenau, Eucharius, 71 A. 1. 165. A. 1. 166. 199.
— Silvester, 195 A. 2. 197 A.
— Silvester, Pfarrer v. Altenbanz, 197A.
v. Rosenbach, Familie, 178—180. 182 A. 187 A. 193
v. Rosenberg, Familie, 129. 253.
— Georg, Ritter, 60 A. 1. 61 A. 1. 214.
— Kunz, 207. 227.
— Melchior, 65.
— Nickel, 239
— Wolfgang, Komenthur, 171.
v. Rotenhan, Anton, Bischof v. Bamberg, 9. 10. 36. 37. 42 A. 47 A. 2. 69 u. A. 1.
— Hans, 202 A 1.
— Matthias, 13.
— Sebastian, Ritter u. Doktor, 13. 22. 111. 207. 215. 216. 219. 220.
Roth, schaumberg. Dorf b. Kronach, 9. 73 u. A. 1. 246 A. 2.
Rothenberg, Schloß u. Ganerbschaft, 14. 15—21. 25—50. 64. 65 u. A. 1. 82. 88. 240 u A. 1f. 241.
 Burgfrieden, 16 u. A. 2.
 Lage, 15. 25.
 Literaturnachweis, 16 A. 1.
 Zweck u. Charakter des Ganerbinats, 15—17. 19.
Rottenbach, Dorf (S.-Cob.), 194. 195 u. A. 1. 245.
Rottenstein, Würzburg. Schloß u. Amt, 52 A. 1.
Röttingen, Würzburg. Ort, 214.
Rüdt von Kollenberg, Familie, 129.
— Thomas, 41.
Rügheim, schaumberg. Sitz, 77.
Rügheimer Zweig der Familie v. Schaumberg, 77.
Rudolf IV. von Oesterreich, 133 A. 1.
— II., Kaiser, 186.
Ruprecht, Pfalzgraf, Herzog v. Bayern, 39. 55—63. 83.

S

Sachsen, Kurfürstentum, 13. 14. 26 A. 2. 34 A. 1. 71. 81 A. 92. 195. 242—245. (siehe auch Friedrich u. Johann v. Sachsen.)
v. Salm, Graf Niclas, 238.
Saltz, Kloster, 168.
Sambach, Treffen bei, 10.
v. Sande, Endres, 227.

Schalkau, Stadt, 3 A 1. 71. 72 A. 1.
246 A. 1.
— schaumberg -sächs. Cent, 5. 245.
Schalkauer Zehnt, 9 u. A. 1.
Schaumberg, Stammschloß, 3 u. A. 1.
8. 28 A. 1.
v. Schaumberg, Familie,
  Gemeinschaftlicher Besitz, siehe
    Rauenstein u. Thundorf.
  Höhepunkt, 6. 7.
  Niedergang u.Ursachen, 3. 28A.1.
  Seniorat, 243. 244 A. 1. 245.
  Stammsitz, 3 u. A. 3..
  Stellung in Franken, 5—7. 111.
    112 u. A. 1.
  — zu Sachsen, 6. 242—245.
  — z. Strauchrittertum, 112 A. 1.
  Verhältnis z. Pflege Coburg, 6-8.
  — zur Reformation, 28 A. 1.
  Ursprung, 4. 5.
  Wappen, 1. 255.
— Adam, Ritter, 20 u. A. 1. 58
  A. 1. 72 A. 111. 115 125
  A. 2. 131. 146 A. 1. 197.
  201 A. 1.
— Adam, der Genealoge, 12 A. 2.
  247 A.
— Albrecht (?), 12 A. 2.
— Ambros, Silvesters Sohn, 142 u.
  A. 1. 236 A. 1. 238. 239.
  240 A. 251.
— Anna, Silvesters Tochter, 254
  u. A. 2.
— Bernhard zu Nakel, 88 A.
— Bernhard zu Traustadt, 88 A.
  201 A. 1.
— Berthold zu Schney, 176 A. 1.
— Brigitte, Silvesters Tochter, 254
  u. A. 2.
— Caecilie, geb. v. Sparneck, Silvesters Frau, 12 A. 1. 66 u. A. 1.
  196—198. 249. 250.
— Christina, geb. v. Stiebar, 69 A. 1.
— Christoph zu Mupperg, 87 A. 1.
  125 A. 2. 201 A. 1.
— Dorothea, geb. v. Aufseß, 73 A. 1.
— Dorothea, geb. Marschall v. Ostheim, 182 A.
— Eberhard zu Traustadt, 112 A. 1.
— Elsa, geb. v. Maßbach, 174 A. 1.
— Georg, Bischof v. Bamberg, 6. 36. 44.
— Georg in Kärnthen, 6
— Georg, 58 A. 1.
— Georg, d. Aeltere, 45 A. 72 A.

v. Schaumberg, Georg, Ritter, zu
  d. Lauterburg, 18 A. 20 u. A. 1.
  38. 41. 43 A. 53 A. 58 A. 1.
  70 A. 1. 72 A. 1. 73 A.
  80 A. 1. 87 A. 1. 88. 111.
  113. 114. 114 A. 1. 120. 122.
  123. 125 A. 2. 129. 132 u. A. 1.
  164. 166. 199. 245.
— Hans, Ritter, z. d. Lauterburg, 6.
— Hans (Ehneser Linie), 10. 44.
  47 A. 2. 73 A. 1.
— Hans, zu Thundorf, 17 A. 3.
  174 A. 1.
— Hans, zu Strössendorf, 17 A. 3.
— Hans medius (?), 12 A. 2.
— Hans, zu Lisberg, 70 A. 1. 75.
  88 A.
— Hans, Sohn des Wolf (Ehneser
  Linie), 73 A. 1.
— Hans, zur Lauterburg, 113. 114
  A. 1. 125 A. 2. 201 A. 1.
  247 A. 1.
— Hans, zu Füllbach, 72 A. 1.
  125 A 2. 201 A. 1.
— Hans Ludwig, Burggraf, 18 A.
— Hans Ludwig (medius), 199 A. 1.
— Hans Otto zu Thundorf, 192.
— Heinrich (Stammvater), 5 A. 2.
— Heinrich, Bischof v. Samland, 6.
— Heinrich, Ritter, zu der Lauterburg, 6. 53 A. 88 A.
— Heinrich (Heinz), z. Haig, 88 A. 1.
— Heinrich (Heinz) zu Gereuth,
  125 A.
— Heinrich zu Thundorf, 174 A. 1.
— Heinrich (? b. Biedermann) 12 A. 2.
— Heinrich (Heinz), Sohn Karls,
  12 A. 2.
— Helena, Tochter Silvesters, 254
  u. A. 2.
— Karl, Stammvater d. Ehneser,
  12 A. 2.
— Karl, Silvesters Großvater, 9. 10.
  12 A. 2. 35 u. A. 1. 36. 42 A.
  43. 44. 47 A. 2. 69. 73. A. 1.
— Karl, Knoch, der Aeltere, 32 u. A. 2.
— Karl, Knoch, der Jüngere, Silvesters Bruder, 12—14. 29—31.
  32 u. A. 2. 33. 34. A. 1. 47
  A. 2. 54 A. 1. 67. 71 u. A. 1.
  72 A. 1. 129. (?).
— Karl zu Gereuth, 58 A 1. 72
  A. 113 (?) 125 A 2. 201
  A. 1 (?).

v. Schaumberg, Karl, Silvesters Sohn, 66 A. 1. 73 A 1. 74. 188. 236 u. A. 1. 241 u. A. 1. 247 u. A. 1. 251. 252—254. 255.
— Katharina, geb v. Bibra, 175 A. 1.
— Konrad (Kunz), zu Lisberg, Marschall, 6. 112 A. 1.
— Konrad, Kunz, Günzel, zu Lisberg, 13. 239. 240 A.
— Kunigunde, geb. v. Gotzmann, Silvesters Mutter, 12 A. 1. 2. 51. 54 A. 1.
— Lorenz, zu d. Lauterburg, 7.
— Lorenz, zu Thundorf 125 A. 1. 201 A. 1.
— Magdalena, geb. v. Stein z. Altenstein, 10 A. 1. 12 A. 1.
— Magdalena, Silv. Tochter, 254 u. A. 2.
— Margaretha, verw. v. Seckendorf, 66 A. 1.
— Margaretha, geb. v Eyb, 45 A.
— Margaretha, Silv. Tocht., 254 u. A. 2.
— Marie (?), 66.
— Martin, Sohn Georgs d. Aelt. zu d. Lauterburg, 58 A. 1. 124.
— Martin, Bischof zu Eichstädt, 199 A. 1.
— Martin, Domprobst, 199 A. 1.
— Melchior, zu Streufdorf, 58 A. 1.
— Moritz, Ritter, zu Thundorf, 175 A. 1.
— Otto zum Haig, 88 A.
— Otto (?) 12 A. 2.
— Oscar, Hauptmann, 2 A. 1. 5 A. 2. 7 A. 1. 12 A 2. 20 A. 1. 177 A. 182 A. 240 A. 241 A. 248 A. 1.
— Paul zu Füllbach, 72 A. 201 A. 1. 254 A 1.
— Paul zum Haig, 254 u. A. 1.
— Paul zu Schorgast, 17 A. 3. 254 A. 1.
— Paul zu Strössendorf, 254 A. 1.
— Peter, Kardinal, Bischof zu Augsburg, 6. 255.
— Philipp zu Traustadt, 53 A. 1.
— Sebastian zu Strössendorf, 254 A. 2.
— Silvester
  Quellen zu seiner Lebensgeschichte, 1 A. 1. 2 A 1.
  Familie, 3—14.
  Ehneser Linie, 7—14.
  Großvater, 9 10
  Vater, 10—12.
  Bruder, 12—14.

v. Schaumberg, Silvester
  Kindheit u. Erziehung, 21. 22.
  Verbindung mit dem Rothenberg, 15—51. 63—65.
  Erste Fehde mit Bamberg, 26-32.
  Zweite Fehde m. Bambg. 32-50.
  Münnerstadt Beziehungen, 51-54.
  Burdiansche Fehde, 52 - 54.
  Landshuter Erbfolgekrieg, 54-63.
  Ehe mit Caecilie v. Sparneck, 66.
  Erbteilung mit dem Bruder u. Besitz, 67 - 74.
  Henneberg Amtmann in Münnerstadt, 76-82.
  Pfleger zu Parkstein, 83—87.
  Pfleger zu Veldenstein, 87—91.
  Rückkehr in henneberg. Dienste, 91—94.
  Teilnahme a. d. Unternehmungen des Hochmeisters, 95—102.
  Beteiligung an der Standesbewegung, 103 - 112.
  Huttensche Angelegenheit, 112 bis 114.
  Rittereinigung 1517, 114—120.
  Das Jahr 1519, 120. 121.
  Türkische Sorgen, 122. 123.
  Der Rittertag v. Schweinfurt, 1523, 124—127.
  Strafzug des schwäb. Bundes, 127—129.
  Religiöse Stellungnahme, 130.
  Beziehungen zu Luther, 142-144.
  Brief an Luther, 144—149.
  Wirkung u. Bedeutung des Briefes, 149—161.
  Reformatorisches Wirken in Münnerstadt, 161—174.
  Reformatorisches Wirken in Thundorf, 174 - 193.
  Ritterschule i. Thundorf, 179-192.
  Berichtigungen u. Erklärungen, 194—200.
  Würzburg. Amtmann in Münnerstadt, 200—237.
  Bauernkrieg, 203—228.
  Unter den Verteidigern des Marienberges. 213—225.
  Teilnahme am Türkenzug, 1529, 237—240.
  Familienbeziehung, Seniorat, 241—246.
  Vermögensverhältnisse 246-249.
· Die Ehegattin, 249. 250.

v. Schaumberg, Silvester
 Die Kinder, 251—254.
 Ausgang u. Gewinn des Lebens,
 254—258.
 Abbildung des Epitaphs, s. vorn.
 Stammbaum, siehe am Schluß.
— Simon, Ritter, zu Lichtenfels, 10.
 12 A. 1.
-- Simon, zu Höchstadt, Silvesters
 Vater, 10—12 u. A. 1. 2. 21.
 34. 51. 71 A. 1. 72 A 1.
— Tobias, zu Strössendorf, 88 A.
— Tristram, zu Nakel, 59. 88 A.
— Ulrich (Ehneser), 10. 44.
— Veit der Aeltere, zu d. Lauterburg, 17 A. 3. 34.
— Veit der Jüngere zu Strössendorf, 17 A. 3.
— Veit Ulrich, zu Thundorf, 186 u. A. 1. 187. 188.
— Veronica, geb. v. Selbitz, 186 A. 1. 187.
— Wilh., Ritter, zu Thundorf, 65 A. 111. 125 A. 2. 175 u. A. 1. 176. 177. 186. 188. 201 A. 1. 231 A. 1.
— Wilhelm, zu Gereuth, 72 A. 1. 125 A. 1.
— Wilhelm, zum Schaumberg, 125 A. 1.
— Wilhelm (Kind), 186.
— Wilhelm Ludwig, Burggraf zu Thundorf, 182 A.
— Willibald, zu Thundorf, 113 u. A. 2.
— Wilwolt, Ritter, zu Schney u. Schaumberg, 7. 9 A. 1. 20 u. A. 1. 45 A. 1. 59. 60 u. A. 1. 62 u. A. 1. 72 A. 88 A.
— Wolf zum Rode, 73 A. 1. 87 A. 1. 114 A 1. 125 A. 2. 245.
— Wolf zu Strössendorf, 73 A. 1. 88 A. 114 A. 1. 125 A. 2. 132 A. 1. 201 A. 1.
— Wolf Christoph zu Effelder, 199 A. 1.
— Wolf Dietrich, Domherr zu Würzburg, Silvesters Sohn, 196. 198. 199. 236 A. 1. 251. 252.
Schenk von Geyern, Familie, 66. A. 1. 250.
Schenk von Limpurg, Georg, Bischof v. Bamberg, 49. 67—70. 87 u. A. 1. 90 A. 162. 164—166.
Schenk von Neideck, Georg, 59 A.
Schenk von Siemau, Hans, 10 A.
Schenkungen des Adels an die Kirche, 105 A. 1.

v. Scherenberg, Rudolf, Bischof v. Bamberg, 52.
Schlechtsart, Dorf (S.-Mein.), 92 u. A. 2.
v. Schletten, Aegidius, 12. A.
Schleusingen, Schule in, 189 A. 1.
Schlüsselau, Aebtissin von, 13. 33. 34 A. 1.
Schlüsselfeld, Herrschaft, 52 A. 1.
Schnaittach, Markt, 15. 40 A. 2. 46 A 1. 64 A. 1.
v. Schneeberg, Michael, 231 A. 2.
Schneider, Hans, Bürger v. Schnaittach, 241 u. A. 1.
v. Schöffstal, Moritz, 10.
v. Schönberg, Dietrich, 95.
v. Schönburg-Glauchau-Waldenburg, Wolf, 95. 96. 97 A. 2.
Schornbaum, Wolfgang, Pfarrer v. Thundorf, 177 u A. 1. 181.
Schott von Schottenstein, Hans, 194. 195 A. 2. 197 A. 254 u. A. 2.
— Kunz, 32 A. 2.
Schümpf, Joh., Pfarrer v. Leitterbach, 13.
Schulen zur Reformationszeit, 183 bis 185.
Schütz, Karl, 30 A. 1. 32 A. 2.
Schwäbischer Bund, 34 A. 1. 56. 57. 113. 114 A 1. 123. 124. 127—129. 132. 175. 204. 223.
Schwanhäuser, Johann, Prediger in Bamberg, 166.
v. Schwarzburg, Graf Balthasar, 71 A. 1.
— Graf Gerhardt, Bischof v. Würzburg, 77 A 1.
— Graf Günther, 73 A. 1.
— Graf Heinrich, 73 A. 1.
Schwarze Haufe, 213 217. 218.
v. Schwarzenberg, Friedrich, 216. 227.
— Johann, 111. 113. 123. 164. 166 199.
Schweinfurt, Reichsstadt, 34 A. 1. 52 A. 77. 121. 124. 125. 192. 226.
Schweinfurter Rittervertrag, 125-127.
v. Schweinfurt, Markgrafen, 4.
— Markgraf Otto, 4 A. 2.
v. Seckendorf-Rinhofen, Familie, 66 u. A. 1. 250. 253.
— Elisabeth, 66.
— Hans, Ritter, 123.
— Lamprecht (I.), 66 A. 1.
— Lamprecht (II.), 66 A 1.
— Lamprecht (III.), 66 u. A. 1.

v. Seckendorf-Rinhofen, Marie, geb. v. Schaumberg (?), 66.
v. Seinsheim, Götz, 42.
— Johann, 82.
Seltz, Stift, 189.
Sesthius, Kaspar, Pfarrer in Waltershausen, 182. 183 A. 1. 184. 187.
v. Sickingen, Franz, Ritter, 1. 95. 96. 123. 124. 127 u. A. 1. 137. 154. 155. 156. 159. 160.
— Martin, 61 A. 1.
Siegismund, König v. Polen, 95. 96.
Sonneberg, sächs. Amt u. ehem. schaumberg. Sitz, 4. 33.
v. Sonneberg, Familie, 255.
Spalatin, Georg, 137. 138. 139 A. 1. 142. 151. 154. 155. 156. 158.
Spangenberg, Cyriacus, Historiograph, 239 A. 1.
v. Sparneck, Familie, 66. 129. 250. 253.
— Caecilie, siehe unter Schaumberg.
— Christoph, 66 u A. 1.
— Elisabeth, geb. v. Seckendorf, 66.
— Hans, 66 A. 1.
— Margaretha, geb. Erlbeck, 87 A.
— Sebastian, 87 A.
Spengler, Lazarus, 165 A. 1.
Stadtlauringen, Stadt, 174.
Staffelstein, Stadt, 13. 14 A. 1.
Stärker, Dynastengeschlecht, 4. 5.
Steigerwald, Ritterkanton, 120. 125. 202 A. 1.
Stein, Schloß, 14.
v. Stein zum Altenstein, Heinz, 214.
— Magdalena, 10 A. 1. 12 A. 1.
— (?) Rudolf, 122.
v. Steinau, Familie, 77.
— Reinhardt, 246.
— Wolf, 115. 201 A. 2.
Steinach, Grenzfluß im Coburg, 4.
— Amt u. Markt, 52 A. 1. 176.
— Kloster, 168.
Sternberg, Schloß 52 A. 1.
v. Sternberg, Hans, Ritter, 92. 93 A. 1. 131. 194.
v. Stetten zu Kochstetten, Simon, 254.
v. Stiebar, Familie, 75. 253. 255.
— Albrecht, 19. 40 u. A. 2. 43 A. 45. 63.
— Anna, 75.
— Balthasar, 75.
— Dorothea, 254 A. 1.

v. Stiebar, Ebolt, 29—31. 32 u. A. 2   40 A. 2.   63.   64 A. 1.
— Jacob, 75.
— Kunigunde, 12 A. 2.
— Sebastian, 18 A. 64 A. 1 101. 102.
v. Stolberg, Graf Botho, 244 A.
— Gräfin Katharina (s. Henneberg).
v. Streitberg, Eva, 254 A. 1.
Stretz, Jörg, 64 A 1.
Strössendorf, schaumbg. Sitz, 73 A. 1.
Stuhlweißenburg, 237.
Suleiman, der Prächtige, Sultan, 237—239.
Sulzfeld, würzburg. Ort, 183 A. 1.
v. Sutzel, Familie, 129.
— Genefe, geb. v. Stiebar, 75
— Melchior, 75.

T

v. Teutleben, Valentin, 155.
Themar, Stadtrat, 189 A. 1.
Thundorf, schaumberg. Herrschaft, 77. 161. 174—193. 247.
Dynasten 175.
Geschichte u. Geschichtsschreiber 175—177.
Veste, 175.
Dorfsherr 1520, 175. 176.
Reformator, 177 - 193.
Ritterschule, 179—193.
Burggraftum, 186 u. A. 1.
Thundorfer Linie der Familie von Schaumberg, 77.
v. Thüngen, Familie, 129.
— Christoph, 122.
— Dietrich, Domherr in Würzburg, 216.
— Eustach, 216. 219. 236.
— Joachim, 100
— Konrad, Bischof v. Würzburg, 126—129. 163. 164. 171—174. 196. 200. 201. 204—236. 248. 252.
— Neidhart, 65 A.
v. Til, Hans, 10.
Tintner, Hans, 35 A. 1.
v. Trautenberg, Georg, 83—86.
Trier, Kurfürst von, 34 A. 1. 223.
Triermann, Christoph, Chronist, 59 A.
Trinksitten, ritterliche, 117
Truchseß von Wetzhausen, Familie, 68. 77.
Truchseß, Ehrhardt, 122. 201 A. 2.
— Georg, 69 A. 1.

Truchseß, Georg, 69 A. 1.
— Hans, 69 A. 1.
— Heinz, Marschall, 207. 213 214.
223. 227.
— Luitpold, 32 A. 2.
— Magdalena, 254 A. 1.
— Martin, Ritter, 69 A. 1.
— Martin, 41. 42. 43 A. 68.
— Paul, 122.
— Philipp, 202 A. 1.
Tübingen, Hohe Schule, 189. 251.
Türkengefahr, 122.
Türkensteuer, 110 122.
Türkenzug 1529, 237 – 240.

U

Ulm, Reichsstadt, 114 A. 1.
Ulrich, Herzog v. Württemberg, 56.
112—114. 132.
Ungarn 1529, 237.
Unterlind, Dorf (S.-Mein.), 114 A 1.
v. Ussigheim, Martin, Domherr zu Würzburg, 216.
v. Uttenhoven, Fabian, 173 A. 1.

V

Valla, Laurentius, Humanist, 138. 152.
v. Velberg, Familie, 129.
Veldenstein, Schloß u. Amt, 65. 88-91.
Bestallung d. Amtmanns, 88. 89.
Lage, 88.
Verhältnisse, 91.
v. Vestenberg, Familie, 66 A. 1.
250. 253.
— Albrecht, 202 A. 1.
— Anna, 66 A. 1.
— Kaspar, Ritter, 42.
Voigt, Johann, Augustiner, 157. 160.
Voit von Salzburg, Familie, 77.
— Georg, 201 A. 2.
Voit von Urspringen, Marsilius, 216.

W

Waldeck, Amt, 84.
Waldenfels, Schloß u. Amt, 14 A. 43.
Waldstein, Schloß, 66.
v. Wallenfels, Familie, 255.
— Afra, 12 A. 2.
Waltershausen, Dorf, 182 A. 1.
v. Wechmar, Heinz, 118
Wechsel in den Dienststellen, 80.
Wehrsystem des Mittelalters, 104.
v. Weiers, Georg, 12 A.
— Peter, 12 A.

Weimar, Stadt, 146 A. 1.
Weinaug, Konrad, bischöfl. Sekretär, 220.
Weinstock, Osanna, Münnerstadter Bürgerin, 232 A.
Weinsberg, Stadt, 213.
Weißenbrunn v. W., Dorf (S.-Cob.), 199 A. 1.
Welitsch, Bamberg. Dorf, 32. 33.
Wemdingen, 113.
Wenzel, König, 86 A. 1.
Wenzenbach, Schlacht bei, 58 A. 1.
v. Wertheim, Graf, 34 A. 1. 167.
— Graf Georg, 132. 219.
Wetzhausen, Dorf, 191.
Wiclif, Johann, 141.
Wien, Stadt, 237—239.
v. Wiesenthau, Familie, 199 A 1. 253.
— Dorothea, 254 A. 1.
— Martin, Domherr zu Würzburg, 216.
— Wolf Christoph, 100.
Wild, Georg, Centgraf, 3 A. 1.
Wildberg, Schloß u Amt, 52 A. 1 252.
v. Wildberg, Dynastengeschlecht, 4.
5 u. A. 1. 175.
Wilh., IV., Herzog v. Bayern, 85. 123.
Winterbach (Oberwinterbach), Bamberger Dorf, 67. 69.
v. Wirsberg, Albrecht, 42. 84. 85 A. 1.
— Friedrich, Bischof von Würzburg, 170. 186 A. 1. 252.
Wißpeck, Anna, geb. Erlbeck, 87 A.
— Eberhard, 86 A.
— Hans Adam, 86 A.
— Georg, 60 A. 1.
Wittenberg, Stadt, 141. 142. 152.
156. 252.
— Schloßkirche, 1.
v. Witzheim, Albrecht, 202 A. 1.
v. Wolfeswac, Graf Hermann, 5 u A. 2.
Wolfgang, Herzog v. Bayern, 56—63.
v. Wollmershausen, Anna, 75.
— Leopold, 75.

Z

Zapolya, Johann, König v. Ungarn, 237.
v. Zedwitz, Nicolaus, 61 A. 1.
Zingell, Dr., 84.
Zitter, Possidius, Pater, 181.
Zobel v. Giebelstadt, Melchior, Bischof v. Würzburg, 252.
Zollner a. Brand, Bartholomäus, 254.
— Karl, 216.
— Pankraz, 239.

www.ingramcontent.com/pod-product-compliance
Lightning Source LLC
Chambersburg PA
CBHW021655230426
43668CB00008B/628